PLOETZ   Die Deutsche Demokratische Republik

W0065526

PLOETZ
Die Deutsche Demokratische Republik

Daten, Fakten, Analysen

Herausgegeben von Alexander Fischer
unter Mitarbeit von Nikolaus Katzer

Mit Graphiken und Tabellen

Verlag Ploetz Freiburg · Würzburg

Redaktionelle Unterstützung und Register: Thomas Adolph, Freiburg i. Br.

Redaktionsschluß: 31. Dezember 1987

Alle Rechte vorbehalten – Printed in Germany
© Verlag Ploetz Freiburg · Würzburg 1988
Fotosatz: Stolz, Lahr
Druck und Einband: Freiburger Graphische Betriebe 1988
ISBN 3-87640-089-9

Inhalt

Verzeichnis der Mitarbeiter:

Belwe, Katharina, Dr. rer. pol., wiss. Mitarbeiterin, Gesamtdeutsches Institut, Bonn
Brunner, Georg, Dr. jur., o. Prof., Institut für Ostrecht der Universität zu Köln
Diller, Ansgar, Dr. phil., Redakteur, Deutsches Rundfunkarchiv, Frankfurt a.M.
Fischer, Alexander, Dr. phil., o. Prof., Seminar für Osteuropäische Geschichte der Rheinischen Friedrich-Wilhelms-Universität, Bonn
Fricke, Karl Wilhelm, Leiter der Ost-West-Abteilung des Deutschlandfunk, Köln
Hanisch, Edda, Dr. phil., Bonn
Helwig, Gisela, Dr. phil., Redakteurin des „Deutschland Archiv", Köln
Henkys, Reinhard, Leiter des Evangelischen Publizistischen Zentrums, Berlin
Hille, Barbara, Dr. rer. nat., Diplom-Psychologin, stellv. Leiterin der Forschungsstelle für Jugendfragen, Hannover
Hillgruber, Andreas, Dr. phil., o. Prof., Historisches Seminar der Universität zu Köln
Hübler, Karl-Hermann, Dr. agr., o. Prof., Institut für Landschaftsökonomie der Technischen Universität, Berlin
Jäger, Manfred, Lehrbeauftragter für DDR-Literatur an der Gesamthochschule Essen, Münster
Katzer, Nikolaus, Dr. phil., wiss. Assistent, Seminar für Osteuropäische Geschichte der Rheinischen Friedrich-Wilhelms-Universität, Bonn
Koch, Manfred, Dr. phil., Stadthistoriker, Karlsruhe
Kuppe, Johannes, Dr. rer. pol., Diplom-Politologe, Referatsleiter im Gesamtdeutschen Institut, Bonn
Kurjo, Andreas, Dr. agr., wiss. Mitarbeiter, Forschungsstelle für gesamtdeutsche wirtschaftliche und soziale Fragen, Berlin
Luchterhandt, Otto, Dr. jur., Akad. Rat, Priv.-Doz., Institut für Ostrecht der Universität zu Köln
Mampel, Siegfried, Dr. jur., Honorarprof. am Fachbereich Rechtswissenschaft der Freien Universität, Berlin
Ruban, Maria Elisabeth, Dr. rer. pol., München
Rytlewski, Ralf, Dr. rer. pol., Prof., Fachbereich Politische Wissenschaft der Freien Universität, Berlin
Schlechte, Klaus-Dieter, Diplom-Historiker, wiss. Mitarbeiter, Kulturstiftung der deutschen Vertriebenen, Bonn
Sywottek, Arnold, Dr. phil., Prof., Historisches Seminar der Universität, Hamburg
Thalheim, Karl C., Dr. rer. pol., em. o. Prof., Freie Universität und Forschungsstelle für gesamtdeutsche wirtschaftliche und soziale Fragen, Berlin
Uschakow, Alexander, Dr. phil., Ass. jur., Redakteur „Osteuropa-Recht", Köln
Voigt, Dieter, Dr. phil., Prof., Sektion Soziologie der Ruhr-Universität, Bochum
Vortmann, Heinz, Dr. rer. pol., Dipl.-Ing., wiss. Mitarbeiter, Deutsches Institut für Wirtschaftsforschung, Berlin
Waterkamp, Dietmar, Dr. phil., Priv.-Doz., Institut für Pädagogik der Ruhr-Universität, Bochum

Vorwort

Als am 8. Mai 1949, vier Jahre nach der bedingungslosen Kapitulation des nationalsozialistischen Regimes in Deutschland und nach dem Ende des Zweiten Weltkrieges in Europa, der Parlamentarische Rat das Grundgesetz der Bundesrepublik Deutschland verabschiedete, waren sich die weitaus meisten seiner Mitglieder über fast alle Parteigrenzen hinweg über eine zentrale Zielbestimmung deutscher Politik einig: die alsbaldige Wiederherstellung der staatlichen Einheit Deutschlands. In der Präambel des Grundgesetzes wurde daher ein Wiedervereinigungsgebot festgeschrieben, wonach das deutsche Volk in seiner Gesamtheit aufgefordert blieb, „in freier Selbstbestimmung die Einheit und Freiheit Deutschlands zu vollenden". Ein knappes halbes Jahr später bekräftigte die politische Führung der aus den Ländern der sowjetischen Besatzungszone gebildeten Deutschen Demokratischen Republik, daß auch sie − entsprechend den Vorgaben der Moskauer Deutschlandpolitik − das Ziel der Wiedervereinigung Deutschlands verfolge. Der ehemalige Sozialdemokrat Otto Grotewohl, nunmehr der Sozialistischen Einheitspartei (SED) zugehörig und Ministerpräsident des zweiten deutschen Staates, gab sich in seiner Regierungserklärung vom 12. Oktober 1949 entschlossen, die nationale Not des deutschen Volkes zu überwinden und zu diesem Zweck den Kampf „um die Wiedererlangung der Einheit Deutschlands" beharrlich zu führen.

Fast vierzig Jahre nach diesen Bekundungen besteht zwar die Einheit der deutschen Nation fort, jedoch hält auch die Teilung Deutschlands in zwei Staaten unverändert an. Wegen des fortbestehenden Ost-West-Konflikts erscheint eine Lösung der deutschen Frage gegenwärtig unerreichbar. Folglich dominiert in den Beziehungen zwischen den beiden Staaten in Deutschland momentan die Politik der kleinen Schritte. Sie soll die Lasten und Beschwernisse der Teilung vor allem für die Deutschen in der DDR erträglicher gestalten, von denen erst jüngst wieder bekannt geworden ist, daß sie an der Ungerechtigkeit auferlegter Abgrenzungen leiden. Insbesondere nach dem Abschluß des „Vertrages über die Grundlagen der Beziehungen zwischen der Bundesrepublik Deutschland und der Deutschen Demokratischen Republik" von 1972, dem sogenannten Grundlagenvertrag, haben sich alle Bundesregierungen bemüht, die im innerdeutschen Verhältnis lange Zeit vorherrschende Haltung der Konfrontation durch eine Politik des konstruktiven Dialogs, der praktischen Zusammenarbeit und der vertraglichen Abmachungen mit der DDR zu ersetzen. Wie anläßlich des Arbeitsbesuches von Erich Honecker, des Generalsekretärs der SED und Staatsratsvorsitzenden der DDR, in der Bundesrepublik Deutschland (und in seiner saarländischen Heimat) im September 1987 festgestellt werden konnte, hat diese Politik sichtlich zu einer Entkrampfung im Verhältnis zwischen beiden Staaten in Deutschland beigetragen.

Wie offiziellen Stellungnahmen entnommen werden kann, soll „das Bemühen um ein geregeltes Miteinander" auch weiterhin ein Grundsatz der Bonner Deutschlandpolitik bleiben − ungeachtet aller unterschiedlichen Auffassungen der beiden deutschen Staaten zu grundsätzlichen Fragen, darunter der nationalen Frage. Um zu einem „Verhältnis guter Nachbarschaft" zu gelangen, ist es freilich unerläßlich, daß hierzulande eine breite und zuverlässige Information über den Nachbarn DDR und die Lebensumstände der dort lebenden Deutschen erfolgt. Dem Erfordernis nach möglichst vorurteilsloser, zudem differenzierter und auf wesentliche Schwerpunkte konzentrierter Unterrichtung über Politik, Wirtschaft, Gesellschaft und Kultur des „anderen" deutschen Staates möchte dieser „DDR-Ploetz" Genüge tun. Das geschieht in jener knappen und prägnanten Form, die für alle Ploetz-Bände seit langem charakteristisch ist. Nach einführenden Beiträgen zur Geschichte der Teilung Deutschlands im ersten Jahrzehnt nach dem Zweiten Weltkrieg sowie zur Vorgeschichte und zum historisch-politischen Selbstverständnis der DDR erläutert ein chronologischer Abriß die Entwicklung der SBZ bzw. der DDR vom „antifaschistisch-demokratischen Neubeginn" im Jahre 1945 bis zu den markanten Begebenheiten in den innerdeutschen parteilichen und staatlichen Beziehungen des Spätsommers 1987. Den Schwerpunkt des Bandes bilden 26 thematische Kurzbeiträge zu den wichtigsten Teilbereichen des politischen Systems wie der Lebenswirklichkeit in der DDR, die für ein zeitgeschichtlich interessiertes Publikum eine Grundinformation über das jeweilige Sachgebiet bereitstellen sollen. Der in seinem vorgegebenen Umfang eng begrenzte Anhang bietet zusätzliche Informationen in Form von Statistiken und Tabellen, z.B. zur Bevölkerungsstruktur, zur Fluchtbewegung und zu den innerdeutschen Beziehungen, trägt aber teilweise auch den Charakter eines Nachschlagewerkes.

Eine wesentliche Voraussetzung für das Zustandekommen dieses Bandes war das reibungslose, verständnisvolle Zusammenwirken von Autoren, Verlagsredaktion und Herausgeber. Herzlicher Dank gebührt vor allem dem interdisziplinären „Autorenkollektiv" für sein bereitwilliges Eingehen auf eine Konzeption, die in besonderer Weise auf die Popularisierung fachwissenschaftlicher Erkenntnisse der DDR- und Deutschlandforschung angelegt ist und zudem eine Präsentation z.T. recht diffiziler Vorgänge auf knappstem Raume erforderlich machte. Dankbar ist auch die harmonische Zusammenarbeit mit Frau Gabriele Blod von der Freiburger Verlagsredaktion zu vermerken. In den Anhang wie in manchen Beitrag sind Informationen und Hinweise eingeflossen, die Bearbeiter und Herausgeber den jederzeit hilfsbereiten Mitarbeitern des Gesamtdeutschen Instituts/Bundesanstalt für gesamtdeutsche Aufgaben in Bonn und Berlin, insbesondere Frau Ulrike Enders und Frau Dr. Irene Streul (beide Bonn) sowie Herrn Günther Buch (Berlin), verdanken. Schließlich verdienen Frau Renate Horst und Herr stud. phil. Stefan Creuzberger vom Seminar für Osteuropäische Geschichte der Rheinischen Friedrich-Wilhelms-Universität in Bonn, deren unermüdliche Einsatzbereitschaft wesentlich zur Fertigstellung dieses Bandes beitrug, dankbare Erwähnung.

Bonn, im März 1988   Alexander Fischer

Historische Einführung

Die deutsche Teilung aus historischer Sicht

von Andreas Hillgruber

Auf dem Höhepunkt der von Chruschtschows „Ultimatum" ausgelösten zweiten großen Berlin-Krise fragte im Februar 1959 der damalige Regierende Bürgermeister von
Berlin, Willy Brandt, bei einem Besuch in Washington den amerikanischen
Außenminister John Foster Dulles nach der Möglichkeit eines „Sonderstatus für
Deutschland" in Europa. Dessen Antwort – der Erinnerung Brandts in seinen „Begegnungen und Einsichten" zufolge „mit einiger Kälte" geäußert – lautete: „Die Rus-
sen und wir mögen uns über tausend Dinge uneinig sein. Doch über eines gibt es zwischen uns keine Meinungsverschiedenheit: Wir werden es nicht zulassen, daß ein wie-
dervereinigtes, bewaffnetes Deutschland im Niemandsland zwischen Ost und West
umherirrt." Ist damit die für die Geschichte der deutschen Nation in der zweiten Hälfte des 20. Jahrhunderts fundamentale Frage schon abschließend beantwortet, ob es in
der Zeit nach 1945 – nach der totalen Katastrophe des Hitler-Reiches und nachdem
sich die von Ost und West vordringenden Heere der Roten Armee wie der westalliierten Expeditionsstreitkräfte etwa in der Mitte Deutschlands getroffen hatten – nicht
doch noch reale Möglichkeiten gab, die von der militärischen Aufteilung des Reiches
ausgehende Tendenz zur politischen Spaltung Deutschlands auf der Demarkationslinie Lübeck – Helmstedt – Eisenach – Hof aufzuhalten und später dann durch eine einvernehmliche Entscheidung zwischen den Hauptsiegermächten zugunsten einer
„Neutralisierung" eines um die Gebiete östlich von Oder und Neiße verkleinerten
„Gesamtdeutschlands" die Bestrebungen zur Einbeziehung der beiden deutschen
Teilstaaten in die sich formierenden, gegeneinander stehenden Militärblöcke in West
und Ost aufzuheben, ehe 1955 kaum mehr oder allenfalls sehr, sehr schwer Revidier-
bares eingetreten war?
Überschaut man die Reihe der zunächst (1945/46) von amerikanischer, dann erst
(1952) von sowjetischer und schließlich (1953) von britischer Seite vorgeschlagenen
„Neutralisierungs"-Pläne, dann erkennt man hinter allen sich wandelnden, stets vom
Interesse der jeweiligen Macht her bestimmten Einzelheiten der Vorschläge das
Grundproblem der „deutschen Frage". Dieses lag seit jeher darin, daß es über 70 Millionen Deutsche waren, die in der Mitte Europas lebten: Es waren zu viele Menschen,
und es war daher ein zu großes Potential, als daß es wie die Schweiz oder Österreich
relativ leicht in eine „neutrale" Rolle abseits der „großen Politik" hätte verwiesen
werden können; es waren andererseits demographisch zu wenige, um die Deutschen
schon in früheren Epochen der europäischen Geschichte quasi automatisch zu einer
eindeutigen und unbestreitbaren Hegemonialmacht aufsteigen zu lassen wie etwa die
USA auf dem amerikanischen Doppelkontinent. Es handelte sich vielmehr bei dem
Potential der Deutschen um eine kritische Größenordnung, die in der Frage Gleichge-
wicht oder Hegemonie in Europa – gerade auch für andere europäische oder außer-
europäische Mächte, die auf dem alten Kontinent eine Dominanz anstrebten – eine
Schlüsselrolle spielte. Zentral war dabei für die anderen Mächte das Problem, wie
man das deutsche Potential entweder ganz oder zum Teil fest an sich binden oder aber

im Falle der „Neutralisierung" so entschärfen könnte, daß es nicht wieder für Europa gefährlich werden konnte.

Eng verbunden damit war die nun einmal gegebene geopolitische und geostrategische Lage Deutschlands in Mitteleuropa, zugespitzt nach 1945 durch die Art der Aufteilung Deutschlands in Besatzungszonen, die der Sowjetunion mit dem Besitz Sachsens und Thüringens sowie der preußischen Provinz Sachsen eine weit nach Westen über die Mitte Deutschlands hinaus vorgeschobene strategisch besonders wertvolle Position zugewiesen hatte, während die USA (und die beiden europäischen Westmächte) das nach der Abtrennung der Oder-Neiße-Gebiete ökonomisch bei weitem wichtigste Gebiet und den demographisch der sowjetischen Zone weit überlegenen Teil Deutschlands besetzt und zudem mit ihren Sektoren in der alten Reichshauptstadt Berlin einen politischen Ansatz und Ausstrahlungsbereich innerhalb der sowjetischen Einflußsphäre unter den verschiedensten Aspekten gewonnen hatten. Die geopolitische und geostrategische Situation war somit gleichsam „verkeilt". Sie erschwerte allen Beteiligten im Falle einer „Neutralisierung" „Gesamtdeutschlands" die Aufgabe der seit 1945 jeweils gehaltenen Positionen in Deutschland. Darüber hinaus hätte ein Rückzug der Besatzungstruppen aus Deutschland für die Sowjetunion, die dann hinter der Oder und Neiße oder auch hinter dem Bug Halt gemacht hätten, andere Konsequenzen nach sich gezogen als ein Rückzug der amerikanischen Truppen – sei es auf verbleibende kleinere „Brückenköpfe" am Ärmelkanal und an der europäischen Atlantikküste, sei es auf die britische Insel.

In jedem Fall bedeutete eine Entscheidung zur „Neutralisierung" „Gesamtdeutschlands" eine Gewichtsverschiebung im Ost-West-Verhältnis, da eine gleichmäßige Aufgabe von Positionen, die im Endeffekt nichts an der Relation geändert und daher alle Seiten gleichmäßig betroffen hätte, praktisch politisch nicht möglich war. Dieses Problem der Gewichtsverschiebung verschärfte sich zudem mit wachsendem Abstand vom Kriegsende. Mochte 1945 das weithin zerstörte Deutschland mit seiner darniederliegenden Wirtschaft, seinen Versorgungsnöten, den Vertriebenen- und Flüchtlingssorgen als ein Gebiet erscheinen, über dessen fortdauernde Niederhaltung auf niedrigstem Niveau man sich im Zuge einer „Neutralisierungs"-Lösung noch vergleichsweise leicht hätte einigen können – den gemeinsamen Willen dazu einmal vorausgesetzt –, so veränderten in Westdeutschland der durch Währungsreform und Marshallplan-Hilfe nach 1948 unerwartet rasch in Gang kommende Wiederaufbau und das bald schon wieder beachtliche ökonomische und das – nach den Erfahrungen des Zweiten Weltkrieges hoch, wohl allzu hoch eingeschätzte – militärische Potential die Situation grundlegend. Ein „Neutralisierungs"-Vorschlag der Sowjetunion in den Jahren 1945 oder 1946 hätte folglich einen ganz anderen „Stellenwert" in der internationalen Politik gehabt als der Vorstoß im Jahre 1952 – von den späteren Jahrzehnten, die hier außer Betracht bleiben müssen, als die Bundesrepublik Deutschland zu einem der führenden Industriestaaten der Welt aufgestiegen war, ganz zu schweigen. Endlich war auch in der Zeit der Kooperation der Mächte der „Anti-Hitler-Koalition" das tiefsitzende Mißtrauen zwischen Ost und West gegeneinander nicht überwunden worden; es brach 1945 bereits vor der deutschen Kapitulation wieder auf. Varianten einer „westlichen" Appeasement-Politik, um die Deutschen ins „westliche" Lager zu ziehen, waren Gegenstand fortdauernden und sich nach der Wendung der amerikanischen Europa- und Deutschlandpolitik 1947 bald ins Maßlose steigernden sowjetischen Mißtrauens, so wie auf „westlicher" Seite der „Rapallo-Komplex" und die Erinnerung an den Hitler-Stalin-Pakt, d.h. der Verdacht auf ein mögliches neues Zusammengehen der Sowjetunion mit den Deutschen in anti-„westlicher" Stoßrichtung, Fixpunkte in den dort herrschenden Befürchtungen waren. „Neutralisierungs"-Pläne welcher Seite auch immer waren mit der Unterstellung behaftet, daß der Initiator die bestehende Situation und Konstellation in Europa offen oder versteckt, kurz- oder langfristig zu eigenen Gunsten verschieben wollte. Erschwert wurde jeder vorstellbare Interessenausgleich durch die Tatsache, daß der Ost-West-Gegensatz die Dimensionen eines „herkömmlichen" Macht- oder Interessenkonfliktes überstieg. Die Lage in Deutschland bekam für die Sowjetunion damit zusätzliche Bedeutung unter dem Aspekt der Stabilisierung ihres politischen und militärischen Vorfeldes in Europa. Dem Historiker stellt sich, wenn er alle diese Aspekte Revue passieren läßt, unweigerlich die Frage, ob unter solchen Bedingungen überhaupt eine einvernehmliche, ausgewogene, keine Seite übervorteilende Lösung des Deutschland-Problems durch die Hauptsiegermächte auf der Basis einer „Neutralisierung" „Gesamtdeutschlands" im Raum zwischen Aachen und der Oder-Neiße-Linie möglich gewesen wäre.

Zieht man das Wollen der Deutschen mit in die Betrachtung ein, dann kompliziert sich das Problem noch weiter. Von dem Byrnes-Plan (1945/46) erfuhren die Deutschen nur wenig — und wenn, dann vor allem etwas im Hinblick auf die vorgesehene 25jährige bzw. 40jährige Entmilitarisierung „Gesamtdeutschlands". Die darin einbeschlossene „Neutralisierungs"-Konzeption blieb hingegen den Zeitgenossen verborgen. Auch interessierte sich damals bei den Hauptsiegermächten kaum jemand genauer für die Wünsche der Deutschen hinsichtlich ihrer nationalen Zukunft — sieht man einmal von den generellen Befürchtungen vor einem deutschen Nationalismus ab. Der für eine Übergangszeit auf eine „Neutralisierung Gesamtdeutschlands" in den Grenzen des sog. Potsdamer Abkommens hinauslaufende „Plan A" ("Program A") des amerikanischen Diplomaten George F. Kennan von 1948 hätte — wenn er frühzeitig bekannt geworden wäre — vielleicht Begeisterung bei den Deutschen in allen Besatzungszonen ausgelöst, da seine Verwirklichung sie aus den Nöten der Berlin-Blokkade und der damals mit äußerster Reserve beurteilten „Weststaat-Pläne" der westlichen Alliierten befreit hätte, zumal das Projekt als Fernziel die Einbeziehung ganz Deutschlands in den „westlichen" Bereich hatte durchschimmern lassen. Vielleicht hätte aber auch die Ablehnung dominiert, da der Verlust der deutschen Ostgebiete, den der „Plan A" festschreiben wollte, damals noch den meisten Deutschen inakzeptabel erschien. Doch blieb es bei einem schon im Department of State intern abgelehnten Entwurf Kennans; die für einen Augenblick möglich erscheinende Wiederholung der internationalen Konstellation von 1920, der Fortbestand bzw. die Wiederherstellung eines, wenn auch geschwächten, „Gesamtdeutschlands" und ein Abdrängen der Sowjetunion hinter einen — wieder in die „richtige" Richtung gewendeten — Cordon sanitaire, ließ sich nicht in die Wirklichkeit umsetzen.

Die Stalin-Note vom 10. März 1952 und die folgenden sowjetischen Initiativen gleicher Tendenz bis Januar 1955 standen anders als der Byrnes-Plan und „Plan A" im Rampenlicht der Öffentlichkeit, gerade auch in Deutschland. Die sowjetischen Vorstöße zu einer „Neutralisierung" des verkleinerten „Gesamtdeutschlands" fanden in einer Zeit statt, in der sich die überwiegende Mehrheit der Deutschen bereits für eine Westbindung entschieden hatte und in der sie — bei mancher Kritik an Adenauer im einzelnen — prinzipiell seiner Zielsetzung folgte, die Wiedervereinigung Deutschlands unter „westlichen" Vorzeichen anzustreben und danach „Gesamtdeutschland" fest in den Westblock einzufügen. Die Stimmen derer, die am Erfolg dieser Westpolitik zugunsten einer deutschen Wiedervereinigung zweifelten und statt dessen eine „Neutralisierung" Deutschlands als die aussichtsreichere Lösung zur Verhinderung einer langfristigen Spaltung der Nation ansahen, verhallten, ohne ein breiteres Echo zu finden. Das galt für den Historiker Ulrich Noack und seinen „Nauheimer Kreis" ebenso wie für Gustav Heinemann und seine „Gesamtdeutsche Volkspartei", für die Publizisten Paul Sethe und Karl Silex wie für die Diplomaten Karl Georg Pfleiderer und Richard Meyer von Achenbach, schließlich auch für die „Paulskirchenbewegung" von 1955. Ihrer aller leidenschaftliches Bemühen um den Erhalt der nationalen Einheit in einem „neutralisierten" „Gesamtdeutschland" knüpfte gewiß an die Tradition des machtpolitischen „Eigenweges" Preußen-Deutschlands zwischen Ost und West an, doch wollten sie diese Linie bestimmt nicht im Sinne des alten machtpolitischen „Königsweges" als Ausgangspunkt für einen abermaligen Aufstieg Deutschlands zur Führungsmacht in Europa beschreiten. Im Gegenteil: Ihnen erschien die Erschöpfung der deutschen Nation nach den Überanstrengungen der Weltkriege und nach dem Mißbrauch des nationalen Bewußtseins durch Hitler und den Nationalsozialismus viel zu groß, um nun bereits wieder ins Spiel der „großen Politik", jetzt im Dienst der Führungsmächte in West oder Ost, gebracht zu werden. Anders als für manche, die sich seit den siebziger Jahren in der Bundesrepublik Deutschland für den „Neutralisierungs"-Gedanken engagieren, galt für die Genannten ein „neutralisiertes" Gesamtdeutschland nicht als eine Idylle, als eine Art „großer Schweiz", sondern war Ausdruck ihres Willens zur Bewahrung der nationalen Schicksalsgemeinschaft der Deutschen in schwerer Zeit. Für ein stärkeres Echo solcher Pläne in der Öffentlichkeit fehlte jedoch, aus begreiflichen Gründen, eine entscheidende Voraussetzung: das Vertrauen in die sowjetische Politik. Konnte − nach der Gleichschaltung der sowjetisch kontrollierten Staaten trotz vorheriger Bekenntnisse zu „demokratischen" Ordnungen, nach den Erfahrungen der Berliner Blockade und des Korea-Krieges − der sowjetischen Einsicht und Selbstbeschränkung gegenüber einem demokratisch verfaßten, selbstbestimmten Gesamtdeutschland vertraut werden?

Hatten die Siegermächte, vor allem die „westlichen", in den ersten Jahren nach 1945 die Fortdauer eines starken deutschen Nationalismus allzu hoch eingeschätzt und ihn ihrerseits als Begründung für ihre „Neutralisierungs"-Projekte mit angeführt, so zeigte das Verhalten der überwiegenden Mehrheit der Westdeutschen nach 1952, daß ihr 1948/49 zustandegekommener politisch-geistiger Grundlagen-„Pakt" mit den aus der Besatzungsmacht zur Schutzmacht gewordenen USA inzwischen eine feste Basis darstellte, von der aus Adenauer seine Politik der Westintegration der Bundesrepublik unter einstweiliger Hinnahme der zeitlich nicht abzuschätzenden Spaltung Deutschlands über alle Krisen hinweg steuern konnte, ohne mit einer breiten Gegenbewegung rechnen zu müssen, die die „Neutralisierung" zur Rettung der Einheit der Nation auf ihre Fahnen geschrieben hätte.

So entsprach der Risikoscheu der Siegermächte, die befürchteten, durch eine „Neutralisierung" „Gesamtdeutschlands" vom jeweiligen weltpolitischen Kontrahenten aus wertvollen Positionen in Deutschland gedrängt zu werden, die Risikoscheu der überwiegenden Mehrheit der Westdeutschen, die vor allem Sicherheit im Bündnis mit den Westmächten suchte, die sich ihrerseits institutionell und vertraglich gegen die Neuauflage eines zunächst westdeutschen, schließlich dann − so fürchteten sie − „gesamtdeutschen" Eigenweges zu sichern suchten. So schien durch die Art und Weise, wie die Spaltung Rest-Deutschlands vollzogen wurde, am besten das deutsche und russische Doppelproblem gelöst, vor dem die USA (und mit ihnen die europäischen Westmächte) seit 1945 standen, und eine Wiederholung von „Rapallo" nach menschlicher Voraussicht verhindert. In Adenauers Westintegrationspolitik spiegelte sich im zweifachen Sinne ein Primat der Sicherheit: Sicherheit der Bundesrepublik vor einer Expansion der Sowjetunion nach Westen und Sicherheit der Deutschen gleichsam vor sich selbst, vor einem von ihm trotz aller gegenteiligen Zeitstimmungen in Deutschland früher oder später doch befürchteten Rückfall der Deutschen in den Nationalismus.

Ob für die Sowjetunion in der Stalin bedrohlich erscheinenden Konstellation des Frühjahrs 1952 eine „Neutralisierung" „Gesamtdeutschlands" die vorzuziehende Lösung des Deutschland-Problems gegenüber der Integration des wesentlich größeren, westlichen Teils Deutschlands in den Westblock darstellte, muß trotz mancher Aspekte, die dafür sprechen, weiter offen bleiben. 1954/55 sah die Situation dann jedenfalls für die Sowjetunion bei weitem schon nicht mehr so ernst aus, daß sie mit einem noch weitergehenden „Angebot" hätte hervortreten und der Tendenz zur langfristigen Spaltung Deutschlands mit der Integration der Bundesrepublik in den nun allerdings lockerer als 1952 gefügten Westblock hätte massiver entgegentreten müssen. Die feste Einfügung Westdeutschlands in den von den USA geführten NATO-Block, der prinzipiell auf einer Defensivstrategie der in ihm zusammengeschlossenen souveränen Staaten festgelegt war, hatte auch den Vorteil, eine Wiederholung des 22. Juni 1941 unter besseren Voraussetzungen für den Angreifer als damals, nämlich mit Unterstützung der amerikanischen Nuklearmacht, das sowjetische Nachkriegstrauma schlechthin, weitestgehend auszuschließen. Die Realisierung der NATO-Lösung für die Bundesrepublik nach dem Scheitern der Europäischen Verteidigungsgemeinschaft band andererseits zwar die USA noch fester in die Deutschlandproblematik ein, erleichterte aber auch Absprachen von Weltmacht zu Weltmacht in Mitteleuropa über die Sonderinteressen der Deutschen wie der Europäer insgesamt hinweg.

Für den Zeitraum nach der Grundentscheidung vom Mai 1955 entsprach das eingangs zitierte Wort des Außenministers Dulles zu Willy Brandt in der Berlin-Krise 1959 voll der Interessenlage beider Supermächte. Brandt resümierte sie in seinen „Begegnungen und Einsichten" mit der Bemerkung, daß es wohl „so etwas wie eine stille Übereinkunft zwischen Moskau und Washington über die Respektierung der Einflußsphären in Europa" gebe, was die Hinnahme der Spaltung Deutschlands auf sehr lange Zeit einschloß. Sie war spätestens dann für alle Beteiligten zur „sichersten" Lösung geworden, als die anfangs noch sehr hoch eingeschätzte Gefahr eines extremen deutschen Nationalismus, der dagegen aufbegehrt hätte und den die eine oder die andere Führungsmacht hätte in ihren Dienst nehmen können, als gebannt galt. Dies schien Mitte 1955 in einem in den ersten Nachkriegsjahren nicht für möglich gehaltenen Maße der Fall zu sein. Die deklamierte Zielsetzung einer Wiedervereinigung „in Frieden und Freiheit" im Bunde mit den Westmächten trug wesentlich dazu bei, in den ersten Jahren nach der Grundentscheidung von 1955 die Einsicht in die Langfristigkeit der Spaltung zu verdecken und zu verdrängen, bis am 13. August 1961 die Stunde der Wahrheit schlug.

Eine ausführliche Darstellung dieses Problemkreises durch den Verfasser ist 1987 unter dem Titel „Alliierte Pläne für eine ‚Neutralisierung' Deutschlands 1945–1954" in der Reihe der Rheinisch-Westfälischen Akademie der Wissenschaften (= Vorträge G 286) beim Westdeutschen Verlag in Opladen erschienen.

Zur Vorgeschichte der DDR

von Alexander Fischer

Die DDR ist im Jahre 1949 nicht im luftleeren Raum entstanden, sondern geht in ihren wesentlichen Merkmalen auf Vorstellungen und Prinzipien der KPD aus den dreißiger Jahren zurück. Nachdem im Jahre 1935 mit dem VII. Weltkongreß der Kommunistischen Internationale die ultralinke Parteilinie mit der These von der Sozialdemokratie („Sozialfaschisten") als Hauptfeind und der Zielsetzung „Sowjet-Deutschland" aufgegeben werden mußte, rückte die Einheits- und Volksfronttaktik in den Vordergrund. Vor allem im Zusammenhang mit Bemühungen um Volksfrontbündnisse mit „bürgerlichen" Hitlergegnern sah sich die KPD veranlaßt, die kommunistischen Vorstellungen von einem neuen Deutschland nach Hitler zu präzisieren. Dabei ließen taktische Überlegungen die Forderung nach einer deutschen Sowjetrepublik als unzeitgemäß erscheinen. Stellungnahmen von führenden Funktionären wie Wilhelm Pieck, Walter Ulbricht und Anton Ackermann machten vielmehr deutlich, daß die KPD seit dem Frühjahr 1937 für Deutschland eine „demokratische Volksrepublik" favorisierte. Ein konstitutives Element dieser Volksrepublik war eine deutliche Abgrenzung von der Weimarer Republik. Ein Kommentar aus der Feder Ackermanns begründete diese Ablehnung mit der „Tatsache", daß der Weimarer Staat nicht als „ein fortschrittlich revolutionäres Staatswesen" entstanden sei, sondern vielmehr zur Verhinderung „des Staates der proletarischen Diktatur und des Sozialismus" gedient habe. Als vor allem von den Sozialdemokraten zu verantwortende Versäumnisse der Weimarer Republik nannte er:

- keine Zerschlagung des „reaktionären Staatsapparates",
- keine wesentliche Einschränkung der Bürokratie,
- keine Herstellung einer „völligen Reichseinheit",
- keine Schaffung einer „vollkommenen" Selbstverwaltung der Kommunen und
- keine Vernichtung „der schlimmsten Reaktion der Monarchisten, Generäle, Junker und Großkapitalisten".

Man konnte also davon ausgehen, daß sich in einem neuen, von den Kommunisten akzeptierten oder gar geprägten deutschen Staat solche „Versäumnisse" nicht wiederholen würden.

Die programmatische Grundlage zur Errichtung der von den Kommunisten geforderten deutschen „demokratischen Volksrepublik" bildeten die „Richtlinien für die Ausarbeitung einer politischen Plattform der deutschen Volksfront", eines Anfang 1937 veröffentlichten Dokuments der KPD vom Juni 1936. Die neue Republik, so hieß es darin, werde „die volle und uneingeschränkte Freiheit der Person, der Wohnung, der Presse, des Vereins- und Versammlungswesens, der Religion, der wissenschaftlichen Forschung und der Kunst" sichern. Zudem sollten die Angehörigen „aller Berufe, aller nichtfaschistischen politischen, weltanschaulichen und religiösen Richtungen" das uneingeschränkte Recht erhalten, sich „zur Vertretung ihrer Interessen und Anschauungen" zusammenzuschließen. Das neue Reich werde zudem bereit sein, mit den Kirchen und Religionsgemeinschaften „die von ihnen gewünschten Verträge zur Sicherung ihres selbständigen Lebens" abzuschließen. Im übrigen war die Forderung nach einer starken Exekutive unüberhörbar, während den im kommunistischen Selbstverständnis „feudalen Überresten" und „kapitalistischen Säulen" der deutschen Gesellschaft besondere Aufmerksamkeit galt. Für den agrarischen Bereich wurde eine Bodenreform angekündigt. Zudem sollten alle Banken, die sich in Staatsbesitz befanden oder vor 1933 befunden hatten, zu einer Staatsbank verschmolzen werden. Schwerwiegende Eingriffe waren mit der Nationalisierung der Rüstungsindustrie auch im industriellen Bereich vorgesehen. Der Staatsapparat, das Heer sowie alle öffentlichen Ämter sollten von „volksfeindlichen, faschistischen Elementen" gereinigt werden. Mit Recht ist auf die Ambivalenz dieses kommunistischen Deutschlandprogramms aufmerksam gemacht worden: Vordergründig gesehen wurden nur begrenzte Eingriffe in die vorgegebenen Strukturen der deutschen Gesellschaft angekündigt, doch war die Durchsetzung der angekündigten Maßnahmen ohne weiteres geeignet, auch eine „einschneidende Umstrukturierung" (Sywottek) in Deutschland vorzubereiten.

Bis zum Ausbruch des Zweiten Weltkrieges wurden diese Auffassungen weiter präzisiert. Besonders hervorzuheben ist in diesem Zusammenhang die Resolution des ZK der KPD vom 14. Mai 1938, die die kommunistischen Vorstellungen vom neuen Deutschland programmatisch zusammenfaßte und die Doktrin der Volksdemokratie in ihrer klassischen Form systematisierte. Auf die Frage „Was soll nach Hitler kommen?" entwickelte die KPD dabei Vorstellungen, die bis 1949 im großen und ganzen ihre Gültigkeit behalten haben: In einer „demokratischen Republik" werde das deutsche Volk, so hieß es vielversprechend, „selbst über alle Fragen des Lebens und seines Verhältnisses zu den anderen Völkern entscheiden, den Faschismus mit der Wurzel ausrotten und ihm seine materielle Basis durch Enteignung der faschistischen Verschwörer unter den Großkapitalisten und Großgrundbesitzern entziehen". Das neue Reich werde „eine antifaschistische Republik" sein, die sich von der Weimarer Republik dadurch unterscheiden würde, „daß sie nicht auf der Hegemonie der Bourgeoisie, nicht auf der Koalition der bürgerlichen Parteien mit Teilen der Arbeiterklasse bei der Unterordnung der Interessen der Arbeiterklasse und der Bauern unter die Interessen des Großkapitals und der Großagrarier beruhen wird". Ihre Grundlage werde vielmehr die Volksfront sein, d.h. „das Bündnis der einigen Arbeiterklasse mit den Bauern, den Mittelschichten und der Intelligenz für die Vertretung der Interessen des werktätigen Volkes und damit für die Vertretung der Interessen der deutschen Nation". Kein Zweifel wurde an der außenpolitischen Orientierung der deutschen „demokratischen Republik" gelassen: Das neue Deutschland werde − „gestützt auf eine starke Volksarmee" − natürlich vor allem „den Frieden sichern", indem es „die friedliche Verständigung mit den anderen Völkern und die freundschaftliche Zusammenarbeit mit der Sowjetunion herbeiführt".

Mit diesen Formulierungen war zum ersten Male die Absicht zu grundlegenden Veränderungen der politischen wie der ökonomischen Machtverhältnisse zum Ausdruck gebracht worden. Auch bestand für die KPD kein Zweifel daran, daß in dem vorgesehenen Volksfrontbündnis den Interessen der „Arbeiterklasse" als der „führenden Kraft" Priorität gebühre. Eine Bekräftigung erfuhr diese Position zu Beginn des Jahres 1939 auf der sog. Berner Konferenz der KPD, die vom 30. Januar bis 1. Februar 1939 in der Nähe von Paris stattfand. Danach gehörten zu den wesentlichen Merkmalen eines zukünftigen Volksfrontdeutschland u.a.:

− eine besondere außenpolitische Bindung an die Sowjetunion,
− drastische Veränderungen in den Eigentumsverhältnissen (u.a. „Enteignung des faschistischen Trustkapitals", „demokratische Bodenreform"),
− die Schaffung eines zuverlässigen Polizei- und Beamtenapparates sowie einer zuverlässigen Armee („Volksarmee"),
− die Schaffung der „einigen Arbeiterklasse",
− das Fernhalten sog. bürgerlicher Kräfte von den Schaltstellen der politischen Macht („... die einige Arbeiterklasse ... wird das Schicksal des Landes bestimmen"),
− die Garantie von Glaubens- und Gewissensfreiheit sowie der Schutz des Eigentums der Kirche und schließlich

– die Fortsetzung des Kampfes „um den Sozialismus" („die Mehrheit des Volkes für das sozialistische Ziel" gewinnen).

Im übrigen konnte kein Zweifel daran bestehen, daß diese Aussagen über „die neue, demokratische Republik" in Deutschland nur ein Zwischenstadium auf dem Wege zu einer deutschen Sowjetrepublik beschrieben. Das Volksfrontdeutschland war dazu ausersehen, den Weg für eine neue Qualität demokratischer Staatlichkeit in Deutschland zu ebnen, indem ihm die Aufgabe zufiel, „den Faschismus mit der Wurzel auszurotten und den Feinden der Werktätigen jede Möglichkeit der Einflußnahme auf Wirtschaft und Politik zu nehmen".

Nach dem deutschen Überfall auf die Sowjetunion am 22. Juni 1941 scheint unter den kommunistischen deutschen Emigranten in Moskau für kurze Zeit die Hoffnung geherrscht zu haben, ein innerdeutscher Volksaufstand werde sie in die Lage versetzen, ihre Vorstellungen von einem neuen Deutschland bald verwirklichen zu können. Ulbricht hielt es jedenfalls für richtig, den deutschen Kriegsgefangenen in der Sowjetunion zu verstehen zu geben, daß im künftigen Deutschland „das Volk, die Arbeiter und Bauern, bestimmen muß". Über die Art und Weise, wie das geschehen werde, äußerte er sich „nur allgemein". Aber dadurch, daß vor dem Vortrag über das künftige Deutschland der Vortrag über die Sowjetunion gehalten wurde, kam „eine Verbindung zwischen der gerechten Ordnung in der Sowjetunion und der künftigen Ordnung in Deutschland" zustande. In der Tat sprach vieles dafür, daß die deutschen Kommunisten unter der neuen Ordnung in Deutschland „eine Sowjetmacht" verstanden, die „den besonderen Verhältnissen in Deutschland angepaßt" werden sollte.

Gelegenheit zur konkreten Vorbereitung des Vorstadiums einer solchen „Sowjetdemokratie" ergab sich freilich erst zu einem Zeitpunkt, als die Wende des Krieges erreicht war und auch sowjetische Dienststellen Überlegungen darüber anstellten, was in den von der Roten Armee zu besetzenden Staaten Europas geschehen sollte. Im Rahmen der sowjetischen Deutschlandpolitik erhielten die Politemigranten der KPD ab Februar 1944 die Möglichkeit, in einer zwanzigköpfigen Arbeitskommission u.a. auch „klare Richtlinien für alle Lebensbereiche zur Gestaltung des neuen Deutschland" auszuarbeiten. Die Überlegungen konzentrierten sich im wesentlichen auf sechs politische Grundfragen, zu denen jeweils ein Kommissionsmitglied referierte: auf die Einschätzung der Lage in Deutschland und die Aufgaben bis zum Sturze Hitlers (Wilhelm Florin), die politische Führung im neuen Deutschland (Walter Ulbricht), die Rolle der Sowjetunion in der Nachkriegszeit (Rudolf Herrnstadt), die neuen Gewerkschaften (Hermann Matern), die Wirtschaft und Wirtschaftspolitik (Anton Ackermann) sowie Bauern- und Agrarfragen (Edwin Hoernle). Aus den Diskussionen und Erörterungen ging im Oktober 1944 ein von Wilhelm Pieck, Walter Ulbricht und Anton Ackermann erarbeitetes „Aktionsprogramm des Blocks der kämpferischen Demokratie" hervor. Diese erste programmatische Grundlage für den „Aufbau einer antifaschistisch-demokratischen Ordnung" in Deutschland machte deutlich, daß die KPD beim Neuaufbau des deutschen Staates nichts dem Zufall überlassen wollte und darüber hinaus unter Berufung auf ihre Analyse der politischen Lage im Lande einen Führungsanspruch erhob.

Wenn man den Aufzeichnungen des Parteivorsitzenden Pieck aus seiner Moskauer Emigrationszeit folgt, dann sollte sich der Neuaufbau in Deutschland nach dogmatisierten Grundsätzen vollziehen, die er und seine Genossen aus Lenins Schrift „Zwei Taktiken der Sozialdemokratie in der demokratischen Revolution" bezogen. Die deutschen Kommunisten scheinen sich nahezu vollständig mit den taktischen Ratschlägen identifiziert zu haben, die Lenin im Sommer 1905 seinen bolschewistischen Anhängern in den sozialdemokratischen Gruppen und Zirkeln des zaristischen Rußland erteilt hatte, weil sie sich in einer vergleichbaren Situation wähnten: am Vorabend einer „demokratischen Revolution". Nach Pieck enthielt Lenins Schrift „sehr wichtige Lehren, die volle Gültigkeit für unsere Aufgaben haben"; für ihn war sie „die große Richtlinie" für die Beurteilung der Lage und für die Ausarbeitung des Programms. Er hob besonders hervor, daß Lenin seinerzeit den Rat erteilt habe, ein Aktionsprogramm aufzustellen, das „den objektiven Bedingungen des gegebenen historischen Augenblicks und den Aufgaben der proletarischen Demokratie" entspreche. Unter diesem „Minimalprogramm" hatte der Führer der Bolschewiki seinerzeit „das Programm der nächsten politischen und ökonomischen Umgestaltungen" verstanden, „die einerseits auf dem Boden der jetzigen gesellschaftlich-ökonomischen Verhältnisse vollauf durchführbar und andererseits für den weiteren Schritt vorwärts, für die Verwirklichung des Sozialismus notwendig sind."

Als Minimalprogramm war auch das „Aktionsprogramm des Blocks der kämpferischen Demokratie" von 1944 konzipiert, dessen taktisch bedingte Zielsetzung von Pieck nachdrücklich unterstrichen wurde. Das in zwei Hauptteile gegliederte Dokument versuchte im ersten Abschnitt in knappen Zügen die erwartete Ausgangssituation in Deutschland bei Kriegsende zu skizzieren. Die dargebotene Analyse orientierte sich an den gängigen Denkkategorien des Marxismus-Leninismus, wobei Überreste jener Parolen sichtbar wurden, wie sie die KPD in den politischen Tageskämpfen der Weimarer Republik vertreten hatte. Den Kardinalfehler für den verhängnisvollen Verlauf des jüngsten Kapitels der deutschen Geschichte glaubte sie im Jahre 1918 suchen zu müssen: Damals habe keine „Zerschlagung der Machtposition der kriegsschuldigen Großverdiener und reaktionären Kriegstreiber" stattgefunden. Die Schuld an dieser Entwicklung wurde bedenkenlos der Sozialdemokratie angelastet, „die durch ihre Koalitionspolitik das Erstarken der Reaktion begünstigte und das Zustandekommen der Einheit der Arbeiterklasse für den Kampf gegen Imperialismus und Faschismus verhinderte". Die zweite Hälfte des „Aktionsprogramms" enthielt ein Sofortprogramm für den Zeitraum der Besatzungsherrschaft, das die dringendsten politischen, ideologischen und wirtschaftlichen Maßnahmen „zur Ausrottung des Faschismus" und für den Aufbau „demokratischer Verhältnisse" zusammenfaßte. Dazu gehörten Bestimmungen zur Beseitigung „aller Machtpositionen des faschistischen deutschen Imperialismus" (Verhaftung und Aburteilung „der Nazimörder und Kriegsschuldigen", Enteignung ihres Besitztums und Vermögens, gründliche Säuberung des Staatsapparates und der Kommunalverwaltungen, Aufhebung aller volksfeindlichen Gesetze, Auflösung faschistischer Organisationen, Säuberung des Erziehungs- und Bildungswesens, Maßnahmen „zur Ausrottung aller Wurzeln des barbarischen Faschismus und räuberischen Imperialismus"), dazu gehörten die Verwirklichung der bürgerlichen Freiheiten, die „Schaffung und Entwicklung von Volksorganen zur Kontrolle und Sicherung der Durchführung der beschlossenen Gesetze und Maßnahmen und zur Heranziehung der Volksmassen zur aktiven Teilnahme am Staatsleben", Vorschläge zur Linderung der Not im sozialen Bereich sowie einschneidende Maßnahmen auf dem wirtschafts- und agrarpolitischen Sektor (Lenkung und Kontrolle der Wirtschaft „durch die Organe des demokratischen Staates", „demokratische Bodenreform"). In seiner Gesamtheit entsprach das Aktionsprogramm der offenkundigen Absicht der im Rahmen der sowjetischen Deutschlandplanung tätigen Funktionäre der KPD, die zwar die Gegebenheiten der besonderen Situation des besiegten Deutschland respektieren wollten, darüber hinaus jedoch die Möglichkeit nicht aus dem Auge ließen, das Land dem Ziel einer sozialistischen Umgestaltung nach sowjetischem Vorbild näherzubringen. Auch die im Auftrag des Politbüros des ZK der KPD von Ackermann bis zum Jahresende 1944 erarbeitete erweiterte Fassung des Aktionsprogramms ließ keinen Zweifel an der Auffassung, daß Deutschland am Beginn eines revolutionären Prozesses stehe.

Für die kommunistischen deutschen Emigranten in der Sowjetunion dürfte es zu den größten Enttäuschungen ihrer politischen Laufbahn gehört haben, im Frühjahr 1945 aus der Ferne zusehen zu müssen, wie das Ringen um Deutschland im harten Kampf gegen das deutsche Volk erfolgte. Die seit Kriegsbeginn, insbesondere seit dem deutschen Angriff auf die Sowjetunion, gehegten Hoffnungen auf einen innerdeutschen Volksaufstand erwiesen sich nunmehr als eine Illusion. Während die Emigranten in Moskau im Falle eines gewaltsamen Umsturzes im „Dritten Reich" offensichtlich davon ausgegangen wären, einer „revolutionär-demokratischen Volksmacht" (Benser) die Schlüsselstellungen in Staat und Gesellschaft sichern zu können, komplizierte die Zerschlagung des Hitlerreiches durch die Truppen der sog. Anti-Hitler-Koalition die Lage beträchtlich. Im Blick auf das zu erwartende Arrangement mit den westlichen Besatzungsmächten mußten sich die kommunistischen Funktionäre mit ihren Plänen zur revolutionären Umgestaltung Deutschlands vorerst mit kleinen Schritten begnügen. Infolgedessen wurde vorläufig auf die Errichtung einer deutschen politischen Zentralrepräsentanz, auf die sofortige Zulassung von Parteien sowie auf die Bildung eines „Blocks der kämpferischen Demokratie", der in Moskau ausgeklügelten Vorbedingung für die Teilnahme deutscher Parteien und Gruppen am demokratischen Neuaufbau, verzichtet. Unter diesen Voraussetzungen erhielt der rasche Aufbau zuverlässiger örtlicher deutscher Verwaltungen unmittelbar nach dem Einmarsch der alliierten Truppen große Bedeutung. Die bei ihrer Bildung von den Moskauer Emigranten im sowjetischen Besatzungsgebiet geübte Praxis warf ein bezeichnendes Licht auf den Charakter der angestrebten „antifaschistisch-demokratischen Ordnung". In jedem Falle sollten nämlich die Schlüsselpositionen (z.B. die Dezernate für Personalfragen, für Volksbildung und für den Aufbau der Polizei) zuverlässigen kommunistischen Funktionären vorbehalten bleiben. „Es ist doch ganz klar", so erläuterte das Politbüromitglied Ulbricht die politische Maxime in dieser Phase des Neubeginns, „es muß demokratisch aussehen, aber wir müssen alles in der Hand behalten." Der sowjetischen Besatzungsmacht ist es vorbehalten geblieben, in enger Zusammenarbeit mit den maßgeblichen Funktionären der KPD den Zeitpunkt festzulegen, ab dem die ersten Maßnahmen für eine „antifaschistisch-demokratische Umwälzung" eingeleitet wurden. Dabei fanden Stichworte wie „Vernichtung des deutschen Militarismus und Nazismus", „Liquidierung der deutschen Rüstungsindustrie", „Entwaffnung und Entmilitarisierung Deutschlands" und „Verhinderung neuer Aggressionen von seiten Deutschlands" aus den Diskussionen und Beschlüssen der Gipfelkonferenzen von Jalta und Potsdam durchaus Berücksichtigung, freilich in ihrer sowjetischen Interpretation. Mit dem – straff kontrollierten – Aufbau eines Parteiensystems (Befehl Nr. 2 der SMAD vom 10. Juni 1945), der Gründung von kommunistisch kontrollierten Massenorganisationen, der Verstaatlichung von Banken und Versicherungen, dem Aufbau deutscher Zentralverwaltungen (Befehl Nr. 17 vom 25. Juli 1945) und der „Demokratisierung" des Schulwesens bis hin zur Ausarbeitung einer Verfassung für eine Deutsche Demokratische Republik im Jahre 1946 schälte sich im Rahmen der SBZ alsbald jenes Deutschland-Modell heraus, das den deutschen Kommunisten wie der sowjetischen Besatzungsmacht vorschwebte.

Nicht ohne Grund schrieb Stalin in seinem vielzitierten Grußtelegramm vom 13. Oktober 1949 anläßlich der Gründung der DDR nicht nur vom „Wendepunkt in der Geschichte Europas", sondern auch davon, daß die DDR der „Grundstein für ein einheitliches, demokratisches und friedliebendes Deutschland" sei. In der Gründung der DDR, so präzisierte ein enger Vertrauter Stalins, der stellvertretende Ministerpräsident der UdSSR Georgi M. Malenkow, käme „der Prozeß der Vereinigung und des Zusammenschlusses der demokratischen Kräfte des deutschen Volkes" zum Ausdruck. Es konnte kein Zweifel daran bestehen, daß mit diesen „demokratischen Kräften" Funktionäre wie Wilhelm Pieck und Otto Grotewohl gemeint waren, nicht aber die westdeutschen Politiker Konrad Adenauer und Kurt Schumacher. Wenn Pieck am 11. Oktober 1949 nach seiner Wahl zum Präsidenten der DDR von den „Brüdern und Schwestern" sprach, die in den Westzonen „unter dem entwürdigenden Druck eines der deutschen Bevölkerung von den westlichen Besatzungsmächten aufgezwungenen Besatzungsstatuts" lebten, oder Grotewohl einen Tag später in seiner Regierungserklärung die Bundesrepublik Deutschland als einen Staat zu disqualifizieren versuchte, der schon in seiner Geburtsstunde „alle Krankheitszeichen eines politischen Wechselbalges" aufweise, dann wurde damit nur der Anspruch verdeutlicht, daß die DDR von ihren Funktionären als „deutsches Kerngebiet" (Pieck), als deutsches Piemont verstanden wurde.

Zum politisch-historischen Selbstverständnis der DDR

von Arnold Sywottek

Als „Wendepunkt in der Geschichte Europas" begrüßte Iosif W. Stalin am 13. Oktober 1949 die Gründung der DDR; Kriege seien nun in Europa nicht länger möglich, und die „Knechtung der europäischen Länder durch die Weltimperialisten" hätte ein Ende. Solche politisch-pathetische Polemik war damals seit etwa zwei Jahren wieder üblich, wenn sowjetische Politiker und kommunistische Parteifunktionäre die weltpolitische Lage öffentlich charakterisierten. Wenige Monate zuvor hatten Diplomaten der UdSSR und der USA dafür gesorgt, daß der propagandistisch vor allem zur Befestigung der bestehenden weltpolitischen Einflußzonen geführte „kalte Krieg" in Europa nicht in einen „heißen" umschlug, in dem vielleicht Atombomben eingesetzt worden wären: Die sowjetische Führung hatte sich bereit erklärt, die Verhältnisse um Berlin wieder zu „normalisieren", nachdem sie den Westteil der Vier-Mächte-Stadt über ein Jahr hatte blockieren lassen, so daß dessen Versorgung nur durch die Luft möglich gewesen war, wenn er nicht unter sowjetische Kontrolle geraten sollte. Die Regierung der USA als Vertreterin der von Stalin als „Weltimperialismus" umschriebenen Bestrebungen hatte durch die „Luftbrücke" bekräftigt, daß es ihr vor allem darum ging, den militärisch-politischen Zustand, wie er seit Kriegsende bis 1947 in Deutschland bestand, wiederherzustellen.

Der politischen und wirtschaftlichen Stabilisierung dieses Zustands hatten die seit Anfang 1948 zielbewußt verstärkten Bemühungen um die Gründung eines auf Westdeutschland beschränkten neuen Staates gegolten, die mit der Verkündung des Grundgesetzes für die Bundesrepublik Deutschland am 23. Mai 1949 eine wichtige Stufe erreicht hatten. Dies zu verhindern, war *ein* Ziel der sowjetischen Blockade von Berlins Westsektoren gewesen. Als sich dies als unrealistisch erwies, war die Gründung der DDR ein naheliegender politischer Schritt, der kaum jemand überraschte. Es waren ohnehin nur noch einige förmliche Akte nötig, um die DDR aus der Taufe zu heben: In seinen wichtigsten Behörden und Organisationen und auch in den für ihn typischen Mechanismen und Mustern der politischen Willensbildung und -durchsetzung war dieser neue Staat vorhanden, bevor er ausgerufen wurde. So erweist sich im Rückblick die zeitgenössische Beurteilung der politischen Situation in Deutschland im Oktober 1949 als „Wendepunkt in der Geschichte Europas" zwar nicht als voll überzeugend, aber auch nicht als ganz unzutreffend. Mit der formellen Errichtung eines zweiten deutschen Staates gab die sowjetische Führung zu verstehen, daß sie vorerst nicht daran dachte, den von ihr kontrollierten Teil Deutschlands dem neuen Staat im Westen anzugliedern. Von nun an − das war absehbar − waren Vertreter von zwei deutschen Staaten, die sich nebeneinander über die seit 1946/47 konstituierten deutschen Länder wölbten, zu berücksichtigen, wenn es in der internationalen Politik darum ging, die seit dem Ende des Zweiten Weltkrieges offene Frage, was aus Deutschland werden solle, zu beantworten.

Während für die westlichen Besatzungszonen bzw. für die Bundesrepublik Deutschland einschließlich Berlins (West) mit der Einbeziehung in das amerikanische European Recovery Program (Marshall-Plan) seit 1948 die „Westintegration" begann, die im Jahre 1952 im Rahmen der Montanunion zum freiwilligen Souveränitätsverzicht als einem wichtigen Element der Gleichberechtigung wie der zwischenstaatlichen Friedensordnung in Westeuropa führte, wuchs die SBZ/DDR in einen Kreis von Staaten hinein, der vordergründig von den althergebrachten Mustern der nationalstaatlichen Souveränität geprägt war. In ihrer Selbstdarstellung betonten ihre verantwortlichen Politiker zunächst diese Muster, nicht zuletzt im Blick auf die wirtschaftlichen Voraussetzungen ihres Staates. Da die Industrie in der DDR einen großen Anteil ihrer Güter für den sowjetischen Bedarf herstellte (bis 1954 z.T. in Betrieben der SAG, die sowjetisches Staatseigentum waren; z.T. als Reparationen aus der laufenden Produktion, deren Höhe und Preise die sowjetische Führung festlegte; und z.T. als reguläre Exporte, über dessen Höhe und Erlös ebenfalls die Besatzungsmacht entschied), war der östliche deutsche Staat schon deshalb weitaus mehr von der Sowjetunion abhängig als der westliche von seinen oft untereinander uneinigen drei Besatzungsmächten. Überdies war die DDR in der Zulieferung von Rohstoffen, welche die auf ihrem Gebiet gelegene Industrie vor 1945 überwiegend aus Westdeutschland und Westeuropa bezogen hatte, auf die Sowjetunion angewiesen; zudem hatte sich der Absatz bei Exporten schon vor 1949 nach Ost- und Südosteuropa verlagert. Diese außenwirtschaftliche Orientierung wurde durch das in den fünfziger und sechziger Jahren von den USA ausgehende, zunächst politisch motivierte Handelsembargo für bestimmte Waren gegenüber dem sowjetisch kontrollierten Wirtschaftsraum begünstigt.

Diese vor allem wirtschaftlichen Hintergründe gilt es bei der rückblickenden Ermittlung des historisch-politischen Selbstverständnisses der DDR zu bedenken. Erst seit dem Ende der sechziger Jahre wurden die damit verbundenen Probleme sowie die generell im Vergleich zur Bundesrepublik schlechteren wirtschaftlichen „Ausgangsbedingungen" der DDR − unter diesem Stichwort werden sowohl Aspekte der Wirtschaftsgeographie als auch Verluste an industrieller Kapazität durch Kriegszerstörungen und Demontagen sowie Reparationslasten zu sowjetischen Gunsten zusammengefaßt − stärker betont. Bis dahin hatten sich die Politiker und Gesellschaftswissenschaftler der DDR darauf konzentriert, die wirtschaftlichen und sozialpolitischen Leistungen des eigenen Staates als „Errungenschaften" und als Zeichen des Fortschritts gegenüber vergangenen Verhältnissen sowie der Überlegenheit der schon vor der Staatsgründung eingeführten, auf die zentrale Lenkung der „volkseigenen" Industrie gegründeten Wirtschaftsordnung gegenüber der kapitalistischen, wie sie in Westdeutschland bestand, herauszustellen. Doch dieser Überlegenheitsanspruch war spätestens seit Mitte der fünfziger Jahre der eigenen Bevölkerung nur schwer zu vermitteln, die ihren Lebensstandard mit dem schneller wachsenden der Westdeutschen verglich. Ungefähr ein Sechstel der Bewohner der DDR, darunter besonders viele qualifiziert ausgebildete, wanderten bis 1961 in die Bundesrepublik ab. Nachdem amerikanische Wirtschaftswissenschaftler jedoch die Wirtschaftsentwicklung der DDR positiv beurteilt hatten, begannen auch Propagandisten in der DDR gegen Ende der sechziger Jahre vom „Wirtschaftswunder" in ihrem Lande zu reden und schrieben es vor allem der klugen und vorausschauenden Politik der regierenden SED zu, die in dem für die Wirtschaftslenkung zuständigen „Staatsapparat" die führende Rolle gespielt hatte und weiterhin spielen sollte.

Die SED hatte diese Führungsrolle im Jahre 1948 nicht nur für sich beansprucht und damit ihrem schon zuvor gegebenen starken Einfluß auf das Verhalten der staatlichen Instanzen und deren personeller Besetzung Rechnung getragen, sondern sich ihren Führungsanspruch von den anderen Organisationen der politischen Willensbildung, besonders von den übrigen Parteien und von den Gewerkschaften, bestätigen lassen. So war und ist deren Beteiligung an Regierung und Verwaltung im Zuge der „Bündnispolitik" eher Ausdruck des Kalküls der SED, ihre Herrschaft auf diese Weise zu stabilisieren, als daß dadurch ein Mehrparteiensystem auf der Basis eines weltanschaulichen Pluralismus Form gewann. Denn mit der Anerkennung des Führungsanspruchs der SED war bald auch die Übernahme der Beurteilung der historischen Situation und der Zukunft sowie der Begründung der Gesellschaftspolitik verbunden, wie die SED sie gab. Dies wurde besonders seit 1952 üblich, als die SED die DDR als „ersten Arbeiter- und Bauernstaat auf deutschem Boden" definierte und mit dieser – dem europäischen Vorkriegssozialismus entlehnten – Formel signalisierte, daß sie die gleichzeitig ausgegebene Parole vom „Aufbau der Grundlagen des Sozialismus" ernst zu nehmen gedachte.

Eingeleitet wurde damit eine Politik, die außer auf die Auflösung der überkommenen politischen und Verwaltungsgliederung nach Ländern vor allem auf die Beseitigung des „alten" Mittelstandes, d.h. der Schicht der „Selbständigen" im Handwerk, im Einzelhandel und besonders in der Landwirtschaft, zielte. Die Industrie und der Großhandel befanden sich schon seit Jahren als „Volkseigentum" überwiegend in staatlicher Verfügung. Die Bestrafung von „Naziaktivisten" und „Kriegsverbrechern", Verstaatlichungsakte der ersten Länderregierungen nach dem Kriege und Enteignungsverfügungen der Besatzungsbehörden hatten dies in der Industrie bewirkt. Im Handel hatte die staatliche Handelsorganisation (HO) seit 1948 ein breites Netz von Läden gespannt und schickte sich an, zusammen mit den der deutschen Genossenschaftstradition entlehnten Konsum-Verteilungsstellen die Versorgung der Bevölkerung allein zu übernehmen; der landwirtschaftliche Fachhandel, den die seit Ende 1945 wieder errichteten Raiffeisengenossenschaften schnell und erfolgreich aufgebaut hatten, war durch Verwaltungs- und Verbandsreorganisationen in den Jahren 1949/50 in behördliche Verfügung gelangt. Private Banken hatte die Besatzungsmacht schon im Sommer 1945 geschlossen und im Jahre 1948 liquidiert.

Die Entprivatisierung der Industrie in den Jahren 1945/46 hatte noch eine breite Zustimmung in der Bevölkerung gefunden, wobei sich hier ein diffuser Antikapitalismus mit vagen Vorstellungen von einer demokratisch-sozialistischen Wirtschaftsordnung und Hoffnungen auf eine gerechtere Verteilung des Mangels durch staatliche Bewirtschaftung verband. Über die Reaktion auf die späteren Maßnahmen ist wenig bekannt. Wenn die Führer der SED im Rückblick mit einiger Genugtuung darauf hinwiesen, daß die DDR einen „friedlichen Weg zum Sozialismus" gegangen sei, haben sie meistens nicht erwähnt, daß viele der im „Klassenkampf" Unterlegenen die DDR verließen. Nicht wenige der Bauern beispielsweise, die seit 1952 in die Landwirtschaftlichen Produktionsgenossenschaften (LPG) gezwungen oder auf andere Weise bedrängt wurden, gaben neben ihren Hofstellen kurzerhand auch ihre Wohnsitze in der DDR auf.

Diese Vorgänge erinnern daran, daß der „friedliche Weg zum Sozialismus" kein gewaltloser Weg war. „Erziehungsdiktatur" scheint eine angemessene Charakterisierung dieser Herrschaftsform, bei der sich die Regierenden durchaus zuweilen bemühten, ihre Politik auf individuelle Bedürfnisse und noch mehr auf volkswirtschaftliche Erfordernisse abzustimmen, und bei der sie auch manchmal das Tempo der gesellschaftlichen Umgestaltung verringerten. Selten war dies so offensichtlich wie bei der Bildung der LPG Mitte der fünfziger Jahre: Erst nach einem zweiten kampagnenhaften Anlauf von 1959 konnte im Jahre 1960 die „Errichtung sozialistischer Produktionsverhältnisse auf dem Lande" abgeschlossen werden. In der noch in Privateigentum verbliebenen Industrie, beim Einzelhandel und beim Handwerk wurden weniger kampagnenhafte Methoden angewandt, um zu dem Ziel der Entprivatisierung zu gelangen: Rohstoffverteilung, Kreditvergabe und der „volkseigene" Großhandel boten Möglichkeiten der Kontrolle und Beschränkung, aber auch der Willkür seitens der Funktionäre von Staat und Partei, gegen die davon Betroffene sich oft nicht zur Wehr setzen konnten. Seit den achtziger Jahren wird im Handwerk und im Gaststättengewerbe sogar die Bildung neuer Privatbetriebe gefördert, nachdem sich gezeigt hat, daß die Dienstleistungen volkseigener und genossenschaftlicher Betriebe den Bedarf nicht decken. Solche Ansätze differenzierter Steuerung der gesellschaftlichen und wirtschaftlichen Verhältnisse lassen sich als Schritte eines politischen Lernprozesses begreifen, die Folgen allzu radikalen Veränderungswillens zu korrigieren suchen. Als *eine* Ursache dieses Radikalismus wird man den Traditionsstrang der sozialistischen Arbeiterbewegung ansehen können, demzufolge allein in der totalen Umgestaltung der Lebensbedingungen die Voraussetzung für mehr Gleichheit in der Gesellschaft lag.

Das Gewicht dieser Tradition für die praktische Politik und die Entwicklung der DDR zu bestimmen, ist freilich schwierig. Die Berufung auf ideologische Überlieferungen ist unübersehbar, und Politiker wie Ulbricht haben sicherlich auch manches Stück sozialistischer Utopie, von dem sie in ihrer Jugend geträumt haben mochten, am Lebensende verwirklicht gesehen. Wichtiger als solche Traditionsbindungen ist aber wohl die Nachahmung der Verhältnisse gewesen, die als verwirklichter („realer") Sozialismus galten, d.h. die Übernahme sowjetischer Formen und Regelungen des öffentlichen Lebens sowie − eine Zeitlang − der ästhetisch-kulturellen Maßstäbe und − bis heute − der Grundmuster sowjetischer politischer Philosophie. Erst seit den sechziger Jahren wird zunehmend die breite nichtsozialistische Überlieferung als „nationales Erbe" gepflegt und kulturpolitisch herausgestellt. Die sowjetische Besatzungsmacht und die dadurch gebotene Anpassung an die sowjetische politische Kultur − z.B. in der öffentlichen Stalin-Verehrung seit 1946 in der KPD/SED − sowie an sowjetische Muster der öffentlichen Ordnung − z.B. in der Arbeitsverfassung ab Ende 1947 und der Wirtschaftsverwaltung ab 1948 − ließen es auch kaum zu, daß sich aus den in Deutschland breit gestreuten Vorstellungen von Sozialismus und Entproletarisierung, die in der unmittelbaren Nachkriegszeit wieder Ausdruck gewannen, eigenständige Konzepte und Formen entwickelten. Besonders die sozialdemokratischen Traditionen wurden als „Opportunismus" bekämpft. Auch der anfangs breit fundierte „Antifaschismus" als gemeinsame Gesinnungsbasis der erlaubten politischen Parteien hat hier seine Grenzen gefunden.

Traditionen des „Antifaschismus" standen zwar am Anfang und gehörten zum Kern des mit wechselnden Akzenten beschworenen politisch-historischen Selbstverständnisses der DDR, doch dienten und dienen sie eher der Herrschaftsrechtfertigung und der Gesinnungsförderung durch eine autoritäre politische Pädagogik, als daß sie die Verhältnisse impulsgebend beeinflußten. Am Aufbau einer weithin personell neuen, nicht mehr dem Prinzip der Gewaltenteilung verpflichteten Justiz und am gleichzeitigen Bruch mit der deutschen Tradition des Berufsbeamtentums ließe sich diese Problematik detailliert aufweisen. Nicht allein die „Entnazifizierung", d.h. die Entfernung aller der Bediensteten, die sich gegenüber der nationalsozialistischen Unrechtsherrschaft loyal gezeigt hatten, aus ihren Ämtern, sondern die Überwindung der als bürgerlich geltenden Prinzipien der Staatsordnung war hier ausschlaggebend. Das kommunistisch-sozialistische Verständnis vom „Faschismus" als eher klassengebundener und weniger partei- und ideologiespezifischer Form bürgerlicher Herrschaft verklammerte beide Komponenten. Auch in den politischen Argumenten, mit denen der Bevölkerung die Gründung der DDR erläutert wurde, ist diese Auffassung greifbar. Die Staatsgründung wurde in den frühen fünfziger Jahren vor allem als Akt der „nationalen Notwehr" ausgegeben − der Notwehr gegen den amerikanischen „Imperialismus" und sein Ziel, die ganze deutsche Nation mit Hilfe der westdeutschen „Separatstaats"-Gründer zu „kolonialisieren". Die DDR verkörperte in dieser Sicht die guten antiimperialistischen und damit auch antifaschistischen deutschen Traditionen. Wie weit dabei schon 1947 ausgegebene Parolen, „aus eigener Kraft" − ohne amerikanische Hilfe − die Nachkriegsmisere zu überwinden, in der Bevölkerung auf positive Resonanz stieß, ist schwer zu ermitteln.

Noch schwieriger zu ermitteln ist der Stellenwert, der der Sowjetunion im politisch-historischen Selbstverständnis der DDR zukommt. Frühen politischen Kampagnen zur demonstrativen Wertschätzung des sowjetischen Vorbilds hat die Geschichtsschreibung der DDR, die die Vergangenheit unter den wechselnden politischen Leitvorstellungen zu modellieren hat, lange keinen hohen Platz eingeräumt. Wenn auch nicht verschwiegen wurde, daß die sowjetische Politik den Rahmen für die Entfaltung der führenden Rolle der SED bot, so lag bis Ende der sechziger Jahre der Akzent doch eindeutig auf der Nachzeichnung allein der nationalpolitischen Motivation für die Programmatik der SED. Erst seitdem wird die „brüderliche Hilfe" der sowjetischen Besatzungssoldaten für die deutschen Genossen und ihre „Befreiungsmission" nachdrücklich herausgestellt; zudem werden die Gleichförmigkeit der politischen und sozialökonomischen Entwicklung im Gebiet der DDR und in den ostmittel- sowie südosteuropäischen Volksdemokratien und die zum sozialistischen Welt(wirtschafts)system der Gegenwart führenden revolutionären Tendenzen betont. Der nationalpolitische Akzent — d.h. der Hinweis darauf, daß die Politik der SED den Interessen des ganzen deutschen Volkes gedient hätte und daß sie besonders durch den Bruch der Vereinbarungen der Anti-Hitler-Koalition, vor allem des Potsdamer Abkommens, durch die Westmächte auf die SBZ beschränkt blieb — tritt demgegenüber zurück. Das politische Bekenntnis „Mit der Sowjetunion für immer fest verbunden!" fordert seitdem, wie sich an der — nach wie vor Schattenseiten übergehenden — Darstellung der Geschichte der deutsch-sowjetischen Beziehungen zeigt, eher zur Einsicht in die politischen Realitäten auf, als daß es einer breit in der Bevölkerung verankerten Bindung Ausdruck geben kann.

Gleichsam darauf abgestimmt, sind aus Archiven der DDR seit Ende der sechziger Jahre manche Dokumente veröffentlicht worden, die darauf hindeuten, daß die später zur Führung gelangenden deutschen Kommunisten, z.B. der erste Staatspräsident Wilhelm Pieck oder der langjährige Generalsekretär der SED, Erste stellvertretende Ministerpräsident und Staatsratsvorsitzende Walter Ulbricht, von vornherein davon ausgingen, ihre Programmatik für ein Deutschland nach Hitler am ehesten unter dem Schutz der Roten Armee verwirklichen zu können. Dies galt dann besonders für die Bildung der SED aus Sozialdemokraten und Kommunisten als politisches Fundament und Kerngerüst der später als „Volksdemokratie", gelegentlich auch als „Diktatur des Proletariats" bezeichneten extrem zentralistisch organisierten politischen Ordnung. Zwar war damit ein sowjetisches Eintreten für den deutschen Nationalstaat nicht ausgeschlossen: Auf der Moskauer Außenministerkonferenz im März/April 1947 schlug die sowjetische Delegation eine „politische Struktur" nach dem Muster der Weimarer Republik für ganz Deutschland vor, und auch in den Jahren von 1952 bis 1955 ließen die sowjetischen Führungen unübersehbar erkennen, daß Gesamtdeutschland für sie nach wie vor ein Faktor in außenpolitischen Überlegungen war. Die Führung von SED und DDR brauchte entsprechende öffentliche Initiativen jedoch nur propagandistisch zu stützen. Die auf Sicherung der Westintegration der Bundesrepublik bedachten Regierungen der westlichen Besatzungsmächte und der Bundesrepublik Deutschland sowie die jeden Dialog mit ihr demonstrativ verweigernden westdeutschen politischen Parteien ersparten es der SED, bei ihrer auf Sozialismus sowjetischer Prägung gerichteten Politik gesamtdeutsche Rücksichten nehmen zu müssen. Die DDR wurde von der Sowjetunion nicht „preisgegeben", wie Ulbricht im Jahre 1960 rückblickend mit sichtlicher Befriedigung feststellte. Eine solche „Preisgabe" hätte wohl für die SED mindestens zur Folge gehabt, von ihrer Führungsrolle zurückzutreten; der von den sowjetischen Besatzungstruppen beendete Arbeiteraufstand im Juni 1953 zeigte, wie gering der Rückhalt der Partei selbst in der Klasse war, deren Herrschaft sie in der DDR sichern wollte.

Ab 1955, nachdem die Bundesrepublik Deutschland in die NATO aufgenommen und souverän geworden war, mehrten sich die sowjetischen Bestandsgarantien für die ebenfalls zum souveränen Staat erklärte DDR. Mit der Unterstüzung beim Bau der Mauer in Berlin im August 1961, der der anhaltenden Westwanderung von Bewohnern der DDR abrupt ein Ende setzte, erfuhr diese Garantie ihre bisher wohl nachhaltigste Bekräftigung. Wichtig erscheint, daß für diese Maßnahme auch das Einverständnis der Regierungen der Staaten des Warschauer Paktes eingeholt worden war. Der Warschauer Pakt war im Mai 1955 geschlossen worden, um − wie es scheint − nicht zuletzt der DDR zu einem ähnlichen militärpolitischen Status zu verhelfen, wie ihn die Bundesrepublik durch ihre Aufnahme in die NATO erhielt. Die gesamte − als Gegenstück zur Bundeswehr errichtete − Nationale Volksarmee der DDR ist dem Oberkommando des Warschauer Paktes unterstellt, das seit jeher in sowjetischen Händen liegt. Die DDR ist damit in höherem Maße an die Sowjetunion gebunden als die übrigen Paktpartner − ein Sachverhalt, der in der Selbstdarstellung der DDR ebensowenig betont wird wie die Besonderheit, daß es in der NVA keinen in der deutschen Tradition üblichen Generalstab gibt.

Daß die NVA bis heute in demonstrativer Weise in Äußerlichkeiten wie Uniformen und Paraden an deutsche Militärtraditionen aus der Zeit von Reichswehr und Wehrmacht erkennbar anknüpft, wird man vor diesem Hintergrund als gewissermaßen kompensatorische politische Symbolik beurteilen können. Unverkennbar ist das Bemühen, dadurch der Tradition deutscher Militärpolitik glaubwürdig Ausdruck zu geben. Zwar wird auch auf die Kampfverbände der KPD und die Internationalen Brigaden im Spanischen Bürgerkrieg als Vorbilder hingewiesen, die Haupttraditionslinie wird jedoch von der preußisch-russischen Waffenbrüderschaft zu Beginn des 19. Jahrhunderts (Konvention von Tauroggen 1812) her gezogen. Im Ergebnis hat die Betonung solcher Bekenntnisse zu nationalen Traditionen, die neben denen der Arbeiterbewegung herliefen und gelegentlich mit ihnen in Konflikt standen, aber wohl dazu beigetragen, daß die NVA angesichts der komplizierten nationalpolitischen Situation − Deutsche konnten sich an militärischen Fronten gegenüberstehen − ihre innenpolitische Funktion als Erziehungs- und Integrationsinstanz leichter wahrnehmen konnte. Besonders gefordert war sie in dieser Funktion allerdings erst ab 1961 nach Einführung der Wehrpflicht.

Die Westwanderung gerade eines Großteils der jungen Generation unterstreicht das geringe Maß des Erfolgs, das die politische Führung der DDR mit ihren variantenreichen Bemühungen um die politisch-ideologische Erziehung der Bevölkerung in den fünfziger Jahren erzielte. Weder die nachdrückliche Förderung der Arbeiter- und Bauernkinder in Bildung, Ausbildung und sozialem Aufstieg noch die gelegentliche Charakterisierung der westdeutschen politischen Verhältnisse als „faschistisch" − so bei der Darstellung der Ursachen des Arbeiteraufstandes von 1953 − sorgten offenbar für breite Loyalität. Erst die Ausweglosigkeit seit 1961 verstärkte in der Bevölkerung die Bereitschaft zum praktischen Arrangement mit dem Regime. Wie weit kurzfristig öffentlich forcierte Bemühungen um eine aktive Deutschlandpolitik − z.B. mit dem Deutschlandtreffen der FDJ von 1964 und Versuchen zur Belebung einer Aktionseinheit der deutschen Arbeiterparteien − dazu beigetragen haben, ist noch nicht zu erkennen. Im Bild, das in der DDR von der eigenen Geschichte gezeichnet wird, erscheint dieser Einstellungswandel eher durch das erreichte sozialökonomische Niveau bedingt − eine Sicht, die vor allem politisch-psychologisch wohl zu kurz greift, jedoch zahlreiche Aufschlüsse über Steuerungs- und Bewegungsmechanismen der Gesellschaft der DDR bietet. Hingewiesen wird in diesem Zusammenhang nachdrücklich auf die wachsende Beteiligung an Vorgängen, die der wirtschaftlichen Leistungssteigerung dienten.

Folgenreich waren besonders die Maßnahmen, die unter dem Stichwort „Wissen-

schaftlich-technische Revolution" auf die Modernisierung der Volkswirtschaft zielten. Wenn auch die Mitte der sechziger Jahre entwickelten Vorstellungen von einem
kapitalistisch-marktwirtschaftlichen Systemen überlegenen, sich selbst tragenden, auf
wissenschaftliche Berechnungen gegründeten sozialistischen Modell der Wirtschaft
nicht verwirklicht werden konnten, weil nicht zuletzt die bald erkannte Abhängigkeit
der DDR auch und gerade vom kapitalistischen Weltmarkt aus der bestehenden Man-
gelwirtschaft keine krisenfreie Überflußwirtschaft entstehen ließ, so wuchs doch die
Einsicht in die Zweckmäßigkeit relativer Autonomie wirtschaftlicher Abläufe gegenüber politischen Direktiven, mit denen bis dahin die Produktion und Verteilung bis in
die Einzelheiten gelenkt wurden. Mit vermehrten festen Vertragsbeziehungen zwischen einzelnen Unternehmungen und ihrer Zusammenfassung in großen Kombinaten, wo dies zweckmäßig schien, wurde dieser Einsicht Rechnung getragen. Überdies
wurde die Förderung fachlicher Ausbildung und Spezialisierung besonders für Inhaber von Führungspositionen zu einem wichtigen Merkmal der politischen und gesellschaftlichen Entwicklung. Das aktive politische Bekenntnis zur SED erhielt im Vergleich zu den fünfziger Jahren zwar keinen unbedeutenden, doch niedrigeren Rang;
wichtig wurde vor allem die politisch-praktische Loyalität der Fachleute. In Ulbrichts
Formel von der „sozialistischen Menschengemeinschaft" als Zielmodell für diese Gesellschaft spiegelte sich noch einmal jene historisch-materialistische Anschauung, die
den Menschen vor allem als Produkt der ökonomischen Verhältnisse begreift, in denen er aufwächst.

Nach Ulbrichts Ablösung von den Führungsfunktionen sind seit dem Jahre 1972 die
bestehenden Verhältnisse von der SED als „entwickelte sozialistische Gesellschaft"
charakterisiert worden — eine Kennzeichnung, die vor allem den Aspekt der Öffnung
in die Zukunft hinein betont und damit auch die latente Konflikthaltigkeit der Gesellschaft der DDR, z.B. in den Widersprüchen zwischen individuellen Bedürfnissen und
wirtschaftlichen, aber auch politischen Möglichkeiten. Das Ulbrichtsche Modell erschien demgegenüber harmonisch-statisch, übersah Gegensätze zwischen Organisationen und Institutionen sowie zwischen den nach wie vor vorhandenen gesellschaftlichen „Grundklassen" (Arbeiter und Bauern) und besonderen Schichten. Gleichwohl
hat Ulbricht persönlich dazu beigetragen, daß sich das Verhältnis der einzigen größeren organisierten gesellschaftlichen Gruppe, die sich bis dahin der politischen Integration und Instrumentalisierung hatte entziehen wollen und können, zum Staat norma-
lisierte: Noch während Ulbrichts Amtsführung wurde ein Arrangement zwischen dem
Staat und den evangelischen Landeskirchen eingeleitet, die sich seit Beginn der fünfziger Jahre seitens der einem militanten Atheismus verpflichteten SED massiven An-
griffen und Schikanen ausgesetzt sahen. Seit den siebziger Jahren sind die in der DDR
inzwischen zu einem eigenständigen Bund zusammengeschlossenen Kirchen zu An-
satzpunkten eines politisch-gesellschaftlichen Pluralismus geworden, die vielleicht am
ehesten die relative Offenheit der „entwickelten sozialistischen Gesellschaft" anzei-
gen. Dennoch wird das aktive Bekenntnis eines Bürgers zur kirchlichen Bindung nicht
selten nach wie vor als Außenseiterverhalten aufgefaßt und hat eine Beeinträchtigung
beruflicher Chancen zur Folge.

Diese Entwicklungen zu Ansätzen innenpolitischer Pluralität stehen auch im Zusammenhang mit einer weltpolitischen Entwicklung, in der die „deutsche Frage" als Impuls für politisches Verhalten an Bedeutung verloren hat. Nachdem die von der Führung der DDR zunächst mit Skepsis verfolgte „neue Ost- und Deutschlandpolitik" der
Bundesrepublik Deutschland im Jahre 1972 zur förmlichen Anerkennung der DDR
als Staat geführt hatte und von dieser darauf geachtet wurde, daß Hoffnungen, dadurch zur staatlichen Einheit Deutschlands zu gelangen, nicht um sich griffen (z.B.
durch verstärkte ideologische „Abgrenzung"), hat auch die DDR dem gleichzeitig

verfolgten allgemeinen Prozeß der internationalen Entspannung in Europa Rechnung getragen. Die Garantie ihrer Existenz ist ihrer Führung dabei stets ein Ziel und eine Voraussetzung gewesen. Von der KSZE in Helsinki im Jahre 1975 wurde ein politisches Regulativ für diesen Prozeß gefunden, das gerade auch in der DDR breite Zustimmung erhielt und nicht zuletzt von den Kirchen − neben „autonomen" Gruppen − als politische Plattform für eigene Stellungnahmen genutzt wurde. „Frieden" wurde schließlich zu einer politischen Formel, die seit Jahren Anlaß zu direkten und indirekten Dialogen bot − sowohl innerhalb der DDR als auch über ihre Grenzen hinweg. Die seit den siebziger Jahren durch zahlreiche Verträge gefestigten Beziehungen zwischen der Bundesrepublik Deutschland und der DDR gipfelten Mitte der achtziger Jahre darin, von der „Verantwortungsgemeinschaft beider deutscher Staaten für den Frieden in Europa" zu reden. Zu hoffen bleibt, daß dieser Formel eine breite Wirkung beschieden ist.

Chronik

von Nikolaus Katzer

Von der bedingungslosen Kapitulation Deutschlands zum deutschen Teilstaat: Die Phase der „antifaschistisch-demokratischen Umwälzung" 1945 bis 1949

Schon vor der bedingungslosen Kapitulation Deutschlands am 8. Mai 1945 waren drei Gruppen deutscher Kommunisten aus dem sowjetischen Exil in das von der Roten Armee besetzte deutsche Gebiet zurückgekehrt. Im Verbund mit der sowjetischen Besatzungsmacht organisierten sie den Neuaufbau von Verwaltungen und stellten die Weichen für die Errichtung einer „antifaschistischen Demokratie", deren Erscheinungsbild sich je nach den Gewichtsverlagerungen in der sowjetischen Deutschlandpolitik wandelte. Spätestens seit 1947 wurde der Weg einer Teilstaatslösung beschritten und zunehmend der Aufbau einer „Volksdemokratie" mit der am Vorbild der KPdSU orientierten SED als beherrrschender Kraft betrieben. Die „Partei neuen Typs" schuf mit dem „antifaschistischen Block" der gleichgeschalteten bürgerlichen Parteien und der Volkskongreßbewegung die politischen Voraussetzungen eines eigenen Staatswesens.

1945

30. April   Rückkehr der „Gruppe Ulbricht" aus der Moskauer Emigration, der wenig später die „Gruppe Ackermann" (1. Mai) und die „Gruppe Sobottka" (6. Mai) folgen.

8. Mai   Unterzeichnung der bedingungslosen Kapitulation Deutschlands in Berlin-Karlshorst.

9. Mai   Informationsbesuch des Stellvertreters des Vorsitzenden des Rates der Volkskommissare der UdSSR, Anastas I. Mikojan, in Berlin und Dresden.

13. Mai   Wiederaufnahme der Sendetätigkeit des Berliner Rundfunks.

15. Mai   Erscheinen der ersten Ausgabe der "Täglichen Rundschau", Organ der SMAD, der ersten deutschsprachigen Zeitung nach Kriegsende.

17. Mai   Bildung des Magistrats von Groß-Berlin unter dem parteilosen, vom sowjetischen Stadtkommandanten eingesetzten Oberbürgermeister Dr. Arthur Werner und mit kommunistischen Funktionären in wichtigen Ressorts (u.a. Personalfragen, Inneres, Volksbildung).

1. Juni   Bildung erster Einheiten der Volkspolizei in Berlin.

5. Juni   Übernahme der „obersten Regierungsgewalt" in Deutschland durch die vier Siegermächte; Erklärung über die „vollständige Abrüstung und Entmilitarisierung" Deutschlands („Juni-Deklaration"); Bildung des Alliierten Kontrollrates aus den Oberkommandierenden der vier Besatzungsmächte.

9. Juni   Bildung der Sowjetischen Militäradministration in Deutschland (SMAD) mit dem Obersten Chef Marschall Georgi K. Schukow (Befehl Nr. 1 der SMAD).

10. Juni	Erlaubnis zur Gründung „antifaschistischer Parteien" und „freier Gewerkschaften" „unter der Kontrolle der SMAD" (Befehl Nr. 2 der SMAD).
11. Juni	Gründungsaufruf der KPD.
15. Juni	Gründung der SPD in Berlin; Erklärung Walter Ulbrichts gegen eine organisatorische Vereinigung von SPD und KPD.
19. Juni	Bildung eines gemeinsamen Arbeitsausschusses von KPD und SPD („Aktionsgemeinschaft").
26. Juni	Gründung der CDUD in Berlin.
1. – 3. Juli	Rückzug amerikanischer und britischer Truppen aus Sachsen, Thüringen und Mecklenburg; gleichzeitig (1. Juli) Beendigung der sowjetischen Demontagen in den westlichen Stadtteilen Berlins und Einzug einer amerikanischen Vorhut in den Westsektoren.
5. Juli	Gründung der LDPD in Berlin.
14. Juli	Bildung einer „Einheitsfront der antifaschistisch-demokratischen Parteien" (Antifa-Block) aus KPD, SPD, CDUD und LDPD in Berlin.
17. Juli— 2. Aug.	Konferenz von Potsdam („Berliner Konferenz") der Siegermächte Großbritannien, UdSSR und USA mit Beschlüssen zur Entnazifizierung, Entmilitarisierung und Demokratisierung Deutschlands.
27. Juli	Bildung von elf Deutschen Zentralverwaltungen (Befehl Nr. 17 der SMAD).
10. und 12. Aug.	Wiederinbetriebnahme der ehemaligen KZ Buchenwald und Sachsenhausen durch die SMAD.
27. Aug.	Beginn einer Verhaftungswelle unter ehemaligen Mitgliedern von Wehrmacht, SA, SS, Gestapo und NSDAP (Befehl Nr. 42 der SMAD).
3.–11. Sept.	Einleitung der Bodenreform in der SBZ durch Verordnungen der Länder- und Provinzialverwaltungen.
1. Okt.	Wiederaufnahme des Schulunterrichts in der SBZ.
3. Okt.	Entfernung aller ehemaligen Mitglieder der NSDAP aus dem Justizdienst (Befehl Nr. 49 der SMAD).
20./21. Dez.	Konferenz des ZK der SED und des Zentralausschusses der SPD („Sechziger-Konferenz") mit dem Beschluß, die Vereinigung beider Parteien vorzubereiten.

1946

20. Jan.	Wiederaufnahme der Lehrtätigkeit an der Berliner Universität.
9. Febr.	Veröffentlichung eines Aufsatzes von Anton Ackermann, Mitglied des Zentralsekretariats und Parteiideologe der KPD, über einen „besonderen deutschen Weg zum Sozialismus" in Heft 1 der „Einheit", der „Monatsschrift zur Vorbereitung der Sozialistischen Einheitspartei".
9. – 11. Febr.	1. Bundeskongreß des FDGB in Berlin.
26. Febr.	Tagung von KPD und SPD mit Beschluß von Maßnahmen zur Vereinigung beider Parteien.
7. März	Gründung der FDJ in Berlin.
31. März	Urabstimmung der Mitglieder der SPD über die Vereinigung von KPD und SPD in den zwölf westlichen Bezirken Berlins (Verbot im Sowjetsektor durch die Bezirkskommandanturen); Ablehnung der Vereinigung mit 82 % der Stimmen.
19./20. April	15. Parteitag der KPD und 40. Parteitag der SPD mit Beschlüssen zur Vereinigung beider Parteien.

21./22. April	Vereinigungsparteitag von KPD und SPD in Berlin; Gründung der SED mit den Vorsitzenden Wilhelm Pieck (KPD) und Otto Grotewohl (SPD).
8. Mai	Eröffnung der ersten Nachkriegsmesse in Leipzig.
9./10. Mai	1. Arbeitstagung der Vereinigung der gegenseitigen Bauernhilfe (VdgB), Bildung eines zentralen Ausschusses.
17. Mai	Gründung der Filmgesellschaft DEFA in Potsdam-Babelsberg.
8.–10. Juni	1. Parlament der FDJ in Brandenburg (Havel), Wahl Erich Honekkers zum Vorsitzenden.
30. Juni	Sog. Volksentscheid in Sachsen über die Enteignung der Betriebe von „Kriegsverbrechern und Naziaktivisten".
24. Juli–16. Aug.	Verordnungen der Landes- und Provinzialverwaltungen von Thüringen, Sachsen-Anhalt, Mark Brandenburg und Mecklenburg über die Enteignung von „Kriegsverbrechern und Naziaktivisten".
1. Aug.	Wiedereröffnung der Deutschen Akademie der Wissenschaften zu Berlin.
17. Aug.	Anordnung über Gewährung von gleichem Lohn bei gleicher Arbeit für Männer, Frauen und Jugendliche (Befehl Nr. 253 der SMAD).
1. Sept.	Inkrafttreten des Gesetzes zur Demokratisierung der Schule.
1.–15. Sept.	Gemeindewahlen in den Ländern der SBZ.
20. Okt.	Wahlen zu den Land- und Kreistagen in den Ländern und Provinzen der SBZ sowie Wahlen der Stadt- und Bezirksverordneten von Groß-Berlin.
15. Nov.	Veröffentlichung des „Entwurfs einer Verfassung für die Deutsche Demokratische Republik" durch den Parteivorstand der SED.
28. Nov.	Aufstellung von Grenztruppen („Deutsche Grenzpolizei") auf Weisung der SMAD.

1947

1. März	Aufruf des Parteivorstandes der SED zu einem Volksentscheid über die Bildung des deutschen Einheitsstaates als Einleitung einer Massenbewegung für alle Besatzungszonen.
7.–9. März	Frauenkongreß in Berlin, Gründung des Demokratischen Frauenbundes Deutschlands (DFD).
6./7. Juni	Konferenz der Ministerpräsidenten der deutschen Länder in München, Auszug der Ministerpräsidenten der SBZ nach Ablehnung eines Antrages zur Erörterung der Bildung einer deutschen Zentralverwaltung unter Teilnahme der politischen Parteien und der Gewerkschaften im Sinne der Einheitsbestrebungen der SED.
11. Juni	Gründung der Deutschen Wirtschaftskommission (DWK) (gemäß Befehl Nr. 138 der SMAD vom 4. Juni).
30. Juni	Gründung der Gesellschaft zum Studium der Kultur der Sowjetunion in Berlin.
21. Juli	Erklärung der ehemals preußischen Provinzen Brandenburg und Sachsen-Anhalt zu Ländern.
23. Juli	Ablehnung der Teilnahme am Marshall-Plan (5. Juni) durch die SED.
4. Okt.	1. Schriftstellerkongreß des Kulturbundes.
6./7. Dez.	1. „Deutscher Volkskongreß für Einheit und gerechten Frieden" in Berlin.
19. Dez.	Absetzung der beiden Vorsitzenden der CDUD, Jakob Kaiser und Ernst Lemmer, durch die SMAD wegen Ablehnung der Teilnahme am Volkskongreß.

1948

9. März   Übernahme der zentralen Lenkung und Leitung der Wirtschaft in der SBZ durch die DWK.

10. März   Auflösung der Entnazifizierungskommissionen; Übergabe der Strafverfolgung an die Gerichte der SBZ.

17./18. März   2. „Deutscher Volkskongreß für Einheit und gerechten Frieden" in Berlin, Wahl des Deutschen Volksrates.

20. März   Einstellung der Mitarbeit im Alliierten Kontrollrat durch die UdSSR.

23. April   Gründung der „Vereinigung Volkseigener Betriebe" (VVB).

29. April   Gründung der Demokratischen Bauernpartei Deutschlands (DBD) in Berlin.

25. Mai   Gründung der National-Demokratischen Partei Deutschlands (NDPD) in Berlin.

19. Juni   Beginn der sowjetischen Blockade der Westsektoren Berlins, Einrichtung einer „Luftbrücke" (26. Juni) durch die westlichen Alliierten.

23./24. Juni   Konferenz der Außenminister der UdSSR und der sog. volksdemokratischen Staaten in Warschau.

24. – 28. Juni   Währungsreform in der SBZ.

30. Juni   Vorlage der Entwürfe eines Halbjahresplanes für 1948 und eines Zweijahresplans für 1949/50 durch die SED.

26./27. Aug.   Behinderung der Sitzung der Stadtverordnetenversammlung Groß-Berlins durch kommunistische Demonstranten, Verlegung der Sitzung (6. Sept.) in den britischen Sektor.

24. Sept.   Widerruf seiner These vom „besonderen deutschen Weg zum Sozialismus" durch Ackermann in der Tageszeitung „Neues Deutschland".

13. Okt.   Begründung der sog. Aktivisten-Bewegung durch den Bergmann Adolf Hennecke mit einer Übererfüllung des Tagessolls von 380 %.

14. Nov.   Bekanntgabe des Verfassungsentwurfes für eine deutsche demokratische Republik durch den Deutschen Volksrat.

15. Nov.   Eröffnung der ersten Verkaufsstellen der Staatlichen Handelsorganisation (HO).

30. Nov.   Vollzug der politischen Spaltung Groß-Berlins durch die Bildung eines „provisorischen demokratischen Magistrats" in Berlin (Ost) unter Leitung von Friedrich Ebert (SED).

13. Dez.   Gründung der Kinderorganisation „Junge Pioniere" in Berlin.

1949

25. Jan.   Gründung des Rates für Gegenseitige Wirtschaftshilfe (RGW) in Moskau.

19. März   Billigung der Verfassung für eine „Deutsche Demokratische Republik" durch den Deutschen Volksrat.

12. Mai   Ende der sowjetischen Blockade der Westsektoren Berlins.

29. Mai – 3. Juni   3. Deutscher Volkskongreß, Annahme einer Verfassung für eine „Deutsche Demokratische Republik".

1./2. Juli   2. Kongreß der Gesellschaft zum Studium der Kultur der Sowjetunion in Berlin, Beschluß zur Umbenennung der Organisation in „Gesellschaft für Deutsch-Sowjetische Freundschaft".

25. Aug.   Erstmalige Verleihung von Nationalpreisen durch den Deutschen Volksrat in Weimar.

4. Okt.   Proklamation der „Nationalen Front des demokratischen Deutschland" durch den Parteivorstand der SED.

Von der Staatsgründung bis zur Aufnahme in den Warschauer Pakt:
Der Beginn des „planmäßigen Aufbaus des Sozialismus" und die Schaffung der Grundlagen eines „Arbeiter- und Bauernstaates" 1949 bis 1955

Aus sowjetischer Sicht markierte die Gründung der DDR einen epochalen Einschnitt nicht nur der deutschen Geschichte. Kaum zufällig sprach Stalin in einem Grußtelegramm an Präsident Pieck und an Ministerpräsident Grotewohl vom 13. Oktober 1949 von einem „Wendepunkt in der Geschichte Europas". Die Teilung Deutschlands in zwei Staaten konnte demnach die „deutsche Gefahr" bannen und das Ende der ehemaligen Großmacht im Herzen des Kontinents besiegeln. Aus sowjetischer Perspektive kam hinzu, daß es gelungen war, einen beträchtlichen Teil des ehemaligen Deutschen Reiches in die eigene Einflußsphäre einzubeziehen. Ungeachtet der zweigleisigen Deutschlandpolitik der östlichen Hegemonialmacht in den Jahren 1949 bis 1955, die zwischen Teilstaatslösung und gesamtdeutscher Option zu pendeln schien, galt die Aufmerksamkeit in erster Linie der Bestandssicherung. An dem Beschluß der 2. Parteikonferenz der SED (Juli 1952) zum Aufbau des Sozialismus in der DDR wurde auch nach dem Arbeiteraufstand vom 17. Juni 1953 nachdrücklich festgehalten. Die Einbeziehung des deutschen Teilstaates DDR in den Warschauer Pakt im Mai 1955 bildete das äußere Gegenstück zur militärischen Westintegration der Bundesrepublik Deutschland. Im Kern bedeutete sie, daß das scheinbar variable und provisorische Experiment eines sozialistischen deutschen Staates nach sowjetischem Vorbild und in sowjetischer Abhängigkeit von Dauer sein würde.

1949

7. Okt. Gründung der DDR in Berlin (Ost), Bildung einer Provisorischen Regierung, Konstituierung des Deutschen Volksrates als Provisorischer Volkskammer.

10. Okt. Auflösung der SMAD und Bildung der Sowjetischen Kontrollkommission (SKK), Übertragung der Verwaltungsfunktionen an die Provisorische Regierung der DDR.

11. Okt. Wahl Piecks zum Präsidenten der DDR, Gesetz der Provisorischen Volkskammer zur Überleitung der Verwaltung von der DWK auf die Provisorische Regierung.

12. Okt. Bestätigung der Regierung Grotewohl durch die Volkskammer.

15. Okt. Aufnahme diplomatischer Beziehungen mit der UdSSR.

17. Okt. – Aufnahme diplomatischer Beziehungen mit Bulgarien, Polen, der
2. Dez. ČSR, Ungarn, Rumänien, China, Nordkorea und Albanien.

8. Dez. Bildung des Obersten Gerichtshofes und der Generalstaatsanwaltschaft der DDR.

1950

Jan. Auflösung der Lager Bautzen, Buchenwald und Sachsenhausen durch die SKK; Entlassung von 15 500 politischen Häftlingen, Übergabe weiterer 13 900 an die Justizverwaltung der DDR.

3. Febr. Bildung des Nationalrats der Nationalen Front.

8. Febr. Bildung des Ministeriums für Staatssicherheit.

24. März Gründung der Deutschen Akademie der Künste in Berlin (Ost).

4.–6. Juli II. Schriftstellerkongreß: Gründung des Deutschen Schriftstellerverbandes innerhalb des Kulturbundes (Vorsitz: Bodo Uhse).

6. Juli   Unterzeichnung des Abkommens über die Oder-Neiße-Grenze zwischen der DDR und Polen („Görlitzer Abkommen").

25. Juli   Erste Tagung des ZK der SED mit Wahl des Politbüros und des Generalsekretärs Ulbricht.

29. Sept.   Beitritt der DDR zum RGW.

22. Okt.   Eröffnung der Deutschen Hochschule für Körperkultur (DHfK) in Leipzig.

30. Nov.   Brief des Ministerpräsidenten Grotewohl an Bundeskanzler Konrad Adenauer mit dem Vorschlag zur Bildung eines Gesamtdeutschen Konstituierenden Rates.

15. Dez.   Beschluß des Gesetzes „zum Schutz des Friedens" durch die Volkskammer.

1951

30. Jan.   Regierungserklärung und Appell der Volkskammer an den Bundestag mit dem Vorschlag zur gemeinsamen Einberufung eines Gesamtdeutschen Konstituierenden Rates („Deutsche an einen Tisch!").

22. Febr.   Verordnung des Ministerrates über die Neuorganisation des Hochschulwesens.

15.–17. März   Beschluß der 5. Tagung des ZK der SED über den Kampf gegen den Formalismus in Kunst und Literatur.

22. April   Gründung des Nationalen Olympischen Komitees (NOK) der DDR.

3. Aug.   Enthüllung des 1. Stalin-Denkmals in Deutschland in Berlin (Ost).

8. Okt.   Aufhebung der Lebensmittelrationierung (mit Ausnahme von Fleisch, Fett und Zucker).

1. Nov.   Beschluß des Gesetzes über den Fünfjahresplan (1951–1955) und über die Deutsche Notenbank.

2. Nov.   Brief Präsident Piecks an Bundespräsident Theodor Heuss mit dem Vorschlag eines Treffens zur Erörterung gesamtdeutscher Fragen.

11. Dez.   Ablehnung einer Kommission der UNO zur Überwachung gesamtdeutscher Wahlen durch eine Regierungsdelegation der DDR vor dem Politischen Ausschuß der UNO in Paris.

21. Dez.   Eröffnung des Instituts für Gesellschaftswissenschaften beim ZK der SED.

1952

18. Jan.   Gründung des Museums für Deutsche Geschichte (ehem. Zeughaus) in Berlin (Ost).

10. März   Note der UdSSR an die Westmächte mit dem Angebot von Verhandlungen über einen deutschen Friedensvertrag und eine Nationalarmee („Stalin-Note").

22.–25. Mai   III. Schriftstellerkongreß in Berlin (Ost): Bildung des Deutschen Schriftstellerverbandes als eigenständige Organisation (Vorsitz: Anna Seghers).

26./27. Mai   Beschluß des Ministerrates der DDR zur Errichtung einer Sperrzone (5 km) entlang der Demarkationslinie.

1. Juli   Umbildung der „Hauptverwaltung für Ausbildung" der Volkspolizei und der „Hauptverwaltung der Seepolizei" in „Kasernierte Volkspolizei" (KVP) bzw. „Volkspolizei-See"; Bildung einer „Volkspolizei-Luft".

9.–12. Juli   2. Parteikonferenz der SED mit Beschlüssen über den „Aufbau des Sozialismus" und über die administrative Neugliederung der DDR; Einleitung der Kollektivierung der Landwirtschaft.

23. Juli   Gesetz über die „Demokratisierung des Aufbaus und der Arbeitsweise der staatlichen Organe"; Neugliederung der Länder in 14 Bezirke und 217 Kreise.

24. Juli   Beschluß des Ministerrates über Vergünstigungen für landwirtschaftliche Produktionsgenossenschaften.

30. Juli   Schauprozesse in Halle und Bautzen.

7. Aug.   Gründung der paramilitärischen Organisation „Gesellschaft für Sport und Technik" (GST).

14. Aug.   Bildung des Staatlichen Rundfunkkomitees.

19./20. Sept.   Empfang einer Volkskammerdelegation durch Bundestagspräsident Hermann Ehlers in Bonn.

21. Dez.   Erstes Versuchsprogramm des Deutschen Fernsehfunks in Berlin-Adlershof.

1953

15. Jan.   Verhaftung des Außenministers und stellvertretenden Vorsitzenden der CDU Georg Dertinger unter dem Vorwurf der Spionage.

6. März   Trauersitzung des ZK der SED anläßlich des Todes Stalins (5. März); Anordnung von Landestrauer durch den Ministerrat.

17. März   Beschluß des ZK der SED über eine rasche Veröffentlichung der Werke Stalins in deutscher Sprache.

10. April   Memorandum der evangelischen Bischöfe an die Sowjetische Kontrollkommission über die Behinderung der kirchlichen Arbeit.

15. April   Empfehlung des Politbüros der KPdSU an die SED zur Mäßigung des politischen Kurses.

20. April   Erhöhung der Preise für rationierte Lebensmittel.

7. Mai   Umbenennung des Wohngebietes des Eisenhüttenkombinats Ost (bei Fürstenberg/Oder) in „Stalinstadt".

28. Mai   Auflösung der Sowjetischen Kontrollkommission in Deutschland; Ernennung von Wladimir S. Semjonow zum Hohen Kommissar der UdSSR in Deutschland; Beschluß des Ministerrats zur Erhöhung der Arbeitsnormen.

9. Juni   Einleitung des „Neuen Kurses" zur Verbesserung der Lebenshaltung aller Teile der Bevölkerung und zur „Stärkung der Rechtssicherheit" durch ein Kommuniqué des Politbüros des ZK der SED.

16. Juni   Streik der Bauarbeiter in der Stalinallee in Berlin (Ost) mit Protesten gegen die Normenerhöhung.

17. Juni   Volksaufstand (in offizieller Lesart: „faschistischer Putschversuch") in der DDR und Berlin (Ost), Niederschlagung des Aufstands durch sowjetische Streitkräfte.

29. Juni   Zustimmende Erklärung des Justizministers Max Fechner (SED) zum Streikrecht für Arbeiter.

Juni   Beginn des Aufbaus von „Kampfgruppen der Arbeiterklasse".

11. Juli   Beendigung des Ausnahmezustandes in Berlin (Ost).

16. Juli   Verhaftung von Justizminister Max Fechner (Nachfolgerin Hilde Benjamin).

24.–26. Juli   15. Tagung des ZK der SED (Festhalten an der Generallinie der Partei, Beschluß des Dokuments „Der Neue Kurs und die Aufgaben der Partei", Ausschluß von Wilhelm Zaisser und Rudolf Herrnstadt aus dem ZK, Wahl Ulbrichts zum „Ersten Sekretär des ZK").

20.–22. Aug.   Verhandlungen einer Regierungsdelegation in Moskau mit Vereinbarungen über den sowjetischen Verzicht auf weitere Reparationen (zum 1. Jan. 1954) und über die Aufwertung der diplomatischen Vertretungen zu Botschaften.

7. Okt. Einstimmige Wiederwahl Piecks zum Präsidenten der DDR.

1. Nov. Zahlreiche Verhaftungen in Berlin (Ost) sowie in Städten der DDR wegen angeblicher „Agententätigkeit".

1954

1. Jan. Übergabe der letzten Betriebe der Sowjetischen Aktiengesellschaften (SAG) an die DDR.

7. Jan. Bildung des „Ausschusses für deutsche Einheit" durch den Ministerrat.

22./23. Jan. Ausschluß von Zaisser und Herrnstadt aus der Partei, von Ackermann, Hans Jendretzky und Elli Schmidt aus dem ZK.

25. März Erklärung der Regierung der UdSSR über die Anerkennung der Souveränität der DDR.

9. Juni Verurteilung des ehemaligen Außenministers Dertinger und mehrerer Mitangeklagter zu hohen Zuchthausstrafen.

19.–22. Aug. 1. Deutsches Turn- und Sportfest in Leipzig.

13. Nov. Aufruf des neugegründeten Zentralen Ausschusses für Jugendweihe an Eltern und Erzieher zur Einführung der Jugendweihe.

1955

5. Jan. „Erklärung an die Deutschen" des „Ausschusses für deutsche Einheit" zum außerparlamentarischen Kampf gegen die Ratifizierung der Pariser Verträge.

15. Jan. Erklärung der Regierung der UdSSR zur deutschen Frage (Angebot freier gesamtdeutscher Wahlen beim Verzicht auf die Ratifizierung der Pariser Verträge).

25. Jan. Erklärung der UdSSR über die Beendigung des Kriegszustandes mit Deutschland.

2. März „Proklamation an das deutsche Volk" der Volkskammer gegen die Ratifizierung der Pariser Verträge durch den Bundestag.

27. März Erste Jugendweihen in Berlin (Ost).

1. Mai Erstes öffentliches Auftreten bewaffneter Verbände der Kampfgruppen der Betriebe bei den Mai-Demonstrationen.

11. – 14. Mai Abschluß des „Vertrages über Freundschaft, Zusammenarbeit und gegenseitigen Beistand" (Warschauer Pakt), Beitritt der DDR.

1./2. Juni Zehn-Punkte-Programm des ZK der SED zur Wiedervereinigung.

18. Juni Aufnahme des NOK der DDR als provisorisches Mitglied in das Internationale Olympische Komitee (IOC).

Von der Verkündung der „Zwei-Staaten-Theorie" bis zum Bau der Berliner Mauer: Der Ausbau des sozialistischen Gesellschaftssystems 1955 bis 1961

Der Beitritt der DDR zum Warschauer Pakt war der Abschluß der zielstrebigen Integrationspolitik der UdSSR. Chruschtschow nutzte die Atmosphäre der Entspannung während der Genfer Gipfelkonferenz („Geist von Genf"), um die Weichen für eine „Zwei-Staaten"-Regelung zu stellen. Im Anschluß an das Treffen der Regierungschefs der vier Mächte verwies er gesamtdeutsche Ambitionen in die Kompetenz der Deutschen. Ulbrichts Konföderationsangebot an die Bundesregierung setzte die Existenz zweiter deutscher Staaten voraus. Innenpolitisch folgte die Verschärfung des wirtschaftlichen Umwandlungsprogramms dem auf der 3. Parteikonferenz der SED formulierten Ziel, „die Überlegenheit des sozialistischen Wirtschaftssystems unserer Republik und die Vorzüge gegenüber dem kapitalistischen Westdeutschland für alle Menschen sichtbar zu erweisen". Der Kurs auf einen „sozialistischen Frühling auf dem Dorfe" (Stefan Doernberg) im Sinne der Kollektivierung der Landwirtschaft und im Rahmen des 1959 beschlossenen Siebenjahresplans führte jedoch zusammen mit der Industriepolitik zu einer erhöhten Fluchtbewegung und in eine tiefe Wirtschaftskrise. Der Mauerbau in Berlin im Jahre 1961 bildete den Höhepunkt einer Entwicklung, die einerseits die Konsolidierung der inneren Verhältnisse auf der Grundlage des Status quo anstrebte, andererseits die Umwandlung der Wirtschaftsstruktur möglichst störungsfrei vorantreiben wollte.

1955

24.–27. Juli Aufenthalt der Regierungsdelegation der UdSSR nach der Gipfelkonferenz in Genf (18. – 23. Juli) in der DDR, Erklärung Nikita S. Chruschtschows zur Wiedervereinigung Deutschlands (innerdeutsche Angelegenheit, Ablehnung der Preisgabe der „sozialen Errungenschaften" in der DDR, Verkündung der „Zwei-Staaten-Theorie").

18. Aug. Verordnung des Ministerrates über Produktionsgenossenschaften des Handwerks (PGH).

27. Aug. Beschluß der NOK der Bundesrepublik Deutschland und der DDR zur Entsendung einer gesamtdeutschen Mannschaft zu den Olympischen Spielen von 1956 in Melbourne.

17.–20. Sept. Verhandlungen einer Regierungsdelegation der DDR in Moskau im Anschluß an die Normalisierung der Beziehungen der UdSSR zur Bundesrepublik Deutschland, Erklärung der „vollen Souveränität" der DDR, Auflösung der sowjetischen Hohen Kommission.

26. Sept. Gesetz „zur Ergänzung der Verfassung über den Dienst zum Schutz des Vaterlandes".

5. Nov. Erklärung der Beobachterdelegation der DDR auf der Konferenz der Außenminister der vier Großmächte (27. Okt.–16. Nov.) zu gesamtdeutschen Wahlen (erst nach einer „Demokratisierung und Entmilitarisierung" der Bundesrepublik möglich).

1956

3. Jan. Beginn des offiziellen Programmes des „Deutschen Fernsehfunks".

9.–14. Jan. IV. Schriftstellerkongreß in Berlin (Ost), Forderung nach Durchsetzung des Sozialistischen Realismus in der DDR.

18. Jan. Beschluß des Gesetzes „über die Schaffung der Nationalen Volksarmee (NVA) und des Ministeriums für Nationale Verteidigung" durch die Volkskammer.

14.–25. Febr. Teilnahme einer Delegation der SED unter Führung von Ulbricht und Grotewohl am XX. Parteitag der KPdSU.

4. März Erklärung Ulbrichts zu Stalin („kein Klassiker des Marxismus").

27.–29. Juli 28. Tagung des ZK der SED (Rehabilitierung von Franz Dahlem, Aufhebung der Parteistrafen für ihn, Ackermann, Jendretzky und Elli Schmidt).

4.–6. Okt. Beratung von Vertretern der LDPD und der FDP über Fragen der Wiedervereinigung Deutschlands und über eine mögliche Zusammenarbeit.

29. Nov.   Verhaftung des Journalisten und Philosophen Wolfgang Harich wegen kritischer Stellungnahmen zur Kulturpolitik.

1957

1. Jan.   Einführung der 45-Stunden-Woche in zwölf Großbetrieben.

30. Jan.–1. Febr.   30. Tagung des ZK der SED mit Stellungnahme zur Wiedervereinigung Deutschlands (nur über eine „Konföderation" und einen paritätisch besetzten Gesamtdeutschen Rat möglich).

1. März   Inkrafttreten des Gesetzes über die schrittweise Einführung der 45-Stunden-Woche.

12. März   Abkommen über die zeitweilige Stationierung sowjetischer Streitkräfte auf dem Territorium der DDR.

27./28. April   Gründung des Deutschen Turn- und Sportbundes (DTSB) in Berlin (Ost).

27. Juli   Erklärung der Regierung der DDR über die Bildung eines Staatenbundes (Konföderation) zwischen beiden deutschen Staaten.

24. Aug.   Konstituierung des Forschungsrates der DDR.

7. Okt.   Beschluß von Volks- und Länderkammer über die Verlängerung der Amtszeit Piecks als Präsident der DDR um weitere vier Jahre.

15. Okt.   Aufnahme diplomatischer Beziehungen mit Jugoslawien.

16. Dez.   Inbetriebnahme des ersten Atomreaktors der DDR in Rossendorf bei Dresden.

1958

10. Jan.   Aufruf des Politischen Ausschusses des Zentralvorstands der LDPD an die Handwerker zum Zusammenschluß zu Produktionsgemeinschaften.

3.–6. Febr.   35. Tagung des ZK der SED mit Maßregelung der Schirdewan-Gruppe.

28. Febr.–2. März   3. Hochschulkonferenz der SED.

29. Mai   Abschaffung der Lebensmittelkarten.

4. Sept.   Noten der Regierung der DDR an die vier Großmächte und an die Bundesregierung über die Bildung einer Viermächtekommission für die Vorbereitung eines Friedensvertrages mit Deutschland.

4. Nov.   Kommuniqué des Politbüros des ZK der SED zur Fragen des Handels und der Versorgung im Blick auf die „ökonomische Hauptaufgabe", die Bundesrepublik Deutschland bis 1961 zu überholen.

10. Nov.   Berlin-Ultimatum Chruschtschows.

27. Nov.   Kündigung des Besatzungsstatuts für Groß-Berlin durch die Sowjetunion und Forderung einer „entmilitarisierten Freien Stadt Berlin (West)".

8. Dez.   Beschluß zur Auflösung der Länderkammer durch die Volkskammer.

1959

5. Jan.   Eröffnung der Militärakademie „Friedrich Engels" in Dresden.

10. Jan.   Veröffentlichung eines sowjetischen Friedensvertragsentwurfs für Deutschland.

15.–17. Jan.   Beschluß des ZK der SED über die Umgestaltung des Schulwesens und die Einführung der polytechnischen Zehnjahresschule.

23. Jan.   Interview Ulbrichts mit Erneuerung des Vorschlags einer Konföderation zwischen beiden deutschen Staaten.

8. April   Angebot Grotewohls an Bundeskanzler Adenauer zu Vorverhandlungen über einen Friedensvertrag.

24. April 1. Bitterfelder Konferenz über kulturpolitische Probleme (Motto: „Greif zur Feder Kumpel! Die sozialistische Nationalkultur braucht Dich!").

11. Mai−20. Juni Teilnahme von Delegationen beider deutscher Staaten an den Ver-
und handlungen der Konferenz der Außenminister der vier Großmächte
13. Juli−5. Aug. in Genf.

3. Juni Beschluß eines Gesetzes über die Landwirtschaftlichen Produktions-genossenschaften (LPG) durch die Volkskammer, Beginn der end-gültigen Vergesellschaftung der Landwirtschaft.

19. Juni Übermittlung des Entwurfs eines deutsch-deutschen Nichtangriffs-paktes an Bundesaußenminister Heinrich von Brentano und die an-deren Konferenzdelegationen in Genf durch Außenminister Lothar Bolz.

1. Okt. Verabschiedung des Gesetzes über den Siebenjahresplan (1959−1965) durch die Volkskammer und des Gesetzes über die neue Staatsflagge mit Hammer, Zirkel und Ährenkranz inmitten der Farben Schwarz−Rot−Gold.

1960

23. Jan. Brief Ulbrichts an Bundeskanzler Adenauer mit dem Vorschlag ei-ner Volksabstimmung über Abrüstung, Friedensvertrag und Konfö-deration sowie der Forderung nach einer „Freien Stadt Berlin".

10. Febr. Verabschiedung des Gesetzes über die Bildung des Nationalen Ver-teidigungsrates durch die Volkskammer.

14. April Abschluß der Kollektivierung der Landwirtschaft („endgültiger Sieg der sozialistischen Produktionsverhältnisse auf dem Lande").

17. April Offener Brief des ZK der SED „an die Arbeiterschaft Westdeutsch-lands" mit dem „Deutschlandplan des Volkes".

22. Juli Gründung des „Komitees der DDR für die Solidarität mit den Völ-kern Afrikas" in Berlin (Ost).

12. Sept. Konstituierung des Staatsrates der DDR unter Leitung Ulbrichts durch Beschluß der Volkskammer nach dem Tod Piecks (7. Sept.).

4. Okt. Programmatische Erklärung des Staatsratsvorsitzenden Ulbricht zur geschichtlichen Mission der DDR.

1. Dez. −31. Jan. Umtausch der Mitgliedsbücher und Kandidatenkarten der SED.

1961

28./29. Beschluß des Politischen Beratenden Ausschusses des Warschauer
März Paktes in Moskau über die Erhöhung der Verteidigungsbereitschaft der DDR durch Lieferung modernster Waffen an die NVA.

12. April Annahme des Gesetzbuches der Arbeit durch die Volkskammer.

15. Juni Erklärung Ulbrichts über innerdeutsche Absperrmaßnahmen auf ei-ner Pressekonferenz („Niemand hat die Absicht, eine Mauer zu er-richten".).

5. Juli Beschluß des Ministerrates über die Bildung des Volkswirtschaftsra-tes.

6. Juli Verabschiedung des „Deutschen Friedensplans" durch die Volks-kammer.

19. Juli Evangelischer Kirchentag nur in West-Berlin, Verbot in Berlin (Ost).

3.−5. Aug. Beratung der Ersten Sekretäre der kommunistischen und Arbeiter-parteien der Staaten des Warschauer Paktes in Moskau über „Maß-nahmen zur Sicherung … des Friedens".

11. Aug. Auftrag der Volkskammer an den Ministerrat, alle auf der Tagung

der Staaten des Warschauer Paktes (5. Aug.) beschlossenen Maßnahmen zur Grenzsicherung in und um Berlin „vorzubereiten und
durchzuführen".

13. Aug. Abriegelung Berlins (Ost), Bau der Mauer um Berlin (West).

16. Aug. Sperrung der Grenze zur Bundesrepublik Deutschland für alle Bewohner der DDR und Berlins (Ost).

Systemstabilisierung und Eigenwilligkeiten: Vom „Sieg der sozialistischen Produktionsverhältnisse" zum „umfassenden Aufbau des Sozialismus" 1961 bis 1971

Der Mauerbau um Berlin und die Grenzabriegelung zur Bundesrepublik Deutschland
erhöhten den Anpassungsdruck auf die Bevölkerung der DDR. Partei und Staat waren bemüht, durch Modernisierungsmaßnahmen in der Industrie und die Einführung
des „Neuen Ökonomischen Systems" den Konsumwünschen der Bevölkerung stärker
Rechnung zu tragen und auf diese Weise das innenpolitische Klima zu entlasten. Die
Modifizierung der Repressionsmethoden und eine gewisse Lockerung im kulturellen
Bereich war nicht die Folge eines grundlegenden Wandlungsprozesses in der SED,
sondern eine schwache Spiegelung der zweiten Entstalinisierungsphase in der Sowjetunion nach dem XXII. Parteitag der KPdSU von 1961. Der VI. Parteitag der SED Anfang 1963 stand ganz im Zeichen eines umfassenden Führungsanspruches; seine Beschlüsse wurden zur „unmittelbaren Arbeitsgrundlage der Staatsorgane" erklärt. Die
Verschärfung des politischen Strafrechts und die nach dem Stalinschen Vorbild von
1936 neu formulierte Verfassung von 1968 dienten ebenso diesem Zweck, wie sie eine
Anpassung an die Machtverhältnisse waren. Die Versuche Ulbrichts, mit ideologischen Eigenwilligkeiten die Selbständigkeit der DDR und ihren Modellcharakter im
sozialistischen Staatensystem herauszustreichen, kollidierten zunehmend mit den Interessen der Sowjetunion. Die Beteiligung der DDR am Einmarsch von Truppen des
Warschauer Paktes in die ČSSR im August 1968 ließ ohnehin erkennen, daß es dabei
nicht um den Nachweis unterschiedlicher Wege zum Sozialismus ging.

1961

20. Sept. Verabschiedung des „Gesetzes zur Verteidigung der DDR" durch
die Volkskammer.

10./11. Okt. Wirtschaftskonferenz des ZK der SED und des Ministerrates, Beratung von Maßnahmen zur „Störfreimachung" der Wirtschaft.

13. Nov. Maßnahmen zur „Entstalinisierung" der DDR (Umbenennung von
Stalinstadt in Eisenhüttenstadt und der Stalinallee in Berlin (Ost) in
Karl-Marx-Allee bzw. Frankfurter Allee).

30. Nov. Brief Grotewohls an Bundeskanzler Adenauer mit dem Vorschlag
von Schritten zur Normalisierung der Beziehungen zwischen der
DDR und der Bundesrepublik Deutschland.

18. Dez. Abberufung des Botschafters der DDR aus Albanien.

30. Dez. Interview Ulbrichts in der „Prawda" zur Massenflucht aus der DDR
(„Schaden von 30 Milliarden Mark").

1962

24. Jan. Verabschiedung des Gesetzes über die allgemeine Wehrpflicht durch
die Volkskammer.

21.–23. März   Beratung des „Nationalen Dokuments" über „Die geschichtlichen Aufgaben der DDR und die Zukunft Deutschlands" durch das ZK der SED.

9. April   Bildung des „Komitees zum Studium der gesellschaftlichen Verhältnisse in Westdeutschland und ihrer Veränderungen" beim Nationalrat der Nationalen Front.

12. April   Verordnung über die Herausgabe und Herstellung von Presseerzeugnissen.

24. Mai   Bildung eines Volkswirtschaftsrates als Organ des Ministerrates.

16./17. Juni   4. Nationalkongreß der Nationalen Front, Verabschiedung des „Nationalen Dokuments".

22. Aug.   Auflösung der sowjetischen Stadtkommandantur in Berlin (Ost).

23. Aug.   Ernennung des Generalmajors der NVA Helmut Poppe zum Stadtkommandanten von Berlin (Ost).

1963

15.–21. Jan.   VI. Parteitag der SED in Berlin (Ost), Verabschiedung eines neuen Parteiprogramms und eines neuen Parteistatuts der SED.

3./4. März   Empfang einer französischen und einer englischen Parlamentarierdelegation durch den Präsidenten der Volkskammer Johannes Dieckmann (LDPD).

14. Mai   Beschluß über die „Arbeiter- und Bauerninspektion" als „gesellschaftliches Kontrollorgan" durch das ZK der SED und den Ministerrat.

24./25. Juni   Wirtschaftskonferenz des ZK der SED und des Ministerrats über das „Neue Ökonomische System der Planung und Leitung der Volkswirtschaft" (NÖSPL).

15. Juli   Bestätigung der vom Ministerrat beschlossenen Richtlinie für NÖSPL durch den Staatsrat.

1. Sept.   Bildung des Luftverkehrsunternehmens „Interflug".

8. Dez.   Erklärung des Staatsratsvorsitzenden Ulbricht über seine Bereitschaft zu Verhandlungen mit der Bundesregierung unter Ludwig Erhard.

17. Dez.   Unterzeichnung des ersten Übereinkommens über die Ausgabe von Passierscheinen zwischen der Regierung der DDR und dem Senat von Berlin (West).

1964

2. Jan.   Beginn der Ausgabe neuer Personalausweise mit dem Vermerk „Bürger der Deutschen Demokratischen Republik".

11. Jan.   Nominierung der letzten gesamtdeutschen Olympiamannschaft für die Olympischen Spiele in Innsbruck und Tokio.

14. April   Stellungnahme des ZK der SED gegen die „Spaltungspolitik der chinesischen Führer".

12. Juni   Freundschafts- und Beistandspakt zwischen der Sowjetunion und der DDR.

1. Aug.   Ausgabe neuer Banknoten mit der Bezeichnung „Mark der deutschen Notenbank" (MDN).

18. Aug.   Zusammenkunft zwischen dem Staatsratsvorsitzenden Ulbricht und dem thüringischen Landesbischof Moritz Mitzenheim auf der Wartburg.

1. Sept.   Verabschiedung des „Gesetzes über die Nichtverjährung von Nazi- und Kriegsverbrechen" durch die Volkskammer; Bestätigung des

Erlasses des Staatsrates über die Straffreiheit für „Republikflucht" vor dem 13. August 1961.

7. Sept.   Einführung des Wehrdienstes ohne Waffe mit dem Dienstgrad „Bausoldat".

9. Sept.   Beschluß des Ministerrats über eine jährliche Besuchsreise von Bürgern der DDR im Rentenalter in die Bundesrepublik Deutschland und nach Berlin (West).

24. Sept.   Ernennung von Willi Stoph zum Vorsitzenden des Ministerrats und zum Stellvertreter des Staatsratsvorsitzenden nach dem Tode von Grotewohl (21. Sept.).

6. Okt.   Beschluß des Staatsrats über die Amnestie von 10000 Strafgefangenen anläßlich des 15. Jahrestages der DDR.

25. Nov.   Festsetzung eines Zwangsumtausches von DM in MDN der DDR für Reisende aus der Bundesrepublik Deutschland einschließlich Berlins (West) und aus anderen westlichen Staaten.

1965

24. Febr.   Staatsbesuch einer Delegation der DDR unter Leitung Ulbrichts in
−2. März   Ägypten.

25. Febr.   Verabschiedung des Gesetzes über „das einheitliche sozialistische Bildungssystem" und „über das Vertragssystem in der sozialistischen Wirtschaft" durch die Volkskammer.

8.−13. Juni   Staatsbesuch des jugoslawischen Staatspräsidenten Tito in der DDR.

24. Juni   Ablösung von Lothar Bolz (NDPD) als Außenminister durch Otto Winzer (SED).

8. Okt.   Beschluß des IOC über die Zulassung von zwei deutschen Mannschaften zu den Olympischen Spielen von 1968; Anerkennung des NOK der DDR durch das IOC.

3. Dez.   Selbstmord des Vorsitzenden der Staatlichen Planungskommission Erich Apel.

15.−18. Dez.   11. Tagung des ZK der SED: Ankündigung eines schärferen Kurses in der Kulturpolitik.

18. Dez.   Bildung des Staatssekretariats für gesamtdeutsche (ab 2. Febr. 1967: westdeutsche) Fragen unter der Leitung von Joachim Herrmann.

21. Dez.   Verabschiedung des Familiengesetzbuches der DDR durch die Volkskammer.

22. Dez.   Beschluß des Ministerrats über die Auflösung des Volkswirtschaftsrates und die Einrichtung von neun neuen Industrieministerien.

1966

25. Jan.   Konstituierende Sitzung des Hoch- und Fachschulrates der DDR in Berlin (Ost).

11. Febr.   Veröffentlichung eines „Offenen Briefes an die Delegierten des Dortmunder Parteitages der SPD" durch das ZK der SED.

28. Febr.   Antrag des Staatsratsvorsitzenden Ulbricht auf Aufnahme der DDR in die UNO.

16. März   Bildung einer paritätischen Regierungskommission für ökonomische und wissenschaftlich-technische Zusammenarbeit zwischen der DDR und der UdSSR.

26. März   Vorschlag eines Redneraustausches zwischen SED und SPD durch das ZK der SED.

9. Mai   Inbetriebnahme des ersten Atomkraftwerks der DDR in Rheinsberg.

29. Juni Absage des Redneraustausches durch Albert Norden (SED) unter Hinweis auf das „Gesetz über befristete Freistellung von der deutschen Gerichtsbarkeit" (freies Geleit für Funktionäre der SED).

24.−31. Juli 1. Kinder- und Jugendspartakiade in Berlin (Ost).

13. Aug. Truppenparade anläßlich des 5. Jahrestages der Errichtung der Mauer um Berlin (West).

6. Okt. Unterzeichnung einer Übereinkunft über Errichtung einer Passierscheinstelle für dringende Familienangelegenheiten (Härtestelle).

15.−17. Dez. 14. Tagung des ZK der SED mit Beratung des Vorschlags eines Minimalprogramms „zur Normalisierung der Beziehungen DDR − BRD".

1967

20. Febr. Gesetz über die Staatsbürgerschaft der DDR.

31. März Beschluß von Grundsätzen der Jugendpolitik („Jugend und Sozialismus") durch den Staatsrat.

3./4. April Abschluß eines langfristigen Wirtschaftsabkommens mit der UdSSR.

10. Mai Brief des Vorsitzenden des Ministerrates Stoph an Bundeskanzler Kurt Georg Kiesinger mit dem Vorschlag zu Verhandlungen über die Normalisierung der Beziehungen.

13. Juli Bestätigung Ulbrichts als Vorsitzender des Staatsrates durch die Volkskammer.

28. Aug. Einführung der Fünf-Tage-Arbeitswoche mit wöchentlicher Arbeitszeit von 43¾ Stunden.

14. Sept. Beschluß einer Verordnung „über die Lenkung des Wohnraumes" durch den Ministerrat.

1968

12. Jan. Beschluß der Volkskammer über ein neues Strafgesetzbuch und eine neue Strafprozeßordnung.

31. Jan. Vorlage des Entwurfs einer neuen Verfassung durch die Volkskammer.

8. April Inkrafttreten der neuen Verfassung nach Volksentscheid (6. Apr.) mit 94 % Zustimmung.

10./11. Juni Beschluß der Volkskammer zur Einführung der Paß- und Visapflicht im Reise- und Transitverkehr zwischen der Bundesrepublik Deutschland und Berlin (West); Gesetz über die Aufgaben und Befugnisse der Volkspolizei.

13.−15. Juni 10. Deutscher Bauernkongreß: Beratung über die Forderung des VII. Parteitages der SED (17.−22. April 1967) nach Übergang zu industriemäßiger Organisation und Leitung in der Landwirtschaft.

14./15. Juli Beratung von Partei- und Regierungsvertretern der UdSSR, der DDR, Polens, Ungarns und Bulgariens in Warschau über die politische Entwicklung in der ČSSR.

12. Aug. Treffen einer Delegation des ZK der SED unter Leitung Ulbrichts mit dem ZK der tschechoslowakischen KP unter der Leitung von Alexander Dubček in Karlsbad.

20./21. Aug. Beteiligung von Einheiten der NVA an der Besetzung der ČSSR durch Truppen des Warschauer Paktes.

21. Aug. „Aufruf an alle Bürger der DDR" des ZK der SED, des Staatsrates und des Ministerrates über die Maßnahmen „zur Sicherung der sozialistischen Entwicklung in der ČSSR".

4. Sept.	Beschluß des Ministerrates über die Teilung des Staatlichen Rundfunkkomitees in das Staatliche Komitee für Rundfunk und das Staatliche Komitee für Fernsehen.
20. Sept.	Beschluß des Staatsrates über die Aufgaben der Körperkultur und des Sports.
12. Okt.	Aufnahme des NOK der DDR als gleichberechtigtes Mitglied in das IOC.

1969

25./26. Febr.	Briefwechsel zwischen dem Regierenden Bürgermeister von Berlin Klaus Schütz und dem Vorsitzenden des Ministerrates Stoph über Gesprächskontakte und Verwandtenbesuche.
8. Mai	Aufnahme voller diplomatischer Beziehungen mit dem Königreich Kambodscha als dem ersten nichtkommunistischen Land.
12. Mai	Wahl Gerald Göttings, des stellvertretenden Vorsitzenden des Staatsrates und Vorsitzenden der CDU, zum Präsidenten der Volkskammer als Nachfolger des verstorbenen Johannes Dieckmann.
10. Juni	Gründung des Bundes der Evangelischen Kirchen in der DDR.
10.–14. Sept.	1. Synode des neugegründeten Bundes der Evangelischen Kirchen in der DDR in Potsdam.
16. Sept.	Verhandlungen zwischen Beauftragten der Verkehrsministerien der DDR und der Bundesrepublik Deutschland in Berlin (Ost).
19. Sept.	Verhandlungen zwischen Beauftragten des Bundespostministeriums und des Ministeriums für Post- und Fernmeldewesen der DDR in Berlin (Ost).
29. Sept.	Ratifizierung des Atomwaffensperrvertrages durch die DDR.
18. Dez.	Brief des Staatsratsvorsitzenden Ulbricht an Bundespräsident Gustav Heinemann mit dem Entwurf eines Vertrages über die Aufnahme gleichberechtigter Beziehungen zwischen der DDR und der Bundesrepublik Deutschland.

1970

19. März	Treffen zwischen dem Vorsitzenden des Ministerrates Stoph und Bundeskanzler Willy Brandt in Erfurt.
26. März	Beginn der Viermächteverhandlungen über Berlin im ehemaligen Sitz des Alliierten Kontrollrates in Berlin (West).
29. April	Einigung über Kostenausgleich sowie neue Fernsprech- und Fernschreibleitungen in den Postverhandlungen zwischen beiden deutschen Staaten.
14. Mai	Verabschiedung des Landeskulturgesetzes durch die Volkskammer.
15. Mai	Aufenthalt einer Partei- und Regierungsdelegation unter der Leitung von Ulbricht und Stoph zu Gesprächen mit der Staats- und Parteiführung der Sowjetunion in Moskau.
21. Mai	Treffen zwischen Brandt und Stoph in Kassel.
3. Juni	Behandlung von „Grundsätzen für die Gestaltung des Systems der Versorgung mit haus- und stadtwirtschaftlichen Dienstleistungen und Reparaturen" im Ministerrat.
15. Sept.	Gründung der Akademie der Pädagogischen Wissenschaften in Berlin (Ost).
16. Sept.	Verabschiedung der „Grundsätze für die Aus- und Weiterbildung der Werktätigen" und des „Gesetzes über die Zivilverteidigung in der DDR" durch die Volkskammer.

27. Nov. Beginn des Meinungsaustausches zwischen dem Staatssekretär beim
Ministerrat der DDR, Michael Kohl, und dem Staatssekretär im
Bundeskanzleramt, Egon Bahr.

1971

31. Jan. Begrenzte Wiederaufnahme des Telefonverkehrs zwischen beiden
Teilen Berlins nach neunzehnjähriger Unterbrechung.

30. März– Teilnahme einer Delegation des ZK der SED unter Leitung Ul-
9. April brichts am XXIV. Parteitag der KPdSU in Moskau.

Von der Abgrenzung nach Westen und der Anpassung nach Osten zu einem neuen Selbstverständnis: Die DDR im Zeichen der „entwickelten sozialistischen Gesellschaft" 1971 bis 1987

Kurz nach seiner Teilnahme am Parteitag der KPdSU bat Ulbricht auf der 16. Tagung des ZK der SED am 3. Mai 1971 um die Entlassung aus seiner Funktion als Erster Sekretär des ZK. Sein Nachfolger Erich Honecker verpflichtete die SED wieder stärker auf die Führungsrolle der Sowjetunion und korrigierte damit den umstrittenen Kurs, den sein Vorgänger Ende der sechziger Jahre eingeschlagen hatte. Die Straffung der Parteistruktur der SED und das Bemühen, die „nichtkommunistischen Parteien" und die Massenorganisationen der DDR stärker auf die Anerkennung des „Führungsanspruchs der Arbeiterklasse" und auf das „Bekenntnis zur Sowjetunion" festzulegen, bildeten die Instrumente, um die „Klassengesellschaft neuen Typs", in der alle Gegensätze aufgehoben sein sollten, mit Leben zu erfüllen. Die Hebung des Lebensstandards in den siebziger und achtziger Jahren konnte jedoch nur zeitweilig verdecken, daß Anspruch und Wirklichkeit des „real existierenden Sozialismus" weiterhin auseinanderklafften. Die Verschärfung der Kulturpolitik führte zu einem Exodus von Künstlern und Schriftstellern. Auf der Suche nach einer eigenen nationalen Identität erlebte die offiziell geförderte Geschichtsforschung im Sinne der Aneignung des „Erbes" der deutschen Geschichte einen ungeahnten Aufschwung. Wenngleich die Grenzen dieses Unterfangens stets sichtbar blieben, waren Erfolge bei der Abgrenzungspolitik Honeckers gegenüber der Bundesrepublik Deutschland unverkennbar. Der lange aufgeschobene Besuch des Staatsratsvorsitzenden in der Bundesrepublik Deutschland im September 1987 bildete einen Höhepunkt und Abschluß zugleich: Der Empfang mit den protokollarischen Ehren eines Staatsbesuches bestätigte nachhaltig die Existenz zweier deutscher Staaten und brachte jene „Aufwertung" der DDR, der sich alle Bundesregierungen seit 1949 auf unterschiedliche Weise und mit verschiedener Intensität widersetzt hatten. Das reichhaltige Reiseprogramm Honeckers in alle Welt und die zunehmende Zahl von Staatsbesuchen in der DDR drückt diesem letzten Glied der Kette den Stempel des „Normalen" auf.

1971

3. Mai 16. Tagung des ZK der SED mit Wahl Honeckers zum Ersten Sekretär; Absetzung Ulbrichts „aus Altersgründen".

18. Mai Eintägige Gespräche einer Partei- und Regierungsdelegation der DDR unter Leitung Honeckers in Moskau.

24. Juni Ablösung des erkrankten Ulbricht als Vorsitzender des Nationalen Verteidigungsrates durch Honecker.

1. Juli   Einführung von Auslandstarifen für Postsendungen und Ferngespräche in die Bundesrepublik Deutschland einschließlich Berlins (West).

7. Juli   Auflösung des Staatssekretariats für westdeutsche Fragen.

5. Aug.   Beratung Honeckers mit der sowjetischen Staats- und Parteiführung in Moskau über eine engere Zusammenarbeit.

3. Sept.   Unterzeichnung des Vier-Mächte-Abkommens über Berlin.

21. Okt.   Beschluß des Ministerrates zur Förderung des privaten Wohnungsbaus.

15. Nov.   Aufnahme der Sendetätigkeit des neuen Senders „Stimme der DDR" (vormals Deutschlandsender).

26. Nov.   Wiederwahl von Ulbricht zum Staatsratsvorsitzenden, von Stoph zum Vorsitzenden des Ministerrates, von Honecker zum Vorsitzenden des Nationalen Verteidigungsrates und von Götting zum Präsidenten der Volkskammer.

17. Dez.   Unterzeichnung des Transitabkommens zwischen der Bundesrepublik Deutschland und der DDR (tritt am 3. Juni 1972 in Kraft).

1972

6. Jan.   Bezeichnung der Bundesrepublik Deutschland als „imperialistisches Ausland" durch Honecker.

9. März   Gesetz der Volkskammer über die Schwangerschaftsunterbrechung.

26. Mai   Unterzeichnung des Verkehrsvertrages zwischen der Bundesrepublik Deutschland und der DDR (tritt am 17. Okt. in Kraft).

16. Aug.   Beginn der Verhandlungen über einen Grundlagenvertrag zwischen den Staatssekretären Bahr und Kohl.

6. Okt.   Beschluß des Staatsrates über eine „umfassende Amnestie für politische und kriminelle Straftäter", Entlassung zahlreicher Häftlinge in die Bundesrepublik Deutschland.

21. Dez.   Unterzeichnung des Grundlagenvertrages zwischen der Bundesrepublik Deutschland und der DDR (tritt am 21. Juni 1973 in Kraft).

1973

2. Febr.   Beitritt der DDR zur Wiener Konvention über diplomatische Beziehungen von 1961.

5.–7. März   Akkreditierung von Fernseh- und Pressekorrespondenten aus der Bundesrepublik Deutschland.

4. Sept.   Beginn der Markierung der innerdeutschen Grenze durch die Grenzkommission.

18. Sept.   Aufnahme der DDR und der Bundesrepublik Deutschland in die UNO, Anerkennung der Menschenrechtsakte der Vereinten Nationen.

3. Okt.   Wahl von Stoph zum Vorsitzenden des Staatsrates und von Horst Sindermann zum Vorsitzenden des Ministerrates durch die Volkskammer.

5. Nov.   Verdoppelung der Mindestumtauschsätze für Besucher aus nichtsozialistischen Staaten.

1974

28. Jan.   Verabschiedung des 3. Jugendgesetzes durch die Volkskammer.

2. Mai   Eröffnung der „Ständigen Vertretungen" in Bonn und Berlin (Ost).

14. Sept.   Ersetzung der Währungsbezeichnung „Mark der Deutschen Notenbank" durch „Mark der DDR".

27. Sept.   Beschluß des „Gesetzes zur Ergänzung und Änderung der Verfas-

sung der DDR vom 7. Oktober 1974" durch die Volkskammer (Streichung des Begriffs „deutsche Nation").

17. Nov. Hirtenbrief der katholischen Bischöfe der DDR gegen das staatliche Erziehungsmonopol.

1975

20. Jan. Ablösung des zurückgetretenen Otto Winzer (SED) als Außenminister durch Oskar Fischer (SED).

19. Juni Verabschiedung eines neuen Zivilgesetzbuches, einer neuen Zivilprozeßordnung, eines Eingabengesetzes und eines Denkmalpflegegesetzes durch die Volkskammer.

30. Juli– KSZE-Gipfeltreffen in Helsinki, Unterzeichnung der Schlußakte
1. Aug.   durch beide deutsche Staaten, Gespräche zwischen Bundeskanzler Helmut Schmidt und dem Staatsratsvorsitzenden Honecker.

3. Okt. Unterbrechung der diplomatischen Beziehungen zu Spanien durch die DDR wegen der Vollstreckung von Todesurteilen an Regimegegnern (Wiederaufnahme: 4. April 1977).

7. Okt. Abschluß eines neuen Freundschafts- und Beistandspaktes zwischen der UdSSR und der DDR.

1976

30. März Unterzeichnung des Post- und Fernmelde-Abkommens zwischen der DDR und der Bundesrepublik Deutschland in Bonn.

1. April Erweiterung der Befugnisse des Ministerrates auf Kosten des Staatsrates.

23. April Feierliche Eröffnung des Palastes der Republik (u.a. Sitz der Volkskammer) in Berlin (Ost).

18.–22. Mai Beschluß eines neuen Programms und Statuts der SED durch den IX. Parteitag der SED, Wiederwahl Honeckers als Generalsekretär.

16. Nov. Ausbürgerung des Liedermachers Wolf Biermann während einer Tournee durch die Bundesrepublik Deutschland.

1977

16. Juni Verabschiedung eines neuen Arbeitsgesetzbuches durch die Volkskammer.

23. Aug. Verhaftung des Regimekritikers Rudolf Bahro wegen der Veröffentlichung von Auszügen aus seinem Buch „Die Alternative" in der Bundesrepublik Deutschland unter dem Vorwurf nachrichtendienstlicher Tätigkeit.

7. Okt. Schwere Zusammenstöße zwischen Jugendlichen und Volkspolizei am Rande eines Konzerts auf dem Alexanderplatz in Berlin (Ost) im Rahmen der Festveranstaltungen zum Nationalfeiertag der DDR.

9.–12. Nov. Offizieller Besuch von Außenminister Fischer beim Schah von Persien.

1978

6. März Gespräch der Staats- und Parteiführung mit dem Vorstand der Konferenz der Evangelischen Kirchenleitungen in der DDR in Berlin (Ost).

7. Juni Empfang einer Delegation der Palästinensischen Befreiungsorganisation (PLO) unter der Leitung von Yassir Arafat durch Honecker in Berlin (Ost).

26. Aug.– Weltraumflug des ersten Kosmonauten der DDR, des Oberstleut-
3. Sept. nants Sigmund Jähn, an Bord des sowjetischen Raumschiffes „Sojus 31" bzw. des Orbitalkomplexes „Saljut 6/Sojus 29".

1. Sept.	Einführung einer besonderen Wehrerziehung für die Klassen 9 und 10 mit Beginn des neuen Schuljahres.
9. Sept.	Absage des für Mitte September geplanten Staatsbesuches des Schah von Persien in der DDR wegen der innenpolitischen Lage im Iran.
13. Okt.	Verabschiedung eines neuen Gesetzes über die Landesverteidigung durch die Volkskammer.

1979

8.–12. Jan.	Besuch einer Staats- und Parteidelegation der DDR in Indien.
15.–24. Febr.	Afrikareise Honeckers.
28. Juni	Verschärfung des politischen Strafrechts nach Verabschiedung des 3. Strafrechtsänderungsgesetzes durch die Volkskammer.
4.–8. Okt.	Ankündigung des Abzugs von 20000 Sowjetsoldaten und 1000 Panzern aus der DDR durch den sowjetischen Parteichef Leonid I. Breschnew anläßlich eines Besuches in der DDR.
8. Nov.	Beschluß der Kombinatsverordnung durch den Ministerat (Einstufung des „volkseigenen Kombinats" zur „grundlegenden Wirtschaftseinheit").

1980

1. Jan.	Wahl der DDR in den Sicherheitsrat der UNO als „nichtständiges" Mitglied (für zwei Jahre).
1. Jan.	Inkrafttreten des Abkommens über gegenseitigen Verzicht auf Straßenbenutzungsgebühren für Lkw und Busse mit der Bundesrepublik Deutschland (bei Zahlung einer jährlichen Pauschale von 50 Mill. DM an die DDR bis 1989 für die Straßenbenutzung durch Pkw durch die Bundesregierung).
18. März	Beschluß des Politbüros über die „Aufgaben der Universitäten und Hochschulen in der entwickelten sozialistischen Gesellschaft".
8. Mai	Gespräch zwischen Bundeskanzler Schmidt und Staatsratsvorsitzendem Honecker am Rande der Trauerfeierlichkeiten für den am 4. Mai verstorbenen jugoslawischen Staatspräsidenten Tito.
3. Juli	Verabschiedung des Gesetzes zum Schutz des Kulturgutes der DDR durch die Volkskammer.
13. Okt.	Rede Honeckers in Gera mit der Nennung von Vorbedingungen für eine Normalisierung der Beziehungen der beiden deutschen Staaten (Anerkennung der Staatsbürgerschaft der DDR, Aufwertung der Ständigen Vertretungen zu Botschaften, Auflösung der Zentralen Erfassungsstelle in Salzgitter, Markierung der Elbgrenze in der Strommitte).
5. Dez.	Beratung der Lage in Polen durch „führende Repräsentanten" der Staaten des Warschauer Paktes, darunter Honecker, Stoph, Heinz Hoffmann und Erich Mielke, in Moskau.

1981

26.–31. Mai	Staatsbesuch Honeckers in Japan.
17.–26. Aug.	Empfang von Vertretern des ökumenischen Rates der Kirchen durch Honecker.
9.–13. Sept.	Staatsbesuch Honeckers in Mexiko.
11.–13. Dez.	Besuch von Bundeskanzler Schmidt zu einem Arbeitsgespräch mit Honecker am Werbellinsee.
15. Dez.	Begrüßung der Verhängung des Ausnahmezustandes in Polen (13. Dez.) durch die Nachrichtenagentur ADN.

1982

14. Febr. Friedensforum in der Kreuzkirche in Dresden mit etwa 5000 meist jugendlichen Teilnehmern aus den Reihen der christlichen Friedensbewegung.

9./10. März Empfang des Vorsitzenden des Exekutivkomitees der PLO, Yassir Arafat, mit den protokollarischen Ehren eines Staatsoberhauptes in Berlin (Ost), Aufwertung der Vertretung der PLO zur Botschaft.

22. März Festakt des ZK der SED, des Staatsrates und des Ministerrates anläßlich des 150. Todestages von Johann Wolfgang von Goethe in Weimar.

25. März Verabschiedung eines neuen Wehrdienstgesetzes durch die Volkskammer.

11. April Betonung der Eigenständigkeit der christlichen Friedensbewegung und Zurückweisung der staatlichen Kritik an der Losung „Schwerter zu Pflugscharen" durch den Magdeburger Bischof Werner Krusche.

10.–18. Okt. Staatsbesuche Honeckers in Syrien, Zypern und Kuwait.

14. Nov. Zusammentreffen des Staatsratsvorsitzenden Honecker mit Bundespräsident Karl Carstens am Rande der Trauerfeierlichkeiten für den Generalsekretär der KPdSU Breschnew in Moskau.

1983

11. März Festakt des ZK der SED, des Ministerrats und des Nationalrats der Nationalen Front zum 100. Geburtstag von Karl Marx in Berlin (Ost).

21. April Wiedereröffnung der restaurierten Wartburg in Anwesenheit Honeckers anläßlich des 500. Geburtstages von Martin Luther.

28. April Absage seines geplanten Besuchs in der Bundesrepublik Deutschland durch Honecker.

4. Mai Eröffnung des Lutherjahres der Evangelischen Kirchen in der DDR mit dem „Luthertag auf der Wartburg".

29. Juni Übernahme einer Bürgschaft für einen Kredit über 1 Milliarde DM an die DDR (von einem Bankenkonsortium unter Führung der Bayerischen Landesbank) durch die Bundesregierung.

29. Juni– Besuch des Generalsekretärs der UNO Peréz de Cuéllar in der
2. Juli DDR.

24.–27. Juli Privater Besuch des bayerischen Ministerpräsidenten Franz Josef Strauß in der DDR, Zusammentreffen mit Honecker (24. Juli) am Werbellinsee.

15. Sept. Erstmaliger Empfang eines Regierenden Bürgermeisters von Berlin (West) (Richard von Weizsäcker) durch Erich Honecker in Berlin (Ost).

5. Okt. Ankündigung des Abbaus der Selbstschußanlagen entlang der innerdeutschen Grenze durch Honecker.

11.–14. Okt. Staatsbesuch des österreichischen Bundespräsidenten Rudolf Kirchschläger in der DDR.

9. Nov. Festveranstaltung des Staatlichen Luther-Komitees der DDR in der Deutschen Staatsoper in Berlin (Ost).

1984

1. Jan. Inkrafttreten der Agrarpreisreform.

13. Febr. Zusammentreffen von Bundeskanzler Helmut Kohl mit Staatsratsvorsitzendem Honecker am Rande der Trauerfeierlichkeiten für den Generalsekretär der KPdSU Juri W. Andropow in Moskau.

29./30. Juni	Staatsbesuch des schwedischen Ministerpräsidenten Olof Palme in der DDR.
4.–6. Juli	Staatsbesuch des griechischen Ministerpräsidenten Andreas Papandreou in der DDR.
9./10. Juli	Staatsbesuch des italienischen Ministerpräsidenten Benito Craxi in der DDR.
16.–19. Okt.	Staatsbesuch Honeckers in Finnland.
5./6. Nov.	Staatsbesuch des österreichischen Bundeskanzlers Fred Sinowatz in der DDR.
17.–19. Dez.	Offizieller Freundschaftsbesuch Honeckers in Algerien.

1985

12. März	Zusammentreffen von Bundeskanzler Kohl mit Staatsratsvorsitzendem Honecker am Rande der Trauerfeierlichkeiten für den Generalsekretär der KPdSU Konstantin U. Tschernenko in Moskau.
25. März	Erschießung eines Offiziers der amerikanischen Militärmission in der DDR durch einen sowjetischen Wachposten.
23./24. April	Staatsbesuch Honeckers in Italien.
4./5. Mai	Treffen des neuen Generalsekretärs der KPdSU Michail S. Gorbatschow mit Honecker in Moskau.
15.–20. Mai	Offizieller Besuch des stellvertretenden chinesischen Ministerpräsidenten Li Peng in der DDR.
10.–11. Juni	Staatsbesuch des französischen Ministerpräsidenten Laurent Fabius in der DDR.
2.–4. Okt.	Offizieller Freundschaftsbesuch Honeckers in Jugoslawien.
9.–11. Okt.	Staatsbesuch Honeckers in Griechenland.
1. Nov.	Abschluß der Entfernung aller Bodenminen entlang der innerdeutschen Grenze.
27. Nov.	Bericht der Parteizeitung der SED „Neues Deutschland" über die erstmalige Aufnahme der „Vereinigung der gegenseitigen Bauernhilfe" (VdgB) in den „Demokratischen Block der Parteien und Massenorganisationen".
2. Dez.	Tod des Verteidigungsministers Hoffmann (Nachfolger Heinz Keßler).

1986

14./15. Febr.	Beginn der Beratungen von Arbeitsgruppen der SPD und SED über eine atomwaffenfreie Zone in Europa in Bonn.
19.–23. Febr.	Besuch des Volkskammerpräsidenten Sindermann in der Bundesrepublik Deutschland auf Einladung der Bundestagsfraktion der SPD.
15. März	Zusammentreffen von Bundeskanzler Kohl mit Staatsratsvorsitzendem Honecker am Rande der Trauerfeierlichkeiten für den ermordeten schwedischen Ministerpräsidenten Olof Palme in Stockholm.
6. Mai	Unterzeichnung des Abkommens über kulturelle Zusammenarbeit zwischen der DDR und der Bundesrepublik Deutschland in Berlin (Ost).
25.–28. Juni	Staatsbesuch Honeckers in Schweden.
19. Sept. und 6. Okt.	Unterzeichnung der ersten deutsch-deutschen Städtepartnerschaft zwischen Saarlouis und Eisenhüttenstadt in Saarlouis bzw. in Eisenhüttenstadt.
2. Okt.	Eröffnung der neuen Eisenbahnfährlinie Mukran – Klaipeda zwischen der DDR und der UdSSR.
21. Okt.	Offizieller Freundschaftsbesuch Honeckers in der VR China.

12. Nov. Vereinbarung zwischen der Bundesrepublik Deutschland und der DDR über die gegenseitige Rückführung von kriegsbedingt verlagerten Kulturgütern.

14. Nov. Wahl des Völkerrechtlers Bernhard Graefrath in die Völkerrechtskommission der UNO.

1987

28. Jan. Veröffentlichung der Rede des Generalsekretärs der KPdSU Michail S. Gorbatschow „Über die Umgestaltung und die Kaderpolitik der Partei" im Parteiorgan „Neues Deutschland" in der Zusammenfassung der sowjetischen Nachrichtenagentur TASS ohne die Abschnitte mit der scharfen Kritik an Gorbatschows Amtsvorgängern.

10. Mai Eröffnung der 11. „Duisburger Aspekte" unter dem Motto „Einblicke — Kunst und Kultur aus der DDR. Erbe und Gegenwart".

3.—8. Juni Offizieller Besuch Honeckers in den Niederlanden.

8. Juni Zusammenstöße zwischen Jugendlichen und Volkspolizei am Brandenburger Tor während eines Rockkonzerts vor dem Reichstag in Berlin (West).

17. Juli Abschaffung der Todesstrafe auf Beschluß des Staatsrates der DDR.

25. Aug. Paraphierung des Abkommens über wissenschaftliche und technische Zusammenarbeit zwischen der DDR und der Bundesrepublik Deutschland.

27. Aug. Veröffentlichung des gemeinsamen Dokuments der Akademie für Gesellschaftswissenschaften beim ZK der SED und der Grundwertekommission der SPD „Der Streit der Ideologien und die gemeinsame Sicherheit" in Berlin (Ost) und Bonn.

7.—11. Sept. Offizieller Arbeitsbesuch Honeckers in der Bundesrepublik Deutschland.

Analysen

Herrschaftssystem: Partei und Staat

von Georg Brunner

Nach ihrem ideologischen Selbstverständnis begreift die DDR ihr Herrschaftssystem als „Diktatur des Proletariats" und „sozialistische Demokratie" zugleich, in der die führende Rolle der marxistisch-leninistischen SED als dem bewußten und organisierten Vortrupp der Arbeiterklasse und des werktätigen Volkes gebührt. Der Sache nach stellt die DDR gewiß eine *Einparteidiktatur* dar. In der westlichen Forschung gehen die Meinungen nur darüber auseinander, ob das Wesen dieser Diktatur mit dem Ausdruck „totalitär" angemessen gekennzeichnet werden kann. Allerdings vermögen auch die Kritiker des Totalitarismuskonzepts kaum zu behaupten, daß sich das mitteldeutsche Herrschaftssystem im Zuge seiner Entwicklung zur milderen Form der autoritären Diktatur gewandelt habe. Da die SED nach wie vor das uneingeschränkte Erkenntnis- und Führungsmonopol für sich in Anspruch nimmt und in der politischen Realität keine ernsthaften Anzeichen dafür erkennbar sind, daß sie nicht mehr willens oder fähig wäre, diesen totalen Verfügungsanspruch über die Gesellschaft tatsächlich durchzusetzen, dürfte sich an der totalitären Natur der SED-Diktatur im wesentlichen nichts geändert haben.

Den Kern des Herrschaftssystems bildet mithin die *SED*, die mit 2262672 Mitgliedern und 65659 Kandidaten Ende 1987 (13,8 % der Gesamtbevölkerung) zu den relativ mitgliederstärksten kommunistischen Parteien der Welt zählt. Die Mitglieder werden in knapp 60000 Grundorganisationen erfaßt, die überwiegend nach dem „Produktionsprinzip" am Arbeitsplatz und nur ausnahmsweise in Wohngebieten bestehen. Für die weiteren Organisationsebenen ist hingegen hauptsächlich das „Territorialprinzip" maßgebend. So sind von den 262 Kreisorganisationen 242 in Anlehnung an die staatliche Verwaltungsgliederung in den 191 Land- und 27 Stadtkreisen, den 10 Stadtbezirken von Berlin (Ost) sowie in 14 Stadtbezirken von Großstädten errichtet. Die 20 funktionalen Kreisorganisationen bestehen beim Zentralapparat der SED, der FDJ und des FDGB, im Außen- und im Staatssicherheitsministerium, in besonders wichtigen wissenschaftlichen Einrichtungen und in Großbetrieben. Die Mittelstufe wird von 17 Bezirksorganisationen in den 14 Bezirken der DDR und in Berlin (Ost) sowie von der Gebietsorganisation Wismut (Uranbergbau) und der Parteiorganisation der Nationalen Volksarmee gebildet. Für die Gliederung der letzteren gelten im übrigen ebenso Sonderregelungen wie für die Parteiorganisationen in den Grenztruppen, bei der Deutschen Volkspolizei und bei der Deutschen Reichsbahn. Organe der Kreis- und Bezirksorganisationen sind die Delegiertenkonferenz, die Parteileitung, das Sekretariat, die Revisionskommission und die Parteikontrollkommission. Die Schlüsselposition kommt jeweils dem *Ersten Sekretär* zu. Für den gesamten Parteiaufbau ist das Prinzip des „demokratischen Zentralismus" grundlegend, dessen Einzelheiten in Ziff. 23 des Parteistatuts von 1976 erläutert werden. In der Praxis läuft dies auf eine strikt hierarchische Organisationsstruktur hinaus, in der die hauptamtlichen Parteifunktionäre dominieren.

Auf der zentralen Ebene ist laut Statut der alle fünf Jahre einmal stattfindende *Partei-*

tag „das höchste Organ". Tatsächlich handelt es sich bei ihm um eine Propagandaveranstaltung, auf der die Parteiführung ihre mittelfristige politische Generallinie sowie ihre wichtigeren Sach- und Personalentscheidungen bestätigen läßt. In abgeschwächter Form gilt diese Feststellung auch für das vom Parteitag bestellte *Zentralkomitee (ZK)*, das in der Zeit zwischen den Parteitagen die gesamte Parteitätigkeit leiten soll. In Anbetracht seiner ständig wachsenden Größe (1987: 162 Mitglieder und 57 Kandidaten) und seiner rückläufigen Sitzungsfrequenz (1980–87: 2,5 Sitzungen pro Jahr) ist das ZK nicht im entferntesten in der Lage, die ihm zugedachte Führungsposition auszufüllen. Die Sitzungen des ZK sind Informations- und höchstens Konsultationsveranstaltungen für Angehörige der politischen Elite aus unterschiedlichen Lebensbereichen (Partei, Staat, Armee, Staatssicherheitsdienst, gesellschaftliche Organisationen, wissenschaftlich-kulturelle und technisch-ökonomische Intelligenz), in deren Integration die Hauptfunktion des ZK zu erblicken ist. Ein politisches Entscheidungspotential wohnt dem ZK nur für den Fall inne, daß die Parteiführung wegen innerer Machtkämpfe oder aus anderen Gründen nicht entscheidungsfähig sein sollte. Anders als in einigen anderen sozialistischen Ländern hat es eine derartige Ausnahmesituation in der DDR noch nicht gegeben. Die Integration der rangniederen politischen Elite ist auch die wichtigste Funktion der ebenfalls vom Parteitag bestellten *Zentralen Revisionskommission* (1986: 40 Mitglieder und 8 Kandidaten), deren offizielle Aufgabe in der Kontrolle der ordnungsgemäßen Geschäftsführung und der Parteifinanzen besteht.

Die eigentliche Parteiführung bilden das *Politbüro* (1987: 22 Mitglieder und 5 Kandidaten) und das *Sekretariat des ZK* (1987: 10 Sekretäre) mit dem *Generalsekretär* an der Spitze. Formell werden diese wöchentlich tagenden Führungsgremien ebenso vom ZK gewählt wie die als oberste Disziplinarinstanz fungierende *Zentrale Parteikontrollkommission* (1986: 9 Mitglieder und 6 Kandidaten). Tatsächlich ergänzt sich aber die in ihnen versammelte Herrschaftsoligarchie auf dem Wege der Kooptation selbst. Die pragmatische Funktionsteilung zwischen beiden Gremien ist so beschaffen, daß das Politbüro als Beschlußorgan die politischen Grundentscheidungen trifft, während das Sekretariat des ZK als Vollzugsorgan für die laufenden Angelegenheiten zuständig ist. Eine klare Kompetenzabgrenzung ist nicht vorhanden. Um Friktionen zu vermeiden, ist das Sekretariat des ZK personell fast vollständig in das Politbüro integriert. Die einzelnen Sekretäre sind für bestimmte Sachgebiete und die Anleitung der entsprechenden Teile des sog. *Apparates des ZK* zuständig. Dieser Apparat besteht aus derzeit 38 Abteilungen mit ca. 2000 Mitarbeitern, den Redaktionen der zentralen Parteiorgane („Neues Deutschland", „Einheit", „Neuer Weg"), der Verlagsorganisation „Zentrag" und den ideologischen Leiteinrichtungen (Parteihochschule u.a.).

Für den *Staatsaufbau* gilt ebenfalls das Prinzip des „demokratischen Zentralismus", mit dem eine Dezentralisierung der Staatsgewalt unvereinbar ist. Aus diesem Grunde wurden die in der Gründungsverfassung der DDR von 1949 noch enthaltenen, tatsächlich jedoch bereits weitgehend ausgehöhlten Institutionen der Bundesstaatlichkeit und der kommunalen Selbstverwaltung im Jahre 1952 auch formell beseitigt. Die Verfassung wurde allerdings nicht geändert. Erst die 1968 erlassene und 1974 grundlegend revidierte, „sozialistische" Verfassung hat klar erkennen lassen, daß es sich bei den Gemeinden, kreisangehörigen Städten, Stadt- und Landkreisen, Stadtbezirken von Berlin (Ost) und sechs großen Stadtkreisen auf der lokalen und bei den 14 Bezirken und Berlin (Ost) auf der regionalen Ebene nicht um Gebietskörperschaften, sondern um territoriale Verwaltungseinheiten handelt, in denen örtliche Staatsorgane wirken. Die allgemeine *Verwaltungsorganisation* ist überall einheitlich und beruht auf dem theoretischen Vorrang der jeweiligen Volksvertretung. Diese bestellt als ihr kollegiales Beschluß- und Vollzugsorgan den „Rat", der wiederum monokratisch geleitete „Fachorgane" für einzelne Verwaltungszweige bildet. Verwaltungschef der jeweiligen Gebietseinheit ist der von der Volksvertretung „gewählte" Ratsvorsitzende. Hinsichtlich der Räte und Fachorgane tritt der „demokratische Zentralismus" in der spezifischen Gestalt der „doppelten Unterstellung" in Erscheinung. Hiernach ist jeder Rat seiner Volksvertretung und dem höheren Rat, jedes Fachorgan seinem Rat und dem höheren Fachorgan untergeordnet. Die praktische Bedeutung der Volksvertretungen ist gering. Demgegenüber verkörpern die Räte und ihre Vorsitzenden sowie die Fachorgane reale Verwaltungsmacht. Deshalb führt die „doppelte Unterstellung" der Fachorgane zu echten Spannungen zwischen allgemein-territorialen und besonderen Ressortinteressen. Einige Verwaltungszweige sind aus der allgemeinen Verwaltungsorganisation ausgegliedert und werden durch Sonderbehörden geführt. Zu ihnen gehören die Apparate der Herrschaftssicherung (Armee, Grenztruppen, Staatssicherheitsdienst, Polizei), die Zollverwaltung, die zentralgeleitete Wirtschaft, die Post und das überörtliche Verkehrswesen. Die Sozialversicherung ist den Gewerkschaften anvertraut.

Auf *gesamtstaatlicher Ebene* soll nach dem Prinzip der Gewalteneinheit – die Gewaltenteilung wird als „bürgerlich" abgelehnt – die *Volkskammer* „das oberste staatliche Machtorgan" sein, deren 500 Abgeordnete alle fünf Jahre nach einer von der Nationalen Front aufgestellten Einheitsliste „gewählt" werden, die dem Wähler weder politische noch personelle Alternativen bietet. Ein politisches Gewicht kommt der Volkskammer nicht zu. Ihre sowieso schon geringe Sitzungshäufigkeit ist in der Ära Honekker weiter zurückgegangen; in den letzten Jahren ist sie jeweils nur zu zwei bis drei eintägigen Plenarsitzungen einberufen worden. Als eine Art Ersatzparlament schuf 1960 Ulbricht den *Staatsrat,* an dessen Spitze er die Funktion eines Staatsoberhauptes wahrnahm. Mit der Absetzung Ulbrichts als Parteichef im Mai 1971 verschwand der Staatsrat zunächst vollständig aus dem Rampenlicht der Öffentlichkeit. Erst nachdem Generalsekretär Honecker im Oktober 1976 den Staatsratsvorsitz übernommen und somit die für die Ära Ulbricht charakteristische Personalunion wiederhergestellt hat, ist der Staatsrat im Verfassungsleben erneut in Erscheinung getreten. Allerdings wird er von seinem Vorsitzenden vornehmlich auf dem Felde der internationalen Beziehungen genutzt. Der Staatsapparat wird vom *Ministerrat* geleitet, der zwar auch als „Regierung der DDR" bezeichnet zu werden pflegt, aber eigentlich keine Regierungsfunktion ausübt, da politische Grundentscheidungen von der Parteiführung getroffen werden. Allerdings ist der Ministerrat mit seinen rund 45 Mitgliedern, überwiegend Minister und Leiter sonstiger Zentralbehörden, ein zu großes Gremium, um als solches operative Leitungsaufgaben wahrnehmen zu können. Aus diesem Grunde hat sich innerhalb des Ministerrats schon frühzeitig ein kleineres, aus ca. 15 Spitzenfunktionären bestehendes *Präsidium* herausgebildet, das der Sache nach ein Wirtschaftskabinett darstellt. Eine Richtlinienkompetenz des Vorsitzenden ist in der Verfassung nicht vorgesehen. Trotzdem ist seine Stellung innerhalb des Ministerrates stärker als diejenige eines parlamentarischen Regierungschefs, da er gegenüber allen Mitgliedern des Ministerrats das Weisungsrecht und die Disziplinarbefugnis hat und ihre Entscheidungen wegen Rechtswidrigkeit aufheben kann. Auf diese Weise wird das verfassungsmäßig verankerte Kollegialprinzip im Ministerrat zumindest sehr abgeschwächt, ist doch eine gleichberechtigte Mitwirkung von Vorgesetztem und Untergebenen bei der Entscheidungsfindung kaum vorstellbar. Zwar ist der Vorsitzende des Ministerrats kein Regierungschef im funktionalen Sinne, aber er ist ohne Zweifel der oberste Verwaltungschef der DDR. Auf dem Gebiete des Wehr- und Sicherheitswesens ist der 1960 errichtete *Nationale Verteidigungsrat* das oberste staatliche Leitungsorgan, dem beträchtliche Rechtsetzungs-, Verwaltungs- und Notstandskompetenzen zustehen. Über seine Arbeitsweise ist kaum etwas bekannt, und seine perso-

System der Staatsorgane

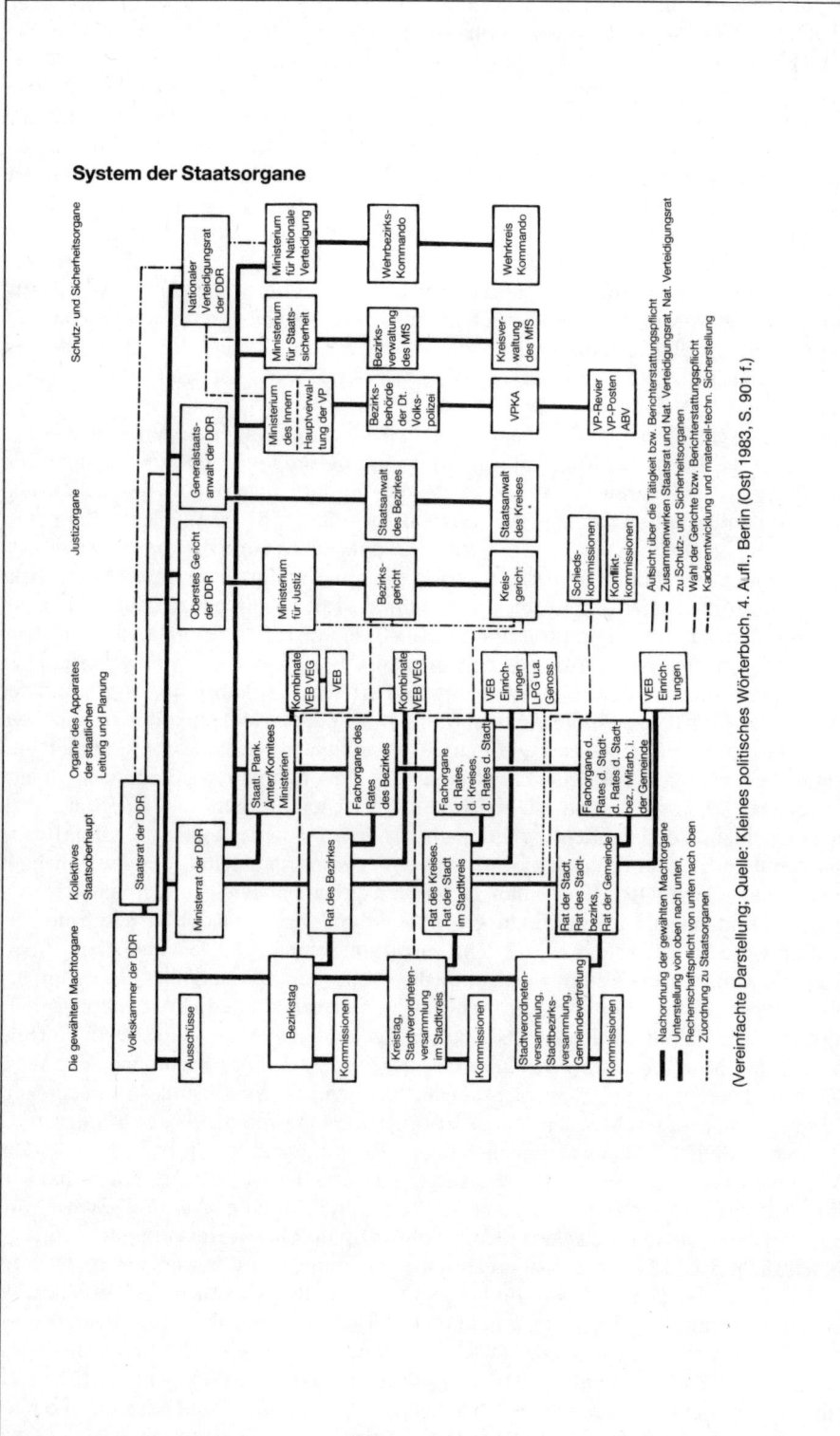

(Vereinfachte Darstellung; Quelle: Kleines politisches Wörterbuch, 4. Aufl., Berlin (Ost) 1983, S. 901 f.)

nelle Zusammensetzung wird offiziell nicht bekanntgegeben. Daß sein politisches Gewicht hoch zu veranschlagen ist, ergibt sich schon aus der Tatsache, daß sein Vorsitzender immer der Parteichef gewesen ist. Weitere Verfassungsorgane sind das *Oberste Gericht* und der *Generalstaatsanwalt*. Ihre Aufgaben und Befugnisse gehen zum Teil weiter, als es in westlichen Demokratien üblich ist. So ist das Oberste Gericht über die höchstinstanzliche Rechtsprechung hinaus mit der generellen Anleitung der Rechtsprechung aller Gerichte betraut, die ihm in gewisser Weise nachgeordnet sind. Andererseits ist der Funktionsbereich der Rechtsprechung relativ eng, da es weder eine Verfassungs- noch eine Verwaltungsgerichtsbarkeit gibt und für Streitigkeiten innerhalb des „sozialistischen" Wirtschaftssektors das Staatliche Vertragsgericht zuständig ist, das eher eine Verwaltungsbehörde als ein Gericht darstellt. Für den fehlenden gerichtlichen Verwaltungsrechtsschutz bietet die „Gesetzlichkeitsaufsicht" der Staatsanwaltschaft nur einen unzulänglichen Ersatz. Unter der Leitung des Generalstaatsanwalts soll diese Behörde zwar nicht nur Straftaten verfolgen, sondern eine umfassende Rechtskontrolle ausüben und in diesem Zusammenhang auch gegen rechtswidrige Handlungen der Verwaltungsbehörden einschreiten, doch tut sie dies erfahrungsgemäß schon aus Gründen der beschränkten Arbeitskapazität nur sehr selten.

Die *Aufgabenverteilung zwischen Partei und Staat* kann generell so beschrieben werden, daß die von der Parteiführung getroffenen Grundentscheidungen von den Staatsorganen unter Anleitung und Kontrolle des Parteiapparates konkretisiert und durchgeführt werden. Man muß aber nach einzelnen Sachgebieten genauer differenzieren. Die Ideologieproduktion, die Außen-, Deutschland- und Sicherheitspolitik gehören zu den der Parteiführung vorbehaltenen Bereichen, wo sie praktisch alle Einzelentscheidungen von einigem Gewicht selber trifft. Demgegenüber hat die Staatsführung auf dem Gebiete der Wirtschafts- und Sozialpolitik einen größeren Handlungsspielraum. Für die Anleitung und Kontrolle des Staatsapparates haben sich im Laufe der Zeit verschiedene Techniken herausgebildet. Partei und Staat sind auf allen Ebenen insofern personell miteinander verschmolzen, als alle wichtigen Staatsämter mit Mitgliedern der SED besetzt werden, die in dieser Eigenschaft der Parteidisziplin unterworfen sind, und − umgekehrt − die führenden Staatsfunktionäre Mitglieder der entsprechenden Beschlußgremien der Partei sind, so daß sie an dem Zustandekommen der Parteibeschlüsse, die sie als Staatsfunktionäre durchzuführen haben, beteiligt sind. Von größter Bedeutung ist die Personalkompetenz der Partei, die über die Kaderpolitik und das Nomenklatursystem realisiert wird. In ihrem Ergebnis sind alle Staatsfunktionäre letztlich von der SED abhängig. Schließlich wird die Tätigkeit aller Staatsorgane vom hauptamtlichen Parteiapparat angeleitet und von den in diesen bestehenden Grundparteiorganisationen und Parteigruppen kontrolliert.

Die *Dualität von Partei und Staat* ist personell, finanziell und arbeitsmäßig äußerst aufwendig und zudem die Quelle von organisationsbedingten Reibungsverlusten. Trotz ihrer nachteiligen Auswirkungen auf die Verwaltungseffizienz ist sie für die Legitimierung des Herrschaftssystems unverzichtbar. Indem die alltägliche Verwaltungsarbeit, in der zwangsläufig Mängel vorkommen, dem Staatsapparat überlassen bleibt, hält sich die Partei aus der Gefahrenzone unmittelbar zurechenbarer Fehlentscheidungen heraus und meint ihren Unfehlbarkeitsanspruch glaubhaft behaupten zu können. Die Trennung von Machtausübung und Verantwortung ist die Grundvoraussetzung einer Parteiherrschaft, die sich nicht durch demokratische Bestätigung, sondern durch einen behaupteten Erkenntnisvorsprung gegenüber dem Volk legitimiert.

Parteien und Massenorganisationen im „sozialistischen Mehrparteiensystem"

von Manfred Koch

Abweichend von der UdSSR mit ihrem Einparteisystem, existiert in der DDR ein „sozialistisches Mehrparteiensystem". Ausgeprägter als in Polen, Bulgarien und der ČSSR, die ebenfalls Mehrparteisysteme aufweisen, sind in der DDR unter Führung der SED die nichtkommunistischen Parteien CDU (ursprünglich und bis zur Gleichschaltung 1948/49 CDUD), LDPD, NDPD und DBD sowie die wichtigsten Massenorganisationen FDGB, FDJ, DFD, Kulturbund und VdgB in Parlamenten, Regierungen oder Verwaltungen vertreten. Gleichwohl wird die DDR, wie die anderen Staaten des Warschauer Paktes, von einer einzigen Partei regiert. Das „sozialistische Mehrparteiensystem" ist nach dem Staatsapparat ein wesentliches Instrument zur Machtausübung und -sicherung der SED. Für konkurrierendes Streben nach Macht und damit die Chance des Machtwechsels, selbst für die legale Möglichkeit von Opposition – entscheidende Merkmale westlich-demokratischer Staatsorganisation – bietet dieses System keinen Platz. Es ist das Ergebnis der Ausgangsbedingungen in der SBZ und eines Wandlungsprozesses, der im wesentlichen bereits im Jahre 1950 abgeschlossen war. Aber auch danach können Modifikationen innerhalb des Parteiensystems vor allem seit den siebziger Jahren beobachtet werden, die im Zusammenhang mit den allgemeinen Wandlungstendenzen der DDR zu einer „sozialistischen" Leistungs- und Konsumgesellschaft gesehen werden müssen. Während die grundlegenden Änderungen des Parteiensystems der SBZ/DDR aus der Perspektive westlicher DDR-Forschung als konfliktreiche Prozesse analysiert werden, entwerfen Geschichtsdarstellungen aus der DDR ein eher harmonisiertes Bild dieser Entwicklungsphase, bleibt dort eine letztlich ideologisch geprägte Sichtweise geschichtlicher Abläufe vorherrschend.

Der entscheidende *Transformationsprozeß zum „sozialistischen Mehrparteiensystem"* vollzog sich zwischen 1945 und 1950. Dabei änderten sich sowohl die Zahl der Parteien und Massenorganisationen als auch ihr Charakter und ihre Stellung zueinander. Im Juli 1945 standen sich nach der Wiederzulassung „antifaschistischer Parteien" sowie „freier Gewerkschaften und Organisationen zum Zweck der Wahrung der Interessen und Rechte der Werktätigen" durch den Befehl Nr. 2 der SMAD mit KPD, SPD, CDUD und LDPD vier zumindest formal gleichberechtigte und – soweit die Besatzungsverhältnisse dies zuließen – selbständige Parteien, dazu mit FDGB und Kulturbund zwei überparteiliche Massenorganisationen gegenüber. Im Jahre 1950 dominierte die SED die nun vier nichtkommunistischen Parteien CDU, LDPD, DBD und NDPD sowie eine Reihe weiterer, von der SED abhängiger Massenorganisationen.

In den 1945 zugelassenen Parteien wurden die politischen Grundströmungen und sozialen Bewegungen Deutschlands – unter Ausschluß der diskreditierten Rechten – erneut organisatorisch-politisch kanalisiert. Die zuerst gegründete KPD präsentierte sich mit einem Programm, das einen deutlichen Bruch zu früheren Konzeptionen enthielt: Deutschland solle nicht das Sowjetsystem aufgezwungen werden, Ziel sei vielmehr die Aufrichtung „eines antifaschistischen, demokratischen Regimes, einer parlamentarisch-demokratischen Republik". Das Privateigentum sollte Grundlage des freien Handels und der Unternehmerinitiative sein. Die KPD bekannte sich jedoch weiterhin zum Marxismus-Leninismus. Die SPD trat mit der programmatischen Formel „Demokratie in Staat und Gemeinde, Sozialismus in Wirtschaft und Gesellschaft" an die Öffentlichkeit, bezeichnete sich als marxistisch und zielte auf die „organisatorische Einheit der deutschen Arbeiterklasse". CDUD und LDPD verstanden sich zwar als Opponenten zu den beiden Arbeiterparteien, tradierten aber auch den Gegensatz zwischen christlich geprägter und liberaler Weltanschauung. Während die CDUD in ihrem Gründungsaufruf die Verstaatlichung von „monopolartigen Schlüsselunternehmungen" und Bodenschätzen wie den Aufbau des Wirtschaftslebens „in straffer Planung" bejahte und 1946 mit dem programmatischen Ansatz eines „christlichen Sozialismus" eine mittlere Linie zwischen Kollektivismus und Liberalismus propagierte, präsentierte sich die LDPD im Parteiengefüge der SBZ als Rechtspartei. Sie erstrebte die Wiederherstellung des Berufsbeamtentums, forderte die Beibehaltung des Privateigentums und wollte die Unterstellung von Industrie- und Agrarbetrieben unter staatliche Kontrolle nur unter bestimmten Bedingungen zulassen. Die vier Parteien schlossen sich bereits im Juli 1945 zur „Einheitsfront der antifaschistisch-demokratischen Parteien" zusammen. Basis der gemeinsamen Politik sollte der Grundkonsens sein, der in Zielformulierungen wie „Säuberung Deutschlands von den Überresten des Hitlerismus" und „Aufbau des Landes auf antifaschistisch-demokratischer Grundlage" seine Kompromißformeln fand. In diesem „Antifa-Block" konnten Beschlüsse nur einstimmig gefaßt werden. Die zwischenparteiliche Kooperation garantierte, daß Beschlüsse ohne oder gegen die von der Besatzungsmacht favorisierte KPD unmöglich blieben, sie gab den anderen Parteien aber zeitweilig auch eine Art Vetorecht. Nach der Auflösung aller Verbände und Organisationen der NS-Zeit sollten die neuzubildenden Massenorganisationen überparteilichen Charakter haben. So entstand im Juli 1945 mit dem FDGB aus den früheren sozialdemokratischen, kommunistischen, christlichen und Hirsch-Dunckerschen Richtungen eine Einheitsgewerkschaft. Auch der Kulturbund war interzonal ausgerichtet und förderte überparteilich allgemeine humanistische Zielsetzungen. Ebenfalls 1945 entstanden Jugend- und Frauenausschüsse sowie lokale Vereinigungen der gegenseitigen Bauernhilfe. Das so gestaltete System der Parteien und Massenorganisationen sollte aus der Sicht der Sowjetunion Vorbildcharakter haben und gesamtdeutsche Optionen offenhalten. Strukturveränderungen dieses Systems sind insofern auch Ausdruck sich verändernder gesamtdeutscher Entwicklungsmöglichkeiten.

Ein entscheidender Eingriff erfolgte im April 1946 mit der Gründung der SED. Seit September 1945 drängten KPD und SMAD, die im Sommer den von der SPD gewünschten Zusammenschluß noch abgelehnt hatten, auf die Vereinigung der Arbeiterparteien. Damals zeichnete sich ab, daß die SPD in der SBZ trotz Benachteiligungen durch die SMAD zu einem starken politischen Faktor heranwuchs und einen eigenen reichsweit orientierten Führungsanspruch geltend machen würde. Die Vereinigung kam − trotz der Bereitschaft großer Teile der SPD, mit der KPD zusammenzugehen − wesentlich unter dem Druck der SMAD zustande. Das Bekenntnis zu einem besonderen, deutschen Weg zum Sozialismus, dazu der Kompromiß, die neue Partei nicht auf die Ideologie des Leninismus und damit auf das Vorbild der KPdSU festzulegen, sowie das vereinbarte Prinzip der Parität von Sozialdemokraten und Kommunisten bestimmten zunächst das Bild der SED als einer sozialistischen Massenpartei.

Bereits im Juli 1948 folgte jedoch mit dem Beginn der Umwandlung der SED zur „Partei neuen Typus", d.h. zur kommunistischen Kaderpartei, ein weiterer Transformationsschub für das Parteiensystem. Die SED bekannte sich nun zum Marxismus-Leninismus, feierte die KPdSU als Vorbild, übernahm deren strukturbestimmendes Prinzip des demokratischen Zentralismus wie die Kaderpolitik und schuf die bis heute bestehende Organisationsstruktur. Der besondere deutsche Weg zum Sozialismus wurde als antisowjetische Abirrung gebrandmarkt, der Kampf gegen den „Sozialdemokratismus" geführt und das Paritätsprinzip aufgehoben. Zehntausende von ehemaligen Sozialdemokraten und Westemigranten wurden im Rahmen von Parteisäuberungen aus der Partei ausgeschlossen, viele flohen in den Westen, Tausende kamen in die Gefängnisse und z.T. auch in sowjetische Lager. Damit endeten die sozialdemokratischen Traditionen, es blieb die Kontinuität kommunistischer Überlieferung. Der begrenzte Pluralismus in der SED wich dem ideologischen Monopol einer Richtung. Eng verknüpft mit dieser Entwicklung war der Aufstieg Walter Ulbrichts zum Generalsekretär der SED.

Die Angleichung der Herrschaftsstrukturen in der SBZ an die der Sowjetunion, die sich nicht auf das Parteiensystem beschränkte, war auch eine Folge des sich verschärfenden Kalten Krieges und des Konfliktes der Sowjetunion mit Jugoslawien. Nun konnte die SED ihren Führungsanspruch ohne gesamtdeutsche Rücksichten offen proklamieren und mit Hilfe der SMAD auch durchsetzen. Zwar blieb das Parteiensystem erhalten, es wurde jedoch durch zwei Neugründungen, die NDPD und die DBD, erweitert. An ihrer Spitze plazierten SMAD und SED kooperationswillige Führungen (z.T. ehemalige Kommunisten), denen sie die Aufgabe stellten, den gegen den Wandlungsprozeß in der SBZ opponierenden Parteien von CDUD und LDPD im bäuerlichen Milieu, in den städtischen Mittelschichten und bei entnazifizierten Mitgliedern der NSDAP Konkurrenz zu machen. Zugleich verstärkten sie ihre personalpolitischen Eingriffe in CDUD und LDPD (markante frühere Beispiele: die Absetzungen der CDUD-Führungen Hermes/Schreiber 1945 und Kaiser/Lemmer 1947) und erreichten so, daß sich zunehmend Funktionäre durchsetzten, die bereit waren, den Führungsanspruch der SED anzuerkennen. Dic im Zuge der sozioökonomischen Umwandlung schwindende traditionelle Rekrutierungsbasis der „bürgerlichen" Parteien begünstigte diese Entwicklung.

Parallel dazu vollzog sich die Umformung der intentional überparteilichen Massenorganisationen zu Verbänden, die die SED kontrollierte und die deren Politik verpflichtet waren. Personal- und Fraktionspolitik der Mitglieder der SED in den einzelnen Organisationen sowie Eingriffe der SMAD haben diesen Prozeß bestimmt. Er verlief jedoch weder beim Kulturbund noch bei den aus lokalen Ausschüssen entstandenen FDJ, DFD und VdgB reibungslos. Besonders konfliktreich gestaltete er sich beim FDGB, wo der Widerstand ehemaliger Sozialdemokraten ausgeschaltet werden mußte. Die so umgeformten Massenorganisationen bezog die SED schrittweise in die Arbeit des „Blocks" und der Parlamente ein, um den Spielraum von CDU und LDPD weiter einzuschränken und ihren Führungsanspruch zu untermauern.

In den Jahren 1949 und 1950 konnte die SED schließlich die *Institutionen und Mechanismen zur Steuerung und Koordinierung des „sozialistischen Mehrparteiensystems"* etablieren. In der „Einheitsfront der antifaschistisch-demokratischen Parteien", die im Juni 1949 in „Demokratischer Block der Parteien und Massenorganisationen" umbenannt wurde (der FDGB war seit August 1948 in den Block aufgenommen, die FDJ folgte im Juli 1950), wurde der Kurs der SED zur Richtlinie der Blockpolitik. Die übrigen Parteien verloren ihre programmatische Selbständigkeit und übernahmen später auch kommunistische Organisationsprinzipien. Verschiedene Verbote (Bildung von Nebenorganisationen, öffentliche Werbung) schränkten ihren Aktionsradius deutlich ein.

Im Oktober 1949 schuf die SED die „Nationale Front des demokratischen Deutschland", in der heute um den organisatorischen Kern, den der „Block" bildet, 26 der mehr als 40 politischen und gesellschaftlichen Organisationen zusammengeschlossen sind. Unter diesen zumeist durch Ausgliederung aus bestehenden Verbänden gebildeten Organisationen befinden sich u.a. der DTSB, die DSF, die GST, der VKSK und der Schriftstellerverband der DDR. Aufgabe der (seit 1973) „Nationalen Front der DDR", die anfangs auch in die Bundesrepublik Deutschland hineinwirken sollte, ist die Mobilisierung der Bevölkerung, die Schaffung einer Massenbasis für − von der

SED gesteuerte – politische Aktivitäten. Schließlich hatte die SED im Mai 1950 das Prinzip der Wahlen nach Einheitslisten durchgesetzt. Danach waren neben den Parteien die wichtigsten Massenorganisationen mit vorher festgelegten Mandaten in die Volksvertretungen integriert und – über die gleichzeitige Mitgliedschaft der meisten Abgeordneten der Massenorganisationen in der SED – deren Parlamentsmehrheiten garantiert. Mit der vorgeschriebenen Genehmigung der Kandidatenliste durch die Nationale Front kontrolliert die SED seitdem die Personalpolitik der Parteien und Massenorganisationen. Aber auch bei der Besetzung parteiinterner Führungspositionen dürfte sich die SED über die ZK-Abteilung „Befreundete Parteien" ein entscheidendes Mitspracherecht vorbehalten haben. Bei den Massenorganisationen sind Führungspositionen häufig von Mitgliedern der SED besetzt, die im Parteiapparat entsprechende Aufgaben wahrnehmen.

Richtlinienkompetenz verbunden mit dem Prinzip des „demokratischen Zentralismus", Kaderpolitik und ein dichtes Netz von Kontrollen durch den „Block", die „Nationale Front" und die Volksvertretungen sind somit die wichtigsten Mechanismen und Institutionen zur Sicherung der „führenden Rolle" der SED im „sozialistischen Mehrparteiensystem". Die Führungsrolle der SED und ihre Zusammenarbeit mit den Parteien und Massenorganisationen „für die Entwicklung der sozialistischen Gesellschaft" ist inzwischen in der Verfassung der DDR von 1968/1974 (Art. 1, 3, 29) auch staatsrechtlich verankert.

Im Rahmen des „sozialistischen Mehrparteiensystems" fällt den Massenorganisationen und Parteien eine Reihe spezifischer *Funktionen* zu. Von besonderer Bedeutung ist die *Transmissionsfunktion*. Danach sollen die Massenorganisationen, in denen je nach sozialer Situation, Interesse oder Aktivitäten alle sozialen Gruppen und Schichten organisiert sind, ihren Mitgliedern die politischen Ziele der SED nahebringen und sie zu aktivem Engagement für deren Realisierung bewegen. Die Parteien sollen das gleiche arbeitsteilig bei jenen Schichten bewirken, die sich dem direkten organisatorischen Zugriff der SED entziehen. Dabei wenden sich LDPD und NDPD vorwiegend an Handwerker, Gewerbe- und Handelstreibende sowie Intelligenzberufe, CDU an christliche Bürger aller Schichten und Berufe und DBD an das bäuerliche Milieu. Während sich die Sozialstruktur von CDU und DBD gegenüber den Anfängen nicht entscheidend geändert hat, haben LDPD und NDPD ihren Arbeiter- und Bauernanteil fast völlig verloren. Die Neuaufnahme von Arbeitern ist ihnen faktisch untersagt. In gewissem Sinne kann man sie daher auch als Massenorganisationen für „bürgerliche" Restschichten bezeichnen. Keineswegs sind sie und die Massenorganisationen jedoch reine Ausführungsorgane. In dem ihnen zugestandenen Betätigungsfeld werden die Interessen der verschiedenen gesellschaftlichen Gruppen vertreten, können soziale Bedürfnisse und auch Konflikte artikuliert werden. Hieraus kann die SED Informationen schöpfen und, wenn nötig, agitatorisch oder politisch reagieren. Mit der Transmissionsfunktion korrespondiert die *Aufgabe der Interessenvertretung*, denn jene setzt eine gewisse Attraktivität der Organisationen voraus, um darin überhaupt Wirkungsmöglichkeiten zu finden. Das zwischen den beiden Aufgaben existierende Spannungsverhältnis ist im FDGB besonders deutlich. Zwischen der Einhaltung der Wirtschaftspläne und den sozialen Bedürfnissen und Rechten der Arbeiter bestand vor allem in den fünfziger Jahren ein andauernder Konflikt, der seit den sechziger Jahren durch eine stärkere Betonung der Mitgliederinteressen zwar gemildert, aber keineswegs gelöst wurde. Wichtige Funktionen der Massenorganisationen sind auch *Erziehung und Schulung* ihrer Mitglieder im Sinne der Parteidoktrin der SED. Eng verbunden damit ist – vor allem in der FDJ, aber auch im FDGB – die Bildung von Kadernachwuchs und -reserven für die SED.

Eine spezielle Aufgabe können die Blockparteien im Bereich der Deutschland- und

Außenpolitik wahrnehmen. Insbesondere in den sechziger Jahren sollten sie gegenüber der Bundesrepublik systemlegitimierend wirken. Diese Funktion ist zwar in den Hintergrund getreten, klingt aber bei innerdeutschen Parteikontakten immer wieder an. In den Beziehungen zu neutralen Staaten und zu Entwicklungsländern wird die Existenz des „sozialistischen Mehrparteiensystems" durch entsprechend zusammengesetzte Delegationen besonders hervorgehoben. Im übrigen bieten die nichtkommunistischen Parteien jenen Bürgern der DDR, die der SED nicht beitreten, sich aber dennoch aus beruflichen oder persönlichen Gründen politisch engagieren wollen, eine Alternative, die zugleich auch einen größeren Spielraum für kontroverse Diskussionen offeriert.

Im Gegensatz zu den Massenorganisationen stellte sich für die Blockparteien immer wieder die Frage ihrer Existenzdauer. Zielt doch die Bündnispolitik der SED darauf, durch eine Zusammenarbeit mit Organisationen anderer sozialer Klassen die politische Macht zu erobern und dann in einem langanhaltenden historischen Prozeß die klassenlose Gesellschaft, den Kommunismus, zu errichten. Nach diesem gesellschaftspolitischen Konzept müßten bei zunehmender sozialer Homogenität die Vertretungen unterschiedlicher Interessen und damit die Existenz mehrerer Parteien überflüssig werden. Die von Ulbricht im Jahre 1967 behauptete weit vorangeschrittene Annäherung der Klassen und Schichten in der DDR, verdichtet in der Formel von der „sozialistischen Menschengemeinschaft", ließ diese Frage akut erscheinen. Ulbrichts These wurde jedoch unter seinem Nachfolger Erich Honecker auf dem VIII. Parteitag der SED von 1971 zurückgewiesen. Seitdem wird die Gesellschaft der DDR als eine sozial differenzierte und konflikthaltige angesehen. In dieser „nichtantagonistischen Klassengesellschaft" wies Honecker auf dem X. Parteitag von 1981 den Blockparteien einen „stabilen Platz" im politischen System zu, versicherte ihnen in der „konstruktiven und erprobten Mitarbeit" eine „langfristige Perspektive" und forderte einen „eigenständigen Beitrag" zur „gemeinsamen sozialistischen Sache". Dieser Wertschätzung der Bündnispartner entspricht eine seit 1975 um 37 % gestiegene Mitgliederzahl, ohne daß allerdings bisher ihr „eigenständiger Beitrag" erkennbar wäre.

Die in der Behandlung der Parteien sich andeutende Tendenz zu kontrollierter Ausweitung selbständiger Aktivitäten läßt sich deutlich auch bei den Massenorganisationen beobachten. Von ihnen wird seit der Propagierung der „Einheit von Wirtschafts- und Sozialpolitik" als „Hauptaufgabe" in den siebziger Jahren in verstärktem Maße ein sachverständiger Beitrag zur Verbesserung der ökonomischen Situation in der DDR erwartet. Diese schärfere Akzentuierung der Massenorganisationen als „Transmissionsriemen" sowohl der Politik der SED wie partikularer Interessen bedeutet sicher einen Funktionszuwachs. Sichtbarstes Beispiel ist die Reaktivierung der VdgB seit 1982, die zu deren Aufnahme als fünfte Massenorganisation in den „Block" und ihrer Rückkehr in die Volkskammer im Jahre 1986 führte.

Die Tendenz zur Weiterentwicklung des Partizipationskonzeptes (ablesbar auch an dem neuen Gesetz über die örtlichen Volksvertretungen von 1985) steht offensichtlich im Zusammenhang mit dem Interesse an wachstumsstimulierenden, ökonomischen Wirkungen. Sie ist aber auch vor dem Hintergrund der Herrschaftskrise in Polen zu sehen, die eine höhere Leistungsfähigkeit, eine größere politische Elastizität des politischen Systems insgesamt wie seiner einzelnen gesellschaftlichen Organisationen verlangt. Mit den angedeuteten Veränderungen im System der Parteien und Massenorganisationen zielt die SED sicher nicht auf mehr Pluralismus in ihrem Herrschaftsbereich, sondern auf eine Weiterentwicklung der Instrumente ihrer Machtsicherung und damit auf eine Stabilisierung ihrer „führenden Rolle" im „sozialistischen Mehrparteiensystem".

Organisation der SED

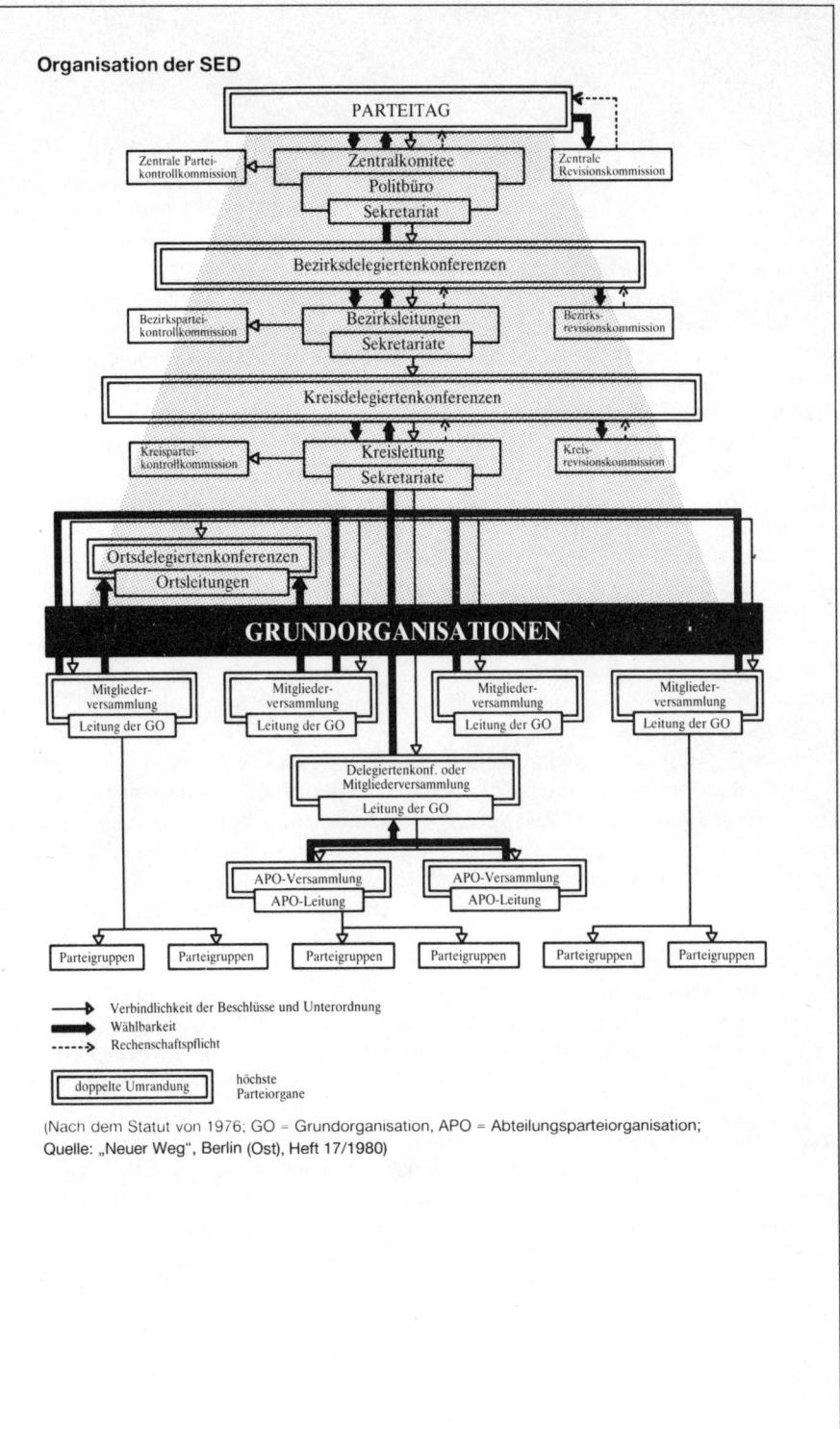

(Nach dem Statut von 1976; GO = Grundorganisation, APO = Abteilungsparteiorganisation;
Quelle: „Neuer Weg", Berlin (Ost), Heft 17/1980)

Ideologische Grundlagen

von Edda Hanisch

Das politische System der DDR und die Machtausübung durch die SED sind nicht demokratisch legitimiert. Die SED begründet ihren Herrschafts- und Führungsanspruch sowie die angeblich historische Gesetzmäßigkeit des unter ihrer Leitung entstehenden Sozialismus allein aus dem Marxismus-Leninismus, der die *weltanschauliche Grundlage* ihres politischen Handelns darstellt. Der Marxismus-Leninismus wird dabei von der SED nicht nur als Theorie und Weltanschauung verstanden, die die gesellschaftliche Wirklichkeit deuten sollen, sondern auch als unmittelbare Anleitung zum Handeln. Die Konsequenz daraus ist, daß die Festlegung des Staatszieles und der Entwicklungsperspektive sowie die politische Einzelentscheidung stets unter Berufung auf den Marxismus-Leninismus erfolgt. Der Marxismus-Leninismus wird zur verbindlichen Weltanschauung aller Mitglieder der Gesellschaft erklärt, die damit gezwungen werden sollen, sich ihn anzueignen und ihn zu ihren Handlungsnormativen zu machen. Deshalb erklärt auch das Programm der SED den Marxismus-Leninismus zum „zuverlässigen Kompaß bei der Gestaltung der entwickelten sozialistischen Gesellschaft und beim Übergang zum Kommunismus", er wird zur „herrschenden Ideologie" gemacht. Die reale Macht der Partei gründet sich also auf den in der Verfassung rechtlich verankerten, politischen und weltanschaulichen Führungsanspruch und legitimiert sich aus dem zur „einzigen wissenschaftlichen Weltanschauung" hochstilisierten Marxismus-Leninismus. Weltanschauung, Ideologie und Marxismus-Leninismus können etwas vergröbert durchaus im Sinne des Verständnisses durch die SED synonym angewandt werden.

Verlangt das politische System von den Bürgern bewußtes Handeln, das auf für alle verbindlichen weltanschaulichen Normativen basieren soll, dann wird *Indoktrination zur Staatsaufgabe* und der Zwang zur Anpassung zur Überlebenschance der Menschen in einem solchen Gesellschaftssystem. Kommt hinzu, daß das Ziel der neuen Gesellschaft in der Erziehung und Ausformung eines neuen Menschen — sozialistischer Persönlichkeiten also, deren Haupteigenschaft ihr marxistisch-leninistisch geprägtes Weltbild und Bewußtsein sein soll — besteht, dann wird die Bedeutung von Agitation und Propaganda deutlich: Agitation und Propaganda sind wichtige Methoden der Indoktrinierung der Menschen in der sozialistischen Gesellschaft, die weltanschauliche und politische Pluralität ausschließt. Die *Agitation* wird als wichtiges Element der politischen Leitung der Gesellschaft durch die SED, die *Propaganda* als Mittel und Methode der systematischen Verbreitung und Erläuterung des Marxismus-Leninismus unter allen Bürgern verstanden. „Das Grundanliegen von Agitation und Propaganda der Partei ist es", so wurde es im Beschluß des Politbüros des ZK der SED über die Aufgaben von Agitation und Propaganda vom 7. November 1972 formuliert, „die Arbeiterklasse und alle Werktätigen mit den revolutionären Ideen des Marxismus-Leninismus auszurüsten, ihnen die erfolgreiche Verwirklichung unserer Ideen in der Welt vor Augen zu führen, sie im Geiste der kommunistischen Ideale zu standhaften und streitbaren Kämpfern zu erziehen, sie zur Erfüllung der Parteibeschlüsse zu mobilisieren und sie noch besser zum Kampf gegen die Politik und Ideologie des Imperialismus zu befähigen." So verstanden werden Agitation und Propaganda zum „unlösbaren Bestandteil" der Partei- und Staatspolitik, die ideologische Arbeit zum „Herzstück der Parteiarbeit", zur permanenten und systematischen Beeinflussung des Denkens (des Bewußtseins) und Handelns (des Verhaltens) der Menschen im Sinne des Marxismus-Leninismus. Damit sind Agitation und Propaganda sowohl Mittel der

Bewußtseinsbildung und Erziehung der Massen als auch Ausdrucksformen des ideologischen Klassenkampfes und in ihren Inhalten deshalb streng parteilich. Die Inhalte von Agitation und Propaganda, die in ihren vielfältigen Formen zugleich das Wesen der politisch-ideologischen Arbeit der SED ausmachen, sind gleich. Sie werden durch die Führung der SED allgemeinverbindlich und mit einem Ausschließlichkeitsanspruch, der ihrem Selbstverständnis als alleinige politische Führungskraft entspricht, festgelegt. Es geht bei den Inhalten vor allem um die Vermittlung „allgemeiner Einsichten in den Gang der gesellschaftlichen Entwicklung", die in Programmen, Beschlüssen und Dokumenten der SED und des sozialistischen Staates konkretisiert werden. In diesem Zusammenhang ist zu berücksichtigen, daß die SED den sozialistischen Staat als „Hauptinstrument" ihrer Machtausübung handhabt.

Erst in der Art und Weise der Umsetzung dieser Grundlinie, d.h. also methodisch, unterscheiden sich Agitation und Propaganda. In ihrem Gebrauch durch die SED besteht zwischen ihnen eine enge Wechselwirkung, und manche Grenze ist fließend. Lenin hat diese Unterscheidung beschrieben, als er von den Parteifunktionären forderte, daß sie „sowohl als Theoretiker und Propagandisten wie auch als Agitatoren und als Organisatoren" unter der ganzen Bevölkerung zu wirken hätten. Theorie wird somit begrifflich an die Propaganda und Organisation an die Agitation gebunden. Bei gleicher Zielsetzung und inhaltlicher Bestimmung, nämlich auf marxistisch-leninistischer Grundlage bewußtseinsbildend und handlungsbestimmend zu wirken, liegt darin ihre Unterschiedlichkeit und Spezifik begründet.

Durch die *Propaganda* soll vor allem die marxistisch-leninistische Weltanschauung als Theorie systematisch verbreitet und in den Beschlüssen der SED konkret erläutert werden. Zugleich hat sie die Aufgabe, Grundnormen eines sozialistischen Denkens, Fühlens und Handelns zu entwickeln und die Menschen gegen die Einflüsse feindlicher Ideologien zu rüsten. Auf der Basis so erreichter handlungsbestimmender Grundüberzeugungen hat die *Agitation* die Funktion, vor allem zu Aktionen zu führen: Sie soll handlungsaktiv sowie aktuell sein und auf Tagesereignisse positive Bevölkerungsreaktionen und -aktivitäten hervorrufen und beeinflussen, sie ist vorrangig Tagesagitation.

Was die *Formen der Agitation und Propaganda* betrifft, so unterscheidet die SED in ihrer ideologischen Arbeit zwischen mündlicher und schriftlicher Agitation. Für die mündliche Agitation ist das persönliche Gespräch entscheidend. Für die SED gilt, daß „hunderttausende Agitatoren und Propagandisten, die täglich mit Leidenschaft und Können die Politik der SED im ganzen Volk verbreiten ..., durch nichts zu ersetzen" sind. Gespräche und gelenkte Diskussionen in den Arbeitspausen, sogenannte „Rote Treffs", oder auch individuelle Gespräche direkt am Arbeitsplatz werden praktiziert. Für diese Gespräche hat die SED den Agitator in Betrieben und Einrichtungen geschaffen. Agitatoren sind ausgewählte Mitglieder der SED, die regelmäßig geschult werden und für deren Arbeit spezielles Agitations- bzw. Informationsmaterial erarbeitet und zur Verfügung gestellt wird. Analog trifft dies auch für den Propagandisten zu. Auch in der Tagespresse und in den Organisationszeitschriften (z.B. „Neuer Weg" für die SED; „Junge Generation" für die FDJ; „Der Kämpfer" für die Kampfgruppen etc.) werden Argumentationshinweise und Faktenmaterial speziell für die Arbeit der Agitatoren und Propagandisten veröffentlicht. Diese und eine Fülle anderer Materialien sind Teile der schriftlichen Agitation und Propaganda. Selbstverständlich stehen diese Materialien auch den Agitatoren und Propagandisten anderer politischer Parteien und Massenorganisationen, besonders denen des FDGB und der FDJ, zur Verfügung. Eine besondere Form der Agitation ist die Sichtagitation. Durch Plakate, Transparente, Losungen, Wandzeitungen, Fotos, Ausstellungen usw. wird zu aktuellen Fragen Stellung genommen. Durch die Sichtagitation werden besonders Produktionserfolge, Bestenvorstellungen etc. in den Betrieben und Einrichtungen dokumentiert. Bestandteil der Sichtagitation ist auch die geplante Ausgestaltung öffentlicher Gebäude, Straßen und Wohnhäuser zu staatlichen Feiertagen oder sonstigen politischen Großereignissen.

Auch für die Propaganda gilt die grundsätzliche Unterscheidung von mündlicher und schriftlicher. In der mündlichen Propaganda kommen vor allem weltanschauliche Bildungseffekte zum Tragen: Es geht um die Erläuterung der marxistisch-leninistischen Theorie. Deshalb stehen das Schulungsprogramm der SED sowie Maßnahmen der Aus- und Weiterbildung, vor allem das Parteilehrjahr der SED, im Mittelpunkt. Analog zur SED haben alle politischen Parteien und die wichtigsten Massenorganisationen ebenfalls ihre Schulungssysteme, in die die SED − ihrem Führungsanspruch gemäß − anleitend, inhaltsbestimmend, kaderausbildend und kontrollierend eingreift. So wie es den Agitator gibt, so gibt es auch den Propagandisten, der vor allem im Schulungsbereich wirkt. Die schriftliche Propaganda ist vielfältig. Bücher, Broschüren, Seminarpläne, Filme, Dia-Ton-Vorträge etc. gehören ebenso dazu wie fertig erarbeitete Lektionen oder Rededispositionen. Schriftenreihen wie „ABC des Marxismus-Leninismus", „Zur Kritik der bürgerlichen Ideologie" oder „Der Parteiarbeiter" sind grundlegende Propagandaschriften der SED. Seit 1975 existiert als ein weiterer Parteibetrieb der Verlag für Agitations- und Anschauungsmaterial.

Im Mittelpunkt der propagandistischen Arbeit der SED steht das Parteilehrjahr als die umfassendste Form der Aus- und Weiterbildung. Den Rahmen bildet immer ein Beschluß des Politbüros, in dem über einen längeren Planungszeitraum Grundsätze, Ziele und Inhalte des Parteilehrjahres festgelegt werden. Durch jährliche Beschlüsse des Sekretariats des ZK erfolgt eine kurzfristige inhaltliche Präzisierung und Aktualisierung. Das Parteilehrjahr wird in thematischen Zirkelkategorien durchgeführt und schließt das Studium für leitende Kader ein. Monatliche propagandistische Großveranstaltungen runden das Bild ab. Referenten, Propagandisten, Seminarassistenten und Literaturpropagandisten im Rahmen des Parteilehrjahres werden im System der Parteischulung aus- und weitergebildet bzw. auf Bezirks-, Kreis- und Betriebsebene monatlich angeleitet und auf ihre Seminardurchführung vorbereitet. Da das Parteilehrjahr auch Nichtmitglieder der SED einbezieht (z.B. alle Pädagogen der DDR und andere ausgewählte Funktionäre), umfaßt dieses Propagandasystem Hunderttausende von Menschen.

In der Praxis greifen Agitation und Propaganda ineinander über. Im Betrieb ist die Tagesagitation mit den vielfältigen Formen der Produktionspropaganda abgestimmt. Unter Leitung der SED gibt es in den Betrieben der DDR in staatlicher Verantwortung direkte Arbeitsbereiche für Produktionspropaganda und ein Lektorat für die ökonomische Propaganda. Ihr Tätigkeitsfeld ist eng mit der Führung des sozialistischen Wettbewerbs und der Planerfüllung sowie der Planteile „Neue Technik" und der Neuerer- und Rationalisatorenbewegung verknüpft. Für Agitation und Propaganda stehen in vielen Betrieben Betriebszeitungen und Betriebsfunkeinrichtungen etc. zur Verfügung.

„Kommentatorengruppen", zumeist Fachleute, arbeiten in den Lektoraten, die sowohl mündliche als auch schriftliche Propaganda und Agitation leisten. Während auf Betriebsebene das Lektorat vorrangig mit Fragen der ökonomischen Propaganda beschäftigt ist, sind bei den Bildungsstätten der Kreis- und Bezirksleitungen der SED ca. elf Lektorengruppen tätig. Sie beschäftigen sich mit spezifischen Inhalten der Propaganda, wie z.B. mit weltanschaulichen, ökonomischen, militärischen, pädagogischen, kulturellen, außenpolitischen Fragen. Einen besonderen, wachsenden Stellenwert nimmt in jüngster Zeit die Geschichtspropaganda ein. Über Referenten-, Propagandisten- und Lektorenkollektive sowie das Schulungssystem mit haupt- und nebenamtlichen Lehrkräften wird Propaganda hauptsächlich umgesetzt. Ein gemeinsames Forum mündlicher und schriftlicher Agitation und Propaganda sind die Massenkommunikationsmittel (Presse, Rundfunk, Film, Fernsehen und Verlagswesen).

Agitations- und Propagandainhalte basieren auf Beschlüssen des Politbüros oder des Sekretariats des ZK der SED. Sie haben allgemeinverbindlichen Charakter. Zwei ständige Kommissionen beim Politbüro beschäftigen sich mit Agitation und Propaganda. Während die ideologische Kommission längerfristige Entscheidungen vorbereitet, agiert die Agitationskommission unmittelbar. Zwei Politbüromitglieder und zugleich Sekretäre des ZK sind zuständig für den Bereich.

Im Apparat des ZK arbeitet die Abteilung Agitation und die Abteilung Propaganda direkt zum Problem. Für alle anderen Abteilungen des ZK sind Agitation und Propaganda selbstverständlicher Teil des Arbeitsgegenstandes. Die Abteilungen sind fachspezifisch in Sektoren untergliedert. Durch die regelmäßigen Treffen der für Ideologie und für Außenpolitik zuständigen ZK-Sekretäre der sozialistischen Länder wird die internationale Koordinierung, vor allem der Außenpropaganda, abgesichert.

In den Bezirksleitungen der SED arbeiten unter Leitung eines Sekretärs ebenfalls in Sektoren gegliederte Abteilungen. Zusätzlich existieren Bildungsstätten, denen vor allem die Aus- und Weiterbildung der Kader im Bereich Agitation und Propaganda obliegt. Auf der Ebene der Kreisleitungen der SED reduziert sich die Arbeit auf eine Abteilung Agitation und Propaganda, die einem Sekretär zugeordnet ist und Mitarbeiter für die Teilbereiche beschäftigt.

In den Leitungen der Grundorganisationen der SED gibt es gewählte Mitglieder, die für Agitation und Propaganda zuständig sind und mit hauptamtlichen Bildungsstättenleitern, Leitern von Betriebsschulen des Marxismus-Leninismus sowie Betriebszeitungs- und Betriebsfunkredakteuren arbeiten.

Obwohl Agitation und Propaganda durch die SED inhaltlich, kadermäßig und organisatorisch kontrolliert wird und einen hohen Aufwand verlangt, schlagen sich diese Anstrengungen der politischen Führung keineswegs in angemessenen Ergebnissen nieder. Dann nach wie vor befindet sich der Bürger der DDR im Verhältnis zur Partei, zum Staat und zum gesellschaftlichen System in einer latenten Identitätskrise.

Verankerung in der „sozialistischen Staatengemeinschaft"

von Alexander Uschakow

Die „sozialistische Staatengemeinschaft" besteht aus den beiden multilateralen internationalen Grundorganisationen der kommunistisch regierten Staaten des sowjetischen Einflußbereiches, dem „Rat für Gegenseitige Wirtschaftshilfe" (RGW) und dem Warschauer „Vertrag über Freundschaft, Zusammenarbeit und gegenseitigen Beistand" (Warschauer Pakt). In ihnen vollzieht sich die internationale Kooperation auf politischem, wirtschaftlichem und militärischem Gebiet. Im eigenen Selbstverständnis bilden diese Gemeinschaften den Kern einer Verbindung europäischer und außereuropäischer Länder im Rahmen des sog. sozialistischen Weltsystems. Jedenfalls enthält die sowjetische Verfassung in ihrem außenpolitischen Teil (Art. 30) eine solche Formulierung.

Zwei Merkmale kennzeichnen diese Staatengemeinschaft, die sich in erster Linie auf ihre europäischen Mitglieder stützt: zum einen die machtpolitische Vorherrschaft der Sowjetunion, zum anderen eine starke Ausdifferenzierung nationaler Interessen der einzelnen Länder, woraus sich ein Vorrang bilateraler Beziehungen ergibt. Die DDR besitzt darüber hinaus einen besonderen Status vor dem Hintergrund der offenen deutschen Frage. Nach Art. 6 der revidierten Verfassung von 1974 unterhält sie besonders enge Bindungen zur UdSSR und – in abgeschwächter Form – Beziehungen zu den anderen Mitgliedern der „sozialistischen Staatengemeinschaft". Anders als die ostmittel- und südosteuropäischen Länder des sowjetischen Einflußbereichs ist ihre Entwicklung durch eine zeitliche Phasenverschiebung gekennzeichnet, die mit dem Abbau des sowjetischen Besatzungsregimes zusammenhängt. Das nach dem Kriege von der Sowjetunion besetzte Gebiet Deutschlands litt erheblich unter der Moskauer Reparationspolitik mit ihren umfangreichen Demontagen und der Umwandlung von ca. 200 Großbetrieben in sowjetische Aktiengesellschaften. Die Ausgangslage für eine grenzüberschreitende Zusammenarbeit der SBZ bzw. DDR war deshalb äußerst ungünstig. Hinzu kam der Bruch unter den Alliierten mit seinen Auswirkungen auf Deutschland und der Entstehung eines dichten Netzes bilateraler Militärallianzen in Ostmittel- und Südosteuropa mit Zentrum in Moskau.

Die besondere Funktion des sowjetischen Besatzungsgebiets in Deutschland im Rahmen des Ostblocks kam schon darin zum Ausdruck, daß die DDR am 29. September 1950, knapp ein Jahr nach ihrer Gründung, dem RGW beitrat, d.h. weit bevor die UdSSR am 25. März 1954 die DDR formell für souverän erklärte. Der RGW war mit Protokoll vom 18. Januar 1949 in einer kritischen Phase des Ost-West-Verhältnisses mit dem Ziel entstanden, alle Kräfte und Ressourcen der sowjetischen Einflußsphäre für eine von Stalin erwartete bewaffnete Auseinandersetzung mit dem Westen zusammenzufassen; er bildete gleichsam eine Art Gefechtsstand der sowjetischen Führung. Gründungsmitglieder waren die UdSSR sowie Albanien, Bulgarien, Polen, Rumänien, die ČSR (später ČSSR) und Ungarn. Das erste geschriebene Statut wurde erst zehn Jahre nach Gründung des RGW angenommen. Unter ökonomischen Gesichtspunkten war seine Errichtung verfrüht, da der Handel zwischen den Mitgliedsstaaten erst in den Anfängen steckte. Bei ihrem Beitritt zum RGW machte die Regierung der DDR übrigens einen gesamtdeutschen Vorbehalt geltend: Sie wollte ihre Wirtschaftspolitik „mit dem Blick auf ganz Deutschland durchführen". Dieser Vorbehalt ähnelt dem Protokoll der Bundesregierung über den innerdeutschen Handel zu den Römischen Verträgen von 1957. Die DDR hält in der Praxis an den besonderen deutsch-

deutschen ökonomischen Beziehungen bis heute fest. Nennenswerte Außenhandelsbeziehungen unterhielt sie bis in die fünfziger Jahre nur zur UdSSR. Am 27. September 1951 wurde das erste wissenschaftlich-technische Abkommen mit der osteuropäischen Großmacht unterzeichnet und zu seiner Abwicklung eine sowjetisch-deutsche Kommission eingesetzt.

Nach dem Tode Stalins hat man damit begonnen, den RGW durch Aufgabe des starren, zentralistischen Befehlssystems zu reformieren. Den Plänen lagen der Gedanke minimaler Produktionskosten und die Vorstellung einer industriellen Arbeitsteilung zugrunde. Seit den ersten Beschlüssen der Mitgliedsstaaten des RGW im Zusammenhang mit ihren untereinander abgestimmten Fünfjahrplänen für den Zeitraum von 1956 bis 1960 zeichnete sich aber ein Gegensatz zwischen Industrieländern wie der DDR und der ČSSR auf der einen und den sog. Agrarnationen wie Bulgarien, Rumänien, Ungarn, aber auch Polen auf der anderen Seite ab, der bis heute nicht überbrückt werden konnte. Die industriell entwickelten Mitglieder des RGW sollten helfen, den Rückstand der sog. Agrarstaaten zu überwinden. Die UdSSR als politische Führungsmacht stellte und stellt wegen ihrer Größe und ihrer Ausdehnung nach Asien ein Sonderproblem im RGW dar. Ende der fünfziger Jahre war die DDR aus politischen Gründen nicht in der Lage, eine verstärkte Hilfe an die anderen Länder des RGW zu leisten. Die Fluchtbewegung ihrer Bevölkerung schwächte ihre Position auch ökonomisch, so daß sie gezwungen wurde, sich noch enger an die UdSSR anzulehnen, anstatt die erwartete Vorreiterfunktion im RGW einzunehmen. „Wirtschaftsgemeinschaft mit der UdSSR" war das Schlagwort für ein langfristiges Handelsabkommen vom November 1959. In dieser Phase befürwortete die DDR die sowjetischen Integrationspläne im RGW, die eine zentrale Planung mit Sitz in Moskau vorsahen, jedoch im Jahre 1962 am rumänischen Widerstand scheiterten. Übrig blieben von den Plänen die territoritale Ausweitung des RGW nach Asien im Juni 1962 durch die Aufnahme des Entwicklungslandes Mongolei. In den Jahren 1972 bzw. 1978 kamen Kuba und Vietnam hinzu. Beim zweiten Anlauf mit dem Komplexprogramm für eine „sozialistische ökonomische Integration" von 1971 befand sich die DDR in einer besseren Position. Ihr 1963 eingeführtes „Neues Ökonomisches System" hatte sie hinter der UdSSR an die zweite Stelle als Industriemacht im RGW gebracht. Sie unterstützte den Integrationsplan, doch unter der Voraussetzung, daß bei der angestrebten Spezialisierung ihre wirtschaftlichen Interessen voll gewahrt würden. Nach der Konzeption von 1971 sollte die sozialistische Integration zuerst mit den inneren Wirtschaftsreformen beginnen, jedoch sind diese − mit Ausnahme der Umstellung auf das Kombinatssystem in der DDR − entweder steckengeblieben (UdSSR) oder gescheitert (Polen). So hat sich die DDR weiter auf ihre traditionellen Produktionszweige konzentriert und sich im RGW z.T. eine Monopolstellung im Maschinenbau, in der Chemie, in der Optik und vor allem in der Mikroelektronik gesichert. Sie ist zum wichtigsten Partner für die technologische Aufrüstung der UdSSR im Rahmen der von Generalsekretär Michail S. Gorbatschow eingeleiteten Umgestaltung („Perestroika") von Wirtschaft und Gesellschaft geworden, nicht zuletzt aufgrund ihrer Sonderstellung im innerdeutschen Handel.

Die DDR wickelt über ein Drittel ihrer Handelsbeziehungen mit der UdSSR und ca. ein Drittel mit den übrigen Ländern des RGW ab, wobei die ČSSR als Industrieland ähnlicher Struktur wie die DDR an der Spitze liegt. Sie hat die älteste industrielle Tradition und besitzt dementsprechend eine hochqualifizierte Facharbeiterschaft mit einem hohen Anteil von ca. 45 % an der Gesamtzahl der Erwerbstätigen (bei einem demgegenüber niedrigen Anteil von Erwerbstätigen in der Land- und Forstwirtschaft von ca. 10 %). Sie weist ferner den höchsten Lebensstandard und die höchste Arbeitsproduktivität im RGW auf; als Investitionsgüterlieferant steht sie in der ökonomischen Wirtschaftsgemeinschaft an zweiter Stelle hinter der UdSSR. Die besondere Stellung der DDR innerhalb der „sozialistischen Staatengemeinschaft" läßt sich an ihrer Beteiligung an den wichtigsten Sonderorganisationen des RGW ermessen: an der Zentralen Dispatcherorganisation, an der Wälzlagerorganisation sowie an Intermetall, Agromasch, Interchim und Interelektro; an den Banken des RGW; an den Transportorganisationen wie der Eisenbahnorganisation OSShD, dem Güterwagenpark und der Containerorganisation; an Post- und Fernmeldeorganisationen wie OSS oder der Organisation für kosmische Nachrichtenverbindungen „Intersputnik"; an Wissenschaftsorganisationen wie dem Institut für Kernforschung und dem Zentrum für wissenschaftliche Information; an Produktionseinheiten wie Interatominstrument, Interatomenergo, Intertextilmasch, Intersport und Assfoto; an dem bisher einzigen internationalen Produktionsbetrieb im RGW, der gemeinsam mit Polen betriebenen Baumwollspinnerei in Zawiercie; ferner an Wirtschaftsgemeinschaften und wissenschaftlichen Zentren.

Trotz der nach dem Statut des RGW formellen Gleichheit und Souveränität aller Staaten hat die Mitwirkung der DDR an der Wirtschaftsintegration einen weit höheren politischen Einschlag als bei den anderen Ländern. Die Kooperation mit der UdSSR, die von der im Jahre 1966 eingesetzten zweiseitigen Paritätischen Regierungskommission geleitet wird, dominiert. In dieser Kommission werden alle Verträge vorbehandelt und abgeschlossen. Sie ist die Schaltstelle der Wirtschaftsbeziehungen zwischen den beiden Ländern im Rahmen des RGW, ihr Statut nimmt auf die politische Grundlage der Bündnisverträge Bezug, wo die Verpflichtung beider Länder zur Zusammenarbeit festgelegt worden ist.

Die DDR wurde in das *sowjetische militärische Paktsystem* erst mit der Gründung des Warschauer Paktes am 14. Mai 1955 einbezogen. Der Beschluß vom gleichen Tage über die Bildung des Vereinten Oberkommandos dieses Bündnisses kündigte weitere Maßnahmen für die DDR an, weil diese offiziell noch nicht über Streitkräfte verfügte. Es fehlte vor allem ein politischer Grundvertrag mit der sowjetischen Besatzungsmacht in der Art des Deutschlandvertrages der Bundesrepublik Deutschland mit den Westalliierten von 1954/55. Die erforderliche Übereinkunft wurde mit dem Vertrag vom 20. September 1955 über die Beziehungen zwischen der DDR und UdSSR erzielt. Die darin erfolgte vertragliche Festlegung der Souveränität der DDR erwies sich als notwendig, weil die sog. Souveränitätserklärung vom 25. März 1954 ein einseitiger Akt der UdSSR war. Mit der Änderung der Verfassung am 26. September 1955 und mit dem Gesetz über die Errichtung der Nationalen Volksarmee (NVA) vom 18. Januar 1956 hatte die DDR zudem die innerstaatlichen Voraussetzungen für ihre Mitgliedschaft in der Organisation des Warschauer Paktes geschaffen.

Das höchste Gremium des Paktes, der Politische Beratende Ausschuß, faßte Ende Januar 1956 einen Beschluß über die Eingliederung der NVA in die Vereinigten Streitkräfte. Im Unterschied zu den anderen Staaten sind die Truppen der DDR ganz dem Warschauer Pakt unterstellt. In der DDR befinden sich 20 sowjetische Divisionen, die die „Erste Strategische Staffel" des östlichen Bündnisses bilden. Dagegen sind jeweils nur zwei bis vier sowjetische Divisionen in Polen, in Ungarn und in der ČSSR stationiert. Ferner übt auf dem Territorium der DDR das Oberkommando der „Gruppe der Sowjetischen Streitkräfte in Deutschland" (GSSD) noch Befugnisse aus, die sich aus der Stellung der UdSSR als einer für Deutschland verantwortlichen Siegermacht des Zweiten Weltkrieges ergeben. Rechtsgrundlage für ihren Aufenthalt bildet nach der Deklaration der Regierung der UdSSR vom 30. Oktober 1956 das sog. Potsdamer Abkommen. In derselben Deklaration wurde die sowjetische Auffassung bekanntgegeben, daß auch die Stationierung der sowjetischen Truppen in Polen mit der besonderen Position der UdSSR in der DDR zusammenhängt. Dagegen regelt der Stationierungsvertrag vom 12. März 1957 die Modalitäten des Aufenthalts sowjetischer Einheiten auf dem Boden der DDR und die Jurisdiktion. Bei Gefahr für die Sicherheit der sowjetischen Truppen hat ihr Kommandierender weitgehende Ermessensfreiheit; bei Bewegungen der GSSD auf dem Gebiet der DDR besitzt diese kein Mitspracherecht, sondern nur einen Anspruch auf Konsultation.

Ein wichtiger Schritt auf dem Wege zur vollen Einbindung der DDR in das östliche militärische und politische System war der Abschluß des zweiseitigen Beistandspaktes zwischen der DDR und der UdSSR vom 12. Juni 1964, der auch die Grundlage für die Tätigkeit der seit 1966 bestehenden Paritätischen Regierungskommission im RGW ist. Dem Beistandspakt von 1964 fehlte jedoch eine militärische Klausel; der Vertrag knüpfte in dieser Hinsicht an Art. 4 des Vertrages über den Warschauer Pakt an, der eine Einschränkung der eigenen Entscheidungsfreiheit statuierte. Erst mit dem zweiten Beistandspakt vom 7. Oktober 1975, der den von 1964 vorzeitig ablöste, fielen auch diese Beschränkungen fort.

Der Warschauer Pakt ist nach seiner juristischen Konstruktion eine regionale Organisation zur Selbstverteidigung gemäß Art. 51 der Charta der Vereinten Nationen vom 26. Juni 1945. Eine extensive sowjetische Auslegung spricht ihm sogar die Eigenschaft einer Einrichtung der kollektiven Sicherheit zu. Wegen der Feindstaatenklauseln der Charta der UN (Art. 53 und 107) läßt die Beteiligung der DDR als eines deutschen Staates am östlichen Allianzsystem noch Fragen offen. Überdeckt wird dieses Problem allerdings durch die sowjetische Sicherheitspolitik. Auf der Grundlage der Konsultationsklausel von Art. 3 des Vertrages über den Warschauer Pakt hat sich eine Art ständige Konferenz der Paktmitglieder für europäische Sicherheit herausgebildet, in der die UdSSR aufgrund ihrer völkerrechtlichen Stellung in Deutschland trotz der im Gründungsvertrag festgelegten souveränen Gleichheit aller Mitglieder das ausschließliche Entscheidungsrecht besitzt. Die anderen Mitglieder werden nur informiert und konsultiert.

Der Warschauer Pakt hat nach seiner Verlängerung durch das Protokoll vom 26. April 1985 die ursprüngliche territoriale Begrenzung auf Europa beibehalten, da er von sowjetischer Seite auch weiterhin als Instrument eines übergreifenden Systems der europäischen Sicherheit angesehen wird (Art. 11 Abs. 2), in dem den beiden deutschen Staaten eine besondere Rolle zufiele. Die DDR wurde in dem Maße in das militärische und politische System des Ostblocks einbezogen, wie sie formell an Souveränität gewann. Ihre beachtliche Stellung in der „sozialistischen Staatengemeinschaft" macht sie zu einem wichtigen Faktor in den gegenwärtigen Ost-West-Beziehungen.

Außenpolitik und internationale Beziehungen

von Johannes Kuppe

Ideologische *Grundlage aller Außenbeziehungen* der DDR ist der Marxismus-Leninismus. Damit wird das Prinzip des „Klassenkampfes" auf die Gestaltung der auswärtigen Beziehungen übertragen, der jedoch − soweit es der Gegner zuläßt − mit nichtmilitärischen Mitteln geführt werden soll. Die Verantwortung für die Gestaltung friedlicher außenpolitischer Beziehungen liegt damit ausschließlich bei den nichtsozialistischen Staaten, denn die Außenpolitik sozialistisch bzw. kommunistisch regierter Staaten gilt per se als friedlich. Als die Adressaten sozialistischer Außenpolitik gelten stets die Regierungen, jedoch werden als − ideologisch fixierte − Träger und Triebkräfte des internationalen Klassenkampfes auch das internationale Proletariat, organisiert von kommunistischen und Arbeiterparteien, revolutionäre Befreiungsbewegungen, die herrschenden Eliten in einigen „fortschrittlichen" Entwicklungsländern (mit nichtkapitalistischem Entwicklungsweg) sowie die angeblich bestehenden Widersprüche zwischen kapitalistischen Ländern, zwischen diesen und der Dritten Welt und die zwischen Bourgeoisie und Proletariat im Kapitalismus angesehen.

Hauptziel der Außenpolitik der DDR ist es, „gemeinsam mit der Sowjetunion und den anderen sozialistischen Staaten die günstigsten internationalen Bedingungen für den sozialistischen und kommunistischen Aufbau" zu schaffen. Die Außenpolitik hat zudem eindeutig die innenpolitische Funktion, der Herrschaftssicherung der SED zu dienen. Ihr Beitrag zu internationaler Friedenssicherung und Konfliktlösung wird zwar im Aufgabenkatalog an erster Stelle genannt (Begründung: „Frieden = Sozialismus" und „Sozialismus = Frieden"), jedoch verfolgt die Praxis der Außenpolitik der SED vorrangig das Ziel, die DDR als sozialistischen deutschen Staat zu stabilisieren und als solchen dauerhaft in der internationalen Staatengemeinschaft zu etablieren.

Als Richtschnur der Außenpolitik der DDR gegenüber allen sozialistischen bzw. kommunistisch regierten Staaten gilt das „Prinzip des sozialistischen Internationalismus", das faktisch zu einer weitgehenden, allerdings in den achtziger Jahren abnehmenden Unterordnung unter die außenpolitischen Interessen der UdSSR geführt hat. Gegenüber allen Staaten des Westens und der „Dritten Welt" soll das „Prinzip der friedlichen Koexistenz" gelten, das in einem jeweils von der SED aktuell zu bestimmenden Mischungsverhältnis Zusammenarbeit und Fortsetzung des internationalen Klassenkampfes (mit nichtmilitärischen Mitteln) ermöglicht. Seit Mitte der achtziger Jahre ist jedoch der Klassenkampfaspekt in den Hintergrund gerückt worden.

Unter den *Instrumenten der Außenpolitik der DDR* spielt das Politbüro der SED die zentrale Rolle, weil dort alle außenpolitischen Grundsatzentscheidungen getroffen werden. Die Entscheidungsvorbereitung und -kontrolle obliegt den zuständigen Abteilungen im Sekretariat des Zentralkomitees. Für die Durchführung außenpolitischer Aktivitäten sind in erster Linie das Ministerium für Auswärtige Angelegenheiten, dann aber auch die Ministerien für Nationale Verteidigung und für Außenhandel sowie eine Reihe weiterer staatlicher Organe (Kammer für Außenhandel, Staatsbank, Presseagentur ADN, einige wichtige Außenhandelsorganisationen etc.) verantwortlich. Solange die DDR gegenüber der nichtsozialistischen Staatenwelt nur unterhalb der diplomatischen Schwelle tätig werden konnte, also bis zu ihrer weltweiten völkerrechtlichen Anerkennung als Folge der Unterzeichnung des Grundlagenvertrages mit der Bundesrepublik Deutschland von 1972, waren auch zahlreiche weitere Organisationen außenpolitisch aktiv − vor allem durch Sympathiewerbung für die DDR

–, z.B. die übrigen vier Blockparteien, die Massenorganisationen, sogenannte Freundschaftsgesellschaften, Künstler- und Sportverbände sowie prominente Einzelpersonen aus Kultur und Wissenschaft. Diese formal nichtstaatliche Außenpolitik hat mit der Aufnahme diplomatischer Beziehungen zu 133 Staaten (Stand: 31. 12. 1987; bis 31. 12. 1971: 29) erheblich an Bedeutung verloren. Gleichwohl ist bis in die Gegenwart eine gewisse Zweigleisigkeit der Außenpolitik für die DDR (wie für andere sozialistische Staaten) typisch: Vor allem die SED selbst betreibt neben den staatlichen Kanälen eine aktive eigene Parteiaußenpolitik, die nicht immer deckungsgleich mit dem verläuft, was die Diplomaten der DDR im Ausland sagen und tun.

Den wichtigsten Teilbereich der Außenpolitik der DDR stellen die *Beziehungen zu den Staaten des Warschauer Vertrages* dar. Kern dieser Beziehungen wiederum ist das Verhältnis zur UdSSR, das auch in der (2.) Verfassung der DDR von 1974 normiert („für immer und unwiderruflich verbündet") worden ist. Diese verfassungsrechtliche Fixierung eines völkerrechtlichen Verhältnisses zu einem anderen Staat stellt ein Novum in der deutschen Verfassungsgeschichte dar. Grundlage der Beziehungen zur Sowjetunion bildet der (zweite) „Vertrag über Freundschaft, Zusammenarbeit und gegenseitigen Beistand" vom 7. Oktober 1975, der vorfristig den ersten Vertrag gleichen Namens vom 12. Juni 1964 ersetzte. Darin hat sich zwar die Sowjetunion alle ihre Rechte und Verantwortlichkeiten als eine der vier für Deutschland als Ganzes verantwortlichen Mächte vorbehalten, jedoch enthält er in der Bündnisklausel die für die DDR noch immer unverzichtbare Existenzgarantie, die das Abhängigkeitsverhältnis der DDR von der UdSSR ausdrückt. Zwischen beiden Staaten wurden bis Ende 1987 rund 650 Verträge, Vereinbarungen, Protokolle und sonstige vertragsähnliche Absprachen zwischen gesellschaftlichen Organisationen und staatlichen Einrichtungen geschlossen bzw. unterzeichnet. Besonders enge Beziehungen bestehen naturgemäß zwischen der SED und der KPdSU, was sich in relativ regelmäßigen Treffen der Generalsekretäre, einem permanenten Delegationsaustausch und vielfältiger Zusammenarbeit auf der Ebene der Parteischulen und des Propagandaapparates äußert.

Bis zum Tode Breschnews im November 1982 konnte man, trotz einiger Spannungen vor allem in der Amtszeit von Honeckers Vorgänger Ulbricht, von einer weitgehenden Interessenidentität von DDR und UdSSR sprechen. Unter Breschnews Nachfolgern Andropow und Tschernenko ist diese Interessenidentität einer Interessenparallelität gewichen. Die SED unter Honecker hat es zunehmend verstanden, eigene Ziele zu verfolgen, ohne dabei gegen grundlegende sowjetische Interessen zu verstoßen. Noch immer gibt es zwar das gemeinsame Interesse am „Sieg des Sozialismus/Kommunismus im Weltmaßstab", doch zur Erreichung dieses Zieles gehen heute beide Staaten nicht mehr identische Wege. Am deutlichsten zeigte sich die auf mehr Unabhängigkeit von der UdSSR gerichtete Außenpolitik der SED kurz vor Amtsantritt Gorbatschows. Während die sowjetische Führung 1984 einen Kurs der Konfrontation (und Bestrafung durch Verhandlungsblockade) gegenüber den USA und der NATO verfolgte, hielt die SED unter Honecker unverändert – und im Prinzip bis in die Gegenwart – an ihrer Dialog- und Verhandlungsbereitschaft gegenüber dem Westen, nicht zuletzt gegenüber der Bundesrepublik Deutschland („Politik der Schadensbegrenzung"), fest. Erst massive Kritik in sowjetischen (und polnischen wie tschechoslowakischen) Medien veranlaßte Honecker dann zur Verschiebung seines bereits für 1984 geplanten Besuches der Bundesrepublik. Ihren außenpolitischen Spielraum hat die SED auch unter Gorbatschow verteidigen können. Er wird inzwischen von den neuen Machthabern im Kreml nicht ernsthaft in Frage gestellt. Das Verhältnis zur Gorbatschow-Führung ist jedoch nicht frei von Irritationen. Während deren Abrüstungspolitik von der SED uneingeschränkt unterstützt und sogar mit eigenen, von Moskau gebilligten Initiativen (zur Errichtung einer chemiewaffenfreien Zone und eines kernwaffenfreien Korridors in Mitteleuropa) begleitet wird, betrachtet die SED den innenpolitischen Reformkurs Gorbatschows mit offener Skepsis und lehnt – entgegen sowjetischen Intentionen – jede Form der Übertragung auf die DDR entschieden ab. Die UdSSR ist insofern kein Vorbild mehr für die Gesellschaftspolitik der SED. Die DDR hat sich vom einstigen Satelliten der Sowjets zu einem zunehmend selbstbewußt auftretenden Juniorpartner entwickelt, dessen „nationale" Interessen die Großmacht UdSSR berücksichtigen muß. Entscheidendes Kontrollorgan Moskaus bleiben aber die in der DDR stationierten ca. 400000 sowjetischen Elitesoldaten der „Gruppe der Sowjetischen Streitkräfte in Deutschland" (GSSD), deren Machtgewicht der Sowjetunion ein absolutes Mitspracherecht in allen die DDR und die deutsche Frage berührenden Entwicklungen sichert.

Die außenpolitischen Beziehungen der DDR zu den übrigen sozialistischen Staaten („Bruderstaaten") des Warschauer Paktes, mit denen die DDR seit 1967 durch bilaterale Freundschaftsverträge verbunden ist, entsprechen formal den Erfordernissen der „koordinierten Außenpolitik" des östlichen Bündnisses. Der Begriff „koordiniert" soll den Eindruck erwecken, als gäbe es gemeinsame Interessen dieser Staatengemeinschaft, die es z.B. auf internationalen Konferenzen wie der KSZE in Helsinki von 1975 und ihren Folgekonferenzen auch sichtbar zu vertreten gilt. Tatsächlich ist die Interessenlage der einzelnen Staaten des Warschauer Paktes sehr unterschiedlich und daher nur in wenigen Grundelementen abstimmbar. Eine Rückkehr zu blockpolitischer Geschlossenheit, wie sie bis in die siebziger Jahre vor allem von der Sowjetunion betrieben wurde, ist gegenwärtig – auch auf Grund der politisch-ideologischen Führungsschwäche Moskaus – nicht mehr möglich.

Als problemlos bis freundschaftlich können heute lediglich die Beziehungen der DDR zu Ungarn und Bulgarien aus zwei Gründen betrachtet werden: Beide Staaten haben die DDR direkt (Ungarn) und indirekt (Bulgarien) in ihrer dialogbereiten Haltung gegenüber dem Westen auch unterstützt, als sich andere „Bruderstaaten" (Polen und die ČSSR) der Moskauer Polemik gegenüber Ost-Berlin und seiner Westpolitik anschlossen. Schließlich gibt es mit Ungarn und Bulgarien in keiner innen- oder außenpolitischen Frage Differenzen. Ähnliches gilt auch für das Verhältnis zu Rumänien, dessen auf außenpolitische Eigenständigkeit bedachte Politik von der SED unter Honecker mit Verständnis begleitet wurde. Als geschäftsmäßig und korrekt, aber nicht als freundschaftlich läßt sich das Verhältnis der DDR zur benachbarten ČSSR beschreiben. Da ČSSR und DDR ein vergleichbares industrielles Niveau aufweisen, bestimmt heute im wesentlichen eine relativ enge wirtschaftliche Zusammenarbeit das Verhältnis beider Staaten, die füreinander – jeweils nach der UdSSR – größter Außenhandelspartner sind.

Am schwierigsten gestalteten und gestalten sich nach wie vor die Beziehungen zu Polen. Die SED gehörte zu den schärfsten und unsachlichsten Kritikern der 1980 entstandenen und 1981 zerschlagenen unabhängigen Gewerkschaftsbewegung „Solidarität", was die polnische Bevölkerung nicht vergessen hat. Auch die Restabilisierung eines orthodox zentralen, aber nach wie vor ineffektiven Parteiapparates hat nicht zur Verbesserung des Klimas zwischen Berlin (Ost) und Warschau geführt. Die Partei- und Staatsführung unter General Jaruzelski gehört gegenwärtig zu den lautstärksten Lobrednern des Gorbatschow-Kurses und befürwortet seine fast uneingeschränkte Übernahme in Polen. Gelänge dies, käme die SED in eine Lage, in der sie nur unter wachsendem Druck ihre abwehrende Haltung gegenüber dem Moskauer Reformprogramm aufrechterhalten könnte. Schließlich beobachtet die heutige Warschauer Regierung, wie alle ihre Vorgänger, die Deutschlandpolitik der SED mit ständigem, z.T. unverhohlenem Mißtrauen, da sie jede Annäherung zwischen beiden deutschen Staaten als Gefahr für die Staatsräson Polens betrachtet, die nur in der dauerhaften Spal-

tung Deutschlands eine Garantie für die gegenwärtig existierende polnische Westgrenze an Oder und Neiße zu sehen vermag.

In den *Beziehungen zu den außereuropäischen sozialistischen Staaten* kommt denen zu
Kuba, zur Mongolei, zu Nord-Korea sowie zu Laos, Kambodscha und insbesondere
Vietnam besondere Bedeutung zu. Auch mit diesen Ländern (einschließlich Afghanistan) sind inzwischen Freundschafts-, aber keine Beistandsverträge unterzeichnet
worden. Auf sie sowie die afrikanischen Staaten Angola, Äthiopien und Mosambik
entfallen rund 80 % der Entwicklungshilfe der DDR, deren Umfang nicht bekannt
ist.

Zu den außenpolitischen Erfolgen der DDR in den achtziger Jahren zählt ihre erfolgreiche China-Politik. Nachdem Peking Mitte der siebziger Jahre die Folgen der zehn-
jährigen Kulturrevolution zu überwinden begann und eine Öffnung des Landes nach
West und Ost (mit Ausnahme der UdSSR) einleitete, setzte auch ein sich rasch be-
schleunigender Normalisierungsprozeß im Verhältnis zur DDR ein. Die seit dem
Ausbruch des sowjetisch-chinesischen Konfliktes Anfang der sechziger Jahre − vor
allem auf Parteiebene − fast vollständig unterbrochenen Beziehungen haben sich inzwischen ständig verbessert; sie sind gegenwärtig sogar intensiver als in den fünfziger
Jahren, als die SED besonders freundschaftliche Kontakte zur damaligen Mao-Füh-
rung pflegte. Der Staatsbesuch von Generalsekretär Honecker im Oktober 1986 in
China war nicht nur für den weiteren Ausbau der bilateralen Beziehungen entscheidend, er stellte auch einen Beitrag zur Entspannung im Verhältnis China−UdSSR insofern dar, als Honecker diese Reise in Abstimmung mit der Sowjetunion unternahm
und die Chinesen gegen seine moderate Vertretung sowjetischer Positionen keine
Einwände erhoben.

Bei den *Beziehungen zur nichtsozialistischen Staatenwelt* hat die DDR ihre Kontakte
zu den westeuropäischen Staaten in den achtziger Jahren mit besonderem Nachdruck
gepflegt. Ihr kam dabei zugute, daß sie in der Phase besonders schwieriger Ost-West-
Beziehungen im Gegensatz zur Mehrzahl ihrer Verbündeten große westpolitische Fle-
xibilität bewies. Ausdruck dieser außenpolitischen Offensive ist die Tatsache, daß der
Staatsratsvorsitzende Honecker inzwischen Besuche in Österreich, Italien, Griechen-
land, Finnland, Belgien, Holland, Schweden und Frankreich absolviert hat und die
Regierungschefs dieser Länder (ohne Schweden) sowie von Kanada ihrerseits die
DDR besucht haben. Inzwischen haben auch fast alle Außenminister der NATO
(Ausnahme: USA) ihre Visite in der DDR gemacht.

Ziel dieser Westpolitik der SED ist es, die DDR als sozialistischen deutschen Staat
auch in der westeuropäischen Öffentlichkeit fest zu etablieren, in gewissem Umfang
ein Gegengewicht zur Repräsentanz der Bundesrepublik Deutschland zu schaffen und
Spekulationen über eine mögliche Wiedervereinigung beider deutscher Staaten (als
Folge der raschen Verbesserung der innerdeutschen Beziehungen) entgegenzuwir-
ken. Größere Erfolge hat sie jedoch hierbei nicht erringen können, sieht man von der
gewachsenen diplomatischen Respektabilität der DDR im Westen einmal ab. Ihr
kommt dabei allerdings entgegen, daß weder in Ost noch in West Interesse an einer
Veränderung des politischen Status quo in Europa − etwa im Sinne einer Rekonstitu-
ierung eines einheitlichen deutschen Staates − besteht.

Ein ungelöstes Problem für die Außenpolitik der DDR stellt die Berlin-Frage dar. Da
die drei Westalliierten am Viermächtestatus von ganz Berlin, wie er im Viermächteab-
kommen von 1971 bekräftigt wurde, festhalten und den Anspruch der DDR auf den
Ostsektor als „Hauptstadt der DDR" strikt ablehnen, ist eine durchgreifende Normalisierung des Verhältnisses vor allem zu den USA, aber auch zu Großbritannien und
Frankreich auf absehbare Zeit nicht möglich.

Allerdings haben die USA seit der Krise in den Beziehungen zwischen der DDR und der UdSSR von 1984 ein steigendes Interesse an der DDR bekundet. Dies kommt in der steigenden Zahl politischer Kontakte, zuletzt durch den Besuch des stellvertretenden amerikanischen Außenministers Whitehead in Berlin (Ost) im November 1987, zum Ausdruck.

Seit Mitte der siebziger Jahre hat sich die DDR auch verstärkt um eine Intensivierung der *Kontakte zu den außereuropäischen Industriestaaten* und zu einer Reihe von Schwellenländern bemüht. Dabei haben Staatsbesuche Honeckers (z.B. auf den Philippinen 1977, in Indien 1979, in Mexiko und Japan 1981, im Golfscheichtum Kuwait 1982) einige propagandistische Erfolge gebracht und das Interesse der DDR an politischer Präsenz in allen Teilen der Welt demonstriert; ihr politischer Ertrag war jedoch in allen Fällen vergleichsweise gering.

In den *Beziehungen der DDR zur „Dritten Welt"* spielen die Staaten, die einen „nichtkapitalistischen Entwicklungsweg" eingeschlagen haben, eine besondere Rolle. Hierzu gehören vor allem: in Afrika die (sich im Konflikt mit Südafrika befindenden) „Frontstaaten" Angola, Mosambik und Äthiopien, in Asien der Südjemen, Vietnam, Kambodscha und Laos sowie in Lateinamerika Kuba (als Mitglied des RGW) und Nicaragua. Trotz massiver politischer, finanzieller und militärischer Unterstützung sowie weiterer, kaum quantifizierbarer Hilfeleistungen (z.B. Ausbildungshilfe) für diese Länder erreicht die gesamte Entwicklungshilfe der DDR nach westlichen Schätzungen nur $0{,}2 - 0{,}3$ % ihres Bruttosozialproduktes; nach Angaben aus der DDR sollen jedoch die von der UNO geforderten 0,7 % bereits im Jahre 1986 erreicht worden sein. Die außenpolitische Haltung der DDR in einigen regionalen Konflikten mit weltpolitischer Bedeutung ist bereits aus der Tatsache zu ersehen, daß die wichtigsten revolutionären Befreiungsbewegungen (ANC/Südafrika, SWAPO/Namibia und PLO/Naher Osten) quasi-diplomatische Vertretungen in Berlin (Ost) unterhalten. Während sich die DDR im Krieg zwischen Iran und Irak strenger Neutralität befleißigt (und um gute Beziehungen mit beiden Seiten bemüht ist), hat sie sich im Nahost-Konflikt ohne Einschränkungen auf die arabische Seite geschlagen. Die Politik gegenüber Israel ist unverändert von Feindseligkeit geprägt, diplomatische Beziehungen gibt es nicht. Im Indochina-Konflikt ist die DDR jedoch inzwischen (wie die UdSSR) an einer Beendigung der vietnamesischen Okkupation von Kambodscha und Teilen von Laos interessiert und scheint mit diesem Ziel auch auf das befreundete Vietnam einzuwirken. Die Teilung Koreas stellt für die DDR insofern ein Glaubwürdigkeitsproblem dar, als aus Gründen der Solidarität mit dem kommunistischen Norden dessen Wiedervereinigungspolitik unterstützt werden muß, eine deutsche Wiedervereinigung jedoch strikt abgelehnt und die deutsche Frage als historisch endgültig gelöst betrachtet wird.

In die gesamte Außenpolitik der DDR fügen sich ihre *Beziehungen zu den internationalen Organisationen* nahtlos ein. Sie dienen gleichermaßen der Pflege des eigenen Image (als „friedliebender sozialistischer deutscher Staat") wie den Erfordernissen der „koordinierten" Außenpolitik der sog. sozialistischen Staatengemeinschaft. Im September 1973 wurde die DDR als 133. Mitglied (die Bundesrepublik Deutschland gleichzeitig als 134. Staat) in die UNO aufgenommen. Bis auf wenige Ausnahmen hat sie bisher stets wie die Sowjetunion abgestimmt. Sie war daher auch von einigen schweren Abstimmungsniederlagen der Sowjets (z.B. hinsichtlich der Forderung nach vollständigem Truppenabzug der UdSSR aus Afghanistan) betroffen. Von 1980 bis 1981 wurde die DDR zum nichtständigen Mitglied des Sicherheitsrates gewählt, ihr stellvertretender Außenminister Peter Florin ist Präsident der 42. Vollversammlung der UNO. Die DDR gehört fast allen Organen der Vollversammlung bzw. Spezialorganisationen der UNO (z.B. ECE, UNESCO, WHO, IAEA, ILO, UNIDO, UNCTAD) an, bleibt aber anderen (z.B. FAO, ICAO, IMF) ohne Angabe von Gründen fern. Während ihre politischen Positionen in der Vollversammlung zumeist mehr-heitsfähig sind, widersetzt sie sich — wie die Sowjetunion und deren andere Verbün-dete — einer Reform der UNO (Abbau der Privilegien der fünf ständigen Sicherheits-ratsmitglieder, Stärkung der Stellung des Generalsekretärs), für die sich die Mehrheit der Staaten der Dritten Welt (ca. 120 der 157 Mitglieder der UNO) einsetzt. Die bei-den Menschenrechtspakte der UNO (Bürgerrechts- und Sozialrechtspakt) hat die DDR 1974 ratifiziert, sie sind 1976 völkerrechtlich in Kraft getreten und damit auch im innerstaatlichen Recht der DDR gültig. Darüber hinaus gehört die DDR einer Rei-he zwischenstaatlicher Organisationen außerhalb der UNO (z.B. seit 1975 der Welt-tourismus-Organisation, WTO) sowie mehr als 250 nichtstaatlichen internationalen Organisationen (z.B. dem Internationalen Olympischen Komitee, IOC; dem Interna-tionalen Roten Kreuz, IRK; der Internationalen Rundfunk- und Fernsehorganisa-tion, OIRT) an.

Innerdeutsche Beziehungen

von Johannes Kuppe

Unter innerdeutschen Beziehungen ist die Gesamtheit aller staatlichen und privaten Beziehungen zwischen den beiden Staaten in Deutschland und ihren Einwohnern zu verstehen. Im engeren Sinne bezeichnet der Begriff die besonderen politischen Beziehungen zwischen der Bundesrepublik Deutschland und der DDR. Die Besonderheit dieser Beziehungen ergibt sich aus der Rechtslage (gemäß den Vier-Mächte-Vereinbarungen bei Kriegsende), wonach Deutschland (als Ganzes) weiterhin rechtliche Realität ist. Die innerdeutschen Beziehungen sind also zwischenstaatliche Beziehungen *in* Deutschland. Dem entspricht die Tatsache, daß die Menschen in diesen beiden Staaten Angehörige derselben Nation und durch gemeinsame Geschichte, Sprache und Kultur sowie durch verwandtschaftliche Beziehungen auf besondere Weise miteinander verbunden sind. Alle Bundesregierungen haben daher den Anspruch auf völkerrechtliche Beziehungen, auf Anerkennung als Ausland, den die Führung der DDR seit Ende der sechziger Jahre erhebt, zurückgewiesen.

Die Führung der DDR bestreitet den Sondercharakter der Beziehungen zur Bundesrepublik Deutschland und deklariert sie als rein außenpolitische, völkerrechtliche Beziehungen, wie sie sie inzwischen zu 133 anderen Staaten unterhält. Schon die Bezeichnung „innerdeutsche Beziehungen" wird von der SED strikt abgelehnt und als Ausdruck von nicht überwundenem „Revisionismus", als Zeichen eines Herrschaftsanspruchs gegenüber der DDR bezeichnet. Sie begründet diese Auffassung mit der These, der einheitliche deutsche Staat, das Deutsche Reich, sei mit der militärischen Kapitulation von 1945 untergegangen, d.h. völkerrechtlich gültig aufgelöst worden. An seine Stelle seien zwei völlig neue Staaten getreten, die weder mit ihm noch daher miteinander in irgendeiner besonderen Weise rechtlich verbunden seien.

Die Bundesrepublik Deutschland ordnet die innerdeutschen Beziehungen in eine umfassendere (Deutschland-) Politik ein, die sich am Ziel der Überwindung der staatlichen Teilung Deutschlands orientiert — auch wenn dieses Ziel inzwischen als wahrscheinlich nur langfristig erreichbar anzusehen ist. Die SED andererseits ist zur Ausgestaltung der innerdeutschen Beziehungen nur insoweit bereit, wie diese sich mit der Sicherung einer historisch dauerhaften Existenz der DDR als eigenständiger Staat vereinbaren lassen.

Die *Geschichte der innerdeutschen Beziehungen* ist somit ein Ausschnitt aus der Geschichte der Teilung Deutschlands, damit auch aus der Geschichte der sowjetischen Deutschlandpolitik und der Deutschlandpolitik der Westmächte. Nach Kriegsende, bis zur Gründung der beiden deutschen Staaten im Jahre 1949, gab es noch zahllose Kontakte auf privater und vor allem kommunaler Ebene zwischen den westlichen Besatzungszonen und der SBZ, aber auch zwischen den Sektoren Berlins bzw. zwischen diesen und der SBZ. Für Wasser- und Stromversorgung, für Personen- und Güterverkehr, für Schulbesucher und Beschäftigte, deren Wohnung und Arbeitsstätte in verschiedenen Zonen lagen, stellten die Demarkationslinien zunächst kein grundsätzliches Hindernis dar. Post- und Telefonverkehr funktionierten, trotz aller kriegsbedingten Beeinträchtigungen, noch weitgehend störungsfrei. Dies änderte sich erstmals drastisch als Folge der sowjetischen Blockade der Berliner Westsektoren von 1948/49, die erst den privaten Reiseverkehr von und nach Berlin zum Erliegen brachte, dann aber auch zunehmend den Verkehr über die Zonengrenzen hinweg durch verschärfte Kontrollen vor allem auf östlicher Seite schwer beeinträchtigte.

Die innerdeutschen Beziehungen blieben auch nach Gründung von Bundesrepublik und DDR fast ausschließlich auf den nichtstaatlichen Bereich beschränkt. Die politischen Beziehungen waren von seiten der SBZ und später der DDR weitgehend vom Wunsch nach Anerkennung und Gleichberechtigung bestimmt, während die Politik der Westzonen und der späteren Bundesrepublik Deutschland staatliche Kontakte mit den Vertretern der DDR wegen deren mangelnder Legitimation durch freie Wahlen nach Möglichkeit vermied. Deshalb blieben bis zum Beitritt beider Staaten zur NATO und zum Warschauer Pakt im Jahre 1955 über 50 Noten, Telegramme und Vertragsvorschläge der Regierung der DDR an die Bundesregierung offiziell unbeantwortet. Tatsächlich ging es der Führung der DDR auch schon in dieser Phase, in der ihre Propaganda eine „Wiedervereinigung aller Teile Deutschlands zu einer einheitlichen demokratischen Republik" forderte, erstens um eine Stabilisierung ihres Herrschaftssystems, zweitens um die Verhinderung der Westintegration der Bundesrepublik Deutschland und drittens um eine wirkungsvolle Beeinflussung der öffentlichen Meinung in der Bundesrepublik, in der starke politische Kräfte, vor allem in der SPD und in den Gewerkschaften, der Politik von Bundeskanzler Adenauer, das Selbstbestimmungsrecht für alle Deutschen auf dem Wege der Integration und Stärkung des Westens zu erstreben, kritisch gegenüberstanden. Dem dienten vielfältige Aktivitäten der SED, so die Kampagne „Deutsche an einen Tisch", mit der sie auf mehreren sogenannten gesamtdeutschen Konferenzen – unter Teilnahme von Hunderten westdeutscher „Delegierter" – bis Ende der fünfziger Jahre das Ziel ihrer Deutschlandpolitik, die Wiedervereinigung auf „demokratischer", d.h. sozialistischer Grundlage, wenigstens aber mit Erhaltung der „sozialistischen Errungenschaften" der DDR, massenwirksam zu vertreten suchte. Tatsächlich wurden aber die realen Beziehungen zwischen den Teilen Deutschlands von der SED immer mehr erschwert. Seit 1952 wurden an der Demarkationslinie zum Bundesgebiet immer undurchdringlichere Sperranlagen errichtet; der Reiseverkehr aus der und in die DDR war praktisch nur noch mit Genehmigung der Behörden der DDR möglich, die immer seltener erteilt wurde. Nach dem Erlaß eines neuen Paßgesetzes im Jahre 1957 waren für Deutsche aus der DDR Reisen in die Bundesrepublik Deutschland nahezu unmöglich; ausgenommen davon blieben lediglich Funktionäre der SED mit offiziellem Auftrag. Diese Abschnürungspraxis, verbunden mit einer immer rigoroseren Innenpolitik (z.B. Kollektivierung der Landwirtschaft 1959–1961), führte zu einem wachsenden Flüchtlingsstrom aus der DDR: Bis zum Bau der Mauer in Berlin, wo es bis dahin noch unbehinderten Verkehr zwischen den Sektoren gab, hatten ca. 2,7 Mio. Menschen der DDR den Rücken gekehrt.

Der Bau der Mauer in Berlin am 13. August 1961 markiert den tiefsten Einschnitt der deutschen Nachkriegsgeschichte und damit auch eine Zäsur in den innerdeutschen Beziehungen. Er bewies auf der einen Seite, daß die SED nicht in der Lage war, die Bevölkerung für ihre Politik zu gewinnen. Auf der anderen Seite zeigte er, daß eine Lösung der deutschen Frage nicht länger Gegenstand kurzfristiger Erwartungen sein konnte. In den sechziger Jahren wurden erste Schritte der Kontaktaufnahme zur Regierung der DDR unternommen. Zwischen 1963 und 1966 kam es zu vier zwischen der Regierung der DDR und dem Senat von Berlin (in Abstimmung mit der Bundesregierung und den westlichen Schutzmächten) ausgehandelten Passierscheinabkommen über zeitlich begrenzte Besuche von West-Berlinern im Ostsektor der Stadt. Weitere Abkommen wurden von der DDR abgelehnt, als die SED über die Unterschriftenprozedur ihre völkerrechtliche Anerkennung durchzusetzen suchte, die Bundesregierung dies aber ablehnte. Einseitig verfügte die DDR im Jahre 1964, daß Personen im Rentenalter wieder in die Bundesrepublik reisen dürfen. Reisen in umgekehrter Richtung waren nur zu Besuch bei Verwandten und bei Vorliegen von Einladungen möglich. Der Brief- und Paketversand funktionierte, trotz einer hohen Schwundrate auf seiten der DDR, noch leidlich; der Telefonverkehr war jedoch, wie in Berlin, faktisch völlig unterbrochen. Ein ursprünglich als innerdeutscher Entspannungsbeitrag, geplanter Redneraustausch zwischen prominenten Vertretern von SED und SPD im Jahre 1966 wurde von der SED wieder abgesagt, als ihr das Risiko wiederaufkeimender gesamtdeutscher Hoffnungen hüben und drüben zu groß zu werden schien.

Die Deutschlandpolitik der Führung der DDR war seit dem Mauerbau von zunehmender Verhärtung gekennzeichnet. Die SED begann, die Spaltung Deutschlands historisch-ideologisch zu rechtfertigen − zunächst mit starker Akzentuierung ihres gesamtdeutschen Vertretungsanspruches, seit Anfang der siebziger Jahre mit der Proklamation einer eigenen DDR-Nation − und menschliche Erleichterungen im innerdeutschen Verhältnis von einer vorherigen völkerrechtlichen Anerkennung der DDR abhängig zu machen. Die sowjetische Führung unterstützte diese Politik und drang seit dem Sturz Chruschtschows noch stärker im eigenen Bündnis auf Blockdisziplin. Auch ein Briefwechsel zwischen Bundeskanzler Kiesinger und dem Ministerratsvorsitzenden Stoph im Jahre 1967 brachte keine Annäherung. Der Einmarsch von Truppen des Warschauer Paktes (unter Beteiligung der Nationalen Volksarmee der DDR) in die ČSSR im August 1968 stellte zusätzlich eine schwere Belastung auch der innerdeutschen Beziehungen dar.

Erst als sich die Sowjetunion zu einer neuen europäischen Entspannungsoffensive entschloß und unter den vier für Deutschland als Ganzes verantwortlichen Mächten Verhandlungen über das Berlin-Problem begannen, setzte auch ein innerdeutsches „Tauwetter" ein. Die Treffen zwischen Bundeskanzler Brandt und dem Ministerratsvorsitzenden Stoph im Frühjahr 1970 in Erfurt und Kassel führten noch nicht über den Austausch von Grundsatzerklärungen hinaus. Doch nach Unterzeichnung der Gewaltverzichtsverträge zwischen der Bundesrepublik Deutschland und der Sowjetunion bzw. Polen im Herbst und Winter 1970 und der Paraphierung des Vier-Mächte-Abkommens über Berlin (und des dazugehörenden Transitvertrages sowie der Vereinbarung zwischen dem Senat von Berlin und der DDR über den Reise- und Besucherverkehr in Berlin) im September 1971 wurden auch direkte staatliche Beziehungen zwischen der Bundesrepublik Deutschland und der DDR möglich.

Mit dem Abschluß des Verkehrsvertrages und der Unterzeichnung des „Vertrages über die Grundlagen der Beziehungen zwischen der Bundesrepublik Deutschland und der Deutschen Demokratischen Republik" Mitte bzw. Ende 1972 setzte eine Entspannung auch in den innerdeutschen Beziehungen ein. Die Bundesrepublik Deutschland hat dabei nicht auf das Ziel verzichtet, „auf einen Zustand des Friedens in Europa hinzuwirken, in dem das deutsche Volk in freier Selbstbestimmung seine Einheit wiedererlangt". Dies wurde in dem „Brief zur deutschen Einheit" bei Vertragsabschluß der Regierung der DDR notifiziert. In der Präambel des Vertrages ist festgehalten, daß er „unbeschadet der unterschiedlichen Auffassungen der Bundesrepublik Deutschland und der Deutschen Demokratischen Republik zu grundsätzlichen Fragen, darunter der nationalen Frage abgeschlossen wird. Das Bundesverfassungsgericht, von der damaligen Opposition angerufen, erläuterte in seinem Urteil von 1973 den Grundlagenvertrag im Sinne des Grundgesetzes. Im Jahre 1973 wurden beide Staaten in die UNO aufgenommen − die Vier Mächte gaben dazu eine Erklärung ab, in der sie ihre Rechte und Verantwortlichkeiten vorbehielten −; im Jahr darauf wurden in Bonn und in Berlin (Ost) Ständige Vertretungen des jeweils anderen Staates (der Verzicht auf „Botschaften" gehört zu den Charakteristika der „besonderen Beziehungen") eröffnet.

Die SED betrieb seit Anfang der siebziger Jahre in den innerdeutschen Beziehungen eine Abgrenzungspolitik, die darauf abzielte, die Auswirkungen des innerdeutschen Entspannungsprozesses zu kontrollieren und gesamtdeutsche Hoffnungen bei der Bevölkerung der DDR einzudämmen. Sie beharrt seit Beginn der siebziger Jahre auf der (unglaubwürdigen) These von der Existenz zweier deutscher Nationen, einer sozialistischen in der DDR und einer kapitalistischen in der Bundesrepublik; demzufolge wurden im Jahre 1974 die gesamtdeutschen Bezüge aus der Verfassung der DDR von 1968 getilgt. Allerdings machen gelegentliche Aussagen deutlich, daß die SED Optionen auf eine sozialistische bzw. kommunistische Wiedervereinigung als langfristiges Ziel nicht aufgegeben hat.

Die Führung der DDR verfolgt bei der Entwicklung der innerdeutschen Beziehungen mehrere Ziele. Unverändert erstrebt sie zum ersten das Ziel der vollen völkerrechtlichen Anerkennung. Zum zweiten sucht sie − wie etwa in der Nachrüstungsdiskussion zu Beginn der achtziger Jahre erkennbar war − die innerdeutschen Beziehungen für die gemeinsame Politik ihres Bündnisses zu instrumentalisieren. Darüber hinaus aber hat sie zum dritten auch ein wohlverstandenes politisches und wirtschaftliches Eigeninteresse an gedeihlichen innerdeutschen Beziehungen. So hat sie im Zeitraum einer beträchtlichen Klimaverschlechterung zwischen den USA und der UdSSR zwischen Breschnews Tod im November 1982 und dem Regierungsantritt Gorbatschows im März 1985 an ihrer Politik der „Schadensbegrenzung", d.h. der Dialog- und Verhandlungsbereitschaft, festgehalten.

An einer Politik des Dialogs und des Interessenausgleichs auf der Basis der bestehenden Verträge und Vereinbarungen hielt auf der anderen Seite auch die Bundesregierung aus CDU, CSU und FDP fest, die im Herbst 1982 ins Amt trat. In Erklärungen und Gesprächen verdeutlichte sie die Räson ihrer Politik: Entwicklungsmöglichkeiten der innerdeutschen Beziehungen liegen überall da, wo konkrete Verbesserungen für die Menschen erreichbar sind, wo gemeinsame Interessen bestehen oder unterschiedliche ausgeglichen werden können; Grenzen der innerdeutschen Beziehungen sind gegeben, wo politische Essentials − etwa in der Grundordnung oder in der Sicherheitspolitik − in Frage gestellt werden.

Auf der Grundlage dieser Interessenbestimmungen sind die innerdeutschen Beziehungen in den letzten Jahren weiterentwickelt worden. Dem Treffen von Bundeskanzler Schmidt und Generalsekretär Honecker am Werbellinsee 1981, das von der Nachrüstungsdebatte und von den Ereignissen in Polen überschattet war und mit dem Bild des von Staatssicherheitskräften besetzten Güstrow einen Eindruck von Unsicherheit auf seiten der Führung der DDR vermittelte, folgte im September 1987 der offizielle Arbeitsbesuch des Staats- und Parteichefs der DDR in der Bundesrepublik Deutschland, bei dem Bundeskanzler Kohl auf die Bedeutung der innerdeutschen Beziehungen für die Einheit der Nation und für den Frieden in Europa hinwies.

Seit dem Grundlagenvertrag sind zwischen beiden deutschen Staaten ca. drei Dutzend Folgeverträge, Vereinbarungen und Abkommen unterzeichnet bzw. Protokollvermerke ausgetauscht worden. Mehr als 100 Experten- und Beauftragtengespräche auf ca. einem Dutzend verschiedener Gebiete haben inzwischen stattgefunden. Drei ständige, paritätisch besetzte Kommissionen (Transit-, Verkehrs- und Grenzkommission) bemühen sich um möglichst reibungslose Durchführung der Verträge und Abkommen. Trotzdem kann der Zustand der innerdeutschen Beziehungen noch keineswegs als befriedigend bezeichnet werden.

Am besten funktioniert der *innerdeutsche Handel,* der auch von fast allen Schwankungen im innerdeutschen Verhältnis bisher relativ wenig betroffen blieb. Mit weniger als 2% Anteil am Gesamthandelsvolumen hat er für die Bundesrepublik in erster Linie politische Bedeutung als wirksame innerdeutsche Klammer. Er gilt nicht als Außenhandel, was der DDR die kostenlose Überwindung der Zollschranken der EG ermöglicht. Die DDR betrachtet ihn als Außenhandel, will aber ebenfalls an seinem für sie günstigen Sonderstatus festhalten. Sein Anteil von ca. 8% am Gesamtaußenhandel der DDR macht ihn für die SED auch zu einem erheblichen Wirtschaftsfaktor; im nichtsozialistischen Wirtschaftsgebiet ist die Bundesrepublik größter Handelspartner der DDR. Das Volumen des innerdeutschen Handels, dessen rechtliche Grundlage das „Berliner Abkommen" von 1950 in der revidierten Fassung von 1960 ist, beträgt gegenwärtig ca. 15 Mrd. Verrechnungseinheiten (= DM). Es dürfte sich, trotz zweier in den Jahren 1983 und 1984 von der Bundesrepublik garantierter Kredite in Höhe von jeweils ca. 1 Mrd. DM durch westdeutsche und internationale Banken, nicht wesentlich ausweiten lassen, da vor allem eine Steigerung der Lieferungen aus der DDR wegen unzureichender Wettbewerbsfähigkeit dieser Güter auf westlichen Märkten, aber auch wegen mangelnder Marktkenntnisse und einer unflexiblen Außenhandelsorganisation der DDR nicht zu erwarten ist.

Den *Reiseverkehr* in beiden Richtungen hat die DDR im Zusammenhang innerdeutscher Interessenausgleiche durch teilweise Lockerung früher erlassener Restriktionen erleichtert; mehr als fünf Mio. Reisen in Ost-West-Richtung, darunter ca. 1,2 Mio. Reisen von Personen unterhalb des Rentenalters in dringenden Familienangelegenheiten im Jahre 1987, stellen einen beachtlichen Erfolg in dem Bemühen um menschliche Erleichterungen dar. Ein befriedigender Zustand ist allerdings noch nicht erreicht; er wird wohl nur in kleinen Schritten hergestellt werden können. Entgegenkommen zeigte die DDR auch bei den Genehmigungen von Übersiedlungen in die Bundesrepublik Deutschland, beim Telefon- und Postverkehr (auch dies im Zuge innerdeutscher Vereinbarungen, unter anderem einer Neufestsetzung der von der Bundesrepublik zu zahlenden Postpauschale im Jahre 1983) sowie bei der Entschärfung ihrer Einfuhrbestimmungen im nichtkommerziellen Warenverkehr (siehe Anhang S. 213).

Auch der Abbau der Selbstschußanlagen und Bodenminen an der innerdeutschen Grenze ist insofern zu begrüßen, als wenigstens die Zahl der Todesopfer an der Grenze dadurch verringert worden ist. Das Grenzregime der DDR insgesamt aber – einschließlich des Schießbefehls – gehört, ebenso wie die Menschenrechtspraxis in der DDR überhaupt, weiterhin zu den Belastungen der innerdeutschen Beziehungen.

Das im Mai 1986 unterzeichnete *Kulturabkommen* hat dem auch schon vorher relativ regen, aber von der SED nur geduldeten Kulturaustausch neue Impulse gegeben, wie u.a. die im Herbst 1987 erfolgreich abgeschlossene Vereinbarung über die wechselseitige Rückführung von einigen hundert kriegsbedingt verlagerter Kulturgüter erkennen läßt. Was bis Herbst 1986 unmöglich war, ist inzwischen Wirklichkeit: Bis zum 31. Dezember 1987 sind 20 innerdeutsche Städtepartnerschaften vertraglich vereinbart worden. Mehr als 100 westdeutsche Städte und Gemeinden suchen noch Partner in der DDR. Auch der *Jugendaustausch* hat inzwischen stark zugenommen (siehe Anhang S. 213). Der *Sportverkehr* (ca. 70–100 Veranstaltungen pro Jahr) wird in jährlich vereinbarten Sportprotokollen geregelt und ist ebenfalls gewachsen. Ferner finden zwischen den beiden Regierungen regelmäßige Informationsgespräche über Fragen der Abrüstung statt.

Im Herbst 1987 wurden *Abkommen über den Umweltschutz* – ein innerdeutsches Kooperationsfeld von wachsender Bedeutung –, über den Strahlenschutz und über wissenschaftliche und technische Zusammenarbeit geschlossen. Es gehörte zu den Voraussetzungen dieser Abkommen, daß auch hier die volle Einbeziehung von Berlin sichergestellt werden konnte.

Der Aufschwung in den innerdeutschen Beziehungen ist möglich geworden, obwohl die DDR weiterhin – jedoch nicht mehr als Voraussetzung der Weiterentwicklung der Beziehungen – an ihren „Geraer Forderungen" von 1980 festhält. Diese zielen in ihrem rechtlichen Kern auf eine Grundlagenänderung im Sinne völkerrechtlicher Beziehungen. Die Bundesregierung hat wiederholt erklärt, daß eine solche Änderung nicht in Betracht kommt – abgesehen davon, daß die Rechtslage Deutschlands auf

Vier-Mächte-Vereinbarungen beruht und insofern nicht in deutscher Verfügungsgewalt steht. Eine Einrichtung von „Botschaften" statt Ständiger Vertretungen wider-
spräche dem zwischen der Bundesrepublik Deutschland und der DDR 1974 vereinbarten Protokoll. Eine „Anerkennung" einer Staatsbürgerschaft der DDR würde eine
zwangsweise Ausbürgerung der Deutschen in der DDR aus der seit 1913 bestehenden
deutschen Staatsangehörigkeit bedeuten und klar dem Urteil des Bundesverfassungs-
gerichts zum Grundlagenvertrag widersprechen. Sie erscheint auch aus praktischen
Gründen nicht erforderlich, denn die Rechte, die aus der deutschen Staatsangehörigkeit erwachsen, werden von seiten der Bundesrepublik keinem Bürger der DDR gegen seinen Willen aufgenötigt. Neue Ansatzpunkte der Diskussion hat − vor allem in
der DDR − das von Vertretern der SED und der SPD gemeinsam erarbeitete Grund-
satzpapier „Der Streit der Ideologien und die gemeinsame Sicherheit" vom August
1987 geliefert.
Beide Staaten in Deutschland sind weiterhin an der Entwicklung gutnachbarlicher Beziehungen − wie im Grundlagenvertrag vereinbart − interessiert. Sie sind es freilich
aus unterschiedlichen Motiven und bei unterschiedlichen Grundsatzpositionen. Der
Ausbau der Beziehungen bleibt zudem abhängig von der internationalen Lage. Er erscheint aber, nach den bisherigen Erfahrungen, möglich, solange er mit Klarheit und
Augenmaß auf beiden Seiten betrieben wird. Maßstab dabei − der auch an die Politik
der SED anzulegen ist − bleibt, daß die innerdeutschen Beziehungen so „normal"
oder so gut sind, wie sie der einzelne Deutsche − aus der Bundesrepublik Deutschland
oder aus der DDR − in der Praxis erfährt.

Volkswirtschaft

von Karl C. Thalheim

Die *Startbedingungen* der Wirtschaft in der SBZ, der späteren DDR, nach Kriegsende waren ungünstiger als in der Bundesrepublik Deutschland. Das war nicht in der Struktur der Wirtschaft dieses Gebietes begründet, denn der Süden der heutigen DDR — vor allem die Länder Sachsen und Thüringen sowie der Südteil der Provinz Sachsen, dazu der Ostsektor Berlins — war schon seit langem hochgradig industrialisiert. Auf das Gebiet der DDR insgesamt — jedoch ohne Berlin (Ost) — entfielen von der Bevölkerung des Deutschen Reiches (1939) 21,8 %, vom Nettoproduktionswert (1936) der Landwirtschaft 26 %, der Industrie 24 %. Das Gebiet der DDR war im ganzen damals etwas stärker industrialisiert als das Gebiet der heutigen Bundesrepublik.

Der Krieg und vor allem die schweren Lasten und Verluste, die die Besetzung durch die Sowjetunion mit sich brachte, verschlechterten diese Voraussetzungen erheblich. Die sowjetische Besatzungsmacht forderte hohe Reparationen und nahm sehr große Demontagen in der Industrie und auch im Verkehrswesen vor; sie verwehrte zudem ihrem Besatzungsgebiet die Annahme der von den USA angebotenen Wiederaufbauhilfe. Die unter dem Einfluß der Besatzungsmacht vorgenommenen tiefgreifenden politischen und wirtschaftlichen Wandlungen führten zu erheblicher Abwanderung nach Westdeutschland.

Schwerwiegend waren auch *die wirtschaftlichen Folgen der politischen Teilung* des Vier-Zonen-Deutschland. Das Gebiet der SBZ/DDR war bis dahin mit den übrigen Teilen des Deutschen Reiches wirtschaftlich eng verflochten, sowohl hinsichtlich seiner Versorgung — z.B. mit Stahl und Steinkohle — als auch hinsichtlich des Absatzes seiner Erzeugnisse, wie z.B. Textilien und bestimmter Kategorien von Maschinen. Diese Verflechtung wurde dadurch fast völlig zerstört, daß im Gegensatz zu den im sog. Potsdamer Abkommen vom 2. August 1945 enthaltenen Grundsätzen (u.a. sollte Deutschland während der Besatzungszeit „als eine wirtschaftliche Einheit" behandelt werden) die damalige SBZ gegenüber den drei Westzonen wirtschaftlich scharf abgegrenzt wurde.

Die politische Teilung bedeutete aber auch, daß die Wirtschaftssysteme in den beiden nun entstandenen Staaten in Deutschland sich immer mehr grundlegend unterschieden. Während die Bundesrepublik Deutschland einschließlich Berlin (West) sich für die Ordnungsform der sozialen Marktwirtschaft entschied, wurde die Wirtschaft der DDR einschließlich Berlin (Ost) unter dem Einfluß der Sowjetunion zu dem in dieser entwickelten *System einer zentralen sozialistischen Planwirtschaft* umgeformt. Dieses ist durch folgende Grundelemente gekennzeichnet: 1.) Grundsätzlich befinden sich alle Produktionsmittel in sozialistischem Eigentum. Das bedeutet, daß es eine selbständige wirtschaftliche, besonders unternehmerische Tätigkeit nicht gibt. Unbedeutende Ausnahmen gelten für Teile des Handwerks, des Gaststättengewerbes u.ä. Das sozialistische Eigentum tritt vor allem als Staatseigentum (offizielle Bezeichnung: „gesamtgesellschaftliches Volkseigentum") auf, in der Landwirtschaft und im Handwerk als „Kollektiveigentum" in Form der Produktionsgenossenschaften; auch diese Formen bedeuten kollektive Wirtschaftsführung. 2.) Grundsätzlich soll alle wirtschaftliche Tätigkeit zentral geplant werden. Das bedeutet, daß die wirtschaftliche Entwicklung für eine bestimmte Periode vorausbestimmt wird. Dadurch werden der Markt und weitestgehend auch der Wettbewerb ausgeschaltet, denn in diesem System werden grundsätzlich alle Preise nicht marktmäßig gebildet, sondern administrativ festgelegt. Sie spiegeln damit in der Regel die relativen Knappheitsverhältnisse nur unvollständig wieder und können infolgedessen kein Hilfsmittel für richtige Entscheidungen über die Verwendung der vorhandenen Ressourcen sein. Für die Wirtschaftseinheiten, von denen die Planung realisiert werden soll, also vor allem die Betriebe bzw. deren Zusammenschlüsse, ist der Plan vollzugsverbindlich. In der Realität läßt sich wegen der Komplexität der modernen Wirtschaft der Grundsatz totaler zentraler Planung nie voll verwirklichen, so daß den Betrieben immer ein gewisser eigener Entscheidungsspielraum bleibt. 3.) In die Planung werden auch die außenwirtschaftlichen Beziehungen einbezogen (Außenhandels- und Valutamonopol). Für die im „Rat für Gegenseitige Wirtschaftshilfe" (RGW, westl. Bezeichnung: Comecon) unter Führung der Sowjetunion zusammengeschlossenen Länder, also auch die DDR, gilt außerdem der Vorrang der wirtschaftlichen Intrablockbeziehungen, ganz besonders der Beziehungen zur Sowjetunion. 4.) Um die Realisierung der Planziele und der darüber hinaus von den zentralen Instanzen getroffenen Entscheidungen zu sichern, ist ein umfangreicher Leitungsapparat erforderlich. Das bedeutet, daß die Bürokratie in diesem System erheblich größere Einflußmöglichkeiten hat als in einer marktwirtschaftlichen Ordnung. Die Abgrenzung der Befugnisse zwischen den Leitungsorganen von Staat und Partei einerseits, den Leitungen der Betriebe bzw. Betriebszusammenschlüsse andererseits ist ein zentrales Problem dieses Wirtschaftssystems. 5.) Auch für die Wirtschaft gilt die „führende Rolle der Partei", also der SED. Das eigentliche Machtzentrum, auch für die grundlegenden wirtschaftspolitischen Entscheidungen, ist das Politbüro der SED; wirtschaftspolitisch sind ferner das Sekretariat für Wirtschaft des ZK und die Staatliche Plankommission von großer Bedeutung. Der Einfluß der SED ist durch mannigfaltige Institutionen auf allen Ebenen der Wirtschaft gesichert. Die Regierung (Ministerrat) der DDR ist in erster Linie ausführendes Organ für die Beschlüsse der Parteiführung. Im System der DDR ist demnach der politische Einfluß auf die Wirtschaft weit stärker als in der sozialen Marktwirtschaft der Bundesrepublik Deutschland.

Die *Wirtschaftspolitik der SED* setzte sich von Anfang an ein rasches Wirtschaftswachstum zum Ziel. Das bedeutete bei der trostlosen Lage der Wirtschaft in den ersten Nachkriegsjahren eine hohe Investitionsquote bei niedrigem Lebensstandard der Bevölkerung. Diese Wachstumspolitik war von Anfang an und ist auch heute noch einseitig auf das Wachstum der Industrie ausgerichtet. Das zeigt sich besonders an der Verteilung der Investitionen: Von den gesamten Brutto-Anlageinvestitionen entfielen auf Industrie, produzierendes Handwerk und Baugewerbe im Jahre 1983 in der DDR 59,7 %, dagegen in der Bundesrepublik nur 28,7 %.

Das bedeutet Vernachlässigung aller anderen Bereiche, nicht zuletzt des Verkehrs und der sonstigen Infrastruktur. Auf den Bereich „Dienstleistungen und Staat" entfielen 1983 in der Bundesrepublik 52,4 % der Anlageinvestitionen, in der DDR dagegen nur 22,2 %. Infolgedessen treten gerade im Verkehrswesen immer wieder Engpässe auf. Viel zu niedrig waren lange Zeit hindurch auch die Investitionen in der Wohnungswirtschaft. Allerdings ist seit 1976 der Neubau und die Modernisierung von Wohnungen erheblich gefördert worden; jedoch sind die Aufwendungen für die Erhaltung des Bestandes an Altbauwohnungen noch immer viel zu niedrig.

Das angestrebte industrielle Wachstum war zunächst auf *wirtschaftliche Unabhängigkeit von der Bundesrepublik Deutschland* gerichtet und sollte außerdem einen teilweisen Ausgleich der Demontageverluste, besonders in der Energiewirtschaft, bewirken. Das Paradebeispiel des ersten Fünfjahrplanes (1951–1955) war die Errichtung eines großen Eisen- und Stahlwerks „auf der grünen Wiese" bei Fürstenberg in der Nähe von Frankfurt an der Oder, verbunden mit dem Neubau einer Stadt, die ursprünglich Stalinstadt hieß, später in Eisenhüttenstadt umbenannt wurde und heute über 50000 Einwohner zählt. Da die einzige primäre Energiequelle in der DDR die

Braunkohle ist, wurde der Braunkohlenbergbau stark forciert. Mit einer Förderung von 311000 t im Jahre 1986 ist die DDR mit Abstand der größte Braunkohlenproduzent der Welt. Die Verwendung von Braunkohle ist jedoch mit erheblichen Umweltschäden verbunden, die — nachdem sie lange Zeit kaum beachtet worden waren — jetzt für die DDR ein ernstes Problem geworden sind. Weitere Beispiele für das Streben nach wirtschaftlicher Unabhängigkeit sind der Ausbau des Kupfererzbergbaus und des früher nur schwach entwickelten Schwermaschinenbaus sowie die Entwicklung des früher ganz unbedeutenden Hafens Rostock zu einem Seehafen mit ansehnlichem Güterumschlag.

Einige Neuentwicklungen sind unmittelbar auf sowjetische Anordnung zurückzuführen, so die Aufnahme des Uranerzbergbaus sofort nach Kriegsende, zuerst im sächsischen Erzgebirge, dann auch in Thüringen, sowie der Aufbau einer bedeutenden Werftindustrie, die einen sehr großen Teil ihrer Produktion an die Sowjetunion liefert. Negativ wirkte sich der sowjetische Einfluß u.a. dadurch aus, daß der Aufbau einer eigenen Flugzeugindustrie auf sowjetischen Befehl jäh abgebrochen werden mußte.

In einer späteren *Phase des Ausbaus der Industriestruktur* wurde die Investitionspolitik besonders auf die Belieferung der Sowjetunion und der übrigen Länder des RGW ausgerichtet. Dafür wurden vor allem Investitionsgüter gebraucht, und so konzentrierte sich das Hauptanliegen der Planer vor allem auf den Ausbau des Maschinen- und Apparatebaus, der Elektrotechnik und später auch der Elektronik (einschl. Mikroelektronik). Der eingetretene Strukturwandel wird an der Entwicklung der Beschäftigtenzahlen deutlich: Während im Jahre 1936 im Gebiet der heutigen DDR einschließlich des Berliner Ostsektors im Maschinen- und Fahrzeugbau schätzungsweise 250000 Menschen arbeiteten, waren es 1986 nicht weniger als 977000.

Innerhalb der Industrie ergaben sich unter dem Druck der Entscheidungen der politischen Führung erhebliche Veränderungen: Dem gewaltigen Wachstum der von der Planung bevorzugten Zweige stand und steht auf der anderen Seite ein sehr viel geringeres Wachstum oder sogar ein Rückgang bei solchen Zweigen gegenüber, die von der Planung vernachlässigt werden. Das sind aber gerade solche, die früher für die Produktion des mitteldeutschen Industriegebietes typisch waren, besonders im Bereich der Konsumgüterindustrien. In der Textilindustrie arbeiteten 1936 (ohne den Ostsektor Berlins) 367000 Menschen, 1986 nur noch 219000. Im Jahre 1938 betrug die Papierproduktion im Gebiet der DDR 894000 t, im Jahre 1986 dagegen 891000 t; es war also noch nicht einmal die Vorkriegsproduktion wieder erreicht. Zu den lange Zeit von der Planung vernachlässigten Produktionszweigen gehörte auch die Automobilindustrie, der erst in den siebziger Jahren ein größeres Gewicht beigemessen wurde.

Da die DDR außer Braunkohle und Salzen über keine nennenswerten Mineralvorkommen verfügt, ist sie noch stärker als die Bundesrepublik Deutschland auf den *Außenhandel* angewiesen. Wie schon oben erwähnt, bedeutet die Zugehörigkeit zum wirtschaftlichen Ostblock, daß der Außenhandel mit der Sowjetunion und den übrigen Ländern des Ostblocks im Vordergrund steht. Im Jahre 1986 entfielen von dem Außenhandelsumsatz der DDR 39 % auf die Sowjetunion und 26 % auf die übrigen Länder des RGW. Die ursprüngliche Vorstellung, daß der Außenhandel mit „kapitalistischen" Ländern nur zur Überwindung von Engpässen dienen solle, hat sich aber schon seit langem als Irrtum erwiesen. Infolgedessen stieg zwischen 1970 und 1986 der Anteil der „nichtsozialistischen" Länder am Außenhandelsumsatz der DDR von 28 auf 33 %.

Die Warenstruktur des Außenhandels der DDR entspricht der eines entwickelten Industrielandes. Im Jahre 1986 entfielen von der Ausfuhr rund 47 % auf Maschinen,

Ausrüstungen und Transportmittel, 16 % auf industrielle Konsumgüter, 13 % auf chemische Erzeugnisse u.ä. Dagegen dominierten auf der Einfuhrseite Rohstoffe und Halbfabrikate mit 55 %. Für diese ist die Sowjetunion der bei weitem wichtigste Lieferant.

Besonders wichtig ist für die DDR der *Handel mit der Bundesrepublik Deutschland einschließlich Berlins (West),* auf westlicher Seite als „Innerdeutscher Handel" bezeichnet. Die Bundesregierung behandelt ihn nicht als Außenhandel; er unterliegt also nicht den sonst geltenden Zollvorschriften. Die Zahlungen erfolgen nicht in Devisen, sondern werden bargeldlos in „Verrechnungseinheiten" über Konten bei den beiderseitigen Notenbanken abgewickelt. Dafür gibt es einen zinslosen Überziehungskredit, den sog. Swing (gegenwärtig maximal 850 Mio. Verrechnungseinheiten), der fast nur von der DDR in Anspruch genommen wird.

Außerdem fließen der DDR alljährlich außerhalb des Innerdeutschen Handels beträchtliche Summen in DM zu, die von ihr in andere konvertible Devisen umgewandelt werden können. Sie stammen z.T. aus öffentlichen Kassen der Bundesrepublik und des Landes Berlin (z.B. eine Transitpauschale für den Straßenverkehr von und nach Berlin (West), gegenwärtig in Höhe von 525 Mio. DM pro Jahr, die aus dem Bundeshaushalt gezahlt wird), z.T. aus privaten Mitteln, vor allem durch den Zwangsumtausch bei Besuchsreisen, z.T. auch aus Spenden von kirchlichen und anderen Organisationen. Die Gesamtsumme dieser zusätzlichen DM-Einnahmen beläuft sich auf ca. 2½ Mrd. jährlich. Für die ständig unter Devisenknappheit leidende DDR ist das eine große Hilfe.

Die Außenhandelsstruktur ebenso wie Niveau und Struktur der Industrieproduktion lassen erkennen, daß hinsichtlich ihrer wirtschaftlichen Leistungsfähigkeit *die DDR zur Kategorie der hochentwickelten Industrieländer* gehört. Das zeigt sich besonders bei einem Vergleich mit der Sowjetunion und den meisten übrigen Ostblockländern; allerdings ist dabei zu berücksichtigen, daß das Gebiet der DDR und die Tschechoslowakei vor dem Zweiten Weltkrieg die einzigen heutigen Mitgliedsländer des RGW waren, die bereits eine hochentwickelte Industrie besaßen.

Ob Leistung hoch oder niedrig ist, kann nur durch Vergleiche ermittelt werden. Wesentlich ist, mit wem verglichen wird. Vergleicht man die Wirtschaft der DDR mit den übrigen sozialistischen Ländern, so wird man schwerlich bezweifeln können, daß das System der „sozialistischen Planwirtschaft" in der DDR am besten funktioniert. Das zeigt sich ganz besonders bei einem Vergleich mit den Ländern sehr zerrütteter Wirtschaftsverhältnisse wie Polen und Rumänien; aber auch in der Sowjetunion liegt die Effizienz der Wirtschaft erheblich niedriger als in der DDR. Auch ist der Lebensstandard der Bevölkerung der DDR innerhalb des wirtschaftlichen Ostblocks am höchsten. Die Führung der SED spricht deshalb ständig von den angeblichen Vorzügen ihres Systems gegenüber einer Marktwirtschaft.

Wesentlich anders werden die Relationen jedoch, wenn man das erreichte wirtschaftliche Niveau der DDR mit dem der Bundesrepublik Deutschland vergleicht. Ein solcher Vergleich ist deshalb gerechtfertigt, weil Niveau und Effizienz der Wirtschaft in den Gebieten der beiden deutschen Staaten vor 1945 etwa gleich hoch waren. Die Ungunst der wirtschaftlichen Startbedingungen in der DDR kann nach mehreren Jahrzehnten heute keine Rolle mehr spielen. Auch sind sicherlich die Menschen in der DDR nicht weniger intelligent und fleißig als die in der Bundesrepublik. Man müßte also annehmen, daß die Effizienz der Wirtschaft und die Produktivität der Arbeit in beiden Staaten in Deutschland etwa gleich seien.

Tatsächlich ist das aber nicht der Fall. Nach den im Mai 1987 vorgelegten „Materialien zum Bericht zur Lage der Nation 1987" betrug die durchschnittliche Arbeitsproduktivität − d.h. die Leistung je Kopf eines Beschäftigten − in der Industrie insgesamt −

mit allerdings erheblichen Unterschieden in den einzelnen Industriezweigen − 52 % des Standes der Bundesrepublik Deutschland. Im Jahre 1970 waren es sogar nur 48 %. Die DDR hat also aufgeholt, aber doch nur unerheblich.

In der Landwirtschaft hat die DDR eine ziemlich hohe Flächenproduktivität (Hektarerträge) erreicht, jedoch mit beträchtlichen Unterschieden zwischen Getreide einerseits, Kartoffeln und Zuckerrüben andererseits. Dazu ist aber eine im Vergleich mit anderen entwickelten Industrieländern hohe Zahl von Arbeitskräften erforderlich, so daß die Arbeitsproduktivität je landwirtschaftliche Vollarbeitskraft weniger als die Hälfte der Bundesrepublik beträgt. Der Selbstversorgungsgrad bei landwirtschaftlichen Primärerzeugnissen liegt mit 91 % recht hoch, allerdings wohl ohne Berücksichtigung der Einfuhr von Futtermitteln.

Für die Gesamtheit der „produzierenden Bereiche" (so die offizielle Formulierung in der DDR, wobei Handel und Verkehrswesen eingeschlossen sind) kommen die Untersuchungen des Deutschen Instituts für Wirtschaftsforschung in Berlin zu einem Produktivitätsrückstand der DDR im Jahre 1983, bezogen auf die Zahl der Beschäftigten, von rund 50%; sie hat von 1970 bis 1983 kaum aufgeholt.

Neben den ökonomischen Ergebnissen dürfen die sozialen Wirkungen eines Wirtschaftssystems nicht übersehen werden. Von der Führung der DDR wird ständig auf *die „sozialen Errungenschaften"*, besonders das Fehlen von Arbeitslosigkeit, hingewiesen. Daß es in der DDR keine offene Arbeitslosigkeit gibt, ist nicht zu bezweifeln; es darf dabei allerdings nicht übersehen werden, daß die Bevölkerungszahl in der DDR heute um 1,8 Mio. niedriger liegt als 1946, während sie in der Bundesrepublik Deutschland in der gleichen Zeit um 14,8 Mio. zugenommen hat. In der DDR mußten also erheblich weniger neue Arbeitsplätze geschaffen werden, um Vollbeschäftigung zu erreichen. 1985 betrug die reale Kaufkraft des durchschnittlichen Arbeitseinkommens 47 % der Bundesrepublik. Die Renten der Sozialversicherung liegen wesentlich niedriger als in der Bundesrepublik. Sicherlich gibt es sozialpolitische Bereiche, in denen die DDR vorbildlich ist; das gilt aber keineswegs für den gesamten sozialen Status ihrer Bevölkerung. Die Führung der DDR ist sich − abweichend von ihren offiziellen Proklamationen − darüber im klaren, daß die gegenwärtige Effizienz ihrer Wirtschaft noch erheblich hinter dem zurückbleibt, was zur Erreichung der weitgesteckten Ziele notwendig ist. Im Laufe der siebziger Jahre setzte sich deshalb immer stärker die Überzeugung durch, daß *Veränderungen am traditionellen Wirtschaftssystem* unvermeidlich seien. Ein wesentlicher Zwang zu solchen ergibt sich daraus, daß an die Stelle des extensiven Wachstums, das durch Mehreinsatz von Produktionsfaktoren erreicht wird, ein intensives Wachstum durch Mehrleistung der eingesetzten Produktionsfaktoren treten muß. Die Führung der DDR erwartet ein solches vor allem von den Fortschritten von Wissenschaft und Technik und deren rascher Nutzbarmachung für den Wirtschaftsprozeß. Gerade in dieser Hinsicht wies das bisherige Wirtschaftssystem erhebliche Mängel auf: Aus systemimmanenten Gründen litt es an „Innovationsträgheit". Das zeigte sich z.B. daran, daß die Bedeutung der Mikroelektronik wesentlich später erkannt wurde als in den westlichen Industrieländern, so daß die DDR sich auf diesem Gebiet auch heute noch in einem erheblichen Rückstand befindet.

Die wichtigste der zahlreichen wirtschaftspolitischen Maßnahmen seit der zweiten Hälfte der siebziger Jahre ist die sog. *Kombinatsreform.* In der gesamten Industrie und Bauwirtschaft wurden die volkseigenen Betriebe zu Kombinaten zusammengeschlossen. Diese haben Ähnlichkeit mit westlichen Konzernen; in ihnen sind zahlreiche Betriebe mit im Durchschnitt im Jahre 1985 bei den zentralgeleiteten Kombinaten etwa 21000 Beschäftigten zusammengeschlossen. Jedes Kombinat steht unter einheitlicher Leitung durch einen Generaldirektor, der in der Regel Mitglied der SED ist. Diesem ist ein Teil der Entscheidungsbefugnisse übertragen worden, die früher bei den Branchenministern lagen. Auf diese Weise soll die bisherige Überzentralisierung in Planung und Leitung verringert und die Initiative „von unten" verstärkt werden. Entsprechend den Grundsätzen der zuerst in der Sowjetunion entwickelten „Wirtschaftlichen Rechnungsführung" soll in den Kombinaten das Prinzip der „Eigenerwirtschaftung der Mittel" voll durchgesetzt werden, vor allem durch Senkung der Selbstkosten der Produktion (Steigerung der Arbeitsproduktivität, Senkung des Verbrauchs an Rohstoffen, Material und Energie sowie des Verwaltungsaufwands). Die Wirtschaftsführung soll auch dadurch absatznäher gestaltet werden, daß die meisten staatlichen Außenhandelsunternehmen, die vorher selbständig neben den Produktionsbetrieben standen, in die Kombinate eingegliedert wurden. Das gleiche ist mit vielen bisher an anderen Stellen angesiedelten Forschungseinrichtungen geschehen, ebenfalls mit dem Ziel, deren Tätigkeit praxisnäher zu gestalten.

Mit dieser Umgestaltung der Wirtschaftsorganisation wird sicherlich ein Teil der Ursachen für die bisherigen Effizienzmängel der Wirtschaft der DDR beseitigt bzw. verringert. An den Grundprinzipien des Wirtschaftssystems wird jedoch nichts verändert, weder am „sozialistischen Eigentum" noch an der vollzugsverbindlichen zentralen Planung, wenn auch die Kombinate und die sonstigen Organe des Planvollzugs stärker an deren Gestaltung beteiligt werden. Beständiges Wirtschaftswachstum unter Vorrang der Industrie und unter „Modernisierung" der „sozialistischen Planwirtschaft" sowie Angleichung an den Entwicklungsstand der Bundesrepublik Deutschland und der anderen hochentwickelten westlichen Industrieländer, verbunden mit dem Streben nach Erreichung des „Welthöchststandes", bleiben zentrale Ziele der Wirtschaftspolitik der SED. Inwieweit sie unter den Voraussetzungen des gegenwärtigen Wirtschaftssystems erreicht werden können, bleibt freilich eine offene Frage.

Arbeitswelt

von Katharina Belwe

Wie alle Bereiche des politisch-sozialen Lebens in der DDR, so wird auch oder gerade die Welt der Arbeit − das „Herzstück der sozialistischen Lebensweise" − von der herrschenden Weltanschauung des Marxismus-Leninismus geprägt. Die äußeren *Rahmenbedingungen* sind durch die Eigentumsordnung gesetzt. Laut Verfassung gibt es in der DDR kein Kapitaleigentum. Das „sozialistische Eigentum an Produktionsmitteln" unterteilt sich in gesamtgesellschaftliches, genossenschaftliches und persönliches Eigentum. Die Ideologie des Marxismus-Leninismus erklärt die in den Produktionsstätten − vor allem in der Industrie, mit Einschränkungen aber auch in allen anderen staatlichen, wissenschaftlichen und sonstigen Einrichtungen − Beschäftigten als Eigentümer und damit als Subjekte der im Produktionsprozeß zu treffenden Entscheidungen. Daß sie faktisch wie eh und je Objekte von Entscheidungen sind, die in der DDR von den staatlichen Sachverwaltern der Produktionsmittel getroffen werden, wird mit dem „demokratischen Zentralismus" legitimiert. Dieses von Lenin als Prinzip des Parteiaufbaus entwickelte und später auf den Staats- und Wirtschaftsaufbau in der Sowjetunion übertragene Organisationsprinzip ist verantwortlich für die Rollenverteilung im sozialistischen Produktionsbetrieb oder − allgemeiner − innerhalb des hierarchisch strukturierten gesellschaftlichen Leitungs- und Planungssystems der DDR. Die Volkseigenen Betriebe (VEB) sind Teil dieses pyramidenförmigen Gesamtsystems, dessen Basis sie bilden. Als Spitze der Pyramide fungieren die Entscheidungsträger von Partei und Staat. Sie, die gemäß herrschender Ideologie als demokratisch gewählt gelten, verkörpern das zentrale Element des „demokratischen Zentralismus"; ihre Beschlüsse tragen verbindlichen Charakter.

Die in den Produktionsstätten Beschäftigten − diejenigen also, die sich innerhalb dieses Konstruktes „ganz unten" befinden − haben die zentral getroffenen Entscheidungen auszuführen. Gemäß Terminologie der DDR sind dies „die Werktätigen". Das „sozialistische Eigentum" erweist sich damit in der Realität als „staatliches Eigentum", dessen effektive Disponenten nicht die Arbeiterinnen und Arbeiter, sondern führende Funktionäre des Partei- und Staatsapparates sind. Die in der Verfassung und im Arbeitsgesetzbuch der DDR niedergelegten Mitwirkungsrechte der Werktätigen werden stellvertretend von den betrieblichen Gewerkschaftsorganisationen (BGO) des FDGB und ihren jeweils gewählten Leitungen (BGL) wahrgenommen. Im Kontext des „demokratischen Zentralismus" sind sie in der wesentlichen Frage der Entscheidung über den Einsatz der Produktionsmittel − darüber also, was in den Betrieben in welcher Menge und in welchem Zeitraum produziert werden soll − als Initiativen zur Erreichung zentraler Vorgaben zu verstehen: Die Beschäftigten werden von den BGO angehalten, sich darüber Gedanken zu machen, wie der Plan am besten überboten (in der Phase der Planerstellung) bzw. erfüllt oder übererfüllt (in der Phase der Planrealisierung) werden kann. Die wichtigsten Instrumentarien hierfür sind die Plandiskussion und der sozialistische Wettbewerb. Während mit der betrieblichen Plandiskussion ein nach Möglichkeit höherer als der zentral vorgegebene Planansatz angestrebt wird, geht es im sozialistischen Wettbewerb darum, bereits verabschiedete Planauflagen zu erfüllen oder überzuerfüllen. Die Plandiskussion, in der die Beschäftigten zugleich detailliert mit den im nächsten Planjahr anstehenden Aufgaben ihres Betriebes vertraut gemacht werden, dient im wesentlichen der weiteren Optimierung des Volkswirtschaftsplanes.

Das Ziel dieses vergleichsweise aufwendigen Verfahrens (die auf Basis der Daten des

Vorjahres zentral festgelegten Planaufgaben durchlaufen alle Ebenen des gesamtgesellschaftlichen Leitungs- und Planungssystems, wobei sie bis auf die kleinste Einheit – den Arbeitsplatz – aufzuschlüsseln sind) besteht darin, Leistungsreserven an der betrieblichen Basis aufzudecken, die „oben" nicht gesehen werden können. Die unter der Regie führender Partei- und Gewerkschaftsfunktionäre „diskutierenden" Werktätigen sollen Vorschläge zur Überbietung dieser Daten unterbreiten. Eine Reduzierung des Planansatzes steht nicht zur Debatte. Nach umgekehrtem Durchlauf der Planaufgaben (Aggregation) wird der Volkswirtschaftsplan beschlossen. Die nunmehr gesetzlich verbindlichen Planauflagen werden erneut disaggregiert. Der im laufenden Planjahr von Partei und Gewerkschaft innerhalb der Betriebe und Arbeitskollektive „in Gang gehaltene" sozialistische Wettbewerb soll helfen, die gesteckten Ziele auch tatsächlich zu erreichen.

Beide Prozesse, sowohl die Plandiskussion als auch der sozialistische Wettbewerb, verlaufen nicht uneingeschränkt demokratisch: In der Phase der Planerstellung dürfen und sollen die Werktätigen nur Vorschläge zur Erhöhung des Planansatzes unterbreiten. In der Phase der Planrealisierung wird das demokratische Verfahren nur zur Erreichung der festgeschriebenen Auflagen eingesetzt und damit instrumentalisiert.

Die durchschnittliche *Arbeitszeit* beträgt in der DDR 42, die reguläre 43¾ Stunden pro Woche. Das Arbeitsgesetzbuch nennt die 40-Stunden-Arbeitswoche als das angestrebte Ziel der sozialistischen Politik. Es soll, wie auf dem XI. Kongreß des FDGB im April 1987 verkündet wurde, bis 1992 weitgehend verwirklicht werden. Mit Ausnahme von Lehrern und des Lehrpersonals im Universitäts-, Hoch- und Fachschulbereich, die auch heute noch sechs Tage in der Woche tätig sein müssen, wird seit 1967 fünf Tage pro Woche gearbeitet. Die durchschnittliche Wochenarbeitszeit von 42 Stunden ergibt sich aus der je unterschiedlichen Wochenstundenzahl verschiedener Gruppierungen. Sie beläuft sich z.B. bei Schichtarbeitern im Zwei-Schichten-System auf 42 und bei Schichtarbeitern im Drei-Schichten-System auf 40 Stunden. Vollbeschäftigte Frauen mit zwei und mehr Kindern unter 16 Jahren arbeiten – unabhängig vom Arbeitszeitregime – ebenfalls nur 40 Stunden pro Woche. 5,4 Mio. Werktätige, d.h. ca. 75 % aller Beschäftigten arbeiten heute 43¾, 0,6 Mio. (5 %) 42 und 1,1 Mio. (20 %) 40 Stunden pro Woche.

Vergleichbaren Kriterien folgt die Bemessung zusätzlicher Urlaubstage bei der *Urlaubsregelung*. Während sich der gesetzliche Mindesturlaub seit 1974 auf 18 Arbeitstage (vorher 12) beläuft, stehen Schichtarbeitern unter Einbeziehung des Zusatzurlaubes bis zu 28 Arbeitstage Urlaub zu. Jugendliche erhalten bis zur Vollendung ihres 18. Lebensjahres 21 Arbeitstage Urlaub. Eine indirekte Erhöhung des Jahresurlaubs um insgesamt 12 Arbeitstage ergibt sich für einen großen Teil der Vollbeschäftigten zudem durch den ihnen monatlich zustehenden sogenannten Hausarbeitstag. Davon profitieren verheiratete Frauen sowie unverheiratete Frauen über 40 Jahre, aber auch (altersunabhängig) unverheiratete Frauen und Männer mit Kindern bis 18 Jahre und Pflegebedürftigen im eigenen Haushalt.

Kriterium für die *Entlohnung* ist die Arbeitsleistung – ein Grundsatz, der in der DDR nur aus sozialen Erwägungen durchbrochen wird. Unabhängig von der Leistung wird seit 1976 ein Mindestbruttolohn für Vollbeschäftigte in Höhe von 400,– Mark gezahlt. Abgesehen davon, daß Frauen nicht selten in Industriezweigen mit Leichtlohngruppen (Textil- und Nahrungsmittelindustrie, Handel, Versorgung) tätig und damit indirekt benachteiligt sind, und abgesehen von der Lohnlimitierung nach unten, wird in der DDR grundsätzlich nach dem Prinzip „gleicher Lohn für gleiche Arbeitsleistung" verfahren. Mann oder Frau, Erwachsene oder Jugendliche sollen bei gleicher Arbeitsleistung das Recht auf gleichen Lohn haben. Für die Höhe des Lohnes sind sowohl quantitative als auch qualitative Festlegungen ausschlaggebend. Die für bestimmte Beschäftigtengruppen geltenden Tariflöhne werden in der DDR nicht zwischen Betriebs- und Gewerkschaftleitung ausgehandelt, sondern durch den Ministerrat der DDR, den Bundesvorstand des FDGB und das Staatssekretariat für Arbeit und Löhne festgelegt. Grundlage hierfür ist der Volkswirtschaftsplan. Das Lohnsystem – die Lohndifferenzierungen und die verschiedenen Lohnformen – beruht also letztlich auf politischen Entscheidungen. Zum Lohn können in Anerkennung besonderer Leistungen Prämien und aufgabengebundene Zuschläge (auch Erschwerniszuschläge) gezahlt werden. Die Betriebe verfügen hierzu über einen sogenannten Prämienfonds, dessen Höhe durch die Leistung (Planerfüllung bzw. -übererfüllung) beeinflußbar ist. Seine Mittel dienen der Belohnung besonderer Leistungen im Wettbewerb (Ziel-, Initiativ-, auftragsgebundene Prämien) sowie der Anerkennung der Leistung des einzelnen an der Jahresleistung des Betriebes (Jahresendprämie). Im Falle von Lohnabschlägen, die bei ungenügender Arbeitsleistung möglich sind (und bis zu 50% des Monatslohnes betragen können), darf der Mindestbruttolohn nicht unterschritten werden.

In der Verfassung der DDR sind *das Recht und die Pflicht zur Arbeit* niedergelegt. Vorbehaltlich der „gesellschaftlichen Erfordernisse" und der persönlichen Qualifikation wird die freie Wahl des Arbeitsplatzes garantiert. Der Pflicht zur Arbeit versucht der Gesetzgeber durch die Gleichstellung von Arbeitsscheu bzw. -verweigerung mit einem Straftatbestand (mit Freiheitsstrafen von zwei bis zu fünf Jahren oder auch Strafe ohne Freiheitsentzug) Nachdruck zu verleihen. Bei den Frauen, die ca. 50% aller Erwerbstätigen der DDR stellen, wird die Arbeitspflicht nicht erzwungen. Hier beschränkt sich die Führung der DDR auf eine Politik der möglichst umfassenden Einbeziehung der Frauen in den Arbeitsprozeß, deren Erfolg an der hohen Zahl der berufstätigen Frauen ablesbar ist. Rund 90% der weiblichen Bevölkerung der DDR im arbeitsfähigen Alter sind berufstätig, erlernen einen Beruf oder studieren. Rund ein Drittel aller erwerbstätigen Frauen ist jedoch teilzeitbeschäftigt. Diese Frauen arbeiten pro Tag nicht 8¾, sondern nur 6 Stunden. Männern wird Teilzeitarbeit nicht gestattet.

Ein Arbeitsverhältnis entsteht durch den *Abschluß eines Arbeitsvertrages* zwischen Werktätigem und Betrieb. Er enthält Aufgabe, Ort und Beginn der Tätigkeit, die Lohn- oder Gehaltsgruppe sowie die Regelung des Urlaubs. Mit Angehörigen der Intelligenz können „in Anerkennung ständiger hervorragender Leistungen" Einzelverträge vereinbart werden, die ungefähr einer außertariflichen Bezahlung von Führungskräften in der Bundesrepublik Deutschland entsprechen. Die Besetzung besonders verantwortlicher Positionen, etwa der des Betriebs- oder Kombinatsdirektors, erfolgt auf dem Wege der Berufung durch das übergeordnete Organ. Diese Praxis, also der Verzicht auf die demokratische Wahl des Betriebs- oder Kombinatsdirektors bzw. der gesamten Betriebs- oder Kombinatsleitung durch die Werktätigen, steht nicht in Einklang „mit den Grundsätzen des Organisations- und Leitungsprinzips des demokratischen Zentralismus".

Die *Auflösung eines Arbeitsvertrages* erfolgt in der Regel durch einen Aufhebungs- oder Überleitungsvertrag. Sofern es der Betrieb ist, der eine Auflösung oder auch nur eine Änderung des Arbeitsvertrages anstrebt, muß er dem Betroffenen zunächst einen Überleitungsvertrag oder einen Änderungsvertrag „über die Aufnahme einer zumutbaren anderen Arbeit" nachweisen. Ein Änderungsvertrag wird notwendig, wenn dem Werktätigen im Betrieb eine andere (auch befristete) Tätigkeit übertragen werden soll. Häufigster Grund hierfür sind Rationalisierungs- und Automatisierungsmaßnahmen, wodurch unrentable Arbeitsplätze in der Regel wegfallen. Ein Überleitungsvertrag muß angeboten werden, wenn der Betrieb das Arbeitsverhältnis lösen will. In diesem Falle muß er dem Betroffenen ein annehmbares Stellenangebot in einem anderen Betrieb unterbreiten. Der Überleitungsvertrag ist eine Art Dreitrag zwischen dem bisherigen Betrieb, dem betroffenen Werktätigen und dem zur Übernahme vorgesehenen neuen Betrieb. Sowohl Änderungs- als auch Überleitungsvertrag müssen rechtzeitig, d.h. mindestens drei Monate vor der Änderung, abgeschlossen werden. Die Betroffenen haben das Recht, bis zum Ablauf von drei Monaten Einspruch gegen einen bereits abgeschlossenen Änderungs- oder Überleitungsvertrag einzulegen, und zwar auch noch nach Aufnahme der neuen Tätigkeit. Im Falle der Ablehnung von Änderungs- oder Überleitungsvertrag durch den Werktätigen darf der Betrieb einen Aufhebungsvertrag offerieren. Wenn auch dieser, einer Kündigung im gegenseitigen Einvernehmen entsprechende Vertrag definitiv abgelehnt wird, dann sind die Voraussetzungen für eine fristgemäße Kündigung seitens des VEB gegeben.

Während im Falle der Auflösung des bisherigen Arbeitsverhältnisses in den beschriebenen Varianten die betriebliche Gewerkschaftsleitung nur unterrichtet werden muß (es besteht Anhörungsrecht), setzt die fristgemäße Kündigung gewerkschaftliche Zustimmung voraus. Mitbestimmungsrecht besteht auch bei der äußerst selten − z.B. bei „schwerwiegender Verletzung der sozialistischen Arbeitsdisziplin oder staatsbürgerlicher Pflichten" − ausgesprochenen fristlosen Entlassung. Davon sind vor allem hartnäckige Arbeitsbummelanten, aber auch Ausreisewillige, denen die Verletzung staatsbürgerlicher Pflichten vorgeworfen wird, betroffen. Sowohl bei der fristgemäßen Kündigung als auch bei der fristlosen Entlassung beträgt das Einspruchsrecht des Werktätigen nur zwei Wochen. Die Ämter für Arbeit, die erst 1979 ihre koordinierende und vermittelnde Tätigkeit wieder aufgenommen haben, sind berechtigt, den Betrieben Auflagen zur Einstellung solcher schwer vermittelbaren Fälle zu erteilen. Dies betrifft jedoch nur die erste Gruppe; wer in der DDR einen Ausreiseantrag stellt, hat kaum eine Chance, von einem VEB weiterbeschäftigt oder neu eingestellt zu werden. Das heißt, daß es in der DDR durchaus Fälle von vorübergehender Arbeitslosigkeit geben kann. Den Betroffenen, zu denen neuerdings mitunter auch Werktätige gehören, deren Arbeitsplatz der „sozialistischen Rationalisierung" zum Opfer gefallen ist und die einen vom Betrieb angebotenen Änderungs- bzw. Überleitungsvertrag abgelehnt sowie auch einem Aufhebungsvertrag nicht zugestimmt haben, wird im allgemeinen eine geringe Unterstützung und die Wohnungsmiete gezahlt. Es ist jedoch davon auszugehen, daß die Zahl dieser Arbeitslosen, die im allgemeinen nur kurzfristig ohne Beschäftigung sind, verschwindend gering ist.

Die wissenschaftlich-technische Entwicklung, vor allem in den zurückliegenden zehn Jahren, hat auch in der DDR einen umfassenden *Modernisierungsprozeß in der Produktion* in Gang gesetzt, der noch längst nicht abgeschlossen ist. Automatisierung, Robotertechnik, Mikroelektronik, Informations- und Kommunikationstechnik haben positive und negative Wandlungen der unmittelbaren Arbeitsbedingungen und -inhalte bewirkt. Die inzwischen eingetretene Änderung der Situation am Arbeitsplatz entspricht dabei keineswegs den hochgesteckten Erwartungen der Partei- und Staatsführung und der Werktätigen der DDR. Neben einer spürbaren Effektivitätserhöhung wurden eine durchgängige Verbesserung der unmittelbaren Arbeitsbedingungen und eine qualitative Anreicherung der Arbeitsinhalte erhofft. Statt dessen haben sich zum einen die psychischen und nervlichen Belastungen am Arbeitsplatz erhöht sowie die unmittelbaren Arbeitsbedingungen trotz weitgehenden Abbaus von Gefährdungen und Erschwernissen cher verschlechtert als verbessert. Zum anderen konnten die versprochenen „progressiven Arbeitsinhalte" nur für eine Minderheit der Industriearbeiterschaft verwirklicht werden. Der größere Teil der Arbeiterinnen und Arbeiter der DDR muß heute und künftig inhaltsarme Tätigkeiten verrichten, die zudem vielfach durch geringere Kommunikationsmöglichkeiten am Arbeitsplatz und eine Zunahme an Monotonie gekennzeichnet sind. Neuere empirische Untersuchungen sind zu dem Ergebnis gelangt, daß bei einem Drittel der Befragten die psychischen und nervlichen Belastungen zugenommen haben. Dies gilt in erster Linie für die Masse der in den Grundprozessen der Produktion, an den Maschinen und Anlagen in den Produktionshallen, tätigen Industriearbeiter. Für sie ist die Modernisierung der Produktion sehr oft mit einer Qualifikationsentwertung verbunden, weil die physischen und geistigen Fähigkeiten der an der modernen Technik eingesetzten Arbeiter nicht mehr voll genutzt werden. Demgegenüber ist in den vorbereitenden Prozessen der Produktion, in den Forschungs-, Entwicklungs- und Konstruktionsabteilungen vor allem der großen Kombinate, ein Anstieg der Qualifikationsanforderungen zu verzeichnen. Hier werden hoch- und höchstqualifizierte Facharbeiter mit zum Teil mehreren Berufsabschlüssen oder sogar mit Fachschulabschlüssen benötigt. Die technische Modernisierung der Produktion hat somit eine gegenläufige Entwicklung zur Folge: die Polarisierung der Qualifikationsanforderungen. Das Ergebnis ist eine stärkere Differenzierung der Arbeiterschaft, die sich heute aus An- und Ungelernten, nicht qualifikationsgerecht eingesetzten Beschäftigten, bereits Dequalifizierten, inflexiblen, nicht oder wenig disponiblen Frauen und älteren Beschäftigten einerseits und aus Facharbeitern mit hoher bis sehr hoher Qualifikation andererseits, die sich kaum mehr von den Angehörigen der wissenschaftlich-technischen Intelligenz − den Ingenieuren und Diplom-Ingenieuren − unterscheiden, zusammensetzt. Von der technischen Modernisierung am Arbeitsplatz profitiert nur die letzte, vergleichsweise kleine Gruppe; sie wird in der fachwissenschaftlichen Literatur der DDR als „völlig neuer Typ des Produktionsarbeiters" bezeichnet. Diese „Wachstumsspitze der Arbeiterklasse", die für den Fortgang der Modernisierung der Produktion von maßgeblicher Bedeutung ist, kann sich heute jener Selbstverwirklichungschancen erfreuen, die vormals jedem Gesellschaftsmitglied versprochen waren.

Der Übergang zu neuen Produktionstechnologien ist nicht nur mit einer Veränderung der Arbeitsbedingungen und der Arbeitsinhalte verbunden; sehr oft wird auch ein *Tätigkeitswechsel* erforderlich. Breite Teile der Industriearbeiterschaft sehen sich heute mit der Notwendigkeit eines Arbeitsplatz- oder Betriebswechsels und damit nicht selten auch eines Ortswechsels konfrontiert bzw. sie müssen ihn befürchten. Mit ihrer Ende der siebziger Jahre initiierten Kampagne „Schwedter Initiative: ‚Weniger produzieren mehr'" zur Frei- und Umsetzung von Arbeitskräften hat die Führung der SED damit begonnen, ein bislang bestehendes, wirtschaftlich wohl nicht länger tragbares Mißverhältnis zwischen den einerseits im Zuge der Modernisierung in großer Zahl neu geschaffenen (1976 − 1978: 30000) und den andererseits größtenteils weiterbestehenden, technisch veralteten Arbeitsplätzen (von denen zwischen 1976 und 1978 nur insgesamt 7700 eingespart wurden) aufzubrechen. Sie hat sich damit einem Problem gestellt, das in der westlichen Diskussion allgemein unter den Termini „versteckte Arbeitslosigkeit" bzw. „systembedingte Verschwendung von Arbeitskräften" firmiert. Auf dem Wege der gezielten Frei- und Umsetzung von Arbeitskräften, zu der die VEB und Kombinate seit dem 1. Januar 1984 über eine Art „Lohnsummensteuer" (Verordnung über den Beitrag für gesellschaftliche Fonds) stimuliert werden, konnte der jahrelang beklagte Mangel an Arbeitskräften prinzipiell überwunden werden.

Das Verhältnis zwischen Arbeitskräften und Arbeitsplätzen gilt heute offiziell als weitgehend ausgeglichen. Die Frei- und Umsetzungsmaßnahmen werden in der DDR, die in Teilbereichen nach wie vor unter Arbeitskräftemangel leidet, wohl auch künftig nicht zu einer Gefährdung des in der Verfassung niedergelegten Rechts auf Arbeit führen. Jedoch müssen inzwischen viele Arbeiterinnen und Arbeiter um ihren angestammten Arbeitsplatz fürchten; sie werden gegenwärtig oder in Zukunft zum Wiedereinsatz an neuen Anlagen im eigenen oder in einem anderen Betrieb freigesetzt. Die neue Tätigkeit ist mit den beschriebenen Veränderungen des Arbeitsinhaltes und der Arbeitsbedingungen, vielfach auch des Arbeitszeitregimes (Übergang ins Mehrschichtsystem) verbunden. In fast allen Fällen wird ein Wechsel des Arbeitskollektivs notwendig, der von den Werktätigen im allgemeinen nur äußerst ungern hingenommen wird. Dies ist der Grund dafür, weshalb der bislang als „spezifisches Kennzeichen der Arbeit unter sozialistischen Bedingungen" gepriesene Wert der Kollektivverbundenheit in der DDR neuerdings in Frage gestellt wird. Wie in jeder anderen Industriegesellschaft auch, so sind heute in der DDR zunehmend Mut, Initiative und Risikobereitschaft gefragt: Wer willens und in der Lage ist, sich den neuen Leistungsmaßstäben anzupassen, hat die Chance des sozialen Aufstieges innerhalb der jeweiligen Klasse oder Schicht. Der Arbeiter kann zum „Produktionsarbeiter völlig neuen Typs" werden, der Angehörige der Schicht der Intelligenz in die „Wissenschaftselite" aufsteigen. Wer nicht fähig oder motiviert ist, die neuen Anforderungen zu erfüllen, läuft demgegenüber Gefahr, vom traditionellen Arbeiter – auch Facharbeiter – zum nicht qualifikationsgerecht eingesetzten Beschäftigten, zum bereits Dequalifizierten, ja sogar zum An- bzw. Ungelernten oder vom Angehörigen der Intelligenz zum besseren Facharbeiter abzusteigen. Unzureichendes berufliches Engagement wird also neuerdings nicht nur finanziell, sondern auch mit vergleichsweise schlechteren Arbeits- und damit zugleich Lebensbedingungen „bestraft". In einer Gesellschaft, in der die Zufriedenheit am Arbeitsplatz bislang auch kompensatorische Funktion hatte – nicht zuletzt wegen der begrenzten Wirkung, die das Arbeitseinkommen erzielen kann, das hier aufgrund der bestehenden Güter- und Warenknappheit nicht universell zum Erwerb von Gütern und Leistungen einsetzbar ist – wird diese Sanktion nicht ohne Wirkung bleiben.

Die mit der Modernisierung der Produktion einhergehende Polarisierung der Qualifikationsanforderung erlangt insofern verhaltenssteuernde Wirkung, als sie einen Sog in Richtung der knapp gewordenen inhaltlich anspruchsvollen Arbeittätigkeiten erzeugt. Einen jener begehrten Arbeitsplätze zu er- oder zu behalten, setzt nun ein entsprechendes leistungsorientiertes Verhalten voraus, für das es in der DDR in der Vergangenheit keinen hinreichenden Grund gab. Jetzt droht der soziale Abstieg in die breite Masse der in den Grundprozessen der Produktion tätigen Industriearbeiterschaft, deren Arbeitssituation sich im Zuge der Modernisierung der Produktion in nicht unerheblichem Maße verschlechtert hat. Je mehr den herkömmlichen Formen der Befriedigung und Entschädigung in der Arbeitswelt, wozu z. B. die Harmonie des Arbeitskollektivs gehört, durch Automatisierungs- und Rationalisierungsprozesse der Boden entzogen wird, um so zwingender wird die beschriebene Verhaltensänderung. In der durch die zunehmende Verknappung anspruchsvoller Tätigkeiten in Produktion und Verwaltung gegebenen neuen Konstellation von Chancen und Risiken, also in der Beibehaltung und teilweise Neuinstallierung sozialer Unterschiede, sehen Gesellschaftswissenschaftler der DDR eine wirkungsvolle Triebkraft ökonomischen Wachstums.

Landwirtschaft

von Andreas Kurjo

Gestützt auf programmatische Ausarbeitungen der Führung der KPD im Moskauer Exil aus den Jahren 1944/45, für die der ehemalige Komintern-Funktionär Edwin Ho-ernle verantwortlich zeichnete, wurde in der SBZ schon frühzeitig eine am Vorbild der sowjetischen Landwirtschaft orientierte Agrarpolitik eingeleitet. Anfang September 1945 erließen die Regierungen der fünf Länder der SBZ auf Betreiben der SMAD gleichlautende Verordnungen über die *Bodenreform*. Darin hieß es u. a., die „demo-kratische Bodenreform" sei „eine unaufschiebbare nationale, wirtschaftliche und so-ziale Notwendigkeit" und müsse die „Liquidierung des feudal-junkerlichen Groß-grundbesitzes" gewährleisten. Die Bodenreform wurde als „die wichtigste Vorausset-zung der demokratischen Umgestaltung und des wirtschaftlichen Aufstieges" bezeich-net. Grundbesitz solle sich „in unserer deutschen Heimat auf feste, gesunde und pro-duktive Bauernwirtschaft stützen, die Privateigentum ihrer Besitzer sind". Nach Arti-kel 2 dieser Verordnung wurde „der gesamte feudal-junkerliche Großgrundbesitz über 100 ha mit allen Bauten, lebendem und totem Inventar und anderen landwirt-schaftlichen Vermögen" sowie der Grundbesitz von „Kriegsverbrechern, Kriegs-schuldigen, Naziführern und aktiven Verfechtern der Nazipartei" entschädigungslos enteignet, insgesamt etwa ein Drittel der Wirtschaftsfläche der SBZ.

Von der rund 6,5 Mio. ha umfassenden Landwirtschaftlichen Nutzfläche (LN) kamen über 2,6 Mio. ha in einen „Bodenfonds" und wurden aus diesem durch „Bodenkom-missionen" gegen einen geringen Übernahmebeitrag (je nach Bodenqualität 1000 bis 1500 kg Roggen oder 200,– bis 300,– Reichsmark je ha) vorwiegend an Bauern, Landarbeiter und Umsiedler schuldenfrei übereignet. Diese kleinen „Neubauernstel-len" hatten von Anfang an keine wirtschaftliche Zukunft; sie sollten die härtesten ernährungswirtschaftlichen Nöte der Nachkriegszeit lindern helfen. Bei Abschluß der Bodenreform Ende 1947 gab es in der SBZ etwa 860000 landwirtschaftliche Be-triebe, davon waren fast die Hälfte Neubauernstellen. Die Durchschnittsgröße lag bei 8,1 ha.

Auf einem Teil des Bodenfonds entstanden die ersten Volkseigenen Güter (VEG), die zuerst „Landesgüter" hießen. Die VEG hatten und haben in allen Etappen der Agrarpolitik der SED besonders wichtige Aufgaben als Beispiels- und Versuchsbe-triebe. Sie werden auch als Mittler wissenschaftlicher Erkenntnisse für die breite land-wirtschaftliche Praxis genutzt. Im Jahre 1986 gab es – nach einem Höchststand von 700 im Jahre 1958 – als Folge der fortschreitenden Konzentration und Spezialisierung nur noch 465 VEG, darunter 314 VEG (T) der Tierproduktion und 77 VEG (P) der Pflanzenproduktion, die 7% der LN der DDR bewirtschaften.

In der „Verordnung über die Bodenreform" war die Gründung von „Komitees der ge-genseitigen Bauernhilfe" vorgesehen, die im Frühjahr 1946 als „Vereinigung der ge-genseitigen Bauernhilfe" (VdgB) in allen Ländern der SBZ als Körperschaft des öf-fentlichen Rechts anerkannt wurde. Die VdgB und verschiedene andere für Deutsch-land neuartige Formen von Gemeinschaftseinrichtungen in der Landwirtschaft (z. B. Maschinen-Ausleih-Stationen, MAS) waren ideologische und organisatorische Keim-zellen der Kollektivierung der Landwirtschaft der DDR. Die VdgB hat – nach einer gewissen Bedeutungslosigkeit in den siebziger Jahren – seit 1981 wieder eine führen-de Rolle sowohl hinsichtlich der politisch-ideologischen Arbeit als auch in bezug auf eine verbesserte Versorgung der Bevölkerung auf dem Lande erhalten.

Die *Kollektivierung der Landwirtschaft* wurde auf der 2. Parteikonferenz der SED im

Jahre 1952 beschlossen. In Musterstatuten für drei verschiedene Typen von Landwirtschaftlichen Produktionsgenossenschaften (LPG) wurde der „Übergang von der zersplitterten einzelbäuerlichen Produktionsweise zur genossenschaftlich-sozialistischen Großproduktion" mit der Notwendigkeit der schnellen Steigerung der landwirtschaftlichen Produktion und der weiteren Verbesserung der Lebensbedingungen „der werktätigen Bauern und anderen Werktätigen in der Landwirtschaft" begründet. Mit der Bildung von LPG wurde der Landwirtschaft in der DDR ein Weg der Entwicklung gewiesen, „der die werktätigen Bauern und anderen Werktätigen in der Landwirtschaft zum Sozialismus führt".

In den Musterstatuten, die im Zuge der fortschreitenden Konzentration und Spezialisierung in den Jahren 1959, 1962 und 1977 geändert und ergänzt wurden, wird die Organisation der LPG und die Arbeit der Mitglieder in wesentlichen Strukturen festgelegt. Zu Beginn der Kollektivierung gab es drei verschiedene LPG-Typen: In den Typ I mußte von den Bauern nur der Acker, in den Typ II dagegen die gesamte LN und die von der LPG benötigten Gebäude, Maschinen, Geräte und Zugkräfte eingebracht werden. Mit dem Aufbau einer kollektiven Viehhaltung sollte begonnen werden. In den Typ III mußte der gesamte Betrieb mit lebendem und totem Inventar eingebracht werden. Der Typ III galt als die höchste Form der genossenschaftlichen Produktion.

Um dem ideologischen Ziel einer vollkollektivierten Produktion näher zu kommen, wurden die LPG auf unterschiedliche Art gegenüber den selbständigen Bauern bevorzugt, deren wirtschaftliche Schwierigkeiten ständig wuchsen. Schließlich wurde von der SED im Frühjahr 1960 mit einer rigorosen Kampagne die Zwangskollektivierung der noch selbständigen Bauern abgeschlossen. Nur einige private Bauernbetriebe, in der Regel Spezialbetriebe oder abgelegene Höfe, blieben übrig.

Im Verlauf der sechziger Jahre wurde die Umwandlung der LPG von Typ I und II zum Typ III vorangetrieben. Im Jahre 1971 bewirtschafteten 5663 LPG vom Typ III mit einer durchschnittlichen Betriebsgröße von 838 ha etwa 88 % der LPG-Fläche. Daneben bestanden 2664 LPG vom Typ I und II mit einer Durchschnittsgröße von 243 ha LN.

Nach der Vollkollektivierung begann eine staatlich geförderte Spezialisierung. Düngung und Pflanzenschutz wurden zunächst von „agrochemischen Brigaden" durchgeführt, später ganz aus den LPG herausgenommen und als zwischenbetriebliche Einrichtungen (Agrochemische Zentren, ACZ) aufgebaut. Im Jahre 1973 gab es 332, im Jahre 1987 noch 264 ACZ. Schmieden und Werkstätten wurden zu Kreisbetrieben für Landtechnik (KfL) vereint. Heute gibt es 225, z. T. hoch spezialisierte Werkstätten. Bau-, Meliorations- und Schafscherergenossenschaften sind andere Beispiele für Spezialisierungen in der Landwirtschaft der DDR.

Auf dem VII. Parteitag von 1967 und dem 10. Bauernkongreß von 1968 forderte die SED den *Übergang zu industriemäßigen Produktionsmethoden* in der Landwirtschaft. Der VIII. Parteitag der SED von 1971 bestätigte dieses Programm. Unter dem ZK-Sekretär Gerhard Grüneberg wurde eine rigorose Industrialisierung durchgesetzt. Landwirtschaftsbetriebe mit völlig neuen Dimensionen und industrieähnlichen Größenordnungen wurden entworfen und in verschiedene Gebiete der DDR hineingeplant. Schlaggrößen von 100 bis 200 ha waren keine Seltenheit.

In der Tierproduktion errichtete man Anlagen mit 1000 bis 2000 Milchkühen, Ställe für 5000 bis 60000 Mastschweine und für 1000 bis 2000 Zuchtsauen. Die ursprüngliche Einheit der Landwirtschaftsbetriebe wurde durch die Trennung von Tier- und Pflanzenproduktion aufgehoben. Es entstanden völlig neue Strukturen und Größenordnungen.

Die wirtschaftlichen und ökologischen Nachteile dieser Agrarpolitik wurden erst nach

Planungsablauf in der Land- und Nahrungsgüterwirtschaft

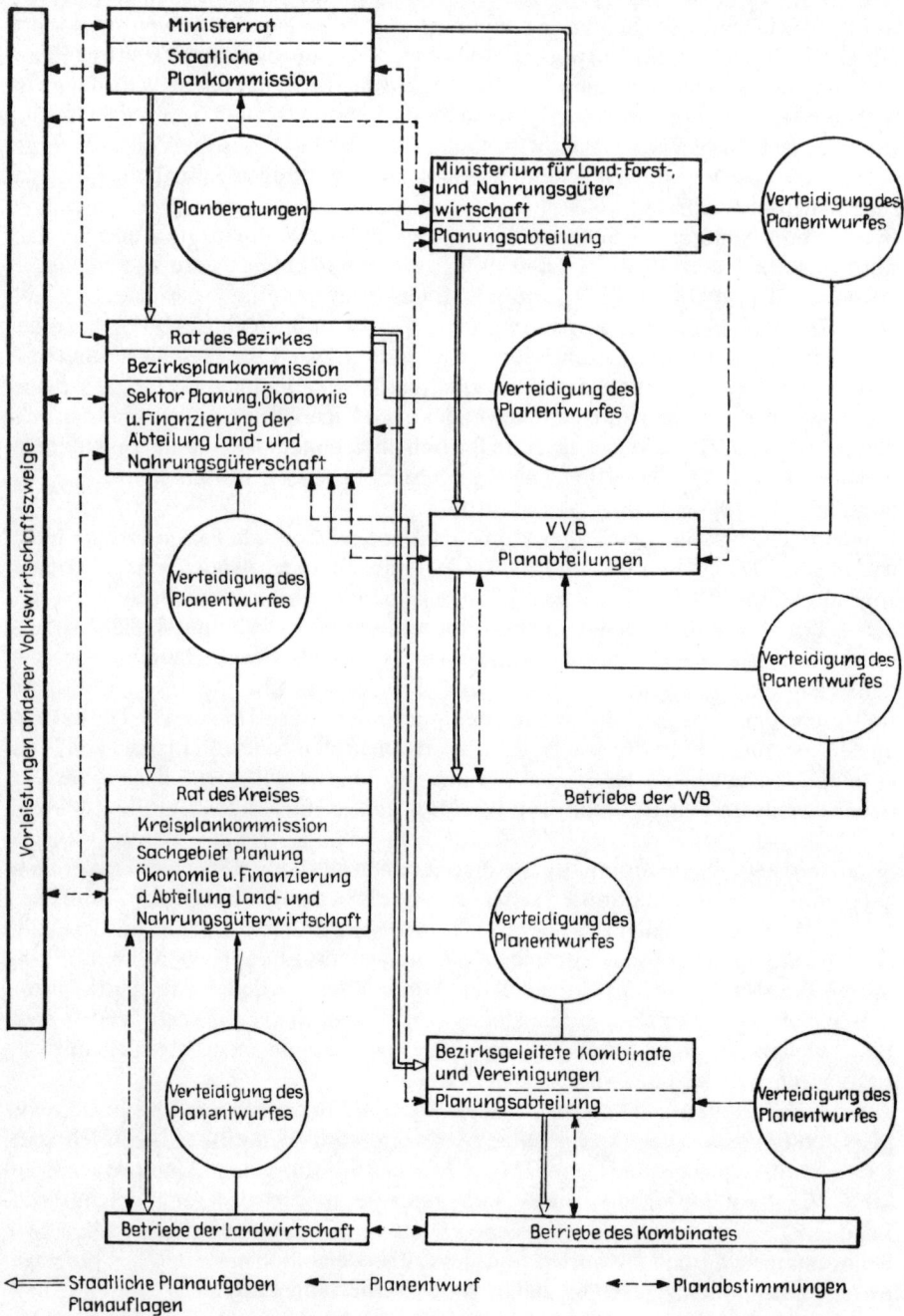

<==== Staatliche Planaufgaben   ◄----- Planentwurf   ◄--► Planabstimmungen
Planauflagen

(Vereinfachte Darstellung; Quelle: E. Rempel (Hg.), Ökonomie der Landwirtschaft und Nahrungsgüterwirtschaft der DDR, Berlin (Ost) 1984)

dem Tode Grünebergs im Jahre 1981 in der DDR offen kritisiert, unmäßige Auswüchse gestoppt und z. T. rückgängig gemacht. Dennoch hielt die DDR an dem Grundprinzip der betrieblichen Trennung von Tier- und Pflanzenproduktion fest. Aus den alten LPG-Typen sind spezialisierte LPG(T) der Tierproduktion bzw. LPG(P) der Pflanzenproduktion entstanden, die juristisch und wirtschaftlich selbständige Betriebseinheiten darstellen.

Im Jahre 1986 wurde die LN der DDR von nur 1145 LPG(P), 2761 LPG(T), 465 VEG sowie einigen Spezialbetrieben und Gärtnerischen Produktionsgenossenschaften (GPG) bearbeitet. Eine LPG(P) bewirtschaftet durchschnittlich 4500 ha LN, was etwa der Gemarkung von sieben Dörfern entspricht; sie hat rund 240 ständige beschäftigte Mitglieder. Eine LPG(T) weist durchschnittlich 114 Mitglieder auf und hält über 1500 Stück Großvieh.

Die Zusammenarbeit zwischen den LPG(P) und LPG(T) wird von einem „Kooperationsrat" organisiert. In diesem Gremium sitzen in der Regel Vertreter von einer LPG(P), von vier LPG(T), vom Rat des Kreises sowie von anderen Betrieben der Landwirtschaft (ACZ, KfL, materiell-technische Versorgung etc.). Der Prozeß der Konzentration und Spezialisierung ist noch nicht beendet. Agrar-Industrie-Vereinigungen (AIV) sollen in Zukunft „ihre Potenzen zur beschleunigten Anwendung des wissenschaftlich-technischen Fortschritts nutzen".

Die VEG, LPG, GPG und andere spezialisierte Betriebe (ACZ, KfL etc.) der Landwirtschaft der DDR sind in rund 1200 Kooperationsräten zusammengefaßt und damit fest in den *zentralen staatlichen Planungsablauf* eingebaut. Die Kooperationsräte erhalten vom zuständigen Rat des Kreises Pläne, die den einzelnen Betrieben und ihren Bereichen, Abteilungen sowie Brigaden jeweils genau vorgeben, was und wieviel womit zu erwirtschaften ist. Nach Diskussion, eventuellen Änderungen in Einzelpositionen und Rückgabe der staatlichen Planvorgaben erfolgt die verbindliche Planauflage durch die jeweils übergeordneten staatlichen Instanzen. „Planerfüllung" ist daher auch in der Landwirtschaft der DDR ein Alltagsbegriff geworden.

Die *Arbeitskräfte* in der Landwirtschaft der DDR sind zum überwiegenden Teil (über 75%) Mitglieder ihrer Genossenschaften. Der restliche Teil hat den Status von Arbeitern und Angestellten. Die Genossenschaften sind verpflichtet, jährlich zwei Vollversammlungen durchzuführen. Jedes Mitglied hat eine Stimme. Von den Mitgliedern wird der Vorstand für die Dauer von drei Jahren gewählt. Über die Mitgliedschaft und andere grundlegende Dinge entscheidet nur die Vollversammlung. Wirtschaftliche und personelle Verantwortung liegen beim Vorstand. Der Vorstand bestimmt Bereichs-, Abteilungs- und Brigadeleiter.

Das *Arbeitsleben* in den LPG ist weitgehend in Brigaden organisiert. Eine Brigade umfaßt – je nach Aufgabenstellung – zwischen 5 und 25 Personen. Saisonbedingt gibt es auch zeitlich befristete Brigaden, z. B. während bestimmter Arbeitsspitzen, bei Aussaat oder Ernte. Eine Brigade wird von einem Brigadier angeleitet, der einem Abteilungsleiter unterstellt ist. Diesem sind meistens drei Brigaden zugeteilt, so daß ein Abteilungsleiter einer LPG häufig vierzig und mehr Beschäftigte unter sich hat. Von „Unterstellungsverhältnis" wird nicht gern gesprochen, denn schließlich arbeitet man genossenschaftlich zusammen, faktisch besteht jedoch eine Hierachie.

Mit der Bildung der sozialistischen Großbetriebe und einer veränderten Arbeitsorganisation in der Landwirtschaft begann ein grundsätzlich neues *Leben im Dorf*. Der ehemalige „Einzelbauer" wurde „Kollege" in einer Brigade. Die Bauersfrau wurde häufig auch Mitglied der LPG und kam in spezialisierte Frauenbrigaden. Tiere, insbesondere Pferde und Rinder, verschwanden von den ehemaligen Höfen. Heute kommen Kinder in dorfeigene Kindergärten; Mittagessen wird von einer LPG-Küche bereitet, dort auch eingenommen oder auf das Feld gebracht. Einzelne Dorfbewohner haben Arbeitsplätze in Nachbargemeinden. Ein werksähnlicher Berufsverkehr ist auf dem Lande entstanden. In industrieähnlichen Anlagen der Tierproduktion hat die Schichtarbeit rund um die Uhr begonnen, im Pflanzenbau ist Zweischichtarbeit keine Seltenheit. Die Spezialisierung der landwirtschaftlichen Arbeiten brachte einige völlig neue Berufsbilder mit sich (z. B. Energetiker).

Im Jahre 1984 erfolgte eine grundlegende *Agrarpreisreform*, mit der sehr hohe Erzeugerpreise festgesetzt wurden. Die wirtschaftliche Situation der Betriebe und ihre Liquidität verbesserten sich z. T. beachtlich. Dadurch sind landwirtschaftliche Arbeitsplätze wieder attraktiv geworden. Nachwuchsmangel hat die Landwirtschaft der DDR zur Zeit nicht. Häufiger Wechsel des Arbeitsplatzes innerhalb der Landwirtschaft ist aber zu einem Problem geworden, denn die Beschäftigten zieht es verstärkt in solche LPG, die höchste Einkommen versprechen.

Der soziale Status von Arbeitern und Angestellten in der Landwirtschaft im Vergleich zu den Mitgliedern der LPG ist weitgehend ähnlich. Ein wesentlicher Unterschied besteht noch in der Art der Entlohnung. Die Arbeiter und Angestellten werden entsprechend einem „Rahmenkollektivvertrag Landwirtschaft" nach geleisteter Arbeit und Qualifikation bezahlt. Die Arbeit der Genossenschaftsbauern wird zunächst in Arbeitseinheiten (AE) bewertet, die einen vorläufigen Geldwert erhalten. Der endgültige Wert wird in der Jahresbilanz ermittelt, wenn die gesamten Betriebsergebnisse vorliegen. Der errechnete Differenzbetrag wird den Genossenschaftsmitgliedern als „Jahresendvergütung" ausgezahlt. In einigen LPG der DDR werden allerdings auch andere Formen der Entlohnung vorgenommen bzw. getestet.

Einen ansehnlichen *Nebenverdienst* können heute sowohl Genossenschaftsbauern als auch Arbeiter und Angestellte der Landwirtschaft erzielen, indem sie in ihrer „persönlichen Hauswirtschaft" Pflanzen anbauen oder Tiere halten. Einen Anspruch auf 0,25 ha Land hat heute jeder, der in der Landwirtschaft arbeitet. Früher hatten nur Mitglieder der LPG dieses Anrecht. Gehalten werden vor allem Kaninchen, Enten, Gänse, Hühner und Bienenvölker, während die private Großtierhaltung abnimmt. In der Privatproduktion sieht die SED heute einen unverzichtbaren Bestandteil der Agrarproduktion sowohl hinsichtlich der Versorgung der Bevölkerung als auch unter dem Aspekt einer sinnvollen und produktiven Freizeitgestaltung.

Bis zum Jahre 1983 war die *Landwirtschaft im Staatshaushalt* der DDR ein riesiger Subventionsempfänger. Nach der Agrarpreisreform von 1984, die bis in die neunziger Jahre Bestand haben soll, wurden frühere Subventionen beim Kauf von Maschinen und Betriebsmitteln gestrichen. Mit der Agrarpreisreform wurden verstärkt Qualitätsdifferenzierungen eingeführt, die zu Leistungsanreizen führen sollen und tatsächlich die agrarische Gesamtproduktion deutlich steigen ließen.

Die SED kam damit einem ihrer ehrgeizigen Ziele näher, weitgehend unabhängig von landwirtschaftlichen Importen zu werden, um damit Einsparungen an Devisen für Lebensmittelimporte zu erreichen. Die Subventionen für Grundnahrungsmittel und Verbilligungen von Lebensmitteln für bestimmte Bevölkerungsgruppen (Schüler, Studenten) betrugen im Staatshaushalt der DDR 1986 über 30 Mrd. Mark.

Das Planungssystem der DDR ging jahrelang von einem einigermaßen zufriedenstellenden Angebot an Grundnahrungsmitteln aus, die zu niedrigen Preisen für jedermann käuflich sein sollten. Wertvollere Genußmittel oder gar importierte Nahrungsmittel waren und sind erheblich teurer. Ziel war und bleibt eine weitgehende *Autarkie im Nahrungsmittelbereich*. Erhielt die DDR in den fünfziger und sechziger Jahren noch umfangreiche Lieferungen aus der Sowjetunion, so mußte sie in den siebziger Jahren auf dem Weltmarkt einkaufen. Im wesentlichen tätigte sie Futtermittelkäufe, um die (geplant hohen) Viehbestände ausreichend und ausgewogen füttern und damit die Fleischversorgung der Bevölkerung sichern zu können. Die Steigerung des Pro-

Kopf-Verbrauchs an Nahrungsmitteln schien nicht enden zu wollen, weil mit steigenden Löhnen natürlich auch mehr gekauft werden konnte. Der Konsum der Bevölkerung in der DDR hat inzwischen in manchen Bereichen „Weltspitze" erreicht, so daß Ernährungsphysiologen unter dem Blickpunkt der Volksgesundheit zur Mäßigung mahnen.

Dennoch geht die Planung von noch steigenden Zuwachsraten aus. Erst um das Jahr 2000 wird eine weitgehende Sättigung erwartet. Ganz frei von Importen wird die DDR auch dann nicht sein können, weil einige Produkte und Nahrungsmittelbestandteile nicht unter den ihr gegebenen Naturbedingungen wachsen. Eine weitgehende Autarkie dürfte die DDR dann aber erreicht haben.

Die SED hat aus ehemals selbständigen Bauern mit privatem Eigentum an Produktionsmitteln eine „sozialistische" Landwirtschaft aufgebaut, die gekennzeichnet ist durch die Großproduktion in genossenschaftlichen und volkseigenen Betrieben. Soziale Unterschiede zwischen Arbeitern und Angestellten sowie zwischen diesen und den ehemaligen Bauern ebenso wie solche zwischen Stadt und Land sind in der DDR stark abgebaut worden. Aus ehemals selbständigen Bauern wurden Mitglieder der „Klasse der Genossenschaftsbauern" sowie Arbeiter und Angestellte. Ihre Denk- und Handlungsweisen sind geprägt − oft wider besseres Wissen und Erkenntnis alter bäuerlicher Traditionen und Weisheiten − durch das kollektive Wirtschaften nach staatlich vorgegebenen Plänen. Die SED sieht im Genossenschaftsbauern einen neuen Typ von Mensch, der − nach ihrem Selbstverständnis − „Wissenschaft und Bauernpraxis" zu einer modernen, hochindustrialisierten Landwirtschaft vereinen soll. Den Beweis für eine Überlegenheit der industrialisierten Landwirtschaft sowohl in Produktionsvergleichen als auch in der Bewältigung ihrer ökologischen Folgen − besonders im Vergleich mit anderen entwickelten Landwirtschaften − ist sie bis heute schuldig geblieben.

Umweltschutz

von Karl-Hermann Hübler

Das Ausmaß der Umweltbelastungen hat in der DDR in den letzten Jahren Dimensionen erreicht, die Zweifel darüber aufkommen lassen, ob die bisher verfolgte Industrialisierungs- und Wachstumspolitik auch für einen mittelfristigen Zeitraum weiter möglich ist: Die DDR ist der Welt größter SO_2-Exporteur; die Lage der Wasserwirtschaft und -versorgung ist prekär; durch die Industrialisierung der landwirtschaftlichen Produktion sind Bodenbeeinträchtigungen kein Ausnahmefall und der Prozeß des Aussterbens von Tier- und Pflanzenarten verstärkt sich trotz aller Bemühungen. Dieser Veränderungs- und Zerstörungsprozeß ist vor dem Hintergrund des Anspruchs zu bewerten, den Partei- und Staatsführung an die Leistungsfähigkeit des sozialistischen Systems stellen: der Überlegenheit des Sozialismus bei der Gestaltung der Mensch-Umwelt-Beziehungen im Verhältnis zum „kapitalistischen" System. Tatsächlich steht die Partei- und Staatsführung der DDR vor einem mehrfachen Dilemma:

- Die verfolgte Wachstumsstrategie („Steigerung der Produktivkräfte") wird vor allem deshalb zu weiteren Umweltzerstörungen führen, weil dieses wirtschaftliche Wachstum auch wegen der veralteten Technologien über Quantitäten (Tonnenideologie: high-volume-production statt high-value-production) erzielt werden muß.
- Die DDR hat sich im Rahmen internationaler Vereinbarungen zum Umweltschutz verpflichtet, Maßnahmen zur Minderung von Emissionen durchzuführen: Sie ist z. B. im Rahmen der ECE-Konvention die Verpflichtung eingegangen, die Emissionen von SO_2 bis 1993 um 30% unter das Emissionsniveau von 1980 zu senken.
- Die Glaubwürdigkeit des Systems wird bei der eigenen Bevölkerung dann geringer, wenn die steigenden Umweltbelastungen − auch im Zusammenhang mit gesundheitlichen Schäden − immer noch auf dem Gebiet der DDR dem vor über 40 Jahren beendeten „kapitalistischen" System zugerechnet oder als Übergangserscheinungen auf dem Wege zum Sozialismus deklariert werden. Steigendes Umweltbewußtsein der Bevölkerung oder Diskussionen über die mangelnden vom Staat bereitgestellten Umweltinformationen (z.B. nach Tschernobyl) belegen dies. Die von Funktionären zur Begründung der Anordnung des Ministerrates der DDR über den Schutz von Umweltdaten vom 16. November 1982 vorgebrachte Behauptung, Umweltdaten dienten nur dem „Klassenfeind", überzeugt immer weniger.
- Die DDR kann sich dem „Druck", Umweltschutzmaßnahmen durchzuführen, nicht entziehen, der durch den Abschluß bilateraler Umweltabkommen, z. B. mit dem Königreich Dänemark oder mit der Bundesregierung, entstanden ist und der voraussichtlich zunehmen wird.
- Da Umweltschutzmaßnahmen in der DDR − trotz anderslautender Erklärungen − vom Prinzip her nur als positive Folgewirkungen von Modernisierungs- und anderen die Produktivkraft steigernden Maßnahmen verstanden werden, bleiben diese bei Investitionsentscheidungen trotz eindeutiger gesetzlicher Vorgaben im Regelfall sowohl auf der betrieblichen als auch auf gesamtstaatlicher Entscheidungsebene oft nur „zweiter Sieger".

Der derzeitige *Stand der Umweltbelastungen* − wobei daran zu erinnern ist, daß die Ausgangslage der DDR nach dem Zweiten Weltkrieg ungünstiger war als die anderer, benachbarter Staaten − läßt sich wie folgt beschreiben:

Das potentielle Angebot an *Wasser* beträgt in der DDR rund 17 Mrd. m³ Wasser pro Jahr. Nach Abzug des natürlichen Abflusses verbleiben 11, in Trockenjahren 8 bis 9 Mrd. m³. Dem steht ein Verbrauch von 10 Mrd. m³ gegenüber. Gut ein Viertel wird aus dem Grundwasser gedeckt, das sich im Verhältnis zum Oberflächenwasser durch größere Reinheit auszeichnet. Bei dieser Bilanzierung ist allerdings zu berücksichtigen, daß die Inanspruchnahme des Wassers wegen der Knappheit – bei einem zwei- bis dreimal so hohen Ausnutzungsgrad wie in vergleichbaren europäischen Ländern – extrem intensiv ist. Nur rund 17% der 2900 km langen Hauptwasserläufe der DDR können derzeit mit vertretbarem finanziellen Aufwand noch für die Trinkwassergewinnung genutzt werden. Das Wasser der noch nutzbaren Flußläufe muß deshalb oft mehrmals aufbereitet und wiederverwendet werden. Das Wasser der Saale z. B. wird in normalen Zeiten 5–7mal aufbereitet, in sehr trockenen Jahren bis zu 13mal.

Gegenwärtig wird der Wasserverbrauch durch die sehr hohe industrielle Nutzung (etwa 66%), die Landwirtschaft (18%) und die privaten Haushalte (16%) bestimmt. Überaltete Industrieanlagen (Zellstoffherstellung, Stahl usw.) mit hohem Brauchwasserbedarf, steigende Verwendung in der Landwirtschaft, veraltete Leitungssysteme (mit großen Verlusten) sowie bisher nur teilweise vorhandene Kanalisierung und Reinigung des Abwassers kennzeichnen die angespannte Lage der Wasserwirtschaft. Ihre Situation wird zusätzlich durch die großflächigen Grundwasserabsenkungen im Braunkohletagebau – insbesondere in den Bezirken Cottbus, Leipzig und Halle – erschwert.

Schwerpunkt der wasserwirtschaftlichen Maßnahmen waren zunächst die Vermehrung des Speicherraumes u.a. durch den Bau von Talsperren und Rückhaltebecken. So wurden seit Ende der vierziger Jahre bis 1982 125 derartige Anlagen mit einem Speicherraum von rund 800 Mio. m³ gebaut. Seit Anfang der achtziger Jahre wird auch der Wassereinsparung große Aufmerksamkeit gewidmet, z. B. durch die Direktive des Ministerrates der DDR vom Juli 1981 zur rationellen Wasserverwendung im Fünfjahresplan 1981–1985.

Begrenzt verfügbare Investitionsmittel für Sanierungs- und Versorgungsmaßnahmen im Wasserhaushalt der DDR, zunehmender Bedarf sowie zunehmende technische und damit auch kostenmäßige Schwierigkeiten bei der Reinigung geben Anlaß zu der Vermutung, daß sich die Problematik noch vergrößern wird.

Das ökologische System „*Boden*" wird auch in der DDR durch die Umwidmung von freien Flächen für Siedlungs-, Industrie- und Infrastrukturzwecke (Versiegelung) sowie durch unbeabsichtigte Schadstoffeinträge infolge Immissionen und durch beabsichtigte Nutzungsintensivierung infolge mineralischer Düngung, Verwendung von Pflanzenschutzmitteln, mechanisierter Bodenbearbeitung sowie den Boden gefährdende Fruchtfolgen und Anbauformen zerstört. Während der Landschaftsverbrauch durch Versiegelung wegen des zurückhaltenden Ausbaus von Infrastruktureinrichtungen (z. B. Straßen) und des Wohnungsbaus in der Vergangenheit im Vergleich zu anderen Industriestaaten verhältnismäßig gering war, hat sich dies in den letzten Jahren verändert. Der Bau neuer Stadtteile – z. B. in Halle und Berlin (Ost) –, zunehmende Motorisierung und die flächenhafte Erweiterung von Industrie-Komplexen führen zur zunehmenden Angleichung an internationale Entwicklungstrends.

Ein spezielles Problem des Bodenschutzes stellt in der DDR der Braunkohleabbau dar. Für die Erschließung neuer Tagebaue wird jährlich eine Fläche von rund 2000–3000 ha benötigt. Seit 1965 sind nach offiziellen Angaben rund 40000 ha rekultiviert worden. Gleichwohl führen die mit der Aufschließung, dem Betrieb und der Rekultivierung dieser Tagebaue einhergehenden Nebenwirkungen (u.a. Grundwasserabsenkungen, Veränderungen des Kleinklimas, Staubentwicklung) zu beträchtlichen Bodenveränderungen.

Bodenzerstörungen und Veränderungen großen Ausmaßes sind auch durch die industriemäßige Form der Landbewirtschaftung erfolgt. Nicht standortgemäße Anbauformen, großflächige Bewirtschaftung (Wasser- und Winderosion), Meliorationen von Feuchtgebieten, Ausräumung von Hecken sowie intensiver Düngemittel- und Pflanzenschutzmitteleinsatz, auch durch Flugzeuge, haben vielerorts zu irreversiblen Schäden geführt. Hinzu kommt die Spezialisierung in der landwirtschaftlichen Produktion (z.B. unterschiedliche Betriebe für Tier- und Pflanzenproduktion), die zu weiten Transportwegen und Folgeproblemen führen (Gülleverbringung, Eindringen von Schadstoffen ins Grundwasser).

Diese negativen Umwelt- und Bodenauswirkungen der industriemäßigen Landbewirtschaftung, die sich auch auf die Gewässer auswirken, sind zwischenzeitlich in der DDR erkannt, und es wird an geänderten Konzepten gearbeitet. Diese erfordern aber hohe Investitionen, die oft nicht vorhanden sind. So ist zu vermuten, daß die in den letzten 20−30 Jahren eingetretenen Bodenzerstörungen in absehbarer Zeit nicht ausgeglichen und der Trend nicht allzu schnell verändert werden kann. Die verhältnismäßig hohen Schadstoffeinträge aus der Luft (SO_2) führen zu weiteren Bodenbelastungen, deren Ausmaße noch nicht hinreichend erfaßt sind.

Die *Verunreinigung der Luft* hat in der DDR ein besonders hohes Ausmaß erreicht. Bei SO_2 betrug sie 1982 4,9 Mio. t (= 296 kg pro Kopf der Bevölkerung oder 45,6 t pro km^2; in der Bundesrepublik 3 Mio. t = 49 kg pro Kopf oder 12,1 t pro km^2). Die NO_x-Emissionen haben hingegen in der DDR noch eine vergleichsweise geringe Bedeutung. Gründe hierfür sind die niedrigen Verbrennungstemperaturen in den Braunkohlekraftwerken sowie ein anderer Emissionsprozeß bei den Zweitaktmotoren der PKW. Verursacher der SO_2-Emissionen sind zu 58,9 % die Kraft- und Heizwerke, zu 21,5 % die Industrie, zu 19,2 % Haushalte und Kleinverbraucher sowie zu 0,4 % der Verkehr. Regionale Schwerpunkte der Luftbelastungen sind die Industrie- und Braunkohlenabbaugebiete Leuna/Halle/Leipzig/Bitterfeld und Cottbus sowie − durch den Transport von Luftschadstoffen aus der ČSSR − das Erzgebirge. Vor dem Zweiten Weltkrieg war insbesondere das Industriegebiet Leuna/Halle/Leipzig/Bitterfeld bereits stark durch die chemische Großindustrie geprägt, die sich dort auf der Basis der Braunkohle- und Steinsalzvorkommen entwickelt hatte. Diese Verflechtungen haben sich verstärkt: In der DDR wurde 1985 ca. dreimal soviel Braunkohle gefördert wie 1936. Gleichwohl hat sich der SO_2-Ausstoß nicht in dem Ausmaß verstärkt, wie der Abbau intensiviert wurde, weil der Abbau schwefelärmerer Braunkohle (z.B. in der Niederlausitz) zugenommen hat.

Wegen der seit Mitte der siebziger Jahre einsetzenden Rohölverteuerung ist die DDR gezwungen, in noch stärkerem Maße als vorher für den einheimischen Energieträger Braunkohle zu optieren; so wurde 1984 83 % der Elektroenergie aus Braunkohle gewonnen. Veraltete Kraftwerke mit fehlenden oder technisch nicht leistungsfähigen Luftfiltern, die ungünstige, energieintensive Struktur (high-volume-production) der Industrie in der DDR und fehlende Investitionsmittel für die Modernisierung der Industrieanlagen geben Anlaß zu der Vermutung, daß sich die Belastungssituation in den nächsten Jahren weiter verschärfen wird.

Die *Abfallproblematik* ist in der DDR mindestens aus zwei Gründen vergleichsweise geringer als in anderen Industriestaaten: Zum einen wird infolge der Rohstoffknappheit in größerem Maße als anderswo Abfall aufbereitet und wiederverwendet (Materialwirtschaft, Recycling), so daß 1984 12 % des Bedarfs an Industrierohstoffen aus Abfall gewonnen werden konnten; zum anderen ist auch das Abfallaufkommen (z.B. Verpackung) geringer. Derzeit ist nur eine Abfallverbrennungsanlage in Betrieb, während der überwiegende Teil des Mülls deponiert wird (darunter auch Sondermüll aus anderen Ländern, z.B. auf der Deponie Schönberg in Mecklenburg).

Der *Naturschutz* hat in der DDR trotz relativ guter gesetzlicher Grundlagen eine ähnlich defensive Funktion wie in anderen Staaten. Bei Konflikten zwischen ökonomischen Interessen und Aufgaben der Natur- und Artenerhaltung wird oft zuungunsten des Naturschutzes entschieden (z.B. beim Braunkohleabbau). Dessen ungeachtet ist es in den letzten Jahren gelungen, die Fläche der Naturschutzgebiete von 44881 ha auf 106106 ha zu vergrößern; der Flächenanteil umfaßt jetzt knapp 1 % der Gesamtfläche. Die Ausweitung erfolgte vor allem dort, wo ohne zu große Produktionseinbußen und -beschränkungen, insbesondere für die Landwirtschaft, solche Ausweisungen vorgenommen werden konnten. Von den Naturschutzgebieten sind 302 Waldschutzgebiete, 78 Gewässer- und Moorschutzgebiete, 94 zoologische, 91 botanische, 13 geologische und 193 totale Schutzgebiete. Mit 83 hat der Bezirk Halle die meisten Naturschutzgebiete, gefolgt von Neubrandenburg mit 73, Dresden mit 71 und Rostock mit 59. Am Ostufer der Müritz befindet sich mit 4800 ha das größte Naturschutzgebiet. Auch wenn es gelungen ist, in Einzelfällen eine Erhaltung und Vermehrung von Pflanzen- und Tierarten zu erreichen (z.B. Elbebiber, Großtrappe, Weißstorch), beschleunigt sich insgesamt der Prozeß des Aussterbens von Tierarten. Die großräumige industrielle Landbewirtschaftung, dazu Meliorationen in großem Umfang und Monokulturen sind einige Ursachen dieses Prozesses.

Zusammenfassend läßt sich feststellen, daß die Umweltbelastungen in der DDR wegen a) der politischen und ökonomischen Ausgangssituation sowie b) der Form und der Strukturen der Produktion in Industrie, Gewerbe und Landwirtschaft sowie des Standes der Technologie ein Ausmaß erreicht haben, das jenes anderer Länder überschreitet und bereits zu hohen Zerstörungen ökologischer Grundlagen geführt hat und voraussichtlich weiter führen wird.

Bei den *Erklärungen für das Phänomen der Umweltzerstörung* ist ein Theoriedefizit *der sozialistischen Länder* unübersehbar. Der gängigen Ideologie der DDR zufolge sind Umweltschäden in „kapitalistischen" Ländern durch das Profitstreben der Kapitalisten verursacht. Demgegenüber seien in sozialistischen Ländern wegen der Interessenidentität von Gesellschaft und Produzenten auch eingestandene Umweltschäden dem Erbe der kapitalistischen Vergangenheit zuzuschreiben oder Übergangserscheinungen auf dem Wege zum Sozialismus. Da Natur und natürliche Ressourcen nach der Marxschen Lehre keinen Wert an sich haben, vielmehr erst die Arbeit wertbildend wirkt, ist es bisher auch nicht gelungen, ein stringentes theoretisches Konzept einer sozialistischen Gesellschaftsordnung im Umgang mit der Natur zu entwerfen. Es scheint, daß die Marxsche Arbeitswertlehre hierfür nicht hinreichend tragfähig ist. Bei technischen Disziplinen des Landschaftsschutzes werden deshalb Ansätze einer diese ergänzenden Theorie des Naturwerts diskutiert.

Zwischen den unter Parteiideologen und Wissenschaftlern in der DDR grundsätzlich geführten Auseinandersetzungen und der Wahrnehmung der Probleme durch die Mehrheit der Bevölkerung der DDR klafft eine Lücke: Die Gefährdungen, die durch die Umweltschäden für die Gesundheit der Menschen und für die Erfordernisse der Erhaltung des Naturhaushaltes vorhanden sind, werden nur vereinzelt wahrgenommen. Das ist zum einen damit zu erklären, daß die Mehrzahl von Umweltdaten in der DDR der Geheimhaltung unterliegt, allenfalls nur Relativzahlen veröffentlicht werden. Hinweise auf akute Umweltgefahren, z.B. Smog-Alarm, gibt es in der DDR nicht. Zum anderen werden die Interessen der Bevölkerung, soweit sich diese im Umweltschutz engagiert, durch staatliche und parastaatliche Einrichtungen zu lenken versucht. Unabhängige Bürgerinitiativen wären systemwidrig. Enge Freiräume zum Engagement in Umweltschutzfragen werden durch kirchliche Gruppen zu nutzen versucht.

Hinsichtlich der *Umweltpolitik* heißt es in Art. 15 der Verfassung der DDR von 1974:

„Der Boden der DDR gehört zu den kostbarsten Naturreichtümern. Er muß geschützt und rationell genutzt werden …“. Weitreichend und anspruchsvoll ist auch das Landeskulturgesetz vom Mai 1970, das sozusagen als das umweltrechtliche Grundgesetz der DDR umschrieben ist und in seinen weitreichenden Forderungen als beispielhaft gelten kann. Daneben existieren eine Reihe von Durchführungsverordnungen zum Landeskulturgesetz und Spezialregelungen (z.B. Wassergesetz von 1963, Bodennutzungsverordnung von 1981). Die Gesetze werden laufend ergänzt.

Die hohe gesetzliche Regelungsdichte hat aber nicht dazu führen können, die Vielzahl der negativen Entwicklungstrends zu verhindern bzw. zu bremsen. Die z.T. systemspezifischen, z.T. mit Entwicklungen in anderen Ländern vergleichbaren Ursachen sind:

- der Vorrang der Produktivitätssteigerung vor allen anderen gesellschaftlichen Aufgaben,
- die unzureichende personelle und sachliche Ausstattung der Umweltbehörden,
- die Zersplitterung der Durchführung des Umweltschutzes durch eine Vielzahl von unterschiedlichen Einrichtungen (Reibungsverluste) sowie
- fehlende Investitionsmittel.

Die Instrumente der Umweltpolitik der DDR sind vom Prinzip her denen anderer Länder vergleichbar. Es sind Ge- und Verbote (mit z.T. empfindlichen Sanktionen) sowie Abgaben- und Gebührenlösungen vorgeschrieben. Die als Voraussetzung zur Überwachung umweltrechtlicher Vorschriften notwendige Meß- und Untersuchungsmethodik bzw. -technik scheint gut entwickelt, harrt aber vielerorts, z.T. aus Kostengründen, der Anwendung; auch fehlen flächendeckende Emissionskataster oder Biotopkartierungen.

Die konkreten Maßnahmen zum (technischen) Umweltschutz werden in den Fünfjahrplänen der DDR bestimmt. Da die inhaltliche Abgrenzung der Umweltschutzmaßnahmen zu anderen Tätigkeiten in diesen Plänen schwer vorzunehmen ist, kann das Volumen der tatsächlichen finanziellen Aufwendungen zuverlässig nicht geschätzt und daher auch nicht in Vergleich mit anderen Ländern gesetzt werden.

Der Stand der Umweltbelastungen in der DDR führt entsprechend dem Trend der vergangenen Jahre zu der Annahme, daß diese Belastungen in den nächsten Jahren weiter zunehmen werden. Inwieweit die Menschen der DDR diese *Perspektive* akzeptieren, kann nicht abgeschätzt werden. Gleichwohl werden die internationalen und bilateralen Umweltvereinbarungen die DDR voraussichtlich zwingen, Änderungen in der Ressourcennutzung vorzunehmen, die der Umwelt dienen und auch für die benachbarten Staaten von Nutzen sind.

Recht und Rechtspflege

von Siegfried Mampel

Nach marxistisch-leninistischer Lehre ist das *Recht* Willensausdruck der jeweils in einer Gesellschaft herrschenden Klasse, es wird in einem System allgemeinverbindlicher, vom Staat gesetzter oder sanktionierter Normen ausgedrückt und dient der Gestaltung gesellschaftlicher Verhältnisse. Seine Einhaltung wird vom Staat unter Anwendung von Zwang gewährleistet. Damit wird die Vorstellung von einer Bindung an vor- oder überstaatliches Recht (Naturrecht) abgelehnt. In der DDR, die sich in ihrer Verfassung als sozialistischer Staat bezeichnet, wird das Recht daher als Willensausdruck der Arbeiterklasse angesehen, die von der marxistisch-leninistischen Partei geführt wird. Weil Führung der Arbeiterklasse durch die marxistisch-leninistische Partei deren Vorherrschaft (Suprematie) über Staat und Gesellschaft bedeutet, ist das vom sozialistischen Staat gesetzte Recht Ausdruck des Willens dieser Partei, in der DDR also der SED. Das sozialistische Recht wird als ein Instrument des Staates bewußt so gestaltet, daß die aus angeblich historischen Gesetzen abgeleiteten, in den Parteibeschlüssen formulierten Aufgaben bei der Entwicklung der sozialistischen Gesellschaft allgemeinverbindlich durchgesetzt werden können.

In der DDR wurde nach einer Zeit des Übergangs — in der nach Beseitigung des nationalsozialistischen Rechts das Recht aus der Zeit vor 1933 zunächst weitgehend in Kraft blieb, aber schon im Sinne des Marxismus-Leninismus interpretiert wurde — in mehreren Etappen ein völlig neues Rechtssystem geschaffen. Grundlage der Neuordnung ist das *Verfassungsrecht*. Die Gründungsverfassung von 1949 sah noch ein parlamentarisch-demokratisches System vor, freilich ohne Gewaltenteilung. In der Verfassungswirklichkeit trieb jedoch die durch die sowjetische Besatzungsmacht zur Herrschaft gelangte SED die Entwicklung in ihrem Sinne voran. Die sozialistische Verfassung von 1968 (mit den Änderungen von 1974) erklärte die Suprematie der SED, das sozialistische Eigentum an Produktionsmitteln sowie die Leitung und Planung der gesellschaftlichen Entwicklung zu unantastbaren Grundlagen der sozialistischen Gesellschaftsordnung, bestätigte die Gewalteneinheit und legte als Strukturprinzip des Staatsaufbaus den „demokratischen Zentralismus" fest. Staatsrechtliche Gesetze ergänzen die Verfassung (Ministerratsgesetz, zuletzt von 1972; Gesetz über den Staatsaufbau auf mittlerer und unterer Stufe, zuletzt von 1985; Gerichtsverfassungsgesetz, zuletzt von 1982, mit Änderung von 1987). Das neugeschaffene *Wirtschaftsrecht* regelt die Organisation vor allem der volkseigenen Wirtschaft (z.B. Kombinatsverordnung von 1979) und die Vertragsbeziehungen der volkseigenen Betriebe untereinander (zuletzt 1982). Ein neues *Strafrecht* wurde geschaffen, das es ermöglicht, differenzierte Strafen vom Grade der „Gesellschaftsgefährlichkeit" und der persönlichen Einstellung zum sozialistischen Staate abhängig zu machen, und harte Strafen für politische Gegner vorsieht (Strafgesetzbuch von 1968 mit Änderungen und Ergänzungen von 1974, 1977, 1979 und 1987). Die Todesstrafe wurde 1987 abgeschafft. Das *Familiengesetzbuch* von 1965 erklärt die Familie für die „Keimzelle der sozialistischen Gesellschaft", verwirklicht die Gleichberechtigung von Mann und Frau in der Ehe, versteht Ehe und Familie als Lebensgemeinschaft und legt für die Ehescheidung das Zerrüttungsprinzip fest. Das *Zivilgesetzbuch* von 1975 regelt die zivilrechtlichen Beziehungen zwischen Bürgern und Betrieben, der Bürger untereinander und das persönliche Eigentum der Bürger (Eigentum zur Befriedigung der persönlichen Bedürfnisse der Bürger) im Sinne eines Versorgungsrechts sowie das Erbrecht. Das *Arbeitsrecht* (zuletzt im Arbeitsgesetzbuch von 1977) regelt vor allem zwingend die Verfassung der volkseigenen Betriebe und das Arbeitsvertragsrecht – beide mit dem Ziele einer Steigerung der Produktion –, bestimmt Grundsätze des Arbeitsschutzes und legt die Grundzüge der Sozialversicherung fest. Auch das *Verfahrensrecht* wurde neu geregelt (in Strafsachen 1968, in Zivil-, Familien- und Arbeitsrechtssachen 1975).

Die *Rechtspflege* wird als eine spezifische Form der Leitung der sozialistischen Gesellschaft durch den sozialistischen Staat verstanden. Sie dient vor allem der Durchführung der „sozialistischen Gesetzlichkeit". Sie fordert die strikte Einhaltung der sozialistischen Rechtsnormen und zugleich die Parteilichkeit ihrer Anwendung in dem Sinne, daß stets der historischen Notwendigkeit entsprochen wird, wie sie von der marxistisch-leninistischen SED erkannt wird. „Sozialistische Gesetzlichkeit" bedeutet nichts anderes als die Anwendung der Rechtsnormen in der Auslegung durch die Führung dcr SED.

Die *Organe der Rechtspflege* sind die Gerichte, die Staatsanwaltschaft, die Untersuchungsorgane und die Strafvollzugseinrichtungen sowie die Staatlichen Notariate und schließlich die Rechtsanwaltschaft. Aufgabe der *Gerichte* ist die Rechtsprechung. Diese wird nicht als eine Staatstätigkeit angesehen, die nach der Gewaltenteilungslehre als „Dritte Gewalt" unabhängig von der Leitung des Staates ausgeübt werden soll. Nach dem Gerichtsverfassungsgesetz haben die Rechtsprechung und die damit verbundene Tätigkeit der Gerichte zur Lösung der Aufgaben der sozialistischen Staatsmacht bei der Gestaltung der entwickelten sozialistischen Gesellschaft beizutragen. Weil die Aufgaben der Staatsmacht von der SED bestimmt werden, hat die Rechtsprechung eine wichtige Funktion zur Erreichung der von ihr gesteckten Ziele.

Der *Aufbau der staatlichen Gerichtsbarkeit* ist dreistufig. Es existieren 1. das Oberste Gericht für die DDR insgesamt, 2. ein Bezirksgericht für jeden Bezirk, 3. ein Kreisgericht für jeden Land- und Stadtkreis ohne Stadtbezirke sowie für jeden Stadtbezirk eines Stadtkreises. Zur staatlichen Gerichtsbarkeit zählen auch die Militärober- und die Militärgerichte. Als „gesellschaftliche Gerichte" bestehen in den Betrieben und staatlichen Einrichtungen die Konfliktkommissionen und in den Wohnbezirken der Städte und Gemeinden sowie in sozialistischen Produktionsgenossenschaften die Schiedskommissionen.

Für den Aufbau, das Zusammenwirken und die Tätigkeit aller Gerichte gilt das Prinzip des „demokratischen Zentralismus". Die zentralistische Komponente dieses Doppelbegriffs wird durch die Leitung der Rechtsprechung verwirklicht. Als höchstes Organ leitet das Oberste Gericht diese Staatstätigkeit. Es ist der Volkskammer und zwischen deren Tagungen dem Staatsrat verantwortlich und rechenschaftspflichtig. Der Staatsrat nimmt die ständige Aufsicht über die Verfassungsmäßigkeit und Gesetzlichkeit der Tätigkeit des Obersten Gerichts wahr. Die Bezirksgerichte leiten die Tätigkeit der Kreisgerichte und der gesellschaftlichen Gerichte, die Kreisgerichte die Schiedskommissionen. Ferner übt das Ministerium der Justiz die Anleitung der Bezirks- und Kreisgerichte aus und kontrolliert deren Tätigkeit durch Revisionen.

Die demokratische Komponente des „demokratischen Zentralismus" wird durch die *Wahl aller Richter und Schöffen* durch die Volksvertretungen sowie der Richter und Schöffen der Militärober- und Militärgerichte durch den Nationalen Verteidigungsrat für die Dauer ihrer Wahlperiode verwirklicht. Die Mitglieder der Konfliktkommissionen werden für die Dauer der gewerkschaftlichen Vorstände und Leitungen durch die Betriebsangehörigen, die Mitglieder der Schiedskommissionen durch die Volksvertretungen der Städte und Gemeinden für die Dauer ihrer Wahlperiode gewählt. Wegen der Zusammensetzung der Volksvertretungen und des Nationalen Verteidigungsrates werden nur solche Personen zu Richtern, Schöffen und Mitgliedern der Schiedskommissionen gewählt, die der SED genehm sind. Weil die Kandidaten für die Konfliktkommissionen von den Gewerkschaftsgruppen vorgeschlagen werden, können nur solche Personen gewählt werden, die dem unter der Suprematie der SED stehenden FDGB politisch genehm sind. Richter, Schöffen und Mitglieder der gesellschaftlichen Gerichte können vor Ablauf der Wahlperiode abberufen werden, wenn sie ihre Pflichten gröblich verletzen. Die Bezirks- und Kreisgerichte haben den Volksvertretungen, von denen sie gewählt sind, über ihre Tätigkeit zu berichten. Damit hat die SED Druckmittel gegen alle in der Rechtsprechung Tätigen in der Hand, um diese bei ihrer Linie zu halten.

Trotzdem gilt nach der Verfassung und dem Gerichtsverfassungsgesetz der Satz, demzufolge die Richter, Schöffen und Mitglieder der gesellschaftlichen Gerichte in ihrer Rechtsprechung unabhängig sein sollen. Wegen der Leitung der Rechtsprechung und der Wahl der die Rechtsprechung Ausübenden sowie ihrer Absetzbarkeit kann ihre Unabhängigkeit nur darin bestehen, daß grundsätzlich in die Entscheidung von Einzelfällen nicht eingegriffen werden darf. Im übrigen ist insbesondere durch die Leitung der Rechtsprechung dafür gesorgt, daß einheitlich im Sinne der SED Recht gesprochen wird.

Die Gerichte verhandeln und entscheiden als Kollegialorgane. Als Kollegialorgane bestehen beim Obersten Gericht das Plenum, das Präsidium, der Große Senat und Kollegien mit der erforderlichen Anzahl von Senaten, die die Rechtsprechung ausüben. Bei den Bezirksgerichten bestehen als Kollegialorgane das Präsidium und Senate, bei den Kreisgerichten Kammern. Außer den juristisch ausgebildeten Berufsrichtern üben in den Kreis- und Bezirksgerichten sowie im Senat des Obersten Gerichts für Arbeitsrechtssachen Laien als Schöffen richterliche Funktionen aus.

Die *Tätigkeit der Gerichte* ist auf die Entscheidung von Straf- (einschließlich Militärstraf-), Zivil-, Familien- und Arbeitsrechtssachen beschränkt. Eine Verwaltungsgerichtsbarkeit, eine Sozialgerichtsbarkeit und eine Verfassungsgerichtsbarkeit gibt es nicht. Über Zweifel an der Verfassungsmäßigkeit von Rechtsvorschriften einschließlich der von ihr gegebenen Gesetze entscheidet die Volkskammer.

Für das Verfahren gelten die Grundsätze der Öffentlichkeit und der Mündlichkeit der Verhandlungen. Für die Zuständigkeit gilt, daß grundsätzlich die Kreisgerichte tätig werden, sofern nicht ausdrücklich die Zuständigkeit eines übergeordneten Gerichts oder eines gesellschaftlichen Gerichts festgelegt ist. Die Konfliktkommissionen sind zuständig für Arbeitsrechtssachen, „kleine Kriminalität", Ordnungswidrigkeiten, Verletzung der Schulpflicht und einfache zivilrechtliche Streitigkeiten. Mit Ausnahme der Arbeitsrechtssachen gilt diese Zuständigkeit auch für die Schiedskommissionen. Die Bezirksgerichte sind in erster Instanz für schwere Kriminalfälle sowie für Zivil-, Familien- und Arbeitsstreitigkeiten zuständig, wenn der Staatsanwalt die Verhandlung dort beantragt oder der Direktor des Bezirksgerichts die Sache an dieses Gericht heranzieht. Das Oberste Gericht ist in erster Instanz in Strafsachen zuständig, wenn der Generalstaatsanwalt bei ihm Anklage erhebt. Der Instanzenzug ist seit 1987 durchweg zweistufig. Rechtsmittelinstanz für erstinstanzliche Urteile des Obersten Gerichts ist der Große Senat dieses Gerichts. Einsprüche gegen Entscheidungen der gesellschaftlichen Gerichte gehen an die Kreisgerichte. Das Oberste Gericht kann als Kassationsgericht rechtskräftige Entscheidungen auf Antrag des Generalstaatsanwalts oder des Präsidenten des Obersten Gerichts aufheben, wenn der Antrag ein Jahr nach Rechtskraft gestellt wird. Die Bezirksgerichte sind als Kassationsgerichte für Kassationen von Entscheidungen der Kreisgerichte zuständig, wenn bei ihnen der Kassationsantrag gestellt wird. So können nachträglich Einzelentscheidungen, die der sozialistischen Gesetzlichkeit nicht entsprechen, aufgehoben werden.

Die *Staatsanwaltschaft* wird als das Organ bezeichnet, das die Aufsicht über die strikte Einhaltung der sozialistischen Gesetzlichkeit und die einheitliche Anwendung der Gesetze ausübt. Sie leitet die Ermittlungsverfahren in Strafsachen, übt die Aufsicht über die Ermittlungen der Untersuchungsorgane und den Vollzug der Unterschungshaft aus, erhebt Anklage und übergibt Verfahren an die gesellschaftlichen Gerichte. Außerdem kann sie in jedem Zivil-, Familien-, Arbeitsrechts- und anderen Gerichtsverfahren mitwirken, dabei Rechtsmittel einlegen und in gesetzlich bestimmten Fällen Klagen und Anträge einreichen. Sie hat gegen ungesetzliche Entscheidungen von gesellschaftlichen Gerichten Einspruch beim Kreisgericht einzulegen und übt die Aufsicht über den Strafvollzug aus. Schließlich führt sie die allgemeine Gesetzlichkeitsaufsicht über alle Staats- und Wirtschaftsorgane sowie über die gesellschaftlichen Organisationen und Bürger. Gegen ungesetzliche Einzelentscheidungen und Handlungen von Staatsorganen kann sie Protest einlegen. Sie hat jedoch kein Aufhebungsrecht. Die allgemeine Gesetzlichkeitsaufsicht ist kein Ersatz für die fehlende Verwaltungsgerichtsbarkeit, wie in der DDR behauptet wird. Die Staatsanwaltschaft wird vom Generalstaatsanwalt geleitet, der von der Volkskammer auf Vorschlag des Staatsrats für die Dauer ihrer Wahlperiode gewählt, dieser verantwortlich und rechenschaftspflichtig ist und von ihr jederzeit abberufen werden kann. Der Generalstaatsanwalt ernennt die Staatsanwälte in den Bezirken und Kreisen und beruft sie ab. Alle Staatsanwälte unterliegen den Weisungen des Generalstaatsanwalts. Die unter der Aufsicht der Staatsanwaltschaft selbständig tätigen *Untersuchungsorgane* sind die Deutsche Volkspolizei, der Staatssicherheitsdienst und die Zollverwaltung.

Strafvollzugseinrichtungen sind die Strafanstalten, die Strafkommandos (Haftarbeitslager) und die Jugendhäuser. Sie unterstehen dem Ministerium des Innern. Es gibt zwei Vollzugsarten: den allgemeinen und den erleichterten Vollzug. Verbrechen werden im allgemeinen, Vergehen im erleichterten Vollzug verbüßt. Entsprechend der Führung des Gefangenen ist ein Wechsel des Vollzugs möglich. Politische Gefangene befinden sich in der Regel im allgemeinen Vollzug. Im erleichterten Vollzug hat der Gefangene mehr Bewegungsfreiheit und kann häufiger Verbindungen zu Personen außerhalb aufnehmen. Im Mittelpunkt jeden Vollzugs steht die Erziehung durch Arbeit. Der Arbeitseinsatz erfolgt in volkseigenen Betrieben. Die Arbeitsbedingungen sind in der Regel schwer. Die Arbeit wird nach arbeitsrechtlichen Bestimmungen vergütet. Im allgemeinen Vollzug steht die Vergütung dem Gefangenen nur beschränkt zum Einkauf von Waren des persönlichen Bedarfs zur Verfügung, im übrigen wird sie zurückgelegt oder dient der Tilgung von Schulden, die im Zusammenhang mit der Straftat entstanden sind.

Den *Staatlichen Notariaten* obliegen Beurkundungen, Beglaubigungen, die Entgegennahme von Erklärungen, Testaments- und Erbschaftsangelegenheiten, Vormundschaften und Pflegschaften für Volljährige sowie Hinterlegungen. Für die übrigen Angelegenheiten der „Freiwilligen Gerichtsbarkeit" (Grundbuch, Vormundschaft für Minderjährige, Vereins- und andere Register) sind Verwaltungsorgane zuständig. Die Staatlichen Notariate unterstehen dem Ministerium der Justiz. Einzelnotare, die gleichzeitig nicht einem Kollegium angehörende Rechtsanwälte sind, gibt es nur noch wenige. Die meisten *Rechtsanwälte* sind in Kollegien zusammengefaßt, die in den Bezirken bestehen und vom Ministerium der Justiz geleitet und beaufsichtigt werden. Die Zulassung zur Anwaltschaft erfolgt mit der Aufnahme in ein Kollegium. Der Rechtsuchende hat unter den Mitgliedern des Kollegiums freie Wahl. Die Gebühren sind an das Kollegium abzuführen, von dem die Mitglieder honoriert werden. Einzelanwälte werden durch das Ministerium der Justiz nur selten zugelassen. Die Rechtsanwälte können Beschuldigte und Angeklagte in Strafsachen vertreten. In Strafsachen vor dem Obersten Gericht und vor den Bezirksgerichten in erster Instanz muß ein Rechtsanwalt als Verteidiger tätig werden, doch nur, wenn die Strafsache das erfordert. In Zivil-, Familien- und Arbeitsrechtssachen können die Prozeßparteien durch Rechtsanwälte vertreten werden. Aber es besteht in keiner Instanz Anwaltszwang.

Polizei und Staatssicherheitsdienst

von Karl Wilhelm Fricke

Das Odium des Polizeistaates, das der DDR bis heute anhaftet, erklärt sich wesentlich aus der Existenz jener inneren Unterdrückungs- und politischen Überwachungsmechanismen, die in der Deutschen Volkspolizei (DVP) und in den Organen des Ministeriums für Staatssicherheit (MfS) ihre unverwechselbare Ausprägung gefunden haben. Als systemtypisch ist dabei hervorzuheben, daß auch sie von der SED gesteuert, diszipliniert und kontrolliert werden. Zur Durchsetzung ihres Führungsanspruchs verfügt die SED einerseits über eigene Parteiorganisationen in der Polizei und im Staatssicherheitsdienst, die laut Statut „nach besonderen, vom Zentralkomitee bestätigten Instruktionen arbeiten", und andererseits hat sie in den Polizei- und Sicherheitsorganen die führenden Positionen auf allen Ebenen mit politisch zuverlässigen Kadern besetzt. Unter dieser Voraussetzung ist gewährleistet, daß die SED die Polizei- und Sicherheitsorgane in der DDR als Instrumente zur inneren Sicherung ihrer Herrschaft einsetzen kann.

Zu den ersten Maßnahmen, die 1945 beim Zusammenbruch des nationalsozialistischen Regimes getroffen wurden, gehörte im sowjetischen Besatzungsgebiet die *Schaffung einer kommunistisch gesteuerten Polizei,* die zunächst auf kommunaler Ebene unter Kontrolle der Besatzungsmacht aufgebaut wurde. In Berlin, das in den ersten Nachkriegswochen allein von der Roten Armee besetzt worden war, erließ Generaloberst Nikolai E. Bersarin als Stadtkommandant am 25. Mai 1945 den Befehl, bis zum 1. Juni den „Schutzpolizeiapparat" und „eine notwendige Zahl von Polizeiposten in der Stadt aufzustellen." Als erster Polizeipräsident von Berlin wurde der frühere Hauptmann der Wehrmacht Paul Markgraf (später SED) eingesetzt. In der Chronik der DVP gilt dieser Befehl heute als „Geburtsurkunde der Volkspolizei", obwohl diese Bezeichnung für die neue Polizei noch nicht erfunden war. Analoge Befehle sowjetischer Militärkommandanten zum Aufbau lokaler Polizeiorgane ergingen auch in allen anderen Städten und Kreisen des sowjetischen Besatzungsgebietes. Sie unterstanden zunächst den Bürgermeistern und Landräten, ehe sie im Dezember 1945 den in der SBZ neu gebildeten Landes- und Provinzialverwaltungen unterstellt wurden, später − nach den Wahlen vom 20. Oktober 1946 − den Innenministern der neu gebildeten Landes- und Provinzialregierungen von Brandenburg, Mecklenburg, Sachsen, Sachsen-Anhalt und Thüringen. In Berlin, wo in den ersten Julitagen 1945 westalliierte Truppen in die für sie vereinbarten Sektoren einrückten, hatte sich die „Volkspolizei" fortan auf den Ostteil der alten Reichshauptstadt zu beschränken.

Ursprünglich gliederte sich die DVP in die Dienstzweige „Schutzpolizei", „Kriminalpolizei", „Verwaltungspolizei" und „Transportpolizei". Auf Weisung der SMAD wurde ab November 1946 die „Grenzpolizei" aufgebaut, die im Zusammenwirken mit sowjetischen Truppen für die Kontrolle der Zonengrenzen verantwortlich war. Im Zuge der schrittweisen Zentralisierung aller Herrschaftsstrukturen im sowjetischen Besatzungsgebiet wurden schließlich schon frühzeitig Kompetenzen der durch Befehl der SMAD vom 30. Juli 1946 geschaffenen Deutschen Verwaltung des Innern (DVdI) in Berlin (Ost) auf die DVP ausgedehnt, was die Befugnisse der Länderinnenminister zwangsläufig beeinträchtigte.

Durch Befehl Nr. 201 der SMAD vom 16. August 1947, der Richtlinien zur beschleunigten Durchführung der Entnazifizierung in der SBZ enthielt, wuchsen der Polizei Befugnisse als Ermittlungs- und Untersuchungsorgan zu, die bei den Polizeidienststellen auf Länder- und Kreisebene die Bildung eines speziellen Kommissariats mit der

Bezeichnung „5" zur Folge hatten; das waren die Anfänge einer politischen Polizei. Aus ihrer speziellen Aufgabenstellung ergab sich auch bald eine enge Zusammenarbeit mit dem durch Beschluß der Deutschen Wirtschaftskommission geschaffenen „Ausschuß zum Schutz des Volkseigentums". Seine Landes- und Kreisdienststellen sowie „K 5" bildeten Kaderreservoire, aus denen sich später die ersten Mitarbeiter des Staatssicherheitsdienstes rekrutierten.

Im Oktober 1948 begann die Aufstellung erster „Volkspolizei"-Bereitschaften. Ausbildung und Bewaffnung dieser kasernierten Einheiten wiesen von Anfang an über polizeiliche Aufgaben hinaus. Sie hatten eindeutig militärischen Charakter. So war es auch folgerichtig, wenn zu dieser Zeit die Polizei bereits vollständig der DVdI unterstand. Durch ihren Erlaß vom 12. Mai 1949 wurde im übrigen die allerdings schon länger gebrauchte Bezeichnung „Deutsche Volkspolizei" offiziell eingeführt.

Wenige Tage nach Gründung der DDR, durch das „Gesetz zur Überleitung der Verwaltung" vom 12. Oktober 1949, wurde unter anderem die DVdI in ein Ministerium des Innern (MdI) umgewandelt. Die administrative Spitze der DVP bildete fortan die Hauptverwaltung Deutsche Volkspolizei (HVDVP). Die „Volkspolizei"-Bereitschaften und „Volkspolizei"-Schulen wurden einer neu geschaffenen Hauptverwaltung für Ausbildung (HVA) unterstellt. Und einer Hauptverwaltung zum Schutz der Volkswirtschaft unterstanden die Dienststellen von K 5 sowie des Ausschusses zum Schutze des Volkseigentums. Schon zu diesem Zeitpunkt waren die Aufgaben der DVP nicht auf klassische Polizeiaufgaben beschränkt. Längst hatte unter ihrem Deckmantel die Militarisierung der DDR, insbesondere die kaderpolitische Vorbereitung der späteren Nationalen Volksarmee, begonnen.

Von weiteren qualitativen Veränderungen seien hier nur zwei hervorgehoben: Durch Gesetz vom 8. Februar 1950 wurde die Hauptverwaltung zum Schutz der Volkswirtschaft aus dem MdI herausgelöst und zu einem Ministerium für Staatssicherheit (MfS) verselbständigt. Zum anderen verlor die Grenzpolizei zunehmend ihren polizeilichen Charakter, bis sie durch Beschluß des Nationalen Verteidigungsrates vom 15. September 1961 den Status von Grenztruppen unter dem Kommando des Verteidigungsministers erhielt. Die DVP erfuhr insoweit eine Erweiterung ihrer Aufgaben und Befugnisse, als ihr Ausbildung und Bewaffnung der nach dem Aufstand vom 17. Juni 1953 geschaffenen „Kampfgruppen der Arbeiterklasse" übertragen wurden.

Gesetzliche Grundlage für die Tätigkeit der DVP bildet heute das „Gesetz über die Aufgaben und Befugnisse der Deutschen Volkspolizei" vom 11. Juni 1968. Sie wird darin „als Organ der einheitlichen sozialistischen Staatsmacht" definiert, das in der DDR „die öffentliche Ordnung und Sicherheit" zu gewährleisten hat. „Ihre gesamte Tätigkeit dient dem zuverlässigen Schutz der sozialistischen Staats- und Gesellschaftsordnung, der sozialistischen Errungenschaften, des friedlichen Lebens und der schöpferischen Arbeit der Menschen."

Der Minister des Innern (seit 1963 Armeegeneral Friedrich Dickel) – dem auch die Organe „Feuerwehr" und „Strafvollzug" unterstehen – ist zugleich Chef der Deutschen Volkspolizei. Sie wird zentral geführt und gliedert sich in die Dienstzweige „Schutzpolizei", „Kriminalpolizei", „Verkehrspolizei", „Paß- und Meldewesen", „Transportpolizei" und „Bereitschaftspolizei". Der Personalbestand wird auf 73000 Generale, Offiziere, Wachtmeister und Zivilbedienstete geschätzt, dazu 8000 Mann „Transportpolizei" und 18000 Mann „Bereitschaftspolizei". Offizielle Zahlen über die Stärke der DVP sind in der DDR bis heute nicht veröffentlicht worden.

Vertikal gliedert sich die DVP in das Präsidium der Volkspolizei Berlin (Ost) sowie in vierzehn Bezirksbehörden der Deutschen Volkspolizei (BDVP), in weit über zweihundert Volkspolizeikreisämter (VPKA) in Stadt- und Landkreisen sowie in Volkspolizeireviere bzw. -inspektionen in Berlin (Ost), ferner in Transportpolizeireviere und Betriebsschutzämter oder -kommandos. In Stadtbezirken und Gemeinden sowie an Eisenbahnstreckenabschnitten werden polizeiliche Aufgaben von sogenannten Abschnittsbevollmächtigten (ABV) wahrgenommen. Sie wurden 1952 nach sowjetischem Beispiel in der DDR eingeführt.

Seine Aufgaben löst der ABV, meist ein Unterleutnant oder Leutnant der DVP, weithin selbständig und eigenverantwortlich, wobei er sich wesentlich auf die aktive Unterstützung durch „freiwillige Helfer" der DVP stützt. Zu seinen Aufgaben, die auch Ermittlungen bei Verdacht auf Straftaten umfassen, gehört die Kontrolle über die Einhaltung der Meldebestimmungen durch Einsicht in das in jeder Wohnunterkunft zu führende Hausbuch. Die „freiwilligen Helfer" der DVP – man zählt in der DDR 174000 solcher sorgfältig ausgesuchten und geschulten Hilfspolizisten – werden heute nach einer Verordnung vom 1. Mai 1982 tätig. Unter anderem sind sie befugt, Mitteilungen zur Weiterleitung an die DVP entgegenzunehmen, gegen ordnungswidrige Handlungen einzuschreiten, Personalien festzustellen, verdächtige Personen der nächsten Polizeidienststelle zuzuführen und Hausbücher zu kontrollieren.

Eine Definition der *Aufgaben und Zuständigkeiten des Ministeriums für Staatssicherheit* enthält das zu seiner Bildung am 8. Februar 1950 beschlossene Gesetz nicht. Der damalige Innenminister der DDR, Dr. Carl Steinhoff, umriß die „hauptsächlichsten Aufgaben" dahin, „die volkseigenen Betriebe und Werke, das Verkehrswesen und die volkseigenen Güter vor Anschlägen verbrecherischer Elemente zu schützen" und „einen entschiedenen Kampf gegen die Tätigkeit feindlicher Agenturen, Diversanten, Saboteure und Spione zu führen". Tatsächlich sollte das MfS, dem bei seiner Gründung Landesbehörden in den fünf mittel- bzw. norddeutschen Ländern, ab 1952 Bezirksverwaltungen in den Bezirken sowie ca. 250 Kreis- und Objektdienststellen unterstellt wurden, im Zusammenwirken mit der DVP die innere Herrschaftssicherung gewährleisten und jede Opposition, jede Widerstandsregung in der DDR unterdrücken.

Nach dem Aufstand vom 17. Juni 1953, der die Unfähigkeit des MfS erwiesen hatte, den Aufstand vorherzusehen oder zu verhindern, wurde das MfS durch Beschluß vom 23. Juli 1953 in ein Staatssekretariat für Staatssicherheit (SfS) umgewandelt und dem MdI eingegliedert. Knapp zweieinhalb Jahre später, am 24. November 1955, wurde das SfS erneut als Ministerium verselbständigt. Etwa um diese Zeit begann das MfS, seine Spionage mit dem Schwerpunkt Bundesrepublik Deutschland einschließlich Berlins (West) zu aktivieren. Die dafür zuständige Hauptabteilung XV wurde 1956 zur „Hauptverwaltung Aufklärung" aufgewertet. Am 15. Dezember 1967 wurde dem Wachregiment des MfS „in Anerkennung zuverlässiger Pflichterfüllung" der Traditionsname (nach dem bolschewistischen Revolutionär und Begründer der Tscheka) „Feliks Edmundowitsch Dzierzynski" verliehen.

Obwohl eine gesetzliche Bestimmung der *Aufgaben und Zuständigkeiten des Staatssicherheitsdienstes* fehlt, lassen sie sich anhand halbamtlicher Äußerungen dahin definieren, daß im MfS die Kompetenzen einer politischen Geheimpolizei, eines Untersuchungsorgans mit eigenen Gefängnissen bei sogenannten Staatsverbrechen und eines geheimen Nachrichtendienstes konzentriert sind. Dem Wachregiment sind besondere Objektschutzaufgaben zugewiesen. In Krisenzeiten kann es als Verfügungstruppe eingesetzt werden. Sein offizielles Selbstverständnis als „spezielles Organ der Diktatur des Proletariats" ist für das MfS ebenso bezeichnend wie die Charakterisierung als „zuverlässiges Machtinstrument der Partei und des Arbeiter-und-Bauern-Staates" (so der seit 1957 amtierende Staatssicherheitsminister Erich Mielke). Der Personalbestand des MfS wurde Mitte der achtziger Jahre auf mehr als 20000 Generale, Offiziere, Unteroffiziere und Zivilbeschäftigte geschätzt. Dazu kommen über 9000 Angehörige des Wachregiments.

Eine wesentliche Voraussetzung für die DDR-internen Aktivitäten des MfS stellen konspirativ geknüpfte Informationsnetze dar, die alle Bereiche in Staat und Gesellschaft umspannen sollen. In ihnen wirken schätzungsweise 80000 bis 100000 „inoffizielle Mitarbeiter" als Spitzel, die die Bevölkerung ständig überwachen. Die in der Bundesrepublik Deutschland und Berlin (West) vom MfS eingesetzten „sozialistischen Kundschafter" beziffern sich auf zwei- bis zweieinhalbtausend.

Ein enges *Zusammenwirken von DVP und MfS* ergibt sich aus der Natur der Sache, jedoch kommt dem MfS im Herrschaftssystem der DDR zweifellos mehr Bedeutung zu als der DVP. Ein Indiz dafür: Der Minister für Staatssicherheit ist zugleich Mitglied des Politbüros des ZK der SED, der Minister des Innern gehört nur dem ZK an. Bezeichnend ist auch, daß für die Abschirmung der DVP gegen „feindliche Einwirkung" das MfS zuständig ist. Die Kooperation zwischen Polizei und Staatssicherheitsdienst schließt bei der Bekämpfung der Schwerkriminalität auch den Einsatz von „Offizieren im besonderen Einsatz/Abwehr" in Schlüsselstellungen der Kriminalpolizei ein. Von selbst versteht sich die Zusammenarbeit mit der Arbeiter-und-Bauern-Inspektion (ABI) und ihren Organen.

Gewiß ist bei den Angehörigen des Staatssicherheitsdienstes eine große Regimetreue zu vermuten. Mehr als in der DVP herrscht in ihren Reihen ein elitärer Korpsgeist. Um so erstaunlicher ist allerdings, daß die Minister für Staatssicherheit in politischen Krisen der SED schon zweimal auf Seiten der Opposition standen: 1953 Wilhelm Zaisser und 1957 Ernst Wollweber. Seit dieser Erfahrung scheint die dem Staatssicherheitsdienst immanente Tendenz zur Verselbständigung gegenüber der Staatspartei gebannt: Beide sind aufeinander angewiesen. Ohne die Herrschaft der SED gäbe es zwar kein MfS, aber ohne MfS ließe sich auch die Herrschaft der SED nicht dauerhaft sichern.

Rechte und Pflichten der Bürger

von Otto Luchterhandt

„Rechte und Pflichten des Bürgers" sind der allgemeinste Ausdruck für die Koordinaten seiner Rechtsstellung. Sie entfalten sich in zwei Dimensionen: zum einen im Verhältnis zum Mitbürger auf Grund der allgemeinen Rechtsordnung (Zivilrecht, Strafrecht), zum anderen im Verhältnis zum Staat auf Grund der Verfassung, die ihrerseits der allgemeinen Rechtsordnung den politisch-juristischen Rahmen gibt. Auch nach der *Auffassung der DDR über Bürger-, Grund- und Menschenrechte* kommt dabei den Grundrechten und Grundpflichten Priorität im Bürgerstatus zu. Die Begründung ist freilich eine andere als im Verfassungsstaat des Grundgesetzes. Während dort die Grundrechte als Menschenrechte in der Würde des Menschen und in seiner nicht von Gesellschaft und Staat erworbenen Fähigkeit zur sittlichen Autonomie wurzeln, hält in der DDR „die Arbeiter- und Bauernmacht" die Regelung der Grundrechte und Grundpflichten für notwendig, um dem Bürger den Aufbau der sozialistischen und kommunistischen Gesellschaft als die von ihm zu erbringende „Hauptaufgabe" bewußt zu machen. Anders als im ethisch begründeten, freiheitlichen Menschenrechtsdenken wird der Einzelne nicht zuerst als Mensch mit universalem Schutzanspruch und erst danach als Bürger gesehen, sondern immer nur in klassenmäßig-gesellschaftlicher, in staatlicher Vermittlung und Brechung, eben als Glied eines ihm wesensmäßig übergeordneten Kollektivs. Dennoch bezeichnet man in der DDR „die sozialistischen Grundrechte als Menschenrechte", allerdings deswegen, weil angeblich erst im Sozialismus Freiheit, Gleichheit und Brüderlichkeit zur Realität geworden seien. „Menschenrechte" werden daher nicht als ein dem − jedem − Menschen anhaftender, universell und jederzeit gültiger Unantastbarkeitsanspruch, sondern als historisch errungene Eigenschaft einer bestimmten Gesellschaftsordnung, d.h. lediglich partikular und soziologisch, gedeutet. Diese geschichtsteleologische Sicht steht im Widerspruch zu dem sittlich-rechtlichen Universalitätsprinzip der Menschenrechtspakte der UNO über zivile und politische bzw. über wirtschaftliche, soziale und kulturelle Rechte vom 16. Dezember 1966, die auch die DDR 1973 als rechtlich verbindlich anerkannt hat. Ausgehend von dem sozio-ökonomischen Denkansatz des Marxismus-Leninismus sind die Bürgerrechte und -pflichten eine Funktion der allgemeinen Entwicklung der Gesellschaft auf ihrem „Weg des Sozialismus und des Kommunismus" (Präambel der Verfassung der DDR). Die Entwicklung soll sich indes nicht spontan vollziehen, sondern geplant unter der Führung der Partei als Avantgarde der revolutionären Arbeiterklasse und des ganzen Volkes. Unter der Berufung auf die angebliche Wissenschaftlichkeit ihrer Ideologie („wissenschaftlicher Kommunismus"), behauptet die SED, die objektiven Gesetzmäßigkeiten der Geschichte erkennen zu können. Sie hält sich daher natur- bzw. sozialgesetzlich für legitimiert, die Interessen aller Klassen, Schichten und Gruppen des Volkes authentisch zu bestimmen (Verf. d. DDR, Art. 1).

Ideologisch-politische Vorbehalte der Bürgerrechte und -pflichten sind offenkundig: Indem die SED die Bevölkerung der DDR geschlossen auf die höhere Stufe der „klassenlosen Gesellschaft" führen will, in welchem Verlauf aus dem „noch" mangelhaften „sozialistischen" Bürger die „allseitig entwickelte", d.h. geistig, seelisch und körperlich vollkommene „Persönlichkeit" (Verf. d. DDR, Art. 25), eben der „Kommunist", hervorgehen soll, reklamiert sie den unbedingten Vorrang der objektiven gesellschaftlichen Interessen vor den subjektiven des Einzelnen. Die Führung der SED definiert außerdem die gesellschaftlichen Interessen kraft ihrer souveränen, einer (formal-) demokratischen Legitimierung entzogenen politischen Richtliniengewalt völlig frei und setzt sie entsprechend der Opportunität der Umstände beliebig in Gesetze, Verwaltungsentscheidungen und Beschlüsse der Massenorganisationen um. Infolgedessen ist der Bürger der DDR zutiefst fremdbestimmt und außengeleitet. Er findet sich unter Berufung auf eine phantasievoll ausgemalte Utopie unter das Sollen eines höheren, „besseren" Ich gestellt, das er nicht in freier Selbst- und Mitbestimmung, sondern letztlich nur nach den Direktiven der SED anstreben darf.

Von diesen ideologischen und politischen Voraussetzungen her gelangt die Staatsrechtslehre der DDR zu folgenden *Hauptaussagen über die Bürgerrechte und -pflichten:*

- Grundrechte und Grundpflichten haben im Sozialismus dieselbe Funktion: Sie sind im objektiven Recht verankerte Mittel der Verhaltensorientierung und -steuerung, die den Bürger vorrangig für die aktive Mitwirkung am Staatsaufbau gewinnen sollen; sie sind juristischer Ausdruck der Ziel- und Aktionseinheit von Partei, Staat und Bürger und sollen im Unterschied zum liberaldemokratischen Verfassungsstaat der Staatsgewalt keine rechtlichen Grenzen zur Konstituierung individueller Freiheit ziehen, sondern die Staatsgewalt durch regierungskonforme Bürgerinitiativen verstärken.

- Wenn auch als objektives Recht ihrem Klasseninhalt nach identisch, soll sich die juristische Natur der Bürgerrechte und -pflichten nach offizieller Auffassung voneinander unterscheiden: Die Grundrechte umschrieben vom Gesetz maßgeschneiderte individuelle Verhaltensmöglichkeiten, von denen der Bürger nach persönlicher Wahl und Ermessen Gebrauch machen dürfe („subjektive Rechte"). Demgegenüber seien die Grundpflichten für die Gesellschaft unverzichtbare Verhaltenserwartungen an den Bürger, deren Erfüllung notfalls mit Zwang durchgesetzt werden könne.

- Der Unterschied zwischen Rechten und Pflichten wird von der Rechtslehre der DDR allerdings zu einer nur graduellen Differenz abgeschwächt. Dogmatisch geschieht dies durch den stark betonten Grundsatz der Einheit von Rechten und Pflichten. Seine Anwendung führt dazu, daß der an die subjektive Rechtsqualität gebundene Freiheitsgehalt der Rechte weitgehend entleert und statt dessen durch Pflichtelemente aufgefüllt wird — mit dem Ergebnis, daß der Rechtsstatus des Bürgers der DDR von seinen Pflichten beherrscht wird, während Rechte nur eine Nebenrolle spielen. Im einzelnen geschieht das folgendermaßen:

    1. Jene Grundrechte, die ein aktives Verhalten voraussetzen, nämlich politische Partizipation (Art. 21), Arbeit (Art. 24), Bildung (Art. 25), und Kindererziehung (Art. 38 der Verf.), werden von gleichgerichteten Betätigungspflichten überlagert (Pflicht zur Arbeit usw.); umgekehrt werden Bürgerpflichten zu Grundrechten erklärt (Art. 23: Landesverteidigung).
    2. Die Ausübung der Bürgerrechte ist nach Inhalt und Zweck an die allein von der SED ausgelegten „Grundsätze der Verfassung" (vgl. Art. 27; 28), d.h. an „Sozialismus", „Kommunismus", „Frieden", „Demokratie" und „Völkerfreundschaft" (vgl. Präambel), gebunden.
    3. Die öffentlichen und privaten Lebensbereiche, zu denen der Bürger durch die Grundrechte juristischen Zugang erhält, sind von staatlichen Rechts- und gesellschaftlichen Aktionsnormen, die die SED und die von ihr gelenkten Blockparteien und Massenorganisationen setzen, nahezu vollständig durchreglementiert und infolgedessen obrigkeitlich auf Kosten individueller Gestaltungsfreiheit „besetzt".
    4. Die trotzdem noch verbleibenden persönlichen Entscheidungsspielräume (z.B. Vereinsbeitritt) versucht die parteistaatliche Propaganda durch die Einschär-

fung politisch-sittlicher Pflichtbindung und Gemeinwohlverantwortung für die Ziele der Politik zu manipulieren. Die moralische Dimension des Einheitsprinzips ist infolge Gleichschaltung der „sozialistischen Moral" der Verbindlichkeit des Rechts praktisch stark angenähert.

5. Die Einheit von Bürgerrechten und -pflichten hat ferner die Bedeutung, daß zwischen der Pflichterfüllung und der Gewährung einzelner Rechte, insbesondere auf soziale Leistungen, ein funktionales Abhängigkeitsverhältnis im Einzelfall hergestellt wird. So kann die Verletzung der staatsbürgerlichen Treuepflicht auch zum Entzug („Verwirkung") materieller Rechtspositionen führen (z.B. Verlust des Arbeitsplatzes bei Beantragung der Ausreise).

Im Unterschied zur sowjetischen Rechtslehre erhebt man in der DDR bei der *Ausgestaltung der Bürgerrechte und -pflichten* nicht das Recht auf Arbeit in den ersten Rang, sondern die „politischen Rechte", läßt die „persönlichen", „sozialökonomischen" und „kulturellen" Rechte darauf folgen und schließt mit den Pflichten. Die Hervorhebung der politischen Rechte − noch unterstrichen durch die plakative, rechtstheoretisch jedoch nicht haltbare These, alle „sozialistischen" Bürgerrechte seien „Gestaltungsrechte" − findet seine Begründung in den ideologischen Grundaussagen und beherrscht das Rechtsdenken in der SBZ/DDR seit Anbeginn: Die Verengung des Blickes auf den Status activus kennzeichnete die Propaganda der SED in der „antifaschistisch-demokratischen" Periode und äußerte sich förmlich schon unter der alten Verfassung, die „das Recht und die Pflicht zur Mitgestaltung" der Gesellschaft (Art. 3 Abs. 2) an das Prinzip der Volkssouveränität anlehnte und nicht den Bürgerrechten (Art. 6 ff.), sondern den „Grundlagen der Staatsgewalt" zuordnete. Erst seit den achtziger Jahren werden die „persönlichen Rechte" (Freiheiten/Garantien) unter sowjetischem Einfluß (vgl. Verf. d. UdSSR, Art. 39 Abs. 1) als eigene Klasse anerkannt. Sie erfahren damit heute eine Aufwertung, die einen langsamen Bedeutungszuwachs individuell-unpolitischer Rechtspositionen in der Gesellschaft der DDR (Eigentum usw.) signalisiert.

Bei den *politischen Rechten* bündelt das im Zentrum stehende, eher einen Grundsatz darstellende „Recht auf Mitwirkung und Mitgestaltung" (Art. 21) eine Vielzahl von Einzelrechten, unter denen das wichtigste das *Wahlrecht* zu den Volksvertretungen ist (Art. 22). Bekanntlich läuft es wegen der Beherrschung der Kandidatenaufstellung durch den Apparat der SED bzw. wegen der undemokratischen Praxis der Einheitskandidaten im Wahlkreis leer. Infolge der administrativen Durchsetzung einer fast hundertprozentigen Wahlbeteiligung verwandelt sich das (aktive) Wahlrecht faktisch in eine Akklamationspflicht. Die *Meinungs-, Presse-, Versammlungs- und Vereinigungsfreiheit* dürfen „im Rahmen der Grundsätze und Ziele der Verfassung" ausgeübt werden (Art. 27 und 28). Diese scheinbar legitime Einschränkung beläßt aufgrund ihrer politischen Ausfüllung dem Bürger indes keine rechtlich definierte Freiheitssphäre, sondern bedeutet die völlige Verflüssigung und Aufhebung jener klassischen, für Rechtsstaat und Demokratie essentiellen Freiheiten. Die konturenlosen Tatbestände des politischen Strafrechts („öffentliche Herabwürdigung" − § 220 StGB, „staatsfeindliche Hetze" − § 106 StGB, „staatsfeindliche Gruppenbildung" − § 107 StGB, „Zusammenrottung" − § 217 StGB, „Vereinsbildung zur Verfolgung verfassungswidriger Ziele" − § 218 StGB) und ihre uferlose Anwendung gegen „störende" Bürger sowie die Veranstaltungsordnung von 1980 und die Vereinigungsverordnung von 1975 zeigen das deutlich. Am wichtigsten ist das *Eingaberecht* des Bürgers an die öffentlichen Institutionen, durch dessen Ausübung er wenigstens politische Systemverbesserungen vorschlagen kann (Eingabengesetz von 1975).

Die subjektive Rechtsqualität, im politischen Bereich kaum existent, ist etwas stärker bei den *persönlichen Rechten* ausgebildet, allerdings nicht hinsichtlich der Unverletzlichkeit der Person (Art. 30), des Post- und Fernmeldegeheimnisses (Art. 31) und der Wohnung (Art. 37), da die Staatssicherheitsorgane hier ermächtigt sind, nach ihrem Ermessen jederzeit gegen die Bürger vorzugehen. Die nur innerhalb der DDR geltende Freizügigkeit (Art. 32) ist in den Grenzzonen eingeschränkt, ansonsten aber ein - wenngleich durch strenge Ordnungsvorschriften reglementiertes − Recht (vgl. Paßordnung von 1978 und Meldeordnung von 1981). Das persönliche Eigentum (Art. 11) − eher eine Einrichtungsgarantie denn ein Bürgerrecht − genießt wegen seiner gesetzlich reich entfalteten Sozialbindung gegenüber dem Staat nur einen schwachen Schutz.

Die *sozialökonomischen Rechte* werden als Beweis für die Überlegenheit des Sozialismus propagandistisch stark betont. Tatsächlich hat sich die DDR, ihrem Selbstverständnis entsprechend, zu einem Sozialstaat entwickelt, der die Rechte auf Arbeit, Urlaub, Bildung, Wohnung, medizinische Versorgung und soziale Sicherung im Alter usw. in z.T. beachtlichem Grade durch administrative Lenkungsmaßnahmen zu garantieren vermag. Gerichtlicher Rechtsschutz spielt dabei nur eine ganz untergeordnete Rolle. Gewerkschaftsfreiheit, Streikrecht und freie Arbeitsplatzwahl existieren nicht.

Der *Rechtsschutz* gegenüber rechtswidrigen Eingriffen der Obrigkeit in seine Rechte ist äußerst schwach entwickelt. Der Bürger ist fast durchweg auf die form-, frist- und fruchtlose Verwaltungsbeschwerde verwiesen. Ein Verwaltungsverfahrensgesetz gibt es ebensowenig wie die gerichtliche Verwaltungskontrolle. Eine Änderung dieses rechtsstaatswidrigen Zustandes ist nicht in Sicht.

In der Verfassung sind die *Pflichten* aus dem Geiste des „Einheitsprinzips" meist als Pendant der Rechte normiert: politische Mitgestaltung, Arbeit, Verteidigung, Bildung, Kindererziehung, Eigentum. Abgabenpflicht, gesellschaftliche Verhaltenspflichten sowie Treue- und Gehorsamspflicht treten hinzu. Auffallend ist, daß − mit Ausnahme der Religionsfreiheit − sämtliche Rechte des Bürgers, die auf eine (aktive) Gestaltung seines Daseins abzielen, zugleich zu Pflichten erklärt sind. Da alle diese „Pflichtrechte" (Georg Jellinek) Bereiche betreffen, die SED und Staatsapparat nicht für Privatangelegenheiten, sondern für öffentliche, staatliche Schlüsselaufgaben auf dem Wege zur „klassenlosen Gesellschaft" halten, sind die „Pflichtrechte" nichts anderes als staatliche Kompetenzen, die auf den Rechtsstatus des Bürgers ausgedehnt und von diesem nach obrigkeitlicher Weisung zu erfüllen sind. In der pflichtgemäßen Ausübung seiner vom Staat eingeräumten Gestaltungsbefugnisse (Kompetenzausschnitte) nimmt der Bürger zwangsläufig Züge eines staatlichen Organs an, angesiedelt auf der untersten Stufe der Hierarchie im „sozialistischen" Gemeinwesen.

Opposition und Widerstand

von Karl Wilhelm Fricke

Nach herrschender Meinung der DDR, die die Meinung der Herrschenden ist, existiert für Opposition und Widerstand im Staat der SED „keine objektive soziale oder politische Grundlage". Ein Blick auf nahezu vier Jahrzehnte Geschichte der DDR überzeugt indes vom Gegenteil: In vielfältiger Form werden Opposition und Widerstand sichtbar, wobei beide Begriffe in der DDR synonym für politische Gegnerschaft gebraucht werden. Eine differenzierende Betrachtung kann *Opposition* als politische Gegnerschaft umschreiben, die sich relativ offen, relativ legal entfaltet, während *Widerstand* als politische Gegnerschaft zu definieren ist, der die Möglichkeit zu offener und legaler Entfaltung verwehrt wird. Natürlich sind die Grenzen fließend – Opposition kann infolge ihrer Kriminalisierung in Widerstand umschlagen und umgekehrt. Parlamentarische Opposition, d.h. offen und legal in Vertretungskörperschaften wie der Volkskammer ausgefochtene politische Gegnerschaft, ist dagegen in der DDR von vornherein verpönt. Seit ihrer Konstituierung am 7. Oktober 1949 kennt die Volkskammer zum Beispiel, obwohl sie sich in verschiedene Fraktionen gliedert, keine wie immer geartete Opposition. Ein einziges Mal nur, bei Verabschiedung des Gesetzes über die Unterbrechung der Schwangerschaft am 9. März 1972, durften sich acht Abgeordnete der CDU der Stimme enthalten, vierzehn erlaubten sich ein Nein. Sonst sind bis heute ausnahmslos alle Gesetze der Volkskammer „einstimmig" beschlossen worden.

Seitdem am 15. Oktober 1950 in der DDR erstmals gewählt wurde, hat sich der Wähler noch niemals alternativ entscheiden können. Stets wurden „Volkswahlen" nach dem System einer Einheitsliste der Nationalen Front abgehalten, bei denen sich in der Praxis der Wahlakt in der Stimmzettelabgabe erschöpfte. Dennoch – oder genauer deshalb – ist die Forderung nach freien Wahlen bis heute eine Forderung der Opposition in der DDR geblieben.

Die Forderung nach freien Wahlen war auch die bestimmende Losung des Aufstandes vom 17. Juni 1953, der tags zuvor mit Arbeitsniederlegungen in Berlin (Ost) begonnen hatte. Nach offiziellen Angaben kam es zu Streiks, Demonstrationen und Aufruhr in 272 Städten und Ortschaften. In seinem frühen Stadium von protestierenden Arbeitern getragen, riß der Aufstand in seinem späten Stadium breite Schichten der Bevölkerung, namentlich junge Menschen, in seinen Sog, wobei der charakteristische Verlauf darin bestand, daß ursprünglich ökonomische und soziale Forderungen der Arbeiter spontan in politische Forderungen des ganzen Volkes umschlugen. Statt „Nieder mit den Arbeitsnormen" hieß es „Sturz der Regierung" und „Freie Wahlen".

Die Ursachen des Aufstands, der nach dem Einsatz sowjetischer Truppen binnen eines Tages zusammenbrach, lassen sich unmittelbar aus der Strategie und Taktik der SED ableiten. Walter Ulbricht, damals Generalsekretär der SED, hatte 1952 auf der 2. Parteikonferenz den „Aufbau des Sozialismus" proklamiert. In seinen Konsequenzen bedeutete dies politisch verstärkte Repression („Verschärfung des Klassenkampfes"), ökonomisch den Ausbau der Grundstoff- und Schwerindustrie, sozial die Minderung des Lebensstandards sowie forcierte Militarisierung. Die Folge: Im Frühjahr verließen bis zu 3000 Flüchtlinge täglich die DDR. Als administrativ eine Erhöhung der Arbeitsnormen „um mindestens 10 %" verfügt worden war, spitzte sich die innere Krise der DDR dramatisch zu. Der Tod Stalins am 5. März 1953 wirkte sich zusätzlich verunsichernd auf die Herrschenden aus. Ein wenige Tage vor dem 17. Juni überhastet beschlossener „Neuer Kurs" vermochte den Aufstand nicht mehr abzuwenden.

Die radikalen Beschlüsse der 2. Parteikonferenz lösten überdies einen innerparteilichen Konflikt aus — nämlich eine Anti-Ulbricht-Opposition im Politbüro, deren führende Köpfe (Staatssicherheitsminister Wilhelm Zaisser und Rudolf Herrnstadt, Chefredakteur von „Neues Deutschland") sich zum Ziel gesetzt hatten, eine Erneuerung der SED an Haupt und Gliedern herbeizuführen und vorläufig auf den „Aufbau des Sozialismus" in der DDR zugunsten der Wiedervereinigung Deutschlands zu verzichten. Mit dem Aufstand vom 17. Juni war ihr politisches Schicksal besiegelt. Die „parteifeindliche Fraktion" wurde wegen ihrer „defaitistischen, gegen die Einheit der Partei gerichteten Linie" entmachtet.

Immerhin formierte sich im Herbst 1957 erneut Opposition gegen Ulbricht. Repräsentiert durch den Kaderchef der SED, Politbüro-Mitglied Karl Schirdewan, und Staatssicherheitsminister Ernst Wollweber, hatte die „opportunistische Fraktion" versucht, die SED auf eine auf Ausgleich bedachte Linie zu führen. Auch die Gruppe um Schirdewan scheiterte. Ihre Opposition stand freilich schon im Zeichen einer Entwicklung, die — ähnlich wie in der Sowjetunion — „politisches Tauwetter", also Entstalinisierung und Wiederherstellung der Gesetzlichkeit, auch in der DDR verhieß. Signale dazu waren 1956 bereits von der 3. Parteikonferenz der SED ausgegangen. Mit seiner hinhaltenden Taktik („bei uns gibt es keinen Stalinismus, also auch keine Entstalinisierung") provozierte Ulbricht ungewollt nur das Aufkommen einer Opposition in der DDR, die sich, beeinflußt durch ähnliche Bestrebungen in Polen und Ungarn, als „revisionistische Opposition" begriff. Sie wollte nicht Opposition gegen den Sozialismus sein, sondern ihn durch die Revision von Politik und Ideologie der SED von seiner stalinistischen Deformierung frei machen.

Getragen wurde die „revisionistische Opposition" von Intellektuellen innerhalb der SED und der kritischen Intelligenz außerhalb der Partei, von Philosophen, Ökonomen, Gesellschaftswissenschaftlern, Künstlern und Literaten, auch von Studenten; von der Arbeiterschaft blieb sie jedoch isoliert. Als Hauptexponent trat Wolfgang Harich auf, Professor für Philosophie und Chefredakteur einer philosophischen Monatsschrift, der in Redaktionen, Verlagen und wissenschaftlichen Instituten in Berlin (Ost) und in der Provinz — in Jena, Halle, Leipzig und Potsdam — Gleichgesinnte fand. Nach dem Aufstand in Ungarn wurde die „revisionistische Opposition" in einer Reihe politischer Schauprozesse zerschlagen.

Die innere Konsolidierung ihrer Herrschaft sollte die SED damit allerdings nicht erreichen. Das sowjetische Berlin-Ultimatum von 1958 und die Forcierung der 1952 eingeleiteten Kollektivierung der Landwirtschaft von 1959/60 ließen im Gegenteil den Flucht- und Abwanderungsstrom aus der DDR erneut anschwellen. Im Jahre 1960 verließen über 199000 Menschen die DDR, in der Folgezeit bis zum 13. August 1961 wechselten rund 155000 in den Westen. Die „Abstimmung mit den Füßen" kam einer Form von Opposition gleich. Um ihre Macht dennoch zu festigen, half sich die SED durch hermetische Abriegelung ihres Herrschaftsbereiches durch den Bau der Berliner Mauer.

Die neuen Formen des Widerstandes, die sie hervorrief, sahen vor allem *organisierte Flucht und Fluchthilfe* vor. Tausende von Menschen, zur Flucht entschlossen, wurden aus der DDR ausgeschleust — durch Tunnel, umgebaute Autos, gefälschte Pässe. Zahlreiche Fluchthelfer, vielfach Studenten und junge Arbeiter, gingen dafür in den sechziger Jahren in Gefängnisse der DDR.

Wie stark äußere Einflüsse auf die innere Opposition der DDR einwirken konnten, zeigte sich nach Unterzeichnung des deutsch-deutschen Grundlagenvertrages am 21. Dezember 1972 und der KSZE-Schlußakte von Helsinki am 1. August 1975. Beides belebte in der Bevölkerung der DDR Hoffnungen auf mehr Freiheit, mehr Freizügigkeit — und beides wirkte sich, als diese Hoffnungen weithin unerfüllt blieben, im

Sinne des Regimes destabilisierend aus. Auch in der DDR begannen sich punktuell *Ansätze einer Bürgerrechtsopposition* zu entwickeln, um öffentlich legal für Menschen- und Grundrechte einzutreten. Hunderte ihrer Anhänger büßten dafür mit Freiheitsstrafen.

Flankiert wurde die Bürgerrechtsopposition von einer oppositionellen Linken, die ihre Regimekritik aus der „reinen Lehre" von Marx und Lenin herleitete. In Aufsätzen und Büchern, die in der Bundesrepublik veröffentlicht wurden (z.B. Robert Havemann: „Dialektik ohne Dogma", 1964; Rudolf Bahro: „Die Alternative", 1977), machte sie ihre Auffassungen manifest. Über die elektronischen Medien wurden ihre Ideen in die DDR transportiert. Die SED fand sich mit einer öffentlichen Meinung konfrontiert, die sie nicht kontrollieren oder manipulieren konnte.

Zu den jüngsten Erscheinungsformen von Opposition, die seit den frühen achtziger Jahren in der DDR auszumachen sind, gehören schließlich *pazifistische Gruppierungen* vornehmlich junger Menschen, die sich unter dem Schutzdach der Kirche sammeln. Losungen wie „Schwerter zu Pflugscharen" und „Frieden schaffen ohne Waffen" lassen sie in den Augen der Herrschenden als „staats-" und „verfassungsfeindlich" erscheinen. Die in Basisgruppen der evangelischen Kirche, auf Synoden und Kirchentagen offen diskutierte Forderung nach einem „sozialen Friedensdienst" als Alternative zum Wehrdienst in der DDR, die Veranstaltung von Schweigedemonstrationen oder öffentlichen Gedenkminuten für den Frieden, pazifistische Mahnwachen und andere gewaltfreie Aktionen lösten schließlich, zumal in den Jahren 1983/84, heftige Reaktionen des Regimes aus. Es kam zu Verurteilungen wegen „Rowdytums" oder „Zusammenrottung", um diese Opposition einzuschüchtern, zumal sie sich punktuell mit autonomen Friedensgruppen in anderen sozialistischen Ländern zu verbinden trachtete. Die jungen Friedensfreunde teilten damit das Schicksal mancher anderer meist junger Menschen in der DDR, die sich im ökologischen Protest, in radikaler Zivilisationskritik finden – oder auch nur im spontanen Jugendprotest gegen staatliche Gängelei wie zu Pfingsten 1987 in Berlin (Ost) am Brandenburger Tor. Öffentliches Eintreten für mehr Bürgerrechte, für „die Freiheit des Andersdenkenden" während einer offiziellen Liebknecht-Luxemburg-Demonstration am 17. Januar in Berlin (Ost) und während einer Gedenkkundgebung für die Opfer der Luftangriffe am 13. Februar 1988 in Dresden ahndeten die Herrschenden durch Festnahmen, Ausweisungen und Ausbürgerungen.

Eine *zusammenfassende Analyse von Opposition und Widerstand in der DDR* führt zu der Erkenntnis, daß alle politische Gegnerschaft im Staat der SED primär aus den inneren Widersprüchen und gesellschaftlichen Konflikten des realen Sozialismus hervorgeht. Sie ist insoweit systemimmanent und systembedingt. Äußere Einwirkungen auf die DDR sind damit nicht ausgeschlossen. Unter den Bedingungen einer in zwei Staaten geteilten Nation kann es nicht anders sein. Dank der Information und Meinung, die westliche elektronische Medien in die DDR strahlen, hat die Opposition in der DDR die Chance zur Selbstverständigung und zur politischen Artikulation. Irrig wäre die Vermutung, Opposition und Widerstand in der DDR wären wesentlich auf Westeinflüsse zurückzuführen.

Opposition tritt in der DDR nur punktuell auf. In ihren politischen Möglichkeiten ist sie daher begrenzt – sie sollte weder überschätzt noch überfordert werden. Zu bedenken ist auch, daß das oppositionelle Potential in der DDR bis 1961 – bis zur Errichtung der Berliner Mauer – durch die Flucht- und Abwanderungsbewegung nach Westen, seit 1963 durch den Freikauf politischer Häftlinge (in den Jahren 1963 bis 1987 über 28000!) und seit Mitte der siebziger Jahre durch legale Übersiedlungen in wachsender Zahl verringert wurde. Generell verhält sich die große Mehrheit der Bevölkerung in der DDR nicht oppositionell oder regimefeindlich, sondern eher gleichgültigunpolitisch bis angepaßt, sie arrangiert sich mit dem Regime. Dennoch kann sich Opposition zu jeder Zeit in allen Bevölkerungsschichten aktualisieren – die Bereitschaft ist latent immer gegeben. Allein die Weigerung der SED, ihrer Macht ein demokratisches Mandat durch freie Wahlen zu sichern, ist dafür ein untrügliches Indiz.

Im übrigen werden Möglichkeiten und Grenzen von Opposition und Widerstand in der DDR durch die Präsenz sowjetischer Truppen bestimmt. Ein Wandel des Systems ist von daher gesehen grundsätzlich nur in den Grenzen sowjetischer Macht- und Sicherheitsbelange denkbar. Diese Grenzen werden um so weiter gezogen sein, je erfolgreicher der sowjetische Generalsekretär Michail S. Gorbatschow die Politik von „Glasnost" und „Perestroika" durchsetzen kann, denn sie wird nicht ohne Auswirkungen auf die DDR bleiben. Die Führung der SED wird sie ebenso zu berücksichtigen haben wie die Existenz von Opposition und Widerstand, die sie leugnet, und ihre Zugeständnisse werden um so größer sein, je stärker politischer Druck auf sie ausgeübt wird.

Militärwesen

von Klaus-Dieter Schlechte

Der aus Verlautbarungen der DDR entstehende Eindruck, die Wiederbewaffnung sei dort mit dem „Gesetz über die Schaffung der Nationalen Volksarmee und des Ministeriums für Nationale Verteidigung" vom 18. Januar 1956 eingeleitet worden, bedarf erheblicher Korrektur. Auf Veranlassung der SMAD sind konkrete Aufrüstungsmaßnahmen mit der Verschärfung des Ost-West-Konflikts in der SBZ schon in den Jahren 1947/48 eingeleitet worden. Der Aufrüstungsprozeß vollzog sich nach drei Grundprinzipien: der Besetzung von Schlüsselfiguren durch „bewährte Funktionäre der Arbeiterklasse", der Sicherung des bestimmenden Einflusses der SED und natürlich der Kontrolle des Vorgangs durch die SMAD.

In einer *ersten Phase der* - zunächst verdeckt stattfindenden − *Aufrüstung (1947/ 48−1951/52)* bildeten Angehörige der Volkspolizei, aber auch in sowjetischen Kriegsgefangenenlagern politisch geschulte ehemalige Wehrmachtsangehörige die Kader, die zu VP-Bereitschaften zusammengefaßt wurden. Ihre Ausbildung erfolgte unter Kontrolle sowjetischer „Berater" zunächst nach deutschen, ab 1950 nach sowjetischen Dienstvorschriften. Nach Gründung der DDR wurden die VP-Bereitschaften und -Schulen im Oktober 1949 der „Hauptverwaltung für Ausbildung" (HVA) unterstellt. Ihre Aufgabe, politisch und militärisch zuverlässige Kader „für den Aufbau des bewaffneten Schutzes der DDR" heranzubilden, erfüllte sie in einer Weise, die es den Delegierten der 2. Parteikonferenz der SED im Juli 1952 erlaubte, die „Organisierung bewaffneter Streitkräfte" zu beschließen. Diese wurden entsprechend „einer Initiative des Politbüros des ZK der SED" schon ab 1. Juli 1952 als „Kasernierte Volkspolizei" (KVP) bezeichnet. In die *zweite Aufrüstungsphase (1952-1955/56)* fallen der weitere Ausbau der in ihren Anfängen auf das Jahr 1950 („VP-See" bzw. „VP-Luft") zurückreichenden See- und Luftstreitkräfte sowie wichtige organisatorische Reformen (u.a. Umrüstung auf sowjetische Waffen; Ersetzung der Polizeidienstgrade durch militärische Ränge; Einkleidung der Verbände in neue, olivbraune Uniformen; Bildung von Divisionen und Armeekorps). Zu dieser Zeit besaß die KVP bereits eine Stärke von ca. 100000 Mann. Die Verlegung der Kommandobehörden nach Strausberg bei Berlin im Sommer 1955 markiert den Abschluß der Heranbildung einer Kaderarmee.

Die Voraussetzungen für die Schaffung der *Nationalen Volksarmee* (NVA), d.h. der formellen Bestätigung eines längst bestehenden Zustandes, bildeten eine Korrektur in der sowjetischen Deutschlandpolitik („Zwei-Staaten-Theorie") und die Errichtung eines überregionalen militärischen Kontrollorgans, des Warschauer Paktes, im Jahre 1955. Schon am 1. März 1956 nahmen die Organe der NVA − neben dem Ministerium für Nationale Verteidigung die Stäbe der Luft- und Seestreitkräfte sowie der beiden Militärbezirke (Nord mit Sitz in Pasewalk, später Neubrandenburg; Süd mit Sitz in Leipzig) − ihre Tätigkeit auf. Am 24. Mai 1958 bestätigte der Politische Beratende Ausschuß des Warschauer Paktes die vollständige Einbeziehung der NVA in das Vereinte Oberkommando; der Verteidigungsminister der DDR wurde einer der Stellvertreter des Oberbefehlshabers. Der weitere Ausbau der NVA manifestierte sich u.a. in der Eröffnung der Militärakademie „Friedrich Engels" in Dresden im Januar 1959 und in der Bildung des Nationalen Verteidigungsrates unter Vorsitz von Walter Ulbricht im Februar 1960. Im selben Jahr löste Generaloberst Karl-Heinz Hoffmann Willi Stoph als Verteidigungsminister ab; zudem erhielten die Seestreitkräfte den Namen „Volksmarine", womit die Führung der NVA an die Traditionen der Novemberrevolution von 1918/19 anzuknüpfen versuchte.

Der ersten „Bewährungsprobe" sah sich die NVA am 13. August 1961 ausgesetzt: Gemeinsam mit Truppen der GSSD sicherte sie in der „zweiten Staffel" hinter den sog. Kampfgruppen und der Bereitschaftspolizei den Bau der Berliner Mauer ab. Am 15. September 1961 übernahm sie nach Umwandlung der Deutschen Grenzpolizei in ein „Kommando der Grenztruppen" (seit 1974 „Grenztruppen der DDR") die Abriegelung der „Westgrenze"; gleichzeitig erließ Armeegeneral Hoffmann den geheimen Schießbefehl. Der Mauerbau schuf die Voraussetzungen für eine *Neuregelung des Wehrdienstes* (Erlaß des Verteidigungsgesetzes vom 20. September 1961 und Einführung der allgemeinen Wehrpflicht am 24. Januar 1962). Die Manöver „Quartett" (1963) und „Oktobersturm" (1965) des Warschauer Paktes sowie die erstmalige Vorführung von Trägermitteln für Kernwaffen auf der Parade am 7. Oktober 1964 bestätigten den auch von westlichen Beobachtern geteilten Eindruck von der hohen Schlagkraft der NVA.

Die von der Partei- und Staatsführung der DDR zunächst kompromißlos geführte Auseinandersetzung mit pazifistischen Tendenzen in der Bevölkerung („Dort wo Frieden und Sozialismus herrschen, ist für Pazifisten kein Platz mehr.") konnte nicht durchgehalten werden: Im September 1964 erließ der Nationale Verteidigungsrat eine „Anordnung über die Aufstellung von Baueinheiten" (Bausoldaten). Sie bietet die Möglichkeit des waffenlosen Dienstes für Wehrpflichtige, „die aus religiösen Anschauungen oder aus ähnlichen Gründen den Wehrdienst mit der Waffe ablehnen".

Ende der sechziger Jahre begann in der NVA eine *Phase der Modernisierung,* insbesondere der Landstreitkräfte. Diese Teilstreitkraft wurde mit weiteren Versionen des Panzers T-55 und mit dem Schützenpanzer BMP-1 sowie mit neuen Artilleriesystemen und neuer Pioniertechnik ausgerüstet. Die Einführung automatisierter Waffensysteme verlangte in den Verbänden und Truppenteilen verstärkt die Wahrnehmung ingenieurtechnischer und -ökonomischer Funktionen. Aus diesem Grunde wurde in der NVA nach sowjetischem Vorbild eine selbständige „Fähnrichlaufbahn" mit Fachschulabschluß eingerichtet. Die vier Offiziersschulen hatten schon im Jahre 1971 Hochschulstatus erhalten.

Im Zuge der Intervention („Akt des proletarischen Internationalismus") von Truppen des Warschauer Paktes in der ČSSR vom August 1968 erfolgte mit der 7. Panzerdivision und der 11. motorisierten Schützendivision aus dem Militärbezirk Leipzig der erste *Auslandseinsatz der NVA.* Im September 1980 standen zahlreiche ihrer Regimenter zusammen mit Truppen der GSSD im Rahmen des Manövers „Waffenbrüderschaft 80" des Warschauer Paktes für eine militärische Intervention im krisengeschüttelten Polen bereit. Der Einsatz von Angehörigen der NVA − Militärberatern, Ausbildern und Sicherheitsexperten − außerhalb des Warschauer Paktes, vor allem in Afrika, in Lateinamerika und im Nahen Osten, ist u.a. für Äthiopien, Angola, Mosambik, Libyen, Algerien und den Südjemen, aber auch für Afghanistan belegt.

Nach Erlaß des 2. Verteidigungsgesetzes (13. Oktober 1978) verabschiedete die Volkskammer der DDR am 25. März 1982 das 2. Wehrdienstgesetz und das „ Gesetz über die Staatsgrenze der DDR". Durch die Einbeziehung der „sozialistischen Wehrerziehung" in die Wehrgesetze und die Möglichkeit, auch Frauen in der Phase des „Verteidigungszustandes" zur Truppe einzuberufen, wurde in der DDR eine neue Qualität in der Militarisierung der Gesellschaft erreicht.

Zum *„System der sozialistischen Landesverteidigung"* der DDR gehören heute die folgenden militärischen und paramilitärischen Formationen (Zahlenangaben nach westlichen Quellen geschätzt):

− die NVA (174500 Mann) und die Grenztruppen der DDR (48 000) als mobile militärische Verbände;

- die „Kampfgruppen der Arbeiterklasse" (450000);
- die Einheiten der VP-Bereitschaften (18000);
- die Deutsche Volkspolizei (d.h. Schutz- und Kriminalpolizei 73000);
- die Transportpolizei (8000) und
- das Wachregiment „Feliks E. Dzierzynski" des Ministeriums für Staatssicherheit (9000).

Militärgeographisch ist die DDR in fünf *Militärbezirke* unterteilt:
Militärbezirk I: Strausberg (Ministerium für Nationale Verteidigung),
Militärbezirk II: Strausberg-Eggersdorf (Luftstreitkräfte/Luftverteidigung, LSK/ LV),
Militärbezirk III: Leipzig (Landstreitkräfte),
Militärbezirk IV: Rostock (Volksmarine),
Militärbezirk V: Neubrandenburg (Landstreitkräfte).

Als *oberstes staatliches Organ* für die NVA und die Grenztruppen existiert seit 1960 der „Nationale Verteidigungsrat", dessen Vorsitzender (seit 1971 Erich Honecker) von der Volkskammer gewählt wird. Die Namen der weiteren Mitglieder dieses Gremiums unterliegen der Geheimhaltung.
Oberstes *militärisches Führungsorgan* ist das Ministerium für Nationale Verteidigung (MfNV) mit dem Minister für Nationale Verteidigung an der Spitze (seit 1985 Armeegeneral Heinz Keßler). Als seine Stellvertreter fungieren die Chefs der vier Hauptverwaltungen des MfNV (Hauptstab, Politische Hauptverwaltung, Hauptverwaltung Technik und Bewaffnung sowie Hauptverwaltung Rückwärtige Dienste) und die Chefs der drei Teilstreitkräfte.
Die wichtigste Abteilung des MfNV, der Hauptstab der NVA, arbeitet entsprechend den Weisungen des Oberbefehlshabers der Streitkräfte des Warschauer Paktes und ist für die operative Gesamtplanung, die Einsatzbereitschaft der Truppen und das militärische Nachrichtenwesen verantwortlich. Die Politische Hauptverwaltung (PHV) ist die oberste Leitungsinstanz für die politische Arbeit in der Truppe und überwacht entsprechend einem Beschluß des Politbüros der SED von 1958 die ideologische Schulung aller Armeeangehörigen. Der PHV unterstellt sind die Politorgane auf der Ebene der Militärbezirke, die „Politischen Verwaltungen" im jeweiligen Kommando, die „Politischen Abteilungen" in den Divisionen, die „Polit-Gruppen" in den Regimentern und die „Stellvertreter des Bataillonskommandeurs (bzw. Kompaniechefs) für politische Arbeit". Die Politoffiziere erhalten eine Ausbildung an der Militärpolitischen Hochschule „Wilhelm Pieck". SED und FDJ sind für die politisch-ideologische Schulung (Politunterricht, „Gesellschaftswissenschaftliche Weiterbildung"), für die Durchsetzung der Beschlüsse der SED, für die Führung des „sozialistischen Wettbewerbs" sowie für die Traditionspflege vor Ort verantwortlich. Die Hauptverwaltung Technik und Bewaffung ist für die Entwicklung und Beschaffung von Waffen und Gerät zuständig. Die Hauptinspektion des MfNV überprüft vor allem den Ausbildungsstand der Truppen, während der Hauptverwaltung Rückwärtige Dienste die Organisation der „Raketen- und Waffentechnischen Dienste", der „Verpflegungsdienste", der „Technischen Dienste", der Sicherstellung von Treib- und Schmierstoffen („T/S-Dienste") sowie der „Chemischen Dienste", der „Pionierdienste" und der „Straßendienste" obliegt. Zu den zentralen Einrichtungen der NVA gehören dem MfNV unmittelbar unterstehende Truppenteile und Einheiten wie das „Funktechnische Aufklärungsbataillon"; Eisenbahn-Brückenbau-Pionierregimenter; das Wachregiment des MfNV „Hugo Eberlein" sowie die Stadtkommandantur von Berlin (Ost) mit dem Wachregiment „Friedrich Engels".

Als teilstreitkraftgemeinsame *militärische Forschungs- und Lehranstalten* für Offiziere sind dem MfNV nachgeordnet: die Militärakademie „Friedrich Engels" in Dresden; die Militärmedizinische Akademie in Bad Saarow; die Militärpolitische Hochschule „Wilhelm Pieck" in Berlin (Ost) sowie die Offiziershochschulen „Ernst Thälmann" in Löbau (Landstreitkräfte), „Franz Mehring" in Kamenz (LSK/LV), „Karl Liebknecht" in Rostock (Volksmarine) sowie „Rosa Luxemburg" in Suhl (Grenztruppen). Daneben stehen der NVA zur Aus- und Weiterbildung ihrer Offiziere und Berufsunteroffiziere auch die Ausbildungseinrichtungen der Universitäten und übrigen Hochschulen zur Verfügung. Ähnlich weit gespannt ist das Netz der Unteroffiziersschulen für die Ausbildung von Fähnrichen, Berufsunteroffizieren und Unteroffizieren auf Zeit.

Die *Landstreitkräfte* (derzeitige Stärke: 120000, darunter 71000 Wehrpflichtige) umfassen folgende Waffengattungen: motorisierte Schützen, Panzertruppen, Raketentruppen und Artillerie, Truppenluftabwehr und Luftlandetruppen, des weiteren Spezialtruppen bzw. Dienste wie Pionier- und Nachrichtentruppen, Aufklärer, Truppen der chemischen Abwehr, Technische Dienste, Rückwärtige Dienste. Die Kampftruppenverbände der Landstreitkräfte sind personell und materiell in voller Kriegsstärke präsent („Kategorie I"). Führungs- und Einsatzgrundsätze entsprechen denen der Sowjetarmee, wie auch Waffen und Großgeräte in der Regel aus sowjetischer Produktion stammen. Die Landstreitkräfte der NVA gelten neben der Sowjetarmee als kampfstärkste Truppe im Warschauer Pakt. Die zwei Armeen (= Militärbezirke) der NVA können im Rahmen sowjetischer „Fronten" zu selbständigen Offensivoperationen innerhalb der „Ersten Strategischen Staffel" eingesetzt werden.

Die *Luftstreitkräfte/Luftverteidigung* (derzeitige Stärke: 39500, darunter 15000 Wehrpflichtige) umfassen folgende Waffengattungen: Fla-Raketen-Truppen, Fliegerkräfte und Funktechnische Truppen; des weiteren Spezialtruppen bzw. Dienste: Nachrichten- und Flugsicherungstruppen, Truppen der fliegertechnischen und flugplatztechnischen Sicherstellung, Truppen der versorgungstechnischen und medizinischen Sicherstellung. Nach der erstmaligen Teilnahme an einer gemeinsamen Luftverteidigungsübung des Warschauer Paktes im Frühjahr und Herbst 1961 wurden die LSK/LV ab Frühjahr 1962 voll in das „Diensthabende System" (DHS) der Staaten des Warschauer Paktes einbezogen. Die fliegenden Verbände der NVA umfassen zwölf Geschwader und eine selbständige „Aufklärungs-Staffel"; ihr Luftangriffspotential zur Unterstützung der Landstreitkräfte wurde − unabhängig von sowjetischen Verbänden − in den letzten Jahren systematisch ausgebaut.

Die *Volksmarine* (derzeitige Stärke: 15000, darunter 8000 Wehrpflichtige) umfaßt folgende Waffengattungen: Überwasserkräfte (Stoß- und Sicherungskräfte) sowie Marinefliegerkräfte; des weiteren Spezialtruppen bzw. Dienste: Funktechnische Truppen, Rückwärtige Dienste, Nachrichtentruppen, den Seehydrographischen Dienst und Küstenraketenkräfte. Seit dem Einsatz von Flugkörper-Korvetten der sowjetischen TARANTUL-I-Klasse im Herbst 1984 und der Verbesserung des Luftangriffspotentials durch die Aufstellung eines Marinefliegergeschwaders (südlich von Rostock) Ende 1985 ist die Volksmarine über die Küstenverteidigung hinaus in der Lage, im gesamten Ostseeraum zu operieren.

Die *Grenztruppen der DDR* (derzeitige Stärke: 48000) gliedern sich in die „Grenzkommandos" Nord, Mitte und Süd (mit jeweils sechs Regimentern), in die „Grenzabschnitte" Polen und ČSSR sowie in die „Grenzbrigade Küste". Obwohl die Grenztruppen offiziell nicht als Teilstreitkraft der NVA gelten, unterstehen sie dem Befehl des MfNV und hätten − westlichen Beobachtern zufolge − im Konfliktfall in der Gliederung von vier Divisionen militärische Frontaufgaben zu erfüllen. Die Grenztruppen werden vom MfS und den Wehrbezirks- bzw. Wehrkreiskommandos aus „politisch zuverlässigen" und nicht im Grenzsperrgebiet lebenden Wehrpflichtigen aufgefüllt, die keinerlei Verwandtschaft „ersten Grades" in der Bundesrepublik Deutschland haben sollten.

Die offiziell am 29. September 1953 gegründeten *Kampfgruppen* unterstanden von Anfang an den Bezirks- und Kreisleitungen der SED, die auch die Kommandeure bestätigen müssen. Die militärische Ausbildung (z.Zt. jährlich ca. 132 Stunden) und Ausrüstung (Schützenpanzer, leichte und mittlere Pak, Mörser, Fla-Waffen, Nachrichtenmittel) erfolgt in der Regel durch die dem Ministerium des Innern nachgeordneten Volkspolizeibehörden. Für das Führungspersonal steht die Zentralschule für Kampfgruppen „Ernst Thälmann" in Schmerwitz (Kreis Belzig) zur Verfügung. Die „Genossen Kämpfer" (25 bis 60 Jahre) in steingrauer Uniform waren in den fünfziger und sechziger Jahren in Züge und Hundertschaften nur als Objektschutz auf Betriebsebene organisiert. Seit den siebziger Jahren werden zunehmend motorisierte Kampfgruppenbataillone aufgestellt, die als mobile Einsatzkräfte der SED gelten.

Mit dem von der Volkskammer im Jahre 1970 verabschiedeten Zivilverteidigungsgesetz wurde der Katastrophenschutz zur *Zivilverteidigung* (ZV) und damit zu einem Bestandteil der „sozialistischen Landesverteidigung" erklärt. Durch das Verteidigungsgesetz von 1978 beträchtlich erweitert und dem MfNV unterstellt, gilt der Dienst in der ZV als Wehrdienst, zu dem eine Dienstverpflichtung möglich ist. Die Einsatzkräfte der Zivilverteidigung setzen sich aus Bergungs- und Instandsetzungs-, Rettungs- und Sanitäts- sowie Versorgungs- und anderen Spezialformationen zusammen. Am Institut der Zivilverteidigung erfolgt die Ausbildung der (männlichen und weiblichen) Offiziere durch ein vierjähriges Studium, das mit dem Grad „Diplom-Ingenieurökonom" abgeschlossen wird. Die Angehörigen der Zivilverteidigung führen militärische Dienstgrade der NVA mit dem Zusatz „ZV" (außer bei Generalen). Sie tragen die Uniform der NVA mit violetter Waffenfarbe und violetten Ärmelstreifen „ZV".

Im Rahmen der *vormilitärischen Ausbildung* spielt neben der schulischen Wehrerziehung die Gesellschaft für Sport und Technik (GST) eine zentrale Rolle. Die Verordnung über ihre Gründung wurde am 7. August 1952 auf Vorschlag des ZK der SED von der Regierung der DDR erlassen. Qualitativ neue Bedingungen und Anforderungen entstanden für diese paramilitärische Jugendorganisation durch das erste Verteidigungsgesetz sowie durch die allgemeine Wehrpflicht zu Beginn der sechziger Jahre. Die GST, die sich seitdem als „Schule der Soldaten von morgen" bezeichnet, sollte von nun an noch stärker als bisher allen männlichen Jugendlichen systematisch militärische und technische Grundkenntnisse vermitteln. Auf Vorschlag der Konferenz der GST vom November 1981 werden seit dem Ausbildungsjahr 1982/83 präzisierte Ausbildungsprogramme herausgegeben. Sie enthalten sowohl allgemeine als auch für die Laufbahnausbildung spezielle Anforderungen. Nach einer ca. einjährigen vormilitärischen Grundausbildung mit 60 bis 70 Dienststunden schließt sich eine zwei Jahre umfassende militärische Laufbahnausbildung an. Derzeit gibt es folgende sieben Laufbahnausbildungen: motorisierter Schütze, Nachrichtenspezialist, Taucher, Fallschirmspringer, Matrosenspezialist, Militärflieger und Militärkraftfahrer. Als Ausbilder werden überwiegend Reservisten der NVA eingesetzt, nicht selten aber auch aktive Offiziere und Unteroffiziere.

Kirchen und Religionsgemeinschaften

von Reinhard Henkys

Die heutige DDR umschließt das Kerngebiet lutherischer Reformation und protestantisch-preußischer Tradition. Mehr als 80 % der Einwohner gehörten zur Zeit der Staatsgründung einer der acht auf dem Gebiet der DDR liegenden evangelischen Landeskirchen an; knapp 12 % waren römisch-katholisch, viele von diesen Flüchtlinge und Vertriebene aus Schlesien und dem ostpreußischen Ermland. Einziges geschlossenes katholisches Siedlungsgebiet ist das thüringische Eichsfeld.

Als bei der Volkszählung von 1964 der Staat zum letztenmal nach der Religionszugehörigkeit fragte, bezeichneten sich noch knapp 60 % der Bürger als evangelisch und gut 8 % als katholisch. Im Jahre 1987 schätzte man noch eine Million Katholiken in der DDR (unter 6 %) und gut 5 Millionen Protestanten (30 %). Hinzu kamen etwa 100000 Mitglieder evangelischer Freikirchen und wahrscheinlich 150000 Angehörige anderer religiöser Gemeinschaften, darunter nur noch unter 400 Mitglieder der acht jüdischen Gemeinden.

Die Kirchengemeinden stützten sich vor allem auf die bürgerlichen Mittelschichten und die bäuerliche Bevölkerung, während die Industriearbeiterschaft bei fortbestehender formaler Kirchenmitgliedschaft bereits seit dem vorigen Jahrhundert überwiegend der Kirche entfremdet war. So traf die sozialistische Umgestaltung der Gesellschaft, die nach Gründung der DDR einsetzte, die Kirchen besonders hart: Zumal die ihnen verbundenen Bevölkerungsschichten wurden als „Klassenfeinde" bekämpft; aus ihnen vor allem rekrutierte sich der Strom der Flüchtlinge in die Bundesrepublik Deutschland.

Wer im Lande blieb und hier vorwärts kommen wollte, wurde zum Kirchenaustritt gedrängt. Ohne Rücksicht auf die in der Verfassung von 1949 enthaltenen Garantien für ihre freie Wirkungsmöglichkeiten in der Gesellschaft wurde den Kirchen zum Beispiel die Möglichkeit genommen, Religionsunterricht in den Schulräumen zu erteilen und Kirchensteuern aufgrund staatlicher Steuerlisten zu erheben. Die offiziell freiwillige Teilnahme der 14jährigen an der 1954 eingeführten Jugendweihe wurde ebenso wie die Mitgliedschaft in dem zur „Kampfreserve der SED" umgestalteten, einzigen zugelassenen Jugendverband FDJ faktisch zur Voraussetzung für die Zulassung zu Abitur und weiterführender Bildung gemacht. Die Kirchen sahen in der Jugendweihe ein auf die atheistische Weltanschauung verpflichtendes Ritual, das die SED insbesondere der evangelischen Konfirmation entgegensetzte, an der sich die 14jährigen bis dahin durchweg beteiligt hatten. Mit dem Ausschluß Jugendgeweihter von der Konfirmation kam es zur Machtprobe, die die Kirchen nach wenigen Jahren verloren geben mußten. Die Beteiligung an der Jugendweihe stieg schnell auf mehr als 90 %, die Konfirmationszahlen gingen rasch, wenn auch nicht ganz im gleichen Verhältnis zurück. Jugendgeweihte werden seit Mitte der siebziger Jahre nach einer gewissen Wartezeit, meist ein Jahr, zur Konfirmation zugelassen.

Die SED richtet ihre Kirchenpolitik − negativ wie positiv − vor allem am *Protestantismus* aus. Neben den Mehrheitsverhältnissen war dafür zunächst besonders die nationale Organisationsstruktur der evangelischen Kirche maßgebend. Die in der Reformationszeit entstandenen deutschen Landeskirchen hatten sich, auch als Ergebnis des Kirchenkampfes der Hitlerzeit, unmittelbar nach dem Kriege erstmals in einer funktionierenden Gemeinschaftsorganisation zusammengefunden, der Evangelischen Kirche in Deutschland (EKD), die sich 1948 in Eisenach dauerhaft konstituierte. Als faktisch einzige − alle vier Besatzungszonen umspannende − gesamtdeutsche Großorganisation nahm die EKD auf kirchlichem Gebiet gleichsam die allseits als Ziel propagierte staatliche Wiedervereinigung vorweg und fand dafür sowohl das Wohlwollen der SMAD als zunächst auch der SED. Nach Gründung der Bundesrepublik Deutschland und der DDR nahm die EKD noch 1949 förmliche Beziehungen zu beiden Regierungen auf. Unter dem Leitwort „Wir sind doch Brüder" führte der Deutsche Evangelische Kirchentag 1951 erstmals Deutsche aus beiden Staaten in größerer Zahl in Berlin zusammen. Beim Leipziger Kirchentag 1954 (und bei den Berliner Katholikentagen 1954 und 1958) wiederholte sich dies. Doch als im Juli 1961 wieder ein Evangelischer Kirchentag in Berlin stattfand, verbot ihn die DDR für den Ostsektor der Stadt und suchte die Teilnahme von Christen aus der DDR zu verhindern. Kurz darauf entstand die Berliner Mauer, und am 31. August 1961 sperrte die Regierung der DDR den in Berlin (Ost) ansässigen Ratsvorsitzenden der EKD, Kurt Scharf, der zuvor einen Passierschein zum Besuch von Berlin (West) erhalten hatte, als Leiter einer „friedensfeindlichen" Organisation aus dem östlichen deutschen Staat aus.

Scharfs Vorgänger Otto Dibelius hatte 1957 einen Militärseelsorgevertrag zwischen der EKD und der Bundesregierung unterzeichnet. Das wertete die SED als Parteinahme der Kirche für die NATO und brach die Beziehungen zur EKD ab. Noch 1953 war es zu Verhandlungen zwischen der EKD und der Regierung der DDR gekommen, in deren Ergebnis die Regierung Grotewohl am 10. Juni einen großen Teil ihrer Kampfmaßnahmen gegen die Junge Gemeinde – die Jugendgruppen der evangelischen Kirchengemeinden – und die Relegation zahlreicher christlicher Jugendlicher von Oberschulen und Universitäten zurücknehmen, Verhaftete freilassen und beschlagnahmte Gebäude zurückgeben mußte. Doch die atheistische Propaganda und der Gewissensdruck auf Kinder aus christlichen Familien hielt an, so daß die EKD 1958 neue Verhandlungen forderte. Diesmal jedoch war die Regierung nur noch bereit, mit Vertretern der in der DDR liegenden Landeskirchen zu sprechen. Diese erreichten zwar allgemeine Zusagen, mußten jedoch den Vorwurf des Verfassungsbruchs zurücknehmen und zusichern, daß die Christen die Entwicklung zum Sozialismus „respektieren".

Kurz zuvor hatte der V. Parteitag der SED stattgefunden. Nach Ausschaltung der sog. Schirdewan-Fraktion im Politbüro war klar, daß nunmehr die Sicherung und „allseitige Stärkung" der DDR und ihres sozialistischen Systems Vorrang vor jeder Wiedervereinigungskonzeption hatte. In der gesamtdeutschen EKD sah die Partei ein Einfallstor für westliche politische Vorstellungen. Die von Walter Ulbricht, dem Ersten Sekretär des ZK der SED, geprägte Kirchenpolitik der DDR konzentrierte sich nunmehr darauf, die Christen in die ohne Einschränkung von der SED geführte „sozialistische Menschengemeinschaft" zu integrieren und die Landeskirchen in der DDR zur Lösung von der EKD zu drängen. Die Partei stellte die atheistische Primitivpropaganda ein, verstärkte hingegen die gegen die „NATO-Kirche" gewendete antiklerikale Agitation. 1960 erklärte Ulbricht vor der Volkskammer, Christentum und die humanistischen Ziele des Sozialismus seien keine Gegensätze. In Gesprächen mit dem Leipziger Theologieprofessor Emil Fuchs (9. Februar 1961) und dem thüringischen Landesbischof Moritz Mitzenheim (18. August 1964) ging er weiter, sprach von gemeinsamen Idealen und davon, daß humanistische Verantwortung Christen und Marxisten verbinde. Sein Ziel war, die Kirchen in der DDR zur Parteinahme für den Sozialismus der DDR und zur Absage an den Westen zu veranlassen.

Der Mauerbau von 1961 brachte wie allen Bürgern der DDR auch den Kirchenleitungen die Erkenntnis, daß man sich auf Dauer mit dem sozialistischen Staat DDR einzurichten habe. Doch aus theologischen Gründen wollten die evangelischen Landeskirchen ihre als unpolitisch verstandene Gemeinschaft in der EKD nicht aufgeben. Sie versuchten mit Regionalordnungen die rechtliche Einheit bei praktischer Zweiteilung aufrechtzuerhalten. Die beiden Regionalsynoden der durch die Mauer besonders betroffenen Berlin-Brandenburgischen Landeskirche wählten sogar am 15. Februar 1966 den ausgewiesenen Präses Kurt Scharf zum gemeinsamen Bischof. Er konnte sein Amt aber nur in Berlin (West) ausüben. Innerhalb der DDR antwortete die SED auf das Festhalten der Kirchen an der grenzübergreifenden Einheit mit empfindlichen Behinderungen des kirchlichen Lebens.

Erst die neue Verfassung der DDR von 1968 veranlaßte die Landeskirchen in der DDR zu einem Neuansatz. Die offizielle Verfassungsinterpretation besagt, daß an den Grenzen der DDR die Organisationsmöglichkeiten der Kirchen enden. Damit drohte die Gefahr, daß die gesamtkirchlichen Organe für illegal erklärt wurden. Da es keine staatlich anerkannte Gemeinschaftsorganisation der Landeskirchen in der DDR gab, mußte zudem mit dem Versuch der Regierung gerechnet werden, Verträge mit den einzelnen Landeskirchen zu schließen, was die Verfassung als Möglichkeit vorsieht, und sie so gegeneinander auszuspielen. So schlossen sie sich am 10. Juni 1969 zum *Bund der Evangelischen Kirchen in der DDR* zusammen und lösten sich aus der EKD. Gleichzeitig legte jedoch die Verfassung des neuen Kirchenbundes fest: „Der Bund bekennt sich zu der besonderen Gemeinschaft der ganzen evangelischen Christenheit in Deutschland. In der Mitverantwortung für diese Gemeinschaft nimmt der Bund Aufgaben, die alle evangelischen Kirchen in der Deutschen Demokratischen Republik und in der Bundesrepublik Deutschland gemeinsam betreffen, in partnerschaftlicher Freiheit durch seine Organe wahr."

Erst im Zuge des Übergangs von Ulbricht zu Honecker erkannten SED und Regierung den neuen Kirchenbund offiziell an. Das Ziel der Auflösung gesamtdeutscher Kirchenstrukturen war zwar erreicht, die geforderte ideologische Abgrenzung aber nicht. Doch die Gründung des Kirchenbundes war mehr als eine rechtlich-organisatorische Korrektur. Sie führte zu einer grundlegenden Neubesinnung der Kirche auf die ihr unter den Bedingungen der sozialistischen Gesellschaft gestellten Aufgaben. Albrecht Schönherr, Vorsitzender des Kirchenbundes und seit 1972 auch Inhaber des neugeschaffenen Bischofsamtes für die DDR-Region der Berlin-Brandenburgischen Landeskirche, erklärte, die Christen wollten Bürger der DDR sein (und den Staat und sein System also nicht in Frage stellen), doch sie wollten es mit ungekränktem Gewissen sein können. Seine Formel von der Kirche *in* der sozialistischen Gesellschaft, nicht neben ihr und nicht gegen sie, wurde 1971 von der Synode des Kirchenbundes in Eisenach offiziell bestätigt.

Mit dem *evangelischen Selbstverständnis* als *„Kirche im Sozialismus"* ist der Anspruch auf eigenständiges kirchliches Handeln auch in der gesellschaftlichen Öffentlichkeit verbunden. Die Kirche will auf dem „schmalen Grat zwischen Opposition und Anpassung" nicht nur Rechte und Interessen ihrer Mitglieder vertreten, sondern von ihrer Erkenntnis her zum Wohl der gesamten Gesellschaft beitragen. Dieses Selbstverständnis hat die SED im Prinzip akzeptiert. Das zeigte sich am 6. März 1978, als es zu einem Grundsatzgespräch zwischen dem Staatsratsvorsitzenden und Generalsekretär der SED Erich Honecker und dem Vorstand der Konferenz der Evangelischen Kirchenleitungen unter Leitung von Bischof Schönherr kam. Honecker erklärte dabei unter ausdrücklichem Hinweis auf die gesellschaftlichen Ziele der DDR und besonders auf die Erhaltung des Friedens: „Den Kirchen als Kirchen im Sozialismus eröffnen sich heute und künftig viele Möglichkeiten des Mitwirkens an diesen zutiefst humanistischen Zielen".

Das Gespräch vom 6. März 1978 bestätigte die Neuorientierung der Kirchenpolitik der SED, wie sie sich seit 1971 schrittweise vollzogen hatte. Die Partei verzichtete zunehmend auf die unter Ulbricht übliche Praxis, durch die CDU der DDR sowie kollaborierende Organisationen wie den − stets bedeutungslos gebliebenen − „Bund evangelischer Pfarrer" die Kirche öffentlich unter Druck zu setzen oder sie von innen her zu unterwandern. „Eine Sozialisierung der Kirche wird es nicht geben", erklärte Politbüromitglied Paul Verner bereits 1971. Seit 1973 verzichtete die Regierung weitgehend auf das ein Jahrzehnt lang benutzte Kampfmittel, mit Hilfe der Veranstaltungsverordnung außergottesdienstliche kirchliche Aktivitäten zu regulieren oder zu verhindern. Im gleichen Jahr gestand Honecker auch den Repräsentanten des Kirchenbundes, die zum „Weltkongreß der Friedenskräfte" nach Moskau fuhren, ein Mandat der gesamten Gesellschaft der DDR zu. 1976 räumte die Partei den Kirchen das Recht ein, in sogenannten sozialistischen Städten und Wohngebieten Kirchen oder Gemeindezentren zu errichten. Schon vorher war ein „Sonderbauprogramm" angelaufen, in dessen Rahmen mit westlichen Geldspenden vorhandene kirchliche Gebäude wiederhergestellt oder zweckmäßig umgebaut werden. Insbesondere das Neubauprogramm wurde von beiden Seiten als Signal dafür interpretiert, daß der Staat auf nicht absehbare Zeit mit Existenz und Wirken der Kirchen auch in der sozialistischen Gesellschaft rechnet und dies zu akzeptieren gewillt ist.

Das *Gespräch zwischen Staat und Kirche* vom 6. März 1978 war, anders als die Verhandlungen der fünfziger Jahre, nicht rückwärts auf die Regulierung angestauter Konflikte gerichtet, sondern sollte eine längerfristige Grundlage für ein konstruktives Verhältnis bringen, das aus der ständigen Konfrontation herausführt, bei gegenseitiger Respektierung der Identität des Partners das Verständnis füreinander fördert und da, wo Übereinstimmung erzielt wird, Zusammenarbeit ermöglicht. Der für Kirchenfragen zuständige Staatssekretär Klaus Gysi hat die durch den 6. März gekennzeichnete Kirchenpolitik unter Honecker später mehrfach als „historisches Experiment" bezeichnet, mit dem die SED die Besonderheit des Protestantismus berücksichtige. Gegenüber Honecker bezeichnete Bischof Schönherr die „Kirche im Sozialismus" als eine Kirche, „die dem christlichen Bürger und der einzelnen Gemeinde hilft, daß sie einen Weg in der sozialistischen Gesellschaft in der Freiheit und Bindung des Glaubens finden und bemüht sind, das Beste für alle und das Ganze zu suchen".

Manfred Stolpe, damals Leiter des Sekretariats des Kirchenbundes, faßte 1980 das Ergebnis des Spitzengesprächs so zusammen: „Der Kirche ist heute als eigenständiger Größe in aller Form gesellschaftliche Bedeutung und Mitspracherecht zuerkannt worden. Ihre eigene Mitverantwortung für die Zukunft aller ist unbestritten. Die Kirche wird demzufolge nicht mehr als Institution des Klassengegners, sondern als eigenständige gesellschaftliche Kraft gewertet." So eindeutige Definitionen werden von der staatlichen Seite allerdings nicht bestätigt. Daß die Kirche im Sozialismus als gesellschaftlicher Faktor zu berücksichtigen ist, wird anerkannt; was das jeweils bedeutet, bleibt aber offen. Staatssekretär Gysi setzte 1981 der Stolpeschen These ein prozessuales Verständnis entgegen: „Solange die Kirche Kirche bleibt, wird sie eigenständig sein müssen. Wir sind der Meinung, sie wird auf diese Weise nie voll integriert in unsere Gesellschaft sein als eine gesellschaftliche Kraft. Aber trotzdem steht vor uns die Aufgabe, einen Modus vivendi zu finden ... Wir sehen, daß ein großer Teil des langen Weges als gemeinsamer Weg vor uns liegt. Das zwingt uns dazu, zu überlegen, wie wir ihn gemeinsam gehen."

Mit der Formel von der zu respektierenden Eigenständigkeit der Kirche ist der ideologische Anspruch Ulbrichts auf „kameradschaftliche Zusammenarbeit von Marxisten und Christen unter Führung der Partei der Arbeiterklasse" aufgegeben und im Prinzip das Recht der Kirche auf abweichende, kritische Stellungnahmen und Handlungen anerkannt worden. Allerdings sollen Auseinandersetzungen möglichst nicht öffentlich geführt, Konflikte vielmehr in vertraulichen Gesprächen geklärt werden. Das hat den evangelischen Kirchenbund jedoch nicht gehindert, sich in zahlreichen auch öffentlich abgegebenen Stellungnahmen zum Anwalt von Wünschen und Kritik der Bevölkerung zu machen, insbesondere was stärkere Partizipation der Bürger an politischen Entscheidungen, offene Diskussion und Freiheitsrechte angeht. Die der Kirche zugestandene Eigenständigkeit kam in den achtziger Jahren zumal in der Friedensarbeit zum Ausdruck. Die Kirche wendet sich gegen die zunehmende Militarisierung der Gesellschaft der DDR, tritt für Wehrdienstverweigerer ein und begründet einen politikfähigen Pazifismus. Auch in gemeinsamen Erklärungen mit der EKD wird die besondere Friedensverantwortung der Deutschen hervorgehoben. Beide Kirchen haben sich verpflichtet, gemeinsam und jede für sich im eigenen Bereich den Prozeß der Entspannung zu fördern. Unter dem Schutz der Kirche sammelten sich in der DDR kritische Friedens- und Umweltgruppen. Aus ihr heraus ist die Bewegung „Schwerter zu Pflugscharen" entstanden, die den Staat 1981/82 zu restriktiven Gegenmaßnahmen herausforderte.

Die *römisch-katholische Kirche* steht dem Konzept der „Kirche im Sozialismus" skeptisch gegenüber. Im Interesse der pastoralen Sorge für die in doppelter Diaspora lebende „kleine Herde" von Katholiken in der DDR verhält sie sich in der Öffentlichkeit weithin politisch abstinent, nimmt nur in seltenen Ausnahmefällen kritisch und nie positiv Stellung zu gesellschaftlichen Verhältnissen in der DDR. Die positiven kirchenpolitischen Entwicklungen in der Ära Honecker sind jedoch auch ihr zugute gekommen. Den Souveränitätsbedürfnissen der DDR ist der Vatikan dadurch entgegengekommen, daß er die in der DDR gelegenen Teile westdeutscher Diözesen Bischöfen unterstellt hat, die als apostolische Administratoren tätig sind, ohne daß jedoch die Bistumsgrenzen formal den Staatsgrenzen angepaßt wurden. Nur einer der sieben katholischen Jurisdiktionsbezirke, die Diözese Meißen, ist ein Bistum, das vollständig auf dem Boden der DDR liegt.

Trotz der sich aus den Aktivitäten im evangelischen Bereich immer wieder ergebenden Spannungen im Verhältnis von Staat und Kirche hat die Partei die eigenständige und sich vielfältig entfaltende kirchliche Arbeit nicht mehr administrativ einzuschränken versucht. Auch in den staatlichen Medien erhielten die Kirchen mehr Öffentlichkeit, bis hin zur Einräumung von Sendezeit für den Kirchenbund im Fernsehprogramm. Einen Höhepunkt brachte 1983 das Lutherjahr, in dem sieben evangelische Kirchentage insgesamt fast 200000 Menschen zu freier und öffentlicher Diskussion von Glaubens- und Lebensfragen zusammenführten. 1987 konnte erstmals in Berlin (Ost) ein evangelischer Kirchentag stattfinden. Im gleichen Sommer fand in Dresden ein DDR-weites Treffen von fast einhunderttausend katholischen Christen statt.

Volksbildung und Erziehungswesen

von Dietmar Waterkamp

Schon im Jahre 1945 wurde auf Veranlassung der SMAD in der sowjetisch besetzten Zone Deutschlands die Deutsche Zentralverwaltung für Volksbildung eingerichtet, aus der 1949 das Ministerium für Volksbildung hervorging. Die Wahl des Namens „Volksbildung" war programmatisch. Er knüpfte an die bildungspolitische Arbeit der deutschen Sozialdemokraten in Großstädten in den Jahren der Weimarer Republik an, die Volksbildungsämter geschaffen hatten, um die Bestrebungen zur Bildung der Arbeiterschaft zusammenzuführen und zu unterstützen. Der *Begriff der Volksbildung,* den die verantwortlichen Bildungspolitiker und Pädagogen in der SBZ hatten, ging jedoch über die Ziele der sozialdemokratischen Bildungspolitik in der Weimarer Republik hinaus. Es ging ihnen nicht nur um das korrektive Ziel, ungerechtfertigte Hemmnisse für den Bildungswillen der Arbeiter- und Bauernschicht zu beseitigen, sondern um ein Ziel der Neugestaltung: nämlich ein einheitliches Bildungswesen zu schaffen, das keine Tendenz zur sozialen Differenzierung aufweisen und keine Chance mehr zur Klassifizierung der Menschen in „höher" und „niedrig" Gebildete bieten sollte.

Der Weg zur Verwirklichung dieses Zieles erwies sich als weitaus schwieriger, als es die Reformer in den Jahren nach dem Kriege angenommen hatten. Als die wesentliche Schwierigkeit erwies sich die Frage, wie es gelingen könnte, die berufliche Bildung inhaltlich so auszuweiten, daß sie ein wesentliches Teilstück eines neuen Weges zur Hochschulbildung werden könnte, der zusätzlich die Fachschulbildung einzuschließen hätte. Würde es gelingen, diesen Bildungsweg zum bestimmenden Weg zu machen, so stünde die Hochschulbildung im Prinzip allen Bürgern offen, da das Erlernen eines Arbeitsberufs weitere Bildungsmöglichkeiten eröffnen würde. Die Oberschulbildung hätte in ihrer Bedeutung als Zubringerin zur Hochschulbildung an den Rand gedrängt werden können. Zu ihrem theoretisch bestimmten Bildungsverständnis, das mehr auf Auslese als auf Förderung angelegt war, hatten die Arbeiter- und die Bauernschicht im Unterschied zur bürgerlichen keinen Zugang gefunden.

Nach herben Enttäuschungen in den fünfziger Jahren und zu Beginn der sechziger Jahre, die vor allem daher rührten, daß die ökonomischen Leistungserwartungen an die Berufsbildung so stark waren, daß ihre bildende Funktion eher eingeschränkt als entfaltet wurde, schien im Jahre 1965 mit der Schaffung des „Gesetzes über das einheitliche sozialistische Bildungssystem" endlich das *Ziel eines einheitlichen Bildungswesens* erreicht, das der sozialen Differenzierung zumindest auf längere Sicht keine Chance mehr geben würde. In sozialer Hinsicht basierte es auf der Vorstellung einer Bildungsgesellschaft, die wiederum von der Idee des lernenden Arbeiters getragen wurde. In bildungstheoretischer Hinsicht war es von dem Gedanken der Wissenschaftsorientierung der Bildung geprägt. Die zehnklassige allgemeinbildende polytechnische Oberschule sollte als Pflichtschule das Fundament für ein möglichst lebenslanges Bildungsstreben legen. Einige Schüler sollten sogleich in die Erweiterte Oberschule (EOS), also die Abiturbildung, und sodann in das Studium an einer Hochschule oder Universität übergehen. Die große Mehrheit sollte in eine Berufsausbildung als den Anfang eines weitergehenden beruflich orientierten Lernens eintreten, das sich nicht nur auf Formen der beruflichen Weiterbildung, sondern auch auf die Fachschulbildung und auf die Hochschulbildung vor allem in den technischen Fächern erstrecken konnte. Schließlich war vorgesehen, einen kleineren Teil der Schüler zu der Doppelbefähigung des Facharbeiters und des Abiturienten und von da aus in ein technisches Studienfach an den Hochschulen zu führen. Der polytechnische Unterricht, der in den Klassen 7 bis 10 der zehnklassigen allgemeinbildenden polytechnischen Oberschule erteilt wurde, sollte die Mehrheit der Schüler auf ihre bevorstehende Berufsrolle als Facharbeiter vorbereiten, ihnen jedoch soviel Verständnis und Interesse für Technik und Technikwissenschaften mitgeben, daß sie sich nicht mit der stetigen Wiederholung des einmal Gelernten zufriedengeben würden. Universitäten, Hochschulen und Fachschulen erhöhten in der zweiten Hälfte der sechziger Jahre ihre Zulassungsziffern beträchtlich und entfalteten eine Sogwirkung auf die vorgelagerten Formen der Bildung.

Mit dieser *Konstruktion eines einheitlichen Bildungswesens,* das auch in der Bundesrepublik Deutschland stark beachtet wurde, war zugleich der Höhepunkt des Strebens, soziale Einheit durch Bildung zu erlangen, erreicht, denn in den siebziger Jahren zeigte sich, daß dieses Streben die Möglichkeiten der Bildung in der DDR sowohl in ökonomischer als auch in motivationaler Hinsicht überforderte. Die Wirtschaftsorgane erzwangen schon zu Beginn der siebziger Jahre Änderungen am inhaltlichen Konzept der Berufs- und der Fachschulbildung, die sich dann teilweise auch auf die Hochschulbildung ausweiteten und schließlich die polytechnische Bildung erreichten. Die Änderungen zielten vor allem auf die Sicherung einer ökonomisch effizienten Arbeitsleistung der Absolventen. Für alle diese Ausbildungsformen wurden in den siebziger Jahren neue Lehrpläne entworfen, die theoretische Ansprüche zurücknahmen und mehr Zeit für praktische Übungen, durchaus auch mit spezialisierender Richtung, vorsahen. Schon zu Beginn der siebziger Jahre waren die Zulassungszahlen für die technischen, naturwissenschaftlichen, mathematischen und wirtschaftswissenschaftlichen Studienrichtungen an den Universitäten, Hochschulen und Fachschulen um 20 bis 50% gesenkt worden, da die Prognosen über einen stark wachsenden Bedarf an Hoch- und Fachschulkadern, die in der zweiten Hälfte der sechziger Jahre gegeben worden waren, inzwischen als unrealistisch galten. Von dieser Reduktion waren das Fern- und das Abendstudium − also die beiden Studienformen, die besonders von Berufstätigen wahrgenommen wurden − am stärksten betroffen. Die Tatsache, daß die Abbrecherquote in diesen beiden Studienformen deutlich höher lag als im Direktstudium, wies darauf hin, daß diese Studienformen für die Studierenden eine höhere Belastung darstellten. Die andere Tatsache, daß die von der Planung vorgesehenen Aufnahmeziffern in diesen Studienformen meistens nicht erreicht wurden, ließ erkennen, daß weder die Betriebe, die ihre besten Facharbeiter zum Studium delegieren sollten, noch die Facharbeiter selbst immer eine hinreichende Motivation zur Wahrnehmung dieser Studienmöglichkeiten hatten. Im Jahre 1983 faßte die politische Führung einen Beschluß, der die Möglichkeiten von Facharbeitern, ein Studium zu ergreifen, sehr stark beschränken wird. Die technischen und ökonomischen Fachschulen werden etwa 1990 zum größeren Teil in Hochschulen integriert und zu einem kleineren Teil zu Techniker- und Wirtschaftlerschulen herabgestuft werden, so daß sie in die kontinuierlichen Bildungswege, sei es nach Abschluß der 10. Klasse oder sei es nach dem Abitur, eingeordnet werden. Mit dieser Entscheidung trug die politische Führung dem Argument Rechnung, daß eine Unterbrechung des Lernweges durch eine längere Phase der Arbeitstätigkeit den Lernerfolg schmälern könne.

In den achtziger Jahren machten bildungssoziologische Untersuchungen deutlich, daß das Bildungswesen in der DDR durchaus wieder eine sozial differenzierende Wirkung entfaltet, da unter den Studenten der Anteil derer, die Hoch- oder Fachschulkader zu Eltern haben, deutlich zunimmt. Diese Erscheinung wird von der Mehrheit der Soziologen als durchaus erwartet und in gewissen Grenzen auch als erwünscht bezeichnet, da sie das Leistungsstreben dieser Elternhäuser ausdrücke, ohne eine Diskriminierung der Schicht der Arbeiter und Bauern zu enthalten. In den achtziger Jahren verstärkten sich ebenfalls die Bestrebungen, schädliche Folgen des Einheitsstrebens, insbesondere die Unterforderung der leistungsfähigen Schüler und Studenten, zu kompensieren. So vermehrt sich an den Universitäten und Hochschulen die Zahl der Differenzierungen durch besondere Förderung und individuelle Betreuung von Beststudenten, und im Bereich der außerschulischen Bildung vermehren sich die Formen der Auslese und Förderung der leistungsstärksten Schüler in einzelnen Fächern.

Das Streben nach einem einheitlichen Bildungswesen stand in der DDR nicht unter dem Grundsatz, das individuelle Bildungsstreben zu ermöglichen und zu fördern, sondern folgte dem Prinzip, das individuelle Bildungsstreben so zu steuern, daß die sozialen Schichten der Arbeiter und Bauern entsprechend ihrem zahlenmäßigen Gewicht in der Bevölkerung auf den oberen Stufen des Bildungswesens vertreten seien. Die Förderung einzelner im Bildungswesen geschah also nicht zu ihrem persönlichen Nutzen, sondern zum Nutzen der Gesellschaft. Das Studium war daher als Auftrag zu verstehen, und es erschien selbstverständlich, den Absolventen ihren Arbeitsplatz zuzuweisen. Der Auftraggeber war – allgemein gesprochen – die Gesellschaft und – konkret gesprochen – die SED. Die Bildung ist daher, schon seit 1946, mit einer Erziehung verknüpft, die sicherstellen soll, daß nicht in erster Linie zum individuellen Nutzen, sondern vor allem im Interesse des Kollektivs gelernt wird. Diese Erziehung soll die individuellen Beweggründe in eine sozial-kollektive Motivation umlenken, die sich zugleich auf das Wohl der kleinen Gruppe, das Wohl der Gesellschaft und jener Partei richtet, die beansprucht, als einzige das gesellschaftliche Interesse definieren zu können. Die Erziehung hat daher insofern eine korrektive Funktion gegenüber der Bildung, als sie verhindern soll, daß die Bildung eine eigene geistige Dynamik entfaltet. Der Kern der Erziehung ist die Vermittlung eines ideologischen Bewußtseins, das von der Identität der individuellen und der kollektiven Interessen überzeugt ist.

In den sechziger Jahren wurde ein *Erziehungskonzept* entwickelt, das dieses Bewußtsein vorwiegend mit den intellektuellen Mitteln der historischen und philosophisch-moralischen Beweisführung erreichen wollte. Seit den siebziger Jahren treten jedoch wieder Erziehungsformen in den Vordergrund, die auf eine unmittelbare Prägung des Verhaltens zielen, vor allem durch Teilnahme an kollektiven Handlungen. Während die Bildungsinstitutionen sich auf die ideologische Erziehung konzentrieren und immer wieder den Konflikt zwischen dem Bildungswissen und dem ideologischen Wissen erfahren, können die Erziehungsfaktoren, die nicht nur innerhalb der Bildungsinstitutionen, sondern auch außerhalb ihrer wirken, direktere Formen der Verhaltensformung anwenden. Es sind dies die Pionierorganisation „Ernst Thälmann", die FDJ und die Gesellschaft für Sport und Technik (GST).

Unter den Formen einer solchen Erziehung – nämlich der *Kollektiverziehung,* der *Arbeitserziehung* und der *Erziehung durch militärische Übungen* – gewinnt seit den siebziger Jahren die letztere besondere Bedeutung. Die Pionierorganisation beteiligt sich an ihr durch Pioniermanöver, die FDJ und die GST organisieren gemeinsam mit den Bildungsinstitutionen bzw. Ausbildungsstätten die Lehrgänge der Wehrausbildung und die vormilitärischen Lehrgänge. Sie gehören seit 1978 bereits zum Programm der zehnklassigen allgemeinbildenden polytechnischen Oberschule auf den Klassenstufen 9 und 10. Insbesondere von den Jungen wird verlangt, ihr Bekenntnis zum Staat frühzeitig durch ein aktives Bekenntnis zu seiner Armee unter Beweis zu stellen. Es ist für sie schwieriger geworden, ein Studium zu erreichen, ohne sich zumindest für eine dreijährige Militärdienstzeit zu verpflichten.

Den Kindern und Jugendlichen tritt die Erziehung oftmals als Disziplinierung entgegen, hinter der nicht nur die Autorität der Bildungsinstitution, sondern letztlich diejenige der Armee steht. Neben den *Formen des passiven Ausweichens* durch Stummheit oder Heuchelei gab es in den achtziger Jahren auch *Formen des aktiven Ausweichens* durch die Selbstorganisation von Jugendlichen, die zu einzelnen öffentlichen Initiativen führte. Den geistigen Raum der politischen Sinnfindung und -gebung engen die öffentlichen Erziehungsträger durch das Gebot ein, angesichts einer Bedrohung von außen die Geschlossenheit und Einheitlichkeit zu wahren. Als Kompensat hat die FDJ die Möglichkeiten zur Befriedigung elementarer Bedürfnisse symbolischer und körperlicher Art erweitert, so vor allem durch die Förderung der Rockmusik, deren Textgestaltung sie allerdings kontrolliert, und durch die Liberalisierung der sexuellen Moral.

Schema des Bildungswesens

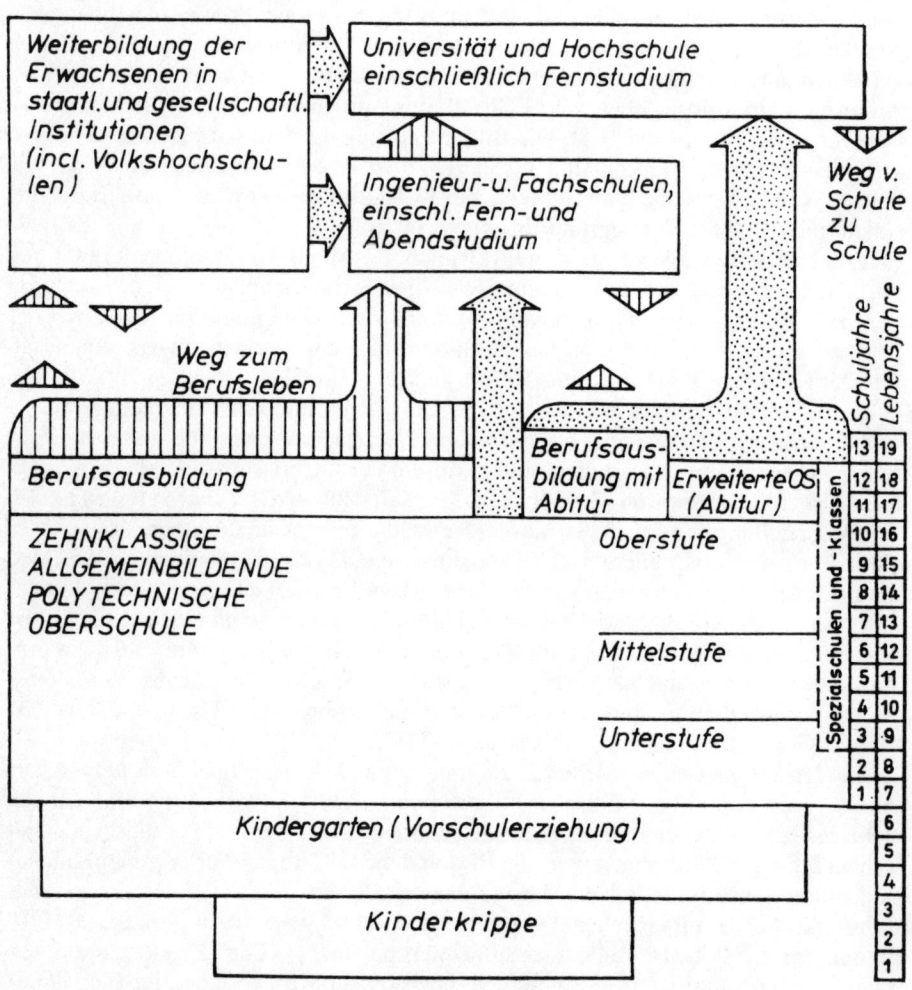

(Quelle: Institut für Hochschulbildung (Hg.), Das Hochschulwesen der DDR, Berlin (Ost) 1980, S.26)

Jugend und Jugendpolitik

von Barbara Hille

Der *Jugend* wird in der DDR ausdrücklich eine wichtige Rolle als Träger und Garant der Zukunft zuerkannt. Deshalb wurde die *Jugendpolitik* mit dem Ziel einer erfolgreichen Eingliederung der gesamten jungen Generation in das bestehende politische und gesellschaftliche System systematisch ausgebaut. Sie fügt sich in den Rahmen der durch den Marxismus-Leninismus bestimmten gesamtgesellschaftlichen Zielvorstellungen ein. Ihre Instrumente sind u.a. das Bildungsgesetz (1965), das Familiengesetzbuch (1965), das Arbeitsgesetzbuch (1977) und insbesondere das im Jahre 1974 verabschiedete 3. Jugendgesetz. Die darin manifestierte Jugendpolitik hat im wesentlichen eine erzieherische Funktion. Sie orientiert sich an dem Leitbild der „sozialistischen Persönlichkeit", deren vorbildliche Eigenschaften im Jugendgesetz (JG) detailliert beschrieben werden: „Verantwortungsgefühl für sich und andere, Kollektivbewußtsein und Hilfsbereitschaft, Beharrlichkeit und Zielstrebigkeit, Ehrlichkeit und Bescheidenheit, Mut und Standhaftigkeit, Ausdauer und Disziplin, Achtung vor den Älteren, verantwortungsbewußtes Verhalten zum anderen Geschlecht" (§ 1, Abs. 2).
Der Schwerpunkt für die Verwirklichung dieser Zielsetzungen liegt im *Bereich der Arbeit:* „Alle jungen Menschen sollen sich durch sozialistische Arbeitseinstellung und solides Wissen und Können auszeichnen, hohe moralische und kulturelle Werte ihr eigen nennen und aktiv am gesellschaftlichen und politischen Leben, an der Leitung von Staat und Gesellschaft teilnehmen" (JG, § 1, Abs. 2). Die zentrale Rolle der Arbeit für den Menschen im Sozialismus bleibt damit offiziell unbestritten. Entsprechend richten sich die meisten der im Jugendgesetz fixierten Maßnahmen auf die schulische und berufliche Qualifikation, vor allem auf den planmäßigen, effektiven Einsatz in der Produktion, u.a. in speziellen Jugendobjekten, Jugendbrigaden und Jugendforscherkollektiven. Die Förderung konzentriert sich auf diejenigen Jugendlichen, deren schulische und berufliche Entwicklung weitgehend reibungslos, termingerecht und positiv verläuft. Sie sind die Mehrheit innerhalb der Jugendbevölkerung. Die in den sechziger Jahren eingeleiteten Maßnahmen zur Schaffung eines qualifizierten Facharbeiternachwuchses haben inzwischen zu einer generellen Verbesserung des Bildungsniveaus, insbesondere der schulischen und beruflichen Qualifikation, geführt. Vor allem die Mädchen und jungen Frauen haben Bildungsrückstände voll aufgeholt und analoge (teils bessere) schulische und berufliche Abschlüsse erreicht. Allerdings nutzen sie den Zugang zu technisch-industriellen Berufen nur begrenzt und bevorzugen mehrheitlich die traditionell „weiblichen" Berufe: Dienstleistungsbereich, Pflege, Erziehung, Verkauf, Büro, Verwaltung. Demgegenüber orientieren sich Berufsvorbereitung und -beratung in der Schule (und den Berufsberatungszentren) streng an den auf der Basis der zentralen sowie regionalen und lokalen Wirtschaftspläne berechneten Stellenbedarfsplänen und lenken schwerpunktmäßig in Berufe in Industrie, Landwirtschaft und Bauwirtschaft. Davon abweichende Berufsperspektiven (insbesondere der Mädchen) müssen während der Schulzeit rechtzeitig in die offiziell erforderliche Richtung gelenkt werden. Das wirkt sich teilweise hemmend auf berufliche Interessen und Motivationen aus.
Außerdem bleibt pro Abschlußjahrgang ein relativ konstanter Anteil von ca. 15 % ohne regulären Abschluß der zehnklassigen Pflichtschule (Polytechnische Oberschule). Für diese Jugendlichen sind Ausbildungen und Abschlüsse in speziellen (meist einfachen) Berufen vorgesehen, für die eine geringere schulische und berufliche Leistung und Qualifikation erforderlich ist. Außer der Leistung spielen beim Übergang zu hö-

herer schulischer und beruflicher Qualifikation, insbesondere bei der Aufnahme in die zum Abitur führende Erweiterte Oberschule (EOS) sowie zum Studium, weitere Selektionskriterien eine wichtige Rolle, nämlich gesellschaftlich-politische Aktivitäten, insbesondere in der FDJ, und die Zugehörigkeit der Eltern zur Arbeiterklasse. Jugendliche, die den Leistungsanforderungen und Normvorstellungen einer sozialistischen Arbeitsmoral nicht entsprechen, können mit vielfältigen Mitteln der Kontrolle, der sozialen Einbindung (insbesondere in das Arbeitskollektiv) sowie in negativer Ausformung („Arbeitsbummelanten", „Rowdies", „Asoziale") im Rahmen der Kriminalitätsbekämpfung diszipliniert und bestraft werden. Durch das Arbeitsgesetzbuch (1977) und vor allem das Strafgesetzbuch (1977) sind für Abweichungen enge Grenzen gezogen.

Neben der Disziplinierung über die Arbeit wurde vor allem in den siebziger Jahren die *politisch-ideologische Erziehung,* die bereits in der Kinderkrippe einsetzt, insbesondere in Schule und Jugendverband systematisch ausgebaut und intensiviert. Besonderes Gewicht hat seit Einführung der Wehrerziehung in den Schulen (1979) die vormilitärische bzw. paramilitärische Erziehung erhalten. Eine gezielte, kritische Auseinandersetzung mit Positionen des „Klassengegners" soll zugleich der Abgrenzung und ideologischen Aufarbeitung von westlichen Einflüssen, zunehmenden Westkontakten und Reisen in das „nichtsozialistische Ausland" (vornehmlich in die Bundesrepublik Deutschland) dienen. Die Wirksamkeit dieser erzieherischen Bemühungen scheint begrenzt, zumal insbesondere die Jugendlichen der achtziger Jahre dazu neigen, die politische Zielsetzung und Programmatik an der täglich erfahrbaren Realität der DDR zu messen und gegenüber den westlichen Verhältnissen abzuwägen. Die erzieherischen Einflüsse sollen − wie im Jugendgesetz verdeutlicht − bis in das Erwachsenenalter hineinwirken. Zugleich werden Jugendliche frühzeitig in die Pflicht und Verantwortung genommen.

Entsprechend unterschiedlich sind die *Altersabgrenzungen.* Das Jugendgesetz gibt als obere Altersgrenze das 25. Lebensjahr an. Demgegenüber beziehen sich die meisten für Jugendliche einschlägigen Gesetze auf die kurze Altersspanne von 14 bis 18 Jahren. Das vollendete 18. Lebensjahr gilt als Beginn des Erwachsenenstatus mit allen Pflichten, Verantwortlichkeiten und Rechten (z.B. volle strafrechtliche Verantwortung, aktives und passives Wahlrecht, Ehemündigkeit). Infolge der relativ kurzen Schul- und Ausbildungszeit (durchschnittlich 10 Schuljahre und zweijährige Lehre, Abitur nach 12 Schuljahren) endet für die meisten Jugendlichen die Schul- und Berufsbildung ebenfalls mit dem 18. Lebensjahr. Zugleich tragen die Jugendlichen selbst zu einer Verkürzung der Jugendphase durch frühe Eheschließung und Familiengründung bei. Somit bleibt insgesamt wenig Zeit zur Ausprägung von Merkmalen und Verhaltensweisen, die in der westlichen Jugendforschung als jugendtypisch gelten, z.B. das Experimentieren und die Suche nach neuen Informationen und Lebensformen, die kritische Auseinandersetzung mit und die Abkehr von bestehenden Werten bis zur Konfrontation mit den Erwachsenen und dem System. Derart geprägte jugendliche „Subkulturen" deuten sich in der DDR allenfalls in kleinen Zirkeln einer regional begrenzten, alternativen Großstadt-„Szene" an. Sie beschränken sich meist auf den Freizeitbereich und tangieren nur selten die beruflichen und politischen Aufgaben und Pflichten.

Bei der Verwirklichung der jugendpolitischen Zielsetzungen kommt der *Freien Deutschen Jugend (FDJ),* der einzigen in der DDR zugelassenen Jugendorganisation neben der Kinderorganisation (Pionierorganisation „Ernst Thälmann"), die zentrale Rolle zu. Die insgesamt hohen Mitgliedszahlen weisen auf das Ausmaß der Einflußmöglichkeiten hin. Von den 6- bis 14-jährigen Schülern/innen gehören fast 100% der Pionierorganisation an. Mit der Jugendweihe, die wesentlicher Bestandteil der zu absolvierenden Pflichten ist, wird der Eintritt in die Jugendorganisation feierlich vollzogen. Der Anteil der in der FDJ organisierten Jugendlichen im Alter von 14 bis 25 Jahren beträgt ca. 75%. An der FDJ kommt letztlich kein Jugendlicher vorbei, der eine höhere schulische und berufliche Qualifikation anstrebt. Dementsprechend stellen Schüler/innen der EOS sowie Studenten/innen die höchsten Mitgliederanteile, neben Angehörigen der Streitkräfte. Am wenigsten wird nach wie vor die Arbeiterjugend, die eigentlich tragende Klasse im Sozialismus, über die FDJ erreicht. Generell ist das aktive Engagement bei den Jüngeren und den Mädchen am größten. Es nimmt mit Berufseintritt und Familiengründung erheblich ab. Dabei ist der politische Druck im Jugendalter am stärksten, zumal Leistungsnachweise in Schule, Berufsausbildung und Studium an das politische Engagement gekoppelt sind. Je länger und qualifizierter die Ausbildung ist, um so größer sind die Möglichkeiten der langfristigen konkreten Einflußnahme durch die FDJ in engem Zusammenwirken mit Schule, Betrieb, Universität und NVA. Andererseits neigen gerade die höher Qualifizierten verstärkt zu kritischer Auseinandersetzung. Mit Abschluß der Berufsausbildung und nachfolgender Berufstätigkeit verringert sich der Druck, sofern keine weitere berufliche Karriere angestrebt bzw. offiziell erwartet und gefördert wird.

Die *Auswirkungen der vielfältigen Einflußnahme* auf die junge Generation sind somit differenziert zu betrachten. Insbesondere für die Schulkinder ist die Zugehörigkeit zur Pionierorganisation selbstverständlich und erstrebenswert. Über die FDJ werden für die Jugendlichen neben den beruflichen Chancen die meisten attraktiven Freizeitangebote erst zugänglich (z.B. Reisen in das „sozialistische Ausland"). Teils werden informelle Freizeitpräferenzen in das organisierte Freizeitleben eingebunden (z.B. Diskotheken). Dennoch hat die *nicht organisierte Freizeit* auf seiten der Jugendlichen höchste Priorität. Sie verschaffen sich in der Gruppe gleichaltriger Freunde Gegengewichte zu den vielfältigen Anforderungen, Pflichten und Kanalisierungen. Damit entgleiten sie teilweise den Intentionen sozialistischer Erziehung. Der Einfluß westlicher Medien, die Faszination durch Rock und Pop, die Fixierung auf westlichen Konsum, dazu Modetrends in Musik und Kleidung, schließlich der Wunsch nach Reisen in die Bundesrepublik Deutschland (bzw. in das „nichtsozialistische Ausland") sind bei der Jugend der achtziger Jahre besonders stark ausgeprägt.

Einen hohen Stellenwert hat außerdem für die meisten Jugendlichen die *Familie*. Die Eltern fungieren für viele noch als Ratgeber und Vertrauenspersonen. Die meisten Jugendlichen wünschen sich außerdem eine eigene Familie mit durchschnittlich zwei Kindern und berufstätigen Eltern. Diese Einstellung steht in Übereinstimmung mit den offiziellen Erwartungen. Allerdings haben sich Schwangerschaften sowie Eheschließung und Familiengründung auf ein relativ frühes Lebensalter vorverlagert, was häufig zu einer Überforderung der jungen Paare und steigenden Scheidungsziffern führt. Mit der Familiengründung geht in der Regel eine Einschränkung gesellschaftlicher und politischer Aktivitäten insbesondere bei den jungen Frauen und Müttern einher. Statt dessen übernehmen die jungen Eltern frühzeitig weitreichende familiäre Pflichten. Jugendliche Unruhe wird auf diese Weise zusätzlich gebunden in Form unpolitischer und doch indirekt wirksamer politischer Kontrolle. Die Mehrheit lebt somit in ihrem Lebensalltag eher unauffällig ohne spezielles politisches Engagement und richtet den Blick auf das jeweils aktuell Abgeforderte in zeitlich kurzen Sequenzen (Schulabschluß, NVA, Berufsausbildung und -abschluß, Familiengründung). Sie arrangiert sich dabei im Rahmen ihrer Lebensverhältnisse, fügt sich ein in Schule, Betrieb, Massenorganisation und erfüllt ihre täglichen Aufgaben zuverlässig und regelmäßig. Weitreichende Zukunftsperspektiven treten dahinter zurück. Ähnlich wie die Erwachsenen streben sie früh nach dem kleinen (bürgerlichen) Glück mit Auto, Haus und Datsche. Immerhin spielt sich damit eine unauffällige, langfristige Distanzierung von der herrschenden Ideologie ab. Sofern die Jüngeren gesellschaftlich engagiert sind, geht es ihnen weniger um grundlegende Kritik und Ablehnung des bestehenden politischen und gesellschaftlichen Systems und seiner Prinzipien, sondern um Verbesserungen und Reformen in der praktischen Ausführung und Umsetzung.

Kritische politische Positionen artikulieren sich erstmals in den achtziger Jahren in Form von (den westlichen verwandten) Initiativen und Aktionen (z.B. Frieden, Ökologie) kleiner, engagierter Gruppen und Zirkel, die bislang meist im Schutzraum der (evangelischen) Kirche existieren. Ihre Ausstrahlung ist zwar ungewiß, dennoch geben sie Hinweise auf bestimmte *Grundstimmungen innerhalb der Jugendbevölkerung.* Das in westlichen Medien vermittelte Bild einer generell unruhigen, kritischen, protestierenden Jugend in der DDR ist zumindest unzutreffend. Die politischen Rahmenbedingungen lassen dafür bislang wenig Spielraum. Allenfalls der Rückzug in der Freizeit auf den privaten Bereich von Familie und Freundeskreis wird hingenommen, wenngleich zunehmend kritisiert. Demgegenüber unterliegt öffentlich geäußerte Kritik an politischen Prinzipien und Praktiken früher oder später der mehr oder minder subtilen Kontrolle und Sanktionierung seitens der staatlichen Organe. Vor allem die Eltern werden zunehmend verantwortlich gemacht. Kritische, auffällige Jugendliche werden z.B. häufig als Kinder aus problematischen oder politisch indifferenten Elternhäusern eingestuft. Das gibt auch die Möglichkeit, systemspezifische Unzulänglichkeiten zu überdecken und sich statt dessen auf die (noch unvollkommenen jungen) Menschen zu konzentrieren, deren Erziehung zu „sozialistischen Persönlichkeiten" noch nicht abgeschlossen und deshalb weiterhin verbesserungsbedürftig ist.

Frauen und Familie

von Gisela Helwig

In seiner Rede vor den 1. Sekretären der SED-Kreisleitungen rügte Erich Honecker am 6. Februar 1987 die geringe Anzahl weiblicher Parteifunktionäre und nannte die *Beteiligung der Frauen an der Führung von Staat und Wirtschaft* „mehr als bescheiden". Es sei notwendig, so der Generalsekretär, „energischer den unterschiedlichsten Vorbehalten entgegenzutreten, die den Einsatz von Frauen in verantwortlichen Funktionen erschweren oder gar unmöglich machen". In allen gesellschaftlichen Bereichen gelte es, „Frauen bis in Spitzenfunktionen einzusetzen".

Ungewohnt deutliche Worte – denn in aller Regel stellt die DDR die Gleichberechtigung von Mann und Frau als eine ihrer größten Errungenschaften heraus. In bezug auf Ausbildung und Beruf erscheint das auch – zumindest auf den ersten Blick – durchaus plausibel. Die DDR hat in diesen Bereichen ohne Zweifel große Anstrengungen unternommen, um für beide Geschlechter gleiche Voraussetzungen zu schaffen. Bereits seit einer Reihe von Jahren sind jeweils rund die Hälfte aller Erwerbstätigen, Lehrlinge, Abiturienten und Studenten weiblich. Durch eine gezielte Berufslenkung hat sich auch das Spektrum der von Frauen ausgeübten Tätigkeiten deutlich verbreitert. In Führungspositionen allerdings sind Männer nach wie vor erheblich überrepräsentiert. Das gilt für die Wirtschaft wie für die Politik. Angeblich wird in Industrie und Landwirtschaft jede fünfte, in der staatlichen Verwaltung jede vierte Leitungsfunktion von einer Frau wahrgenommen.

Doch diese pauschalen Hinweise erlauben keine eindeutige Bewertung der jeweils ausgeübten Tätigkeit. Unbestritten ist jedenfalls, daß die Quote mit der Höhe der Position rapide abnimmt. In der SED macht der Anteil weiblicher Mitglieder rund ein Drittel aus. Dem Zentralkomitee gehören jedoch nur 9,7% Frauen als Vollmitglieder (17,5% als Kandidatinnen) an. Und im Politbüro, dem Machtzentrum der Partei, hat es lediglich zwei Kandidatinnen, aber noch nie ein weibliches Vollmitglied gegeben. Margot Honecker, zuständig für Volksbildung, ist die einzige Frau im Ministerrat der DDR. Wirken hier nur Traditionen und Vorurteile nach, die sich allmählich abbauen lassen, oder werden die herkömmlichen Rollenbilder ständig aufs neue reproduziert? Um diese Frage beantworten zu können, gilt es herauszufinden, ob gleiche Rechte und Pflichten für Mann und Frau in allen Lebensbereichen mit derselben Konsequenz angestrebt werden. Die Hinnahme oder gar Betonung funktionaler Unterschiede auf einem Sektor muß notwendigerweise Ungleichgewichte auf allen anderen nach sich ziehen. Der Vereinbarkeit von Beruf und Familie kommt in diesem Zusammenhang besondere Bedeutung zu.

Die *Ausrichtung auf einen neuen Familientyp* vollzog sich in der DDR bis Anfang der sechziger Jahre eher indirekt. Die traditionellen Aufgaben der Frau wurden zugunsten ihrer Teilnahme am Produktionsprozeß in den Hintergrund gedrängt. Neben dem Mangel an Arbeitskräften waren dafür auch ideologische Motive maßgebend. So gilt in der Gesellschaftstheorie des Marxismus-Leninismus die Teilnahme an der materiellen Produktion als entscheidender Faktor der Persönlichkeitsentwicklung. Wirkliche Gleichberechtigung kann aus dieser Sicht erst dann erreicht werden, wenn möglichst alle Frauen ins Erwerbsleben einbezogen und finanziell unabhängig sind. Das seit April 1966 gültige Familiengesetzbuch (FGB) der DDR orientiert sich an der Ehe als lebenslanger Gemeinschaft, die ihre „volle Entfaltung" und „Erfüllung" durch „die Geburt und die Erziehung der Kinder" erfährt. Laut Präambel soll das FGB allen Bürgern helfen, „ihr Familienleben bewußt zu gestalten". Die Gleichstellung von Mann und Frau hat den Rang eines Grundprinzips: „Sie verpflichtet die Ehegatten, ihre Beziehungen zueinander so zu gestalten, daß beide das Recht auf Entfaltung ihrer Fähigkeiten zum eigenen und zum gesellschaftlichen Nutzen voll wahrnehmen können." Innerhalb der Gesellschaft ist der Familie eine genau umschriebene Stellung zugewiesen. Als „Grundkollektiv" soll sie sich organisch mit anderen Kollektiven (im Haus, am Arbeitsplatz, in der Schule, in Partei- und Massenorganisationen) verbinden, damit ein „Gleichklang von gesellschaftlichen und grundlegenden persönlichen Interessen erreicht wird". Die enge Verknüpfung von juristischen Regelungen und moralischen Postulaten unterstreicht die pädagogische Funktion des Familienrechts in der DDR. Besonders deutlich kommt das in den Anforderungen an die beiden Partnern gemeinsam aufgetragene „elterliche Erziehung" zum Ausdruck. Familie, Kinderkrippe, Kindergarten, Schule und Jugendverband sollen bei der Heranbildung „sozialistischer Persönlichkeiten" an einem Strang ziehen.

Die zunächst eher zögernd anerkannte *Basisfunktion der Familienerziehung* wird seit den siebziger Jahren zunehmend betont. Insbesondere im Bereich der Charakterbildung nehme das Elternhaus Aufgaben wahr, „die durch andere Erziehungsträger nur zum Teil oder gar nicht ersetzt werden können". Ausschlaggebend für diese Einschätzung waren zahlreiche sozialwissenschaftliche Untersuchungen, die den in jeder Hinsicht prägenden Einfluß der Herkunftsfamilie nachgewiesen haben. Bereits wenige Jahre nach Inkrafttretcn des FGB mußten Experten einräumen, daß der Abstand zwischen dem dort skizzierten Leitbild und der Wirklichkeit eher größer als kleiner geworden war. Wie wenig sich das Verhalten vieler Ehepartner in den dort vorgezeichneten Rahmen einordnen ließ, machte insbesondere die Entwicklung in drei wichtigen Bereichen deutlich:

– Immer mehr verheiratete Frauen und Mütter gingen *von Vollbeschäftigung zu Teilzeitarbeit* über.
– Die *Geburtenrate* sank rapide.
– Die Zahl der *Ehescheidungen* nahm kontinuierlich zu.

Ehescheidungen auf 1000 Einwohner

1970	1975	1980	1985
1,6	2,5	2,7	3,1

(Quelle: Statistisches Jahrbuch der DDR 1986, S. 373)

Alle drei Erscheinungen hatten zumindest eine Ursache gemeinsam: Der Versuch, berufliche, gesellschaftliche und häusliche Aufgaben miteinander zu vereinbaren, blieb ein Problem, das die Frauen in den weitaus meisten Fällen allein zu lösen hatten. Erhebungen zur Arbeitsteilung in der Familie unterstrichen diesen Tatbestand. Rund 80% aller häuslichen Pflichten blieben den Frauen überlassen, und viele reagierten auf ständige Überforderung mit unerwünschten Kompromissen: Teilzeitarbeit und/ oder Beschränkung der Kinderzahl. Die Gründe für die hohen Scheidungsziffern sind ohne Zweifel vielschichtiger, aber es gibt genügend Hinweise darauf, daß mangelhafte innerfamiliäre Partnerschaft häufig ernste Konflikte auslöst.

War man bislang davon ausgegangen, daß der stetige Ausbau öffentlicher Einrichtungen zur Kinderbetreuung allen Müttern eine volle Erwerbstätigkeit ermögliche, so sah man sich angesichts der aktuellen Entwicklung zum Umdenken genötigt. Sowohl dem anhaltenden Trend zur Teilzeitbeschäftigung (zwischen 1967 und 1970 Anstieg des Anteils auf über 30%) als auch dem Geburtenrückgang sollte mit gezielten staatlichen Maßnahmen entgegengewirkt werden. Bereits aus dem sozialpolitischen Programm von 1972 ließ sich die Erkenntnis ablesen, daß zwei schwer miteinander zu vereinbarende gesellschaftspolitische Zielsetzungen − kontinuierliche Erwerbsarbeit möglichst vieler Frauen und steigende Geburtenraten − ohne gewisse Abstriche nicht zu realisieren sind. Damals hieß es dazu, da „die Frau − bedingt durch die historische Entwicklung − nach wie vor in der Regel den größten Teil der familiären Aufgaben" trage, müsse ihr mit besonderen Maßnahmen dabei geholfen werden, ihre „berufliche und gesellschaftliche Tätigkeit und Entwicklung" mit der Mutterschaft zu vereinbaren. Zu diesen Maßnahmen zählten neben einem steigenden Angebot an Krippen-, Kindergarten- und Hortplätzen die Differenzierung von Arbeitszeit und Mindesturlaub nach der Zahl der zu versorgenden Kinder, die Erweiterung des Mutterschutzes sowie die besondere Unterstützung junger Mütter, die sich noch in der Ausbildung befinden.

Bereits Mitte 1976 wurden weitere wesentliche Neuregelungen angekündigt: Einführung der 40-Stunden-Arbeitswoche für alle Mütter mit mindestens zwei Kindern unter 16 Jahren, Verlängerung des Schwangerschafts- und Wochenurlaubs von 20 auf 26 Wochen, ein bezahltes Babyjahr vom zweiten Kind an.

Mit 245000 lebend geborenen Kindern erreichte die Geburtenrate der DDR im Jahre 1980 wieder den Stand von 1968. Seither ist erneut ein leichter Rückgang zu verzeichnen. Für 1990 bis 1995 rechnen Bevölkerungswissenschaftler − wegen der sinkenden Zahl von Frauen im gebärfähigen Alter − wiederum mit einem Tiefpunkt. Um einer solchen Entwicklung zuvorzukommen, wird die Drei-Kinder-Familie verstärkt als gesellschaftspolitisch besonders erwünscht propagiert. Seit Mitte 1984 haben erwerbstätige Mütter nach der Geburt des dritten und jedes weiteren Kindes Anspruch auf eineinhalb Jahre bezahlten Urlaub.

Auf dem XI. Parteitag der SED im April 1986 kündigte Generalsekretär Honecker neue Maßnahmen an, mit deren Einführung die Familienförderung in der DDR sozusagen abgerundet wurde und im internationalen Vergleich ein sehr beachtliches Niveau erreichte: Ein bezahltes Babyjahr wird seit dem 1. Mai 1986 bereits vom ersten Kind an gewährt; alle Mütter mit mindestens zwei Kindern haben jetzt Anspruch auf bezahlte Freistellung zur Pflege erkrankter Kinder; die Konditionen für die 1972 eingeführte Vergabe zinsloser Familiengründungsdarlehen (deren Rückzahlung sich bei der Geburt von Kindern vermindert) wurden weiter verbessert. Ein Jahr später, am 1. Mai 1987, folgte eine beträchtliche Erhöhung des Kindergeldes (50 Mark monatlich für das erste, 100 Mark für das zweite, 150 Mark für das dritte und jedes weitere Kind). Wie die Freistellung zur Pflege erkrankter Kinder kann auch das Babyjahr in bestimmten Fällen vom Vater oder einer der Großmütter in Anspruch genommen werden. Auch alleinerziehende Mütter können an den neuen sozialpolitischen Maßnahmen teilnehmen. Hinweise auf diese Möglichkeit finden sich bislang in einschlägigen Publikationen nur äußerst selten. Die gelegentlich zugestandene Alternativlösung hat mithin als Ausnahme zu gelten und nicht als Beitrag für die Einübung eines neuen Rollenverständnisses. Insgesamt stellt sich die Familienförderung in der DDR nach wie vor in erster Linie als Frauenförderung dar. Auf unerwünschte Begleiterscheinungen ist in der Vergangenheit wiederholt aufmerksam gemacht worden. Insbesondere die Familienrechtlerin Anita Grandke von der Ost-Berliner Humboldt-Universität hat in den siebziger Jahren empfohlen, familienbezogene Leistungen möglichst für Mütter oder Väter anzubieten, um so die Gleichberechtigung stärker „über die Einflußnahme auf die Partnerbeziehungen durchzusetzen". In ihrem 1981 erschienenen Buch „Familienförderung als gesellschaftliche und staatliche Aufgabe" stellt sie jedoch fest, daß die Zeit für ihre Vorstellungen noch nicht reif sei.

Als *Fazit* ist festzuhalten, daß die Familienpolitik der DDR das Festhalten an der geschlechtsspezifischen Arbeitsteilung bislang nicht aufzuheben vermochte. Indem sie hinsichtlich der Vereinbarkeit von Beruf und Familie nicht von zwei gleichberechtigten und gleichverpflichteten Partnern ausgeht, sondern immer neue Sonderregelungen für Mütter schafft, hat sie die tradierten Rollenmuster sogar noch verfestigt. Die gleichzeitig angestrebte dauerhafte und gleichwertige Integration der Frauen in das Erwerbsleben kann aber nur auf der Grundlage einer veränderten Kompetenzverteilung in der Familie erfolgen. Abgesehen von biologisch bedingten Unterschieden müßte die Familienförderung auf Mütter und Väter orientiert sein, wenn beiden in allen Lebensbereichen dieselben Möglichkeiten eingeräumt werden sollen. Die hohe Erwerbsquote der Frauen und ihr beachtliches Qualifikationsniveau scheinen dafür gute Voraussetzungen zu bieten. Auf kurze Sicht würde sich wegen der stärkeren Familienbezogenheit der Frauen wahrscheinlich nicht viel an der derzeitigen Aufgabenteilung ändern, aber langfristig könnte doch eine allmähliche Bewußtseinsänderung einsetzen.

Soziale Sicherung

von Heinz Vortmann

Für das nach dem Krieg in der DDR geschaffene System der sozialen Sicherung, dessen Grundsätze in die Verfassung Eingang gefunden haben, standen sowohl das frühere deutsche Sicherungssystem als auch das sowjetischer Prägung Pate. Träger des Sozialleistungssystems sind im wesentlichen der Staat, die Sozialversicherungen und die Betriebe. Kennzeichnend für die *Organisation der sozialen Sicherung* ist eine starke Zentralisierung bei wenigen Trägern mit jeweils breitem Aufgabenspektrum. Den Kern des Systems bildet die Sozialversicherung. Sie ist im Grundsatz eine Pflichtversicherung und besteht aus zwei Trägern, der Sozialversicherung der Arbeiter und Angestellten (89% der Bevölkerung gehörten ihr 1985 an) sowie der für Selbständige und Genossenschaftsmitglieder (11%). Beide sind Einheitsversicherungen: Die verschiedenen Sozialversicherungszweige (Krankheit, Unfall, Rente) sind bei ihnen zusammengefaßt, und es wird ein einheitlicher, nach Risiken nicht aufspaltbarer Versicherungsbeitrag erhoben. Neben den traditionellen Sparten wurden der Sozialversicherung mit der Versorgung der Kriegsbeschädigten und -hinterbliebenen, der ehemaligen Beamten und der Arbeitslosen weitere Aufgaben zugewiesen. Die entscheidenden Weichen für die Organisation des Sozialversicherungssystems waren auf Anordnung der SMAD bereits unmittelbar nach Kriegsende gestellt worden.

Neben der Pflichtversicherung gibt es eine Freiwillige Zusatzrentenversicherung, die in der heutigen Form seit 1971 besteht. Sie gewährleistet eine höhere Versorgung im Renten- und Krankheitsfall sowie bei Mutterschaft. Beitrittsberechtigt sind Bezieher mit Einkommen über 600 Mark monatlich, etwa 80% von ihnen sind inzwischen beigetreten. Die Freiwillige Zusatzrentenversicherung wird in der DDR offiziell zusammen mit der Pflichtversicherung als Einheit angesehen. Träger sind ebenfalls die beiden Sozialversicherungen. Für eine Reihe von Personengruppen existieren außerhalb der Sozialversicherungen Zusatz- und/oder Sonderversorgungseinrichtungen.

Einige Sozialleistungen gehen direkt zu Lasten des Staatshaushalts (z.B. Kindergeld, Sozialfürsorge). Die wichtigste Barleistung der Betriebe im sozialen Bereich war bis 1977 der Lohnausgleich im Krankheitsfall, mit dem in den ersten sechs Wochen das Krankengeld von der Sozialversicherung aufgestockt wurde. Im Jahre 1978 ging die Absicherung im Krankheitsfall ganz auf die Sozialversicherung über.

Zur *Finanzierung der sozialen Sicherung* haben Erwerbstätige und Betriebe Sozialversicherungsbeiträge abzuführen. Der Beitragssatz beträgt für Arbeiter und Angestellte sowie für Mitglieder von Produktionsgenossenschaften 10% des beitragspflichtigen Arbeitsverdienstes. Beitragspflichtig sind Einkommen bis zur Bemessungsgrenze von 600 Mark je Monat. Es sind also höchstens 60 Mark monatlich zu entrichten. Hinzu kommt der Beitragsanteil der Betriebe bzw. Genossenschaften. Er belief sich bis 1977 ebenfalls auf 10%, wurde aber dann als Konsequenz der vollen Übernahme des Lohnausgleichs im Krankheitsfall durch die Sozialversicherung auf 12,5% angehoben. Die übrigen Versicherten (Selbständige) sind von der Neuregelung des Lohnausgleichs nicht betroffen; sie zahlen weiterhin 20% des Einkommens (höchstens 120 Mark), eine Beteiligung der Betriebe fehlt naturgemäß bei ihnen.

Die Beitragsbedingungen in der Freiwilligen Zusatzversicherung sind ähnlich. Der entscheidende Unterschied zur Pflichtversicherung besteht in der faktischen Aufhebung der Bemessungsgrenze für Arbeiter, Angestellte und Genossenschaftsmitglieder. Sie können für die gesamten Einkommen Beiträge entrichten. Für Selbständige gibt es allerdings auch bei der Zusatzversicherung eine obere Bemessungsgrenze; sie liegt bei einem Einkommen von 1200 Mark im Monat.

Eine Aufspaltung der Beiträge nach Risiken gibt es nur für Betriebsunfälle und Berufskrankheiten. Dafür wird zusätzlich zu dem allgemeinen Beitrag eine besondere Unfallumlage erhoben, deren Höhe sich nach der Lohnsumme und nach den Unfallgefahren des jeweiligen Betriebes richtet. Sie beträgt 0,3−3% der beitragspflichtigen Löhne und Gehälter und ist allein von den Betrieben zu zahlen.

Die Sozialversicherung der DDR finanziert sich im Umlageverfahren, d.h. die Erwerbstätigen erwirtschaften die Aufwendungen für die nicht (mehr) im Erwerbsleben Stehenden. Wegen der in den vergangenen Jahrzehnten nur geringfügig geänderten Beitragssätze und der gleichbleibend niedrigen Bemessungsgrenze erhöhten sich die Einnahmen der Sozialversicherung im wesentlichen nur über die Anhebung des allgemeinen Einkommensniveaus und − seit den siebziger Jahren − über die Beiträge zur Freiwilligen Zusatzrentenversicherung.

Die Ausgaben der Sozialversicherung sind durch Verbesserungen bestehender und Einführung neuer Geldleistungen sowie durch Kostensteigerungen im Gesundheits- und Sozialwesen erheblich rascher gestiegen. Während zu Beginn der fünfziger Jahre die Beiträge für die Finanzierung der Leistungen noch ausreichten, öffnete sich später die Schere zwischen Einnahmen und Ausgaben zunehmend. Da der Staat die Garantie für die Bezahlung der Leistungen übernommen hat, mußte er die Bilanz in immer stärkerem Maße durch Zuschüsse ausgleichen − 1960 zu 20% und 1985 zu gut 45%.

Das soziale Sicherungssystem kennt *Geld-, Sach- und Dienstleistungen*. Geldleistungen werden in Form von Rente, Krankengeld, Schwangerschafts- und Wochengeld, Mütter- und Familienunterstützung, Sozialfürsorge u.ä. erbracht. Sach- und Dienstleistungen bestehen im wesentlichen aus ärztlicher und zahnärztlicher Behandlung, Zahnersatz sowie Arznei-, Heil- und Hilfsmitteln, stationärer Behandlung und Entbindung (auch Schwangerschaftsabbruch) sowie Kuren. Die Leistungen sind kostenfrei und stehen, anders als die Geldleistungen der Sozialversicherung, nicht nur erwerbstätigen Versicherten, sondern auch mitversicherten Familienangehörigen, Rentnern und Sozialfürsorgeempfängern zu.

Mit einem Anteil von 50% bilden die Ausgaben für *Renten* den mit Abstand größten Posten in den Haushalten der Sozialversicherungen. Aus ihren Etats werden Alters-, Invaliden-, Unfall-, Kriegsbeschädigten- und Hinterbliebenenrente sowie Renten aus der Freiwilligen Zusatzrentenversicherung gezahlt.

Zwischen den einzelnen Rentenarten sind die Unterschiede hinsichtlich der Höhe der Beträge nicht ausgeprägt. In der Pflichtversicherung bilden in der Regel Mindestrenten die untere Grenze. Sie sind seit 1971 für Alters- und Invalidenrenten nach Arbeitsjahren gestaffelt und liegen seit 1984 zwischen 300 und 370 Mark. Eine darüber hinausgehende Differenzierung, abgeleitet vom früheren Erwerbseinkommen bzw. von einer Orientierung am früheren Lebensstandard, gibt es faktisch nur im geringen Umfang. Als rechnerische Höchstrente (bei 50 Versicherungsjahren und anrechnungsfähigem Einkommen von 600 Mark) sind lediglich 440 Mark erreichbar. Die überwiegende Zahl der Rentenbezieher erhält Mindestrenten. Für erwerbsunfähige Ehegatten ohne eigenen Rentenanspruch werden familienbedingte Zuschläge in Höhe von 150 Mark gezahlt, für jedes Kind in der Ausbildung kommen 45 Mark hinzu.

Die Renten aus der Pflichtversicherung gewährleisten nicht mehr als eine Grundversorgung. Infolge des gestiegenen Einkommensniveaus und der unveränderten Bemessungsgrenze von 600 Mark pro Monat hätte sich längerfristig der Abstand zwischen den Einkommen aus Berufstätigkeit und den Renten noch weiter vergrößert. Dies zu verhindern, soll Aufgabe der Freiwilligen Zusatzrentenversicherung (FZR) sein. Die Höhe der Zusatzrente ist abhängig von den Einkommen über 600 Mark, für die Beiträge abgeführt wurden, und der Anzahl der Jahre der Zugehörigkeit zur FZR. In Zukunft werden die Rentenbezüge stärker an das vormalige Erwerbseinkommen gekoppelt sein, eine größere Differenzierung der Rentenhöhe ist mithin absehbar. Da die FZR in dieser Form erst seit 1971 besteht, wird es aber noch geraume Zeit dauern, bevor sich das allgemeine Rentenniveau durch sie fühlbar erhöht. 1985 wurden in einem Viertel aller Fälle bei Alters-, Invaliden- und Hinterbliebenenrenten Zusatzrenten mit einem Betrag von durchschnittlich 50 Mark gezahlt.

Im Mittel betrug die Altersrente aus Pflicht- und freiwilliger Versicherung 1985 monatlich 370 Mark, der Nettoverdienst aller Arbeiter und Angestellten 850 Mark. Noch geht das Einkommen beim Übergang in den Ruhestand um über die Hälfte zurück. Zwar können sich durch Mehrfachbezug von Renten (z.B. Altersrente und Witwenrente) die Bezüge je Rentenbezieher erhöhen, aber der Durchschnittsbetrag der zweiten Rentenleistung liegt nur bei wenig über 50 Mark.

Eine Dynamisierung, d.h. eine jährliche Anpassung an die allgemeine Einkommensentwicklung, ist im Rentensystem der DDR durchweg nicht vorgesehen. Von Zeit zu Zeit werden die Renten in der Pflichtversicherung aufgrund spezieller Beschlüsse der politischen Führung erhöht. Dies ist in der Vergangenheit in der Regel in einem Drei- bis Fünfjahresrhythmus geschehen.

Neben der Sozialversicherung gibt es schon seit langem für bestimmte Gruppen Sonder- und Zusatzversorgungseinrichtungen, die entweder Renten anstelle oder zusätzlich zu den Sozialrenten zahlen. Dies gilt für frühere Bedienstete von Bahn und Post, der Polizei, des Zolls, des Militärs, von gesellschaftlichen Organisationen, in Leitungspositionen der allgemeinen Verwaltung sowie im Gesundheits- und Bildungswesen. Auch Angehörige der „Intelligenz", der „Opfer des Faschismus" und der „Kämpfer gegen den Faschismus" sowie besonders verdiente Staatsbürger gehören dazu. Die meisten der genannten Gruppen sind dem Staatsdienst zuzurechnen. Das Spektrum ihrer Gesamtversorgung reicht zumeist von 60–90% des letzten Nettoeinkommens. Der Anteil dieser privilegierten Personen an den Rentenempfängern könnte bei 15% liegen, zuverlässige Angaben sind jedoch nicht bekannt.

Betriebsrenten sind in der DDR kaum von Bedeutung. Langjährige Mitarbeiter in den wichtigsten Betrieben haben Anspruch auf eine bescheidene zusätzliche Versorgung. Eine im Ergebnis ähnliche Regelung gibt es in vielen Genossenschaften.

Bei vorübergehender *Arbeitsunfähigkeit wegen Krankheit, Arbeitsunfall oder Berufskrankheit* wird der Einkommensausfall vollständig oder teilweise bis zur Wiederherstellung bzw. bis zum Eintritt der Invalidität, längstens jedoch für 78 Wochen, von der Sozialversicherung ausgeglichen. Für die ersten sechs Wochen erhalten Arbeitnehmer und Genossenschaftsmitglieder im Krankheitsfall 90% des Nettodurchschnittsverdienstes; wenn ein Arbeitsunfall oder eine Berufskrankheit vorliegt, beträgt das Krankengeld für die gesamte Zeit (also höchstens 78 Wochen) 100%.

Von der siebten Woche an richtet sich die Höhe des Krankengeldes sonst nach der Zahl der Kinder und/oder der Mitgliedschaft in der FZR (für Selbständige gilt dies auch schon für die ersten sechs Wochen). Von Ausnahmen abgesehen, werden dann 65 bis 90% des Nettoeinkommens gezahlt. Relativ niedrig ist die finanzielle Versorgung lediglich von der siebten Woche an (bzw. für Selbständige von der ersten Woche) für Erwerbstätige ohne oder mit einem Kind, die trotz höherer Einkommen der Zusatzversicherung nicht angehören. Letztere Regelung soll die Bereitschaft zum Eintritt steigern. Nichtmitglieder mit höherem Einkommen, die zwei oder mehr Kinder haben, erhalten indes ähnlich hohe Leistungen wie Mitglieder. Obwohl ein großes Interesse besteht, den Mitgliederkreis der Zusatzversicherung auszuweiten, hat hier offensichtlich der Schutz der Familie Vorrang. Im Vergleich zu den Renten besteht eine wesentlich günstigere Relation zwischen Arbeitseinkommen und Krankengeld.

Bestimmte Gruppen (z.B. „Opfer des bzw. Kämpfer gegen den Faschismus", Angehörige der „Intelligenz" mit Sonderverträgen, Angehörige der bewaffneten Organe) erhalten – z.T. vollen – Einkommensersatz im Krankheitsfall für eine längere Zeit bzw. ohne zeitliche Begrenzung.

Die *Mutterschafts- und Familienleistungen* sind in der DDR gut ausgebaut. Versicherte erwerbstätige Frauen erhalten bei Mutterschaft einen Schwangerschaftsurlaub von sechs Wochen (vor der Niederkunft) und einen Wochenurlaub von zwanzig Wochen (nach der Entbindung). Für diese Zeit besteht Anspruch auf Geldleistungen der Sozialversicherung in Höhe des letzten durchschnittlichen Nettoverdienstes. Die Fristen sind im Laufe der Zeit mehrmals verlängert worden.

Nach Ablauf der 26 Wochen können Mütter für das erste und zweite Kind bis zum Ende des zwölften Lebensmonats des Kindes eine bezahlte Freistellung von der Arbeit in Anspruch nehmen, für das dritte und jedes weitere Kind bis zur Vollendung des 18. Lebensmonats. Diese Regelung ist schrittweise von 1976 an eingeführt worden. In begründeten Fällen wird seit neuestem anstelle der Mütter auch Vätern oder Großmüttern die bezahlte Freistellung gewährt. Die Frauen (bzw. Väter oder Großmütter) bekommen für diese maximal weiteren 32 bzw. 58 Wochen Mütterunterstützung in Höhe des Krankengeldes, das sie bei eigener Arbeitsunfähigkeit wegen Krankheit von der siebten Woche an erhalten würden. Von der bezahlten Freistellung machen über 90% der in Betracht kommenden Frauen Gebrauch. Für die Zeit der Schwangerschaft und des Wochenurlaubs sowie der bezahlten Freistellung besteht grundsätzlich Kündigungsverbot.

Weitere Leistungen der Sozialversicherung sind in bestimmten Fällen finanzielle Ausgleichszahlungen, wenn kein Krippenplatz zur Verfügung gestellt werden kann oder Kinder bzw. Ehegatten erkranken und der Pflege bedürfen.

Hinzu treten Leistungen, die aus allgemeinen Mitteln des Staatshaushaltes finanziert werden. Als wichtigste sind zu nennen: Geburtenbeihilfen von 1000 Mark; Kindergeld – gestaffelt nach der Folge der Kinder – in Höhe von 50 bis 150 Mark im Monat für jedes Kind; zinslose Kredite für junge Eheleute, die nach der Geburt von Kindern teilweise erlassen werden (1000 Mark beim ersten, 1500 Mark beim zweiten Kind und weitere 2500 Mark beim dritten Kind); Mietbeihilfen und andere Zuwendungen für bedürftige kinderreiche Familien.

Mit der großzügigen Ausgestaltung der Mutterschafts- und Familienleistungen – insbesondere in den siebziger Jahren – verfolgt die DDR über den Schutz in einer bestimmten Lebenslage hinaus weitere Ziele. Einmal erforderte die Arbeitskräfteknappheit und das Streben nach Gleichberechtigung (wirtschaftliche Unabhängigkeit gilt als Voraussetzung dafür) eine möglichst vollständige Erwerbsbeteiligung der Frauen, andererseits wird ein hohes Geburtenniveau als wünschenswert angesehen. Flankierende sozialpolitische Maßnahmen sollen helfen, beide konkurrierenden Ziele besser in Einklang zu bringen.

Die Leistungen der *Sozialfürsorge* sind Hilfe zum Lebensunterhalt und in besonderen Lebenslagen. Anspruchsberechtigt sind Personen, die nicht in der Lage sind, ihren Lebensunterhalt durch Arbeitseinkommen zu bestreiten, die über kein sonstiges ausreichendes Einkommen oder Vermögen verfügen und auch keine unterhaltspflichtigen Angehörigen haben. Der Gewährung von Sozialfürsorge geht die Geltendmachung von Ansprüchen des Antragstellers auf andere Leistungen vor. Empfänger von Sozialfürsorgeunterstützung, die noch nicht im Rentenalter sind, haben sich darum zu bemühen, daß die Notwendigkeit der Zahlung entfällt. Grundsätzlich wird Sozialfürsorge nur unter der Bedingung der Erwerbsunfähigkeit gezahlt.

Ähnlich der Entwicklung bei Renten haben sich auch die Sozialfürsorgesätze im Laufe der Zeit stufenweise erhöht; sie lagen in der Regel jeweils etwas unterhalb der (niedrigsten) Mindestrente. Gemessen an der Zahl der laufenden Unterstützungen hat die Sozialfürsorge keine große Bedeutung mehr. Der Rückgang ist im Zusammenhang mit der angespannten Arbeitskräftelage zu sehen: Für Personen, die nur beschränkt leistungsfähig sind, wurden in zunehmendem Maße geschützte Arbeitsplätze geschaffen. Die gestiegene Erwerbsbeteiligung hat auch dazu geführt, daß fast alle Personen im Alter einen eigenen Rentenanspruch haben. In der Vergangenheit trat statt seiner −insbesondere bei Frauen − subsidiär die Sozialfürsorge ein. Eine größere Rolle spielen aber noch einmalige Beihilfen und Bestattungskosten.

In den sechziger und siebziger Jahren gab es in der DDR mehr Arbeitsplätze als Arbeitskräfte. Das Problem der offenen *Arbeitslosigkeit* stellte sich praktisch nicht; durch Strukturveränderungen freigesetzte Arbeitskräfte konnten ohne größere Schwierigkeiten absorbiert werden. Es bestand zwar ein Zweig Arbeitslosigkeit bei der Sozialversicherung (mit Sätzen auf Sozialfürsorgeniveau), er hatte aber seit Ende der fünfziger Jahre keine Bedeutung mehr und wurde schließlich 1978 aufgelöst.

Anfang der achtziger Jahre sind Veränderungen auf dem Arbeitsmarkt eingetreten. Durch eine Reihe administrativer Maßnahmen und durch den fortschreitenden Strukturwandel sowie verstärkte Rationalisierungsanstrengungen ist auf der einen Seite die Zahl der offenen Stellen verringert und sind andererseits Freisetzungen in erheblichem Umfang bewirkt worden. Regelungen für die sich daraus ergebenden sozialen Probleme sind im Arbeitsgesetzbuch von 1978 niedergelegt. In erster Linie sind die freisetzenden Betriebe für die Absicherung der Betroffenen verantwortlich. Das soll in Form von Änderungsverträgen (Unterbringung im selben Betrieb auf einem anderen Arbeitsplatz), Überleitungsverträgen (Beschaffung eines Arbeitsplatzes in einem anderen Betrieb), Umschulungen u.a. geschehen. Bei Umsetzung eintretende Einkommensverluste sind von den Betrieben für ein Jahr auszugleichen. Erklärtes Ziel ist nach wie vor die Aufrechterhaltung der Vollbeschäftigung. Dies ist bisher im wesentlichen auch gelungen.

Als *Fazit* ist festzuhalten, daß in der DDR die Verteilung nach der Arbeitsleistung als erstrangiger Grundsatz angesehen wird, d.h. die Konsumtionsmittel sollen vor allem denen zugute kommen, die sie erarbeitet haben. In Fällen, in denen das Leistungsprinzip nicht anwendbar ist (Risiken des Lebens) oder zu unerwünschten Ergebnissen führt (z.B. Benachteiligung von Familien mit Kindern), wird es durch soziale Aspekte ergänzt.

Das Netz der sozialen Sicherung ist eng. Für den Kern der Sozialleistungen − die Renten − besteht indessen lediglich eine Mindestsicherung. Langfristig wird sich aber die Lage der Rentner im Zuge der allmählich an Bedeutung gewinnenden Freiwilligen Zusatzrentenversicherung in gewissem Umfang bessern. Leistungen, die in Zusammenhang mit vorübergehender Erwerbsunfähigkeit, Mutterschaft oder Familie stehen, haben ein deutlich höheres Niveau. Bisher sind die Geldleistungen niedrig, wenn ihre Empfänger noch nicht oder nicht mehr zum Aufbau von Staat und Gesellschaft beitragen, im anderen Fall sind sie sehr viel günstiger.

Wie weit für den Bereich der Sozialversicherung das Versicherungsprinzip mit Beitragsäquivalenz (bei dem sich Beitrag und Leistung der Höhe nach bedingen) gilt, ist unter Wissenschaftlern in der DDR umstritten. Einen engen Zusammenhang zwischen Höhe der Beiträge und Leistungsumfang gibt es jedenfalls nur bei einem Teil der Leistungen (z.B. Renten der Freiwilligen Zusatzrentenversicherung), bei anderen ist er nur lose (z.B. Renten der Pflichtversicherung) oder überhaupt nicht vorhanden (z.B. ärztliche Behandlung, Medikamente). Die Ausgestaltung des sozialpolitischen Instrumentariums orientiert sich zumeist eher an einer vom Staat angestrebten Versorgungssituation (Finalprinzip) als an den erbrachten Beiträgen und den leistungsauslösenden Gründen (Kausalprinzip). Bei den Leistungen, die direkt aus dem öffentlichen Haushalt bezahlt werden, erfolgt die Vergabe eindeutig nach den Prinzipien der Versorgung und der Fürsorge.

Gesundheitswesen

von Maria Elisabeth Ruban

Im Blick auf *Prinzipien und Organisation* des Gesundheitswesens der DDR lassen sich noch heute die Elemente seiner beiden Vorläufer erkennen: die aus der Tradition des Deutschen Reiches beibehaltenen Regelungen und die vom sowjetischen Vorbild übernommenen Prinzipien. Der deutsche Einfluß zeigt sich u.a. im Fortbestehen eines gewissen privaten Sektors und in der direkten Beteiligung der Patienten an den Kosten des Gesundheitswesens durch ihren Beitrag zur Sozialversicherung. Während die Elemente des deutschen Systems aber nach und nach an Gewicht verlieren, weitet sich der Einfluß des sowjetischen Modells immer mehr aus. Er tritt vor allem in den Organisationsformen des Gesundheitswesens sowie in seiner Einbindung in das staatliche Verwaltungs- und Finanzierungssystem in Erscheinung. Diese Integration hat weit mehr als formale Bedeutung. Sie ist Ausdruck der marxistisch-lenistischen Ideologie, die Gesundheit und Krankheit nicht als persönliche Angelegenheiten der Bürger betrachtet, sondern vielmehr in der Gesundheit der Menschen ein Gut sieht, an dessen Erhaltung und Förderung der Staat ein legitimes Interesse hat. Das erlegt ihm die Pflicht auf, geeignete Einrichtungen zur Pflege der Volksgesundheit zu schaffen und gibt ihm zugleich das Recht, diese Einrichtungen zu lenken und zu kontrollieren. Folgerichtig lehnt sich das Gesundheitswesen in seinem Aufbau eng an die vorgegebenen politischen Verwaltungsebenen an: die der Republik, der Bezirke, der Kreise und der Gemeinden.

In diesem Schema haben die Gesundheitsbehörden ihren festen Platz und ihre genau umrissenen Funktionen. Alle grundsätzlichen Entscheidungen gehen vom Ministerium für Gesundheitswesen aus, das seine Weisungen vom ZK der SED, Abteilung Gesundheitspolitik, erhält. Aufgabe des Ministeriums ist es, die grundsätzlichen Anweisungen (Verteilung der Mittel, Bau und Standort neuer Einrichtungen, Schaffung weiterer Planstellen) in konkrete Planauflagen und Daten zu übersetzen und sie den Bezirken, d.h. der jeweiligen Abteilung für Gesundheits- und Sozialwesen beim Rat des Bezirks, zuzuteilen. Jede Abteilung untersteht einem Bezirksarzt, der der höchste Medizinalbeamte seines Bezirks ist, vergleichbar etwa einem Minister für Gesundheitswesen eines Bundeslandes in der Bundesrepublik Deutschland. Der Bezirksarzt gibt seine Anweisungen weiter an die ihm unterstehenden Kreisärzte. Sie sind die unterste Anlaufstelle für alle gesundheitlichen Einrichtungen bis zur letzten Landpraxis oder Sanitätsstation.

Der streng hierarchische Aufbau des Gesundheitswesens ist bis heute völlig unangefochten. Dagegen hat sich das ursprünglich angestrebte territoriale „Bereichssystem", das eine Zuweisung jedes Patienten an die für seinen Wohnbezirk zuständige medizinische Einrichtung vorsah, nicht durchhalten lassen. Es stand im Widerspruch zum Prinzip der freien Arztwahl, zu dem sich die DDR wiederholt ausdrücklich bekannt hat. Seit 1971 ist das Bereichssystem in seiner rigorosen Form der obligatorischen Zuweisung abgeschafft worden; es besteht heute aber noch in gelockerter Form, u.a. zur Orientierung über die für jeden Wohnort nächstgelegene Beratungs- oder Behandlungsstelle.

An *medizinischen Einrichtungen* sind der stationäre und der ambulante Sektor zu unterscheiden. Der *stationäre Sektor* konnte 1985 einen Bestand von 537 Krankenhäusern mit knapp 170 000 Betten melden. Damit entfielen auf je 10 000 Einwohner 102 Krankenbetten, etwas weniger als in der Bundesrepublik. In den letzten 25 Jahren ist die Zahl der Krankenhäuser stark zurückgegangen, eine Folge der Konzentration im stationären Bereich, in deren Vollzug kleine, unrentable Einheiten aufgelöst oder zusammengelegt wurden und größere, leistungsstärkere Krankenanstalten entstanden. Rückläufig war allerdings auch die Bettenzahl in Anpassung an den Bevölkerungsrückgang und an den nachlassenden Bedarf, weil viele Infektionskrankheiten, insbesondere die Tuberkulose, zurückgedrängt werden konnten.

Innerhalb des stationären Netzes besteht in der DDR – wie in allen Ländern – eine deutliche Hierarchie, die sich u.a. in der Größe der Anstalt, im Grad der Spezialisierung, in der apparativen Ausstattung und im Qualifikationsniveau der Mitarbeiter äußert. Grundsätzlich bekennt sich die DDR zum Prinzip des klassenlosen Krankenhauses. Es gibt daher keine Einteilung in Privat- und Kassenpatienten, auch nicht die Möglichkeit, sich durch Höherversicherung oder durch Zuzahlung gewisse Annehmlichkeiten (z.B. Unterbringung in einem Einzelzimmer) zu erkaufen. Das klassenlose Prinzip wird freilich nicht konsequent durchgehalten. Für Regierungsmitglieder sowie für Spitzenkräfte aus Wirtschaft, Kunst und Wissenschaft und deren Familienangehörige gibt es eigene Kliniken, wie etwa das Regierungskrankenhaus in Berlin (Ost) und entsprechende Einrichtungen in den Bezirkshauptstädten. Ärztliche Betreuung und apparative Ausstattung haben hier einen hohen Standard. Pflege und Unterbringung entsprechen derjenigen eines Privatpatienten in der Bundesrepublik.

Die gegenwärtig noch bestehenden 81 nichtstaatlichen Krankenhäuser mit knapp 12 000 Betten gehören nicht zu den privilegierten Einrichtungen. Sie unterscheiden sich von den anderen Krankenhäusern u.a. dadurch, daß sie nicht aus staatlichen Mitteln, sondern aus anderen Quellen (überwiegend aus Mitteln der beiden christlichen Kirchen) finanziert werden.

Im *ambulanten Bereich* haben sich entscheidende Veränderungen gegenüber der Vergangenheit und gegenüber dem heutigen System der Bundesrepublik Deutschland vollzogen. Hier hat sich das sowjetische Vorbild voll durchgesetzt: weg von der Einzelpraxis, hin zu Poliklinik und Ambulatorium, zu Behandlungszentren also, bei denen mehrere Ärzte verschiedener Fachrichtungen unter einem Dach praktizieren und gemeinsam diagnostische und therapeutische Einrichtungen benutzen. Die ersten Polikliniken und Ambulatorien wurden schon 1949 auf sowjetische Anordnung geschaffen, und seit 1956 gibt es staatliche Arzt- und Zahnarztpraxen für die Versorgung dünn besiedelter Landgemeinden. Unterstützt werden alle genannten Behandlungszentren durch ein Netz von ärztlichen Sanitätsstellen, Schwestern-Sanitätsstellen, Gemeindeschwesternstationen und konfessionellen Gemeindepflegestationen. Die Zahl der frei praktizierenden Ärzte („in eigener Niederlassung") nimmt von Jahr zu Jahr ab; im Jahre 1984 waren es noch 552 Ärzte und 724 Zahnärzte.

Einen besonderen Platz nimmt in der DDR, wie in allen sozialistischen Ländern, das *Betriebsgesundheitswesen* ein. Ein großer Teil der ambulanten medizinischen Versorgung vollzieht sich unmittelbar in den Betrieben: Jedes dritte Ambulatorium und jede fünfte Poliklinik ist einem Betrieb angegliedert, und zwei Drittel aller Berufstätigen arbeiten in Betrieben, die eigene medizinische Einrichtungen haben. Dabei sind unter Betrieben nicht nur Produktionsstätten zu verstehen, sondern auch Verwaltungsbehörden, Bildungseinrichtungen und dergleichen. Ausmaß und Qualität der medizinischen Betreuung richten sich nach der Art des Betriebes und nach der Zahl der Beschäftigten. Die Formen reichen von der mit einer Rot-Kreuz-Schwester besetzten „Gesundheitsstube" bis zur voll ausgestatteten Poliklinik, der zuweilen auch eine stationäre Abteilung angegliedert ist. Generell ist der Aufgabenbereich des Betriebsarztes in der DDR weiter gespannt als der des Werksarztes in der Bundesrepublik. Der Betriebsarzt hat in der DDR nicht nur die Einhaltung arbeitsmedizinischer und hygienischer Vorschriften zu überwachen, Berufskrankheiten vorzubeugen und erste Hilfe bei Unfällen zu leisten; er kann auch allgemein behandelnder und beratender Arzt seiner Patienten sein. Diese sind in der Regel Arbeitskräfte des eigenen Betriebs, zuweilen auch deren Familienangehörige. Bei ausreichender Kapazität der betriebsmedizinischen Einrichtung stehen die Betriebsärzte auch der Wohnbevölkerung im Einzugsgebiet des Betriebes zur Verfügung.

Ganz allgemein werden die ambulanten Einrichtungen immer stärker in Anspruch genommen. Die durchschnittliche Zahl der Konsultationen pro Jahr und Einwohner nahm von 1965 (5) bis 1975 (8) und 1985 (9) stetig zu. Das Hauptgewicht der ambulanten Betreuung liegt bei den großen Polikliniken, die mehr als die Hälfte aller ambulanten Patienten versorgen.

Vorbeugung, Verhütung und Früherkennung von Krankheiten spielen in der DDR eine so gravierende Rolle, daß man den *Primat der Prophylaxe* als ein wesentliches Merkmal ihrer Gesundheitspolitik ansehen muß. Die Formulierung des Gesundheitsministers Mecklinger „Sozialismus ist Prophylaxe" klingt zwar etwas überspitzt, hat aber einen erkennbaren Wahrheitsgehalt. Rund 50% aller finanziellen Aufwendungen des Gesundheitswesens entfallen auf Vorsorgemaßnahmen im weitesten Sinne. Erfolge, die die Gesundheitspolitik der DDR – auch im internationalen Vergleich – erringen konnte, gehen auf den hochentwickelten Stand der vorbeugenden Medizin zurück. Dabei war es nicht so sehr das Angebot zur Teilnahme an kostenlosen Schutzimpfungen und Reihenuntersuchungen, das diese Erfolge gebracht hatte, sondern das nachdrückliche Bemühen der Gesundheitsbehörden um eine möglichst vollständige Beteiligung der jeweils aufgerufenen Jahrgänge und Personengruppen an den prophylaktischen Maßnahmen.

So ist z.B. für Kinder und Jugendliche – vom Neugeborenen bis zum Schulabgänger – ein Impfkalender ausgearbeitet worden, der zu festgelegten Zeiten Schutzimpfungen gegen bestimmte Infektionskrankheiten wie etwa Tuberkulose, Diphterie, Keuchhusten, Masern, Pocken und spinale Kinderlähmung vorsieht. Da fast alle Eltern der Impfung ihrer Kinder zustimmen (ein direkter Zwang besteht nicht), hat die Bevölkerung der DDR einen sehr hohen, nahezu vollständigen Immunisierungsgrad gegen die genannten Infektionskrankheiten erworben.

Die *Zahl der Berufstätigen im Gesundheitswesen* wird für 1985 mit 398 700 (d.h. ca. 6% aller Beschäftigten) angegeben. Sie verteilen sich auf die einzelnen Sektoren wie folgt:

Beschäftigte im Gesundheitswesen 1985 (in 1000)

Gesundheitswesen insgesamt	398,7
darunter	
Stationäre Einrichtungen	180,0
Ambulante Einrichtungen	149,3
Kur- und Bäderwesen	11,1
Hygiene und Gesundheitserziehung	10,5
Medizin- und wirtschaftlich-technische Einrichtungen, Apotheken	31,1

(Nach: Statistisches Jahrbuch der DDR 1986)

Typisch für die Beschäftigtenstruktur im Gesundheitswesen ist ihr hoher Frauenanteil von über 80%. Eine genaue Aufgliederung nach Berufen gibt es nur für Hochschulabgänger. Danach waren 1985 ca. 37000 Ärzte, 11300 Zahnärzte und 3700 Apotheker im Gesundheitswesen tätig. Von den restlichen Beschäftigten entfallen etwa zwei Drittel auf das mittlere medizinische Personal, ein Drittel auf medizinisches Hilfspersonal. Überdurchschnittlich stark ist die Zahl der Ärzte gestiegen (auf das 2½ fache gegenüber 1960). Die Ursache ist in dem niedrigen Ausgangsniveau zu sehen, das sich

aus der bei Ärzten besonders ausgeprägten Neigung zur Abwanderung in die Bundes-
republik ergeben hatte. Zu der damaligen Ärzteflucht hatten neben materiellen
Gründen sehr erheblich die Pressionen der Behörden beigetragen, die die Ärzte zur
Aufgabe der freien Praxis zwingen wollten, Arztkindern vielfach die Zulassung zum
Studium verwehrten u.a.m. Erst der Mauerbau 1961 beendete diese Entwicklung.
Seitdem wächst die Zahl der Ärzte absolut und im Verhältnis zur Bevölkerungszahl;
zugleich ist eine Verjüngung der Ärzteschaft eingetreten. Trotz der relativ schlechten
Bezahlung (am Anfang seiner Berufstätigkeit verdient ein Arzt oft weniger als ein
Facharbeiter) hat der ärztliche Stand ein sehr hohes Ansehen. Der Arzt nimmt den er-
sten Platz in der Prestigeordnung der Berufe ein. Das erklärt die große Attraktivität
des Medizinstudiums, für das es regelmäßig weit mehr Bewerber gibt als freie Studien-
plätze zur Verfügung stehen.
Gesundheitserziehung und -propaganda sind in der DDR Teil der politisch-ideologischen Erziehungsarbeit des Staates. Alle Wirtschaftsbereiche sind dabei zur Mitarbeit
aufgerufen. Jeder Leiter ist verpflichtet, innerhalb seines Zuständigkeitsbereiches die
Einhaltung der Gesundheitsvorschriften zu kontrollieren. Die Schulung erfaßt im
Prinzip jeden Staatsbürger vom Schulkind bis zum Minister. Schulungsziel soll die Erkenntnis sein, daß Gesundheit trainierbar und verbesserungsfähig ist, Krankheit vielfach nicht durch ein plötzliches Ereignis hervorgerufen wird, sondern durch jahrelan-
ges Fehlverhalten entstanden sein kann.
Ein vorbildliches Gesundheitsverhalten (durch gesunde Lebensführung) wird vor allem von Vorgesetzten erwartet. Die Ergebnisse der intensiven gesundheitlichen Be-
lehrung sind allerdings eher ernüchternd. Sie konnten bisher weder die ungesunden
Ernährungsgewohnheiten ändern (die landesübliche Kost ist zu fett, zu schwer und zu
süß) noch den steigenden Verbrauch von Zigaretten und Alkohol aufhalten. Zudem
haben medizinsoziologische Untersuchungen in der DDR ergeben, daß die Unterschiede im Gesundheitsverhalten einzelner Bevölkerungsgruppen durch die Aufklä-
rungskampagnen ebensowenig eingeebnet werden konnten wie durch den kostenlosen Zugang zu den medizinischen Einrichtungen. So unterscheidet sich z.B. das Gesundheitsverhalten der Landbevölkerung deutlich von dem der Stadtbewohner, es ist
ferner nach wie vor abhängig von Alter, Geschlecht, Einkommen und Bildung, wobei
der Bildungsgrad als Unterscheidungsmerkmal im Vordergrund steht. Personen mit
höherer Allgemeinbildung haben in der Regel auch eine bessere Kenntnis medizini-
scher Zusammenhänge, legen Wert auf Erkennung der Ursachen beim Auftreten von
Beschwerden, lehnen irrationale Maßnahmen als Aberglauben ab und entschließen
sich schneller zum Arztbesuch. Bei Befragungen nach dem subjektiven Gesundheits-
befinden, das zumeist eine starke Korrelation zum objektiven Befund hat, zeigten sich
ebenfalls markante Unterschiede zwischen Bevölkerungsgruppen und sozialen
Schichten: Stadtbewohner fühlen sich gesünder als Landbewohner, Männer besser als
Frauen. Je höher Bildung und Einkommen, desto besser ist die eigene gesundheitliche
Einschätzung. Das läßt sich rational durch die bereits erwähnte schnellere Reaktion
auf Krankheitssymptome mit der Bereitschaft erklären, die Ursachen zu bekämpfen,
was häufig zu Besserung oder Heilung der Beschwerden führt. Auch dürfte die größere Arbeitszufriedenheit, die meist mit höherer Qualifikation einhergeht, zur Stabilisierung der Gesundheit und des Wohlbefindens beitragen.
Für eine Bemessung der *Leistungen und Ergebnisse* des Gesundheitswesens fehlt es im
allgemeinen an einem gültigen Maßstab. Indirekt läßt sie sich aber an einigen Kennzif-
fern ablesen, wie etwa an der Verbreitung bestimmter Krankheiten, an der durchschnittlichen Lebenserwartung und der Höhe der Säuglingssterblichkeit. Im internationalen Vergleich zeigen die Krankheitsstrukturen der DDR mit geringen Abweichungen nach oben und unten im wesentlichen die gleichen Veränderungen, die für

alle Industrieländer typisch sind, nämlich einen starken Rückgang der Infektionskrankheiten bei gleichzeitiger Zunahme von Herz- und Kreislauferkrankungen,
Krebs, Diabetes, Rheuma und Wirbelsäulenschäden. Auch die Verlagerung der In-
farkte auf immer jüngere Jahrgänge, unter denen sich überdurchschnittlich viele wirtschaftliche Führungskräfte befinden, ist ein Phänomen, das die DDR mit anderen Industrieländern teilt.

Bei der Bekämpfung der Säuglingssterblichkeit kann das Gesundheitswesen der DDR
auf eindrucksvolle Erfolge hinweisen, die wohl vor allem der intensiven Betreuung
und Überwachung bei Schwangerschaft und Geburt zuzuschreiben sind.

Gestorbene im 1. Lebensjahr je 1000 Lebendgeborene

1970	1975	1980	1985
18,5	15,9	12,1	9,6

(Quelle: humanitas. Zeitschrift für Medizin und Gesellschaft. Berlin (Ost), Nr. 20/86, S. 12)

Ein Vergleich mit der Bundesrepublik sieht die beiden deutschen Staaten bei der
Säuglingssterblichkeit auf nahezu gleichem Niveau, während die allgemeine Lebens-
erwartung in der DDR seit 1970 schwächer gestiegen ist als in der Bundesrepublik.
Gegenwärtig haben die Männer in der DDR eine Lebenserwartung von 70, die Frauen
von 75 Jahren, das sind jeweils ein bzw. zwei Lebensjahre weniger, als Männer und
Frauen in der Bundesrepublik zu erwarten haben.

Medizinische Einrichtungen und Ärzte in der DDR

	1960	1970	1980	1985
Krankenhäuser	822	626	549	537
Krankenbetten	204 767	190 025	171 895	169 112
Betten je 10 000 Einwohner	119	111	102	102
Polikliniken	399	452	501	590
Ambulatorien	766	828	969	998
Ärzte	14 555	27 255	33 894	37 943
Ärzte je 10 000 Einwohner	8,5	16,0	20,3	22,8

(Quelle: Statistisches Jahrbuch der DDR 1986, S. 332 ff.)

Wissenschaft, Forschung und Technologie

von Ralf Rytlewski

Seit den siebziger Jahren konzentriert sich die Politik der Führung der SED darauf, die Zusammenhänge, die zwischen dem angestrebten Wirtschaftswachstum, der sozialen und kulturellen Wohlfahrt sowie der innenpolitischen Stabilität bestehen, zu intensivieren. Innerhalb dieser Zusammenhänge sollen Wissenschaft, Forschung und Technologie als „Hauptkettenglied" und „Hauptreserve" sowie die wissenschaftlich-technische Revolutionierung der Produktion und des gesellschaftlichen Lebens als „Motor" wirken. Entsprechend herrscht ein *Verständnis von Wissenschaft* vor, das deren funktionalen Wert für die Fortentwicklung der Gesellschaft, ihre Rolle als „unmittelbare Produktivkraft" betont. Vertreten wird nicht eine Schöpfungsinterpretation, die sich entscheidend auf irrationale Voraussetzungen von innovativen Leistungen beruft, sondern eine Auffassung von Wissenschaft als „gesellschaftlicher Arbeit". Merkmale dieser Tätigkeit sind Arbeitsteilung, Spezialisierung und Verhaltenskonformität sowie ihre Professionalisierung in einer Fülle von Berufen.

Gegenwärtig hängt die Herrschaftssicherung in den Industriestaaten entscheidend davon ab, ob die wissenschaftlich-technischen Ressourcen in ausreichendem Maße verwertet werden können. Mit dem erstmals in den fünfziger Jahren vorgetragenen *Konzept der Wissenschaftlich-technischen Revolution* und einem einheitlichen, steuernden Zugriff auf die tausendfachen Arbeiten der Wissenschaftler und technologischen Praktiker versucht die DDR, dieses Maß zu erreichen. In der Sache beschreibt das Konzept verschiedene Vorgänge:

− den Umschlag von Forschungsergebnissen in neue Produkte und Technologien sowie umgekehrt den Umschlag der modernen Produktionsbedingungen − z.B. der sparsame Umgang mit Zeit − auf die Forschung;
− die Ablösung der traditionellen Arbeitsorganisation durch die Automatisierung der Produktion und Verwaltung;
− verändertes Konsum- und Freizeitverhalten.

Die *Wissenschaft als soziale Institution* umfaßt den entscheidenden Teil der expandierenden Schicht der Intelligenz. Als wirtschaftliche Kraft kann sie sich längst mit einem mittleren Industriezweig messen: Allein in der Akademie der Wissenschaften arbeiten 22 000 Wissenschaftler. Ca. 36 000 Hochschullehrer und wissenschaftliche Mitarbeiter sind in den Universitäten und Hochschulen beschäftigt. An der Hochschulforschung beteiligen sich in den letzten Jahren zusätzlich ca. 30 000 Studenten. Sie erbrachten 1981 etwa ein Drittel der technischen sowie natur- und agrarwissenschaftlichen Leistungen. In der Forschung und Entwicklung waren Anfang der achtziger Jahre 188 000 Beschäftigte tätig. Die Mehrzahl (70%) arbeitet in industriellen Forschungsstätten − mit starker Konzentrationn in den Branchen Elektrotechnik/Elektronik/Gerätebau, Maschinenbau, chemische Industrie −, während ca. 20% in den übrigen Wirtschaftsbereichen und ca. 10% in der Akademie der Wissenschaften eingesetzt werden. Alle Einrichtungen zusammengefaßt, ergibt sich ein Wissenschaftssystem, das drei große, administrativ gesonderte Komplexe enthält: die Akademie der Wissenschaften, die Universitäten und Hochschulen sowie die Industrieforschung.

Hinsichtlich der *Akademie der Wissenschaften* ist es auf das sowjetische Akademiekonzept zurückzuführen, daß aus der im Jahre 1700 gestifteten Kurfürstlich-Brandenburgischen Societät der Wissenschaften und der im Jahre 1946 nach wechselvoller Geschichte als Deutsche Akademie der Wissenschaften zu Berlin wiedereröffneten Gelehrtenvereinigung sich bald die bedeutendste Forschungsinstitution der SBZ/DDR entwickelte. Die Akademie blieb weiterhin eine Gelehrtenorganisation, die 153 ordentliche und 76 korrespondierende Mitglieder (1981) vereint. Unter den gegenwärtig 132 auswärtigen Mitgliedern sind 27 Gelehrte aus der Bundesrepublik Deutschland. In den Worten des Akademiepräsidenten Werner Scheler gehören die Beratungen der Mitglieder in den regelmäßigen Versammlungen im Plenum sowie in den Klassen zur Akademie „wie der Zeiger zur Uhr". Das Plenum hat das Recht zur Wahl neuer Mitglieder, die einer der neun Klassen zugeordnet sind: Physik; Mathematik; Chemie; Biowissenschaften; Medizin; Werkstofforschung; Umweltschutz und Umweltgestaltung; Philosophie, Ökonomie, Geschichte, Staats- und Rechtswissenschaften; Literatur-, Sprach-, Geschichts- und Kunstwissenschaften. Als traditionelle Gelehrtenorganisation ist die Akademie mit der Sächsischen Akademie der Wissenschaften zu Leipzig und der Deutschen Akademie der Naturforscher Leopoldina zu Halle/ Saale sowie den Akademien in der Bundesrepublik Deutschland vergleichbar. Anders jedoch als diese verfügt sie über einen großen wissenschaftlichen Apparat von rund 50 Zentralinstituten und Instituten. Die Zentralinstitute sind häufig zugleich Leiteinrichtung für das betreffende Forschungsgebiet innerhalb der DDR. Insgesamt gesehen ist die Akademie für die zentrale Koordinierung des naturwissenschaftlichtechnischen und partiell auch der gesellschaftswissenschaftlichen Forschung verantwortlich. Sie ist der Regierung direkt unterstellt. Die bis 1945 bestehende Zweiteilung der naturwissenschaftlichen Forschung in Akademien und Kaiser-Wilhelm-Gesellschaft wurde zugunsten einer engeren institutionellen Verflechtung von Theorie und Praxis korrigiert. Der Ausbau der Akademieforschung ließ allerdings – dem sowjetischen Beispiel folgend – erhebliche Forschungskapazitäten fern von der industriellen Produktion entstehen, woraus beträchtliche, bis heute nachwirkende Verzögerungen beim Transfer der Forschungsresultate in die industrielle Produktion resultierten. Zur Überwindung dieser Distanz wurden seit 1976 *Akademie-Industrie-Komplexe* gegründet, z.B. für Arzneimittelforschung zwischen dem Akademie-Institut für Wirkstofforschung und dem VEB Berlin-Chemie sowie für Kerntechnik zwischen dem Akademie-Zentralinstitut für Kernforschung und dem Kernkraftwerk „Bruno Leuschner". Dabei werden sowohl Grundlagen- und Erkundungsforschung (ca. 60%) als auch angewandte Forschung und Entwicklung betrieben. Durch Koordinierungsverträge (1986: 60) und Leistungsverträge (1986: 500) mit Kombinaten sind 45% des Forschungspotentials gebunden.

Universitäten und Hochschulen sollen
- hochqualifiziertes Personal (Kader) für Politik, Wirtschaft und Kultur aus- und weiterbilden sowie
- durch Forschung, vor allem Grundlagenforschung, zum „geistigen Vorlauf" eines modernen sowjetbürokratischen Sozialismus beitragen.

Nach drei Hochschulreformen sind sie heute Bestandteile des *einheitlichen sozialistischen Bildungssystems*. Ging es in der Nachkriegszeit um Entnazifizierung, Brechung des bürgerlichen Bildungsprivilegs und Integration der loyalitätsbereiten Wissenschaftler in den „demokratischen Wiederaufbau", so in der zweiten Umgestaltung ab 1951 um den offenen Bruch mit dem herkömmlichen Universitätstypus. Der seitdem vorherrschende sowjetische Typus einer stark verschulten Hochschule hielt an dem aus der deutschen Tradition stammenden Grundsatz der Einheit von Forschung und Lehre fest. Ähnlich der Akademieentwicklung expandierte der Hochschulsektor in den fünfziger und sechziger Jahren vor allem in den naturwissenschaftlich-technischen Fächern. Da sich 1945 nur zwei von dreizehn Technischen Hochschulen auf dem Gebiet der SBZ befanden (Bergakademie Freiberg, TH Dresden) wurden in der Folge vor allem Technische Hochschulen und Ingenieurhochschulen neu gegründet. Die

Zahl der Hochschullehrer stieg von 1395 im Jahre 1951 über 4152 (1960), 5276 (1975) auf 6100 (einschließlich Dozenten) im Jahre 1980 an. Die 1967 eingeleitete dritte Hochschulreform verbesserte die Rahmenbedingungen für engere Beziehungen zur beruflichen Praxis sowie zur Forschung und Entwicklung in den Produktionsbetrieben. Verändert wurden die Studiengänge und die Forschungsorganisationen, der Organisationsaufbau und die Integration der Universitäten in die Wirtschafts- und Bildungsplanung. Ein forciertes wissenschafts- und strukturpolitisches Aufholprogramm (unter dem Motto „Überholen ohne einzuholen"), in dem die „sozialistische Großforschung" den entscheidenden Beitrag übernehmen sollte, ging in den Versorgungsschwierigkeiten und Wachstumsstörungen von 1969 und 1970 unter. Sie führten zu einer Planungskrise und trugen schließlich zum Wechsel in der Führung der SED von Ulbricht zu Honecker bei.

Gegenwärtig bestehen 53 Hochschulen und Universitäten des allgemeinen staatlichen Bildungssystems sowie 14 Partei-, Gewerkschafts-, Militär- und Polizeihochschulen mit speziellen Ausbildungsgängen.

Die *Industrieforschung* (Forschung und Entwicklung) umfaßt alle Einrichtungen, die der Wirtschaft zuarbeiten und entweder Ministerien und staatlichen Ämtern unterstehen oder selbständige Betriebsteile darstellen. Bis Ende der siebziger Jahre wurde Industrieforschung relativ produktionsfern organisiert. Typische Organisationsformen waren:

- Industriezweiginstitute, die häufig sowohl Zentrum wie Leitstelle der Forschung und Entwicklung für Produktionsbereiche von Industrie und Ministerien darstellen und von denen das Zentralinstitut für Fertigungstechnik des Maschinenbaus (Karl-Marx-Stadt), ferner das Zentralinstitut für Gießereitechnik (Leipzig) und das Zentralinstitut für Schweißtechnik (Halle) international bekannt sind;
- betriebsinterne Forschungs- und Entwicklungsstellen;
- Wissenschaftlich-technische Institute als komplexe Stäbe bei den Leitungsorganen von Industriebranchen;
- Ressortakademien, die Fachministerien unterstellt sind (Bauakademie der DDR, Akademie der Landwirtschaftswissenschaften der DDR).

Wenn heute dagegen der Großteil der überbetrieblichen Industrieforschung in den 127 zentral geleiteten Kombinaten wiederzufinden ist, die seit 1980 nahezu alle Betriebe und Beschäftigten der Industrie zusammenfassen, so verringerte sich die Distanz zwischen Forschung und Produktion zumindest organisatorisch. Nach Gründungswellen in der Nachkriegszeit sowie in den Jahren 1968 bis 1970 und 1978 bis 1981 stellen Kombinate nunmehr die wirtschaftliche Grundform dar. Kombinate fassen die Güterherstellung technologisch und ökonomisch zusammenhängender Produktionszweige zusammen und schließen auch die Forschungseinrichtungen und Ingenieurbüros mit ein. Von der Zusammenlegung aller notwendigen Kapazitäten zur Entwicklung, Pflege und Verbreitung moderner Technologien werden erhebliche Rationalisierungseffekte erwartet. Bei der Fortentwicklung der Fertigungsverfahren besteht ein erheblicher Nachholbedarf, da sich die Industrieforschung in der Vergangenheit vor allem mit der Pflege und Fortentwicklung der Produktionssortimente befaßte. Die Organisationsformen der Industrieforschung differieren aufgrund der fachspezifischen und fertigungstechnischen Eigentümlichkeiten der Industriezweige stärker als in der Akademie- und Hochschulforschung. Größere Kombinatsinstitute zählen mehrere Tausend Mitarbeiter. So sind z.B. im Kombinat VEB Carl Zeiss Jena 4000 Wissenschaftler, Ingenieure und sonstige Mitarbeiter für die Pflege und Ergänzung von ca. 700 Haupterzeugnissen zuständig. 168000 Beschäftigte verteilen sich auf die Wirtschaftsbereiche von Industrie, Bauwesen, Landwirtschaft und Verkehr. Davon sind rund die Hälfte Hoch- und Fachschulabsolventen.

Die *Forschungsförderung* zählt gemäß dem Parteiprogramm von 1976 zu den „wichtigen Aufgaben" von Partei und Staat; für Forschungspolitik sind parteieigene, staatliche und wissenschaftliche Institutionen zuständig:
- das Politbüro und das Sekretariat des ZK als Führungsgremien der SED, denen von wissenschafts- und wirtschaftspolitischen ZK-Abteilungen zugearbeitet wird; Grundorganisationen der SED in den Forschungsstätten sowie Parteihochschulen und -institute als den Leiteinrichtungen für wichtige gesellschaftswissenschaftliche Fächer,
- die Ministerien für Hoch- und Fachschulwesen sowie für Wissenschaft und Technik zur zentralen Planung und Leitung der Bildungs- und Wissenschaftsentwicklung; die Staatliche Plankommission zur umfassenden Koordinierung der Einzelplanungen,
- die Kammer der Technik als Massenorganisation der Ingenieure,
- Wissenschaftliche Räte für die gesellschaftswissenschaftliche und die naturwissenschaftliche Forschung.

Letztere werden vom Ministerium für Hoch- und Fachschulwesen und von der Akademie der Wissenschaften für Fragen der längerfristigen Entwicklung, der Durchführung großer Forschungsvorhaben sowie des Forschungstransfers gebildet.

Die wichtigsten *Steuerungsinstrumente* sind Jahres- und Fünfjahrespläne sowie längerfristige Konzeptionen. Mittels zentraler Planvorgaben wird der Einsatz des Personals, der Finanzmittel und die anzustrebende Rentabilität gesteuert. Bei Auftragsforschung wird die Zusammenarbeit mit den Ministerien, Kombinaten und anderen Forschungsstätten in Wirtschaftsverträgen geregelt. Aus den Einnahmen werden u.a. Prämienfonds gespeist, die den Instituten wie den beteiligten Wissenschaftlern zugute kommen.

Die Bedingungen für ein optimales Zusammenwirken von Wissenschaft, Politik und Wirtschaft sind theoretisch noch weitgehend ungeklärt. Die 1967 begonnene Lösung bestand darin, Universitäten und Forschungseinrichtungen so zu verändern, daß intern projektbezogene und interdisziplinäre Forschung erreicht und extern eine verstärkte Kooperationsfähigkeit erzielt wurde. Die vorgesehene Finanzierung der Hochschulforschung ausschließlich aus Mitteln der VEB und der Kombinate führte zur Vernachlässigung der Grundlagenforschung und zur thematischen Ausrichtung auf die Nachfrage einzelner Großbetriebe oder Branchen („Haushochschulen"). Visionär sah man in der engen Verflechtung die Bedingungen für den „Arbeiter-Wissenschaftler" als den zukünftigen Sozialtypus entstehen. Die Parteiführung Honeckers praktiziert demgegenüber seit den siebziger Jahren eine Lösung des pragmatischen Sowohl-als-auch: sowohl produktionswirksame Zusammenarbeit als auch universitäre Eigenständigkeit, sowohl kombinierte Investitions- und Forschungsplanung als auch zweckfreie Forschung, sowohl Förderung der Grundlagenforschung als auch der angewandten Forschung, sowohl Auftragsfinanzierung als auch Haushaltsfinanzierung.

Befindet sich die DDR auf dem Wege zu einer Wissenschaftsgesellschaft? Eingebunden in ein System politischer Verfügungsgewalt und Kontrolle über die Wissensproduktion wirken Wissenschaft, Forschung und Technologie als zentrale Produktivkraft. Über die Sicherung von Wirtschaftswachstum, Produktivitätssteigerung und internationaler Wettbewerbsfähigkeit beeinflußt sie zugleich entscheidend die gesellschaftlichen Machtverhältnisse und den sozio-ökonomischen Wandel. Wenn Produktion und Nutzung wissenschaftlichen Wissens das Grundmuster gesellschaftlicher Dynamik abgibt und offizielle Staatsdoktrin darstellt, so ist damit noch keine Antwort auf die Frage nach der längerfristigen Forschungsstrategie gefunden. Bisher ist nicht entschieden, ob der Förderung einzelner umfassender Innovationen mit volkswirt-

schaftlichen Auswirkungen oder einer breit gestreuten Modernisierung und Rationalisierung der Vorzug gegeben werden soll. Die praktische Politik strebte bisher sowohl
das eine als auch das andere Ziel an. Ein enger Zusammenhang von Forschungs- und
Wirtschaftsstrategie wird propagiert und auf der zentralen Leitungsebene auch hergestellt. Auf der Durchführungsebene ist jedoch aufgrund der strukturell bedingten In-
teressendivergenzen die Abkoppelung von Produktion und Forschung typisch. Die
Ökonomisierung der Forschung und Entwicklung soll dem entgegenwirken. Kaum
„market driven" orientiert, ist die technisch-ökonomische Entwicklung in der DDR —
vom engen Verbund der Wissenschaft mit dem Staat bewirkt — stärker noch als in der
Bundesrepublik Deutschland als „technologic driven" (St. Woods) einzuschätzen.

Körperkultur und Sport

von Dieter Voigt

Die *Begriffe Körperkultur und Sport* sind im real existierenden Sozialismus der DDR nur im Rahmen der gesellschaftlichen Interdependenzen begreifbar. Für das hoch entwickelte Teilsystem Sport ist prägend, daß es total für die Ziele der SED instrumentalisiert wird. Die in der DDR gebräuchliche Begriffskoppelung „Körperkultur und Sport" – wobei Körperkultur als Ober- bzw. Leitbegriff dient – schließt *Sport* als Bezeichnung für leistungsbetonte körperliche Betätigung (Wettkampf) ein. Er ist die dominierende Form der Körperkultur und differenziert sich seinen Zielen entsprechend in Spitzen- bzw. Leistungssport sowie in Volks- bzw. Massensport (auch Breitensport). *Körpererziehung* bezeichnet demgegenüber die planmäßige körperliche Bewegung als gezielt psychophysische Entwicklung der Persönlichkeit. Volkskörperkultur oder aktive Erholung dient als Begriff für körperliche Aktivität, bei der Gesundheit, Erholung, Prophylaxe sowie Pflege des Körpers und der Bewegungsfunktionen im Mittelpunkt stehen.

In der DDR werden *vier Teilbereiche der Körperkultur* unterschieden: Hochleistungssport als strukturbestimmender Bereich; Sport im Bildungssystem; Sport in der Armee und in anderen Sicherheitsorganen; Sport auf den Gebieten Freizeit, Arbeit, Prophylaxe und Rehabilitation. Die Funktionen des Sports sind in den einzelnen Bereichen klar ausgeprägt; ihre Ausrichtung auf den Spitzensport ist unverkennbar. Sport wird als Instrument zur Sicherung des Machtmonopols und zur Steigerung der Arbeitsproduktivität verstanden, dient aber auch dem internationalen Ansehen der DDR. Eine besondere Rolle kommt in der DDR dem Wehrsport zu, der den ganzen Sport dominiert. Von der SED wird behauptet, die „sozialistische Körperkultur" unterscheide sich grundsätzlich vom „kapitalistischen Sportbetrieb" und stelle eine historisch höhere Stufe der Entwicklung dar. Den Beweis dafür sollen die überragenden Leistungen im Spitzensport liefern.

Die einseitige *Konzentration auf den Spitzensport* prägt das gesamte Subsystem Sport und zieht u.a. eine erhebliche Benachteiligung des Breiten-(Freizeit-) und des Gesundheitssports nach sich. Hochleistungssport bildet praktisch Inhalt und Maßstab von Körperkultur und Sport. Bereits die inhaltliche Füllung der Begriffe Sport und Körperkultur macht dies deutlich. Wichtige Aspekte wie Freude, Spiel, Interaktion, Beziehung Körper–Geist, Erleben von Erfolg und Mißerfolg, Motive und Bedürfnisse, Leistung als bewertete Handlung und Ordnungsprinzip bleiben unterbelichtet.

Ein Blick auf die *Entwicklung des Sports nach Kriegsende* zeigt, daß schon wenige Monate nach Kriegsende die entgegengesetzten politischen Auffassungen der Alliierten auch im Sport zu einer gegenläufigen Entwicklung zwischen der SBZ und den westlichen Besatzungszonen führten. Nach Auflösung der nationalsozialistischen Vereinigungen durch den Befehl Nr. 80 der SMAD vom 29. September 1945 kam der Sportbetrieb in der SBZ nur im Rahmen kommunaler Sportgruppen in Gang. Ab Juni 1948 begann die SED in Abstimmung mit den kommunalen Verwaltungsorganen des Sports sowie mit der FDJ und dem FDGB mit einer Propagandakampagne für eine Neuorganisation des Sports. Daraus ging nach Zustimmung durch die SMAD am 1. Oktober 1948 der Deutsche Sportausschuß (DSA) als neues Leitungsorgan des Sports in der SBZ hervor. An die Stelle der bisherigen kommunalen Sportgemeinschaften traten nunmehr Betriebssportgemeinschaften (BSG). Der Organisationsstruktur des FDGB entsprechend wurden diese in Fortführung des „Produktionsprinzips" in 18 Sportvereinigungen (SV) zusammengefaßt: SV Aktivist (Bergbau), SV

Aufbau (Bauwirtschaft), SV Chemie (chemische Industrie), SV Dynamo (Volkspolizei, Staatssicherheitsdienst), SV Einheit (staatliche und örtliche Verwaltung), SV Empor (Handel und Versorgung), SV Fortschritt (Textil- und Lederindustrie), SV Lokomotive (Deutsche Reichsbahn), SV Medizin (Gesundheitswesen), SV Motor (metallverarbeitende Industrie), SV Post (Postwesen), SV Rotation (Presse, Rundfunk, Druckgewerbe, Bühne), SV Stahl (Maschinenbau und Hüttenindustrie), SV Traktor (Land-, Garten- und Forstwirtschaft), SV Vorwärts (KVP bzw. NVA), SV Wismut (Wismut AG, Erzbergbau), SV Wissenschaft (Universitäten, Hoch- und Fachschulen), SV Turbine (Elektrizitäts-, Gas- und Wasserwerke). Damit war die von der Führung der SED gewünschte zentralisierte Organisationsstruktur des Sports erreicht. Am 27./28. April 1957 erfolgte die Umwandlung des Deutschen Sportausschusses in den Deutschen Turn- und Sportbund (DTSB).

Die Durchsetzung der Ziele, die von der SED dem DTSB mit seinen 39 Sport-, 15 Bezirks- und 214 Kreissportverbänden, den Sportvereinigungen „Dynamo" und „Vorwärts" sowie den 21 Sportklubs und über 9000 Betriebssportgemeinschaften (1985/86) vorgegeben werden, vollzieht sich auf der Grundlage von Sportplänen. Die Schieß-, Flug- und Tauchsportler sind in der „Gesellschaft für Sport und Technik" (GST) organisiert. Alle anderen Sportarten erfaßt der DTSB; das „Statistische Jahrbuch der DDR 1986" weist für das Jahr 1985 41 Sportarten und 3 685349 Sporttreibende aus. Der verwendete Begriff „Sporttreibende" ist irreführend, da die Mitglieder des DTSB keineswegs alle aktiv Sport treiben; ein großer Teil von ihnen bleibt vielmehr lediglich „rezeptiv" (Voigt), fördernd oder passiv. Die Mitgliederstruktur des DTSB entwickelte sich wie folgt:

Jahr	Mitglieder	davon weiblich	davon bis unter 18 J.
1960	1 439 097	23,2%	34,9%
1975	2 594 861	25,3%	43,6%
1985	3 564 852	28,6%	42,1%

(Nach: Statistisches Jahrbuch der DDR 1986, errechnet und zusammengestellt vom Vf.)

Präsident des DTSB ist seit Mai 1961 Manfred Ewald (SED); er hatte Rudi Reichert (SED) abgelöst. Schon seit Jahren besteht in der Bevölkerung eine zunehmende Tendenz, den Sport weniger in den gesellschaftlichen Organisationen − DTSB, FDJ, GST, FDGB − als vielmehr selbständig mit der Familie, mit Freunden und Bekannten oder allein zu treiben. Das widerspricht der Zielsetzung der SED, die im staatlich organisierten Sportbetrieb ein wirksames Mittel zu kontrollierter Beschäftigung, zu Disziplinierung und nicht zuletzt zu sozialistischer Erziehung sieht. Im übrigen ist zu beachten, daß entgegen der kommunistischen Ideologie in der DDR Arbeit und Freizeit stark schichten- und geschlechtsspezifisch geprägt sind. Freizeitinhalt und soziales Verhalten werden hauptsächlich durch Bildungsgrad, fachliche Kompetenz und die Art der beruflichen Belastung bestimmt. Deutlich differiert auch die Menge der den verschiedenen Soziallagen sowie den Geschlechtern zur Verfügung stehenden Freizeit. Entsprechend der deutlich geringeren Bewertung des Breitensports läßt die Bereitstellung von Sportstätten dafür zu wünschen übrig, während es an Trainingsstätten für den Leistungssport nicht fehlt.

In den Schulen gilt Sport seit Beginn des Schuljahres 1953/54 als Hauptfach. Bereits im Kindergarten werden der Körpererziehung zwei Stunden in der Woche eingeräumt; in den Unterrichtsplänen der Schulen sind meist zwei, seltener drei Stunden pro Woche vorgesehen. In 87% aller Schulen fördern Schulsportgemeinschaften das aktive Sportinteresse der Kinder und Jugendlichen.

Die DDR hat im Sport ein lückenloses *System der Talentfindung* geschaffen, das bereits im Vorschulalter einsetzt. Seit 1965 gibt es in der gesamten DDR Kinder- und Jugendspartakiaden, die in geradezu perfekter Weise breitensportliche Aktivierung mit der Auslese der Besten verbinden. Wer hier in die Endkämpfe kommt, kann in einer der 20 Kinder- und Jugendsportschulen (KJS) seine Anlagen entwickeln. Das Training schließt wehrsportliche Übungen ein. Eine ähnlich starke Basis wie an den Schulen hat der DTSB an den Universitäten sowie an den Hoch- und Fachschulen bislang nicht gefunden, obwohl die Studenten vier Semester lang verpflichtet sind, wöchentlich zwei Stunden an der „Studentischen Körpererziehung" teilzunehmen und diese am Ende erfolgreich abzuschließen.

Der *Leistungssport* ist in den knapp 30 Sportklubs der DDR mit insgesamt etwa 12000 Mitgliedern konzentriert. Die Klubs verfügen über eigene Trainings- und Wettkampfzentren. Die Aufnahme erfolgt durch Delegation aussichtsreicher Kandidaten von Schul-, Betriebs- und Hochschulsportgemeinschaften. Die Sportler erhalten bei den ihren Sportklubs zugeordneten Trägerbetrieben oder -institutionen Kaderstellen der Kategorien K 3, K 2 und K 1 (teilweise bis vollständige Freistellung von der Arbeit). Unabhängig vom Umfang ihrer Freistellung erhalten alle K-Stellen-Inhaber vom Trägerbetrieb den vollen Arbeitslohn entsprechend der jeweils getroffenen beruflichen Einstufung. Die Trägerbetriebe erhalten die an K-Stellen-Inhaber gezahlten „Arbeitslöhne" vom DTSB zurückerstattet. Körperliches Training und Bewußtseinsschulung gehen in den Sportklubs Hand in Hand. Für Athleten und Funktionäre steht eine Fülle abgestufter Orden, Ehrentitel und Privilegien zur Verfügung.

Die *Funktion des Spitzensports* ist wie folgt zu erklären:
- Höchstleistungen im Sport bedeuten Prestige für SED und DDR. Die Spitzenathleten sollen die Überlegenheit des sozialistischen Systems demonstrieren, vom Leistungswillen des „DDR-Staatsvolkes" zeugen und als „Diplomaten im Trainingsanzug" (Ulbricht) für die Ziele der SED eintreten.
- Die Erziehung „sozialistischer Persönlichkeiten" ist eine weitere wichtige Funktion des Spitzensports. In der sozialistischen Arbeit und im sozialistischen Sport sehen die marxistisch-leninistischen Funktionäre der SED die zwei wichtigsten Erziehungsinstanzen zur Entwicklung dieses Persönlichkeitstyps. Indessen kam die SED ihrem angestrebten Wunschbild bisher nicht näher; die planmäßige „Produktion sozialistischer Persönlichkeiten" blieb eine Fiktion. Die uneingeschränkte Instrumentalisierung des Sports durch die SED setzt die totale Unterordnung von Athleten, Trainern, Sportwissenschaftlern und Körpererziehern voraus.
- Die Spitzensportler der DDR sollen der Jugend und den „Werktätigen" als Vorbild und Ansporn dienen. Die Bevölkerung soll durch die zu „Idealpersonen" hochstilisierten Rekordhalter zu Unterordnung, zur Selbstdisziplin, zum Sporttreiben sowie zu einer geregelten und gesunden Lebensführung angeregt werden.
- Der „rezeptive" (Voigt) und der aktive Leistungssport sollen die optimistische Einstellung zur gesellschaftlichen Entwicklung in der DDR sowie Identitätsfindung, Kollektivbewußtsein und Integration der Staatsbürger der DDR fördern und schließlich auch den Zusammenhalt des „sozialistischen Lagers" stärken.
- Im sozialistischen Spitzensport sieht die SED ein wissenschaftliches Prüffeld, in dem Leistungsvermögen und -steigerung des gesunden Menschen gemessen und (durch Doping) beeinflußt werden können. Die dabei gewonnenen Erkenntnisse sollen der weiteren Leistungssteigerung und der physischen Vervollkommnung der Bürger der DDR dienen. Die SED hält den Leistungssport mit seiner langfristigen Trainingsplanung, bewußten Lebensgestaltung und systematischen Wettkampfvorbereitung für eine methodische Grundlage der Lebensführung aller Menschen in ihrem Machtbereich.

- Eine wichtige internationale Funktion des sozialistischen Spitzensports sieht die SED in der Förderung der Idee von Frieden und Völkerfreundschaft. Diese Aufgabe des Hochleistungssports steht im Widerspruch zur Erziehung zum Haß auf den „Klassenfeind" und zu dem erklärten Ziel, daß mit Siegen im Sport die Überlegenheit des „sozialistischen" über das „kapitalistische" System bewiesen werden soll.

Die herausragenden *Erfolge des Spitzensports* der DDR in den letzten beiden Jahrzehnten beruhen auf mehreren, sich einander durchdringenden Ursachen:

- auf einer einzigartigen Förderung des Spitzensports;
- auf systemimmanenten Bedingungen in der Motivation bei den Athleten, den Trainern, den Sportlehrern, den Sportwissenschaftlern und den Helfern im Spitzensport;
- auf dem relativ hohen sozial-ökonomischen Niveau;
- auf dem hohen Entwicklungsstand der Sportwissenschaft der DDR, einer engen Verbindung von Forschung mit Training und Ausbildung, einer zentralen und langfristigen Planung sowie einer direkten und schnellen Transformation von Forschungsergebnissen in die Sportpraxis; und
- auf einem lückenlosen und hocheffizienten System der Talentfindung und der Talentförderung, verbunden mit einem hohen Prozentsatz von Talenten, die im Leistungstraining stehen.

Der Hauptgrund für das hervorragende Niveau des Spitzensports der DDR liegt in den systemimmanenten Bedingungen für die Leistungsmotivation. Im allgemeinen erwachsen Spitzenleistungen im Sport – und das gilt wohl für alle Gebiete – aus einem mehrjährigen Hochleistungstraining, wobei eine langanhaltende und hohe Leistungsmotivation die Grundlage bildet. Die Antriebsstrukturen der Hochleistungssportler der DDR beruhen in erster Linie auf Sonderrechten und Gewinnchancen, mit denen kein „kapitalistisches" (Amateur-)System konkurrieren kann. Der Athlet in der DDR weiß, daß sich ihm durch sportliche Hochleistung die einmalige Chance bietet, Träume zu realisieren: eine vielbeachtete Sonderstellung in der uniformen Gesellschaft der DDR, berufliche und wirtschaftliche Absicherung, Westreisen, Wohnung, Auto, Devisenkäufe etc.

Wesentlichen Anteil am Aufstieg der DDR zu einer Weltmacht im Sport hat eine großzügig finanzierte *Sportwissenschaft,* die ihre Erkenntnisse – vom Westen übernommen oder selbst erarbeitet – schnell in die Praxis des Spitzensports umsetzt. Zentrale Lehr- und Forschungsstätte ist die am 22. Oktober 1950 eröffnete Deutsche Hochschule für Körperkultur (DHfK) in Leipzig. Sie zählt zu den führenden Institutionen dieser Art in der Welt. Mehr als 450 Professoren, Assistenten, wissenschaftliche Mitarbeiter und Aspiranten betreuen rund 2000 Studierende (davon etwa 10% Ausländer), deren Immatrikulation von guten Abiturnoten, „gesellschaftlicher Eignung" und dem Bestehen einer sportpraktischen Aufnahmeprüfung (u.a. Sportleistungsabzeichen) abhängt.

Auf den beiden Komplexen, den systemimmanenten Bedingungen und der praxisorientierten Umsetzung von Forschungsergebnissen, beruht das hohe Niveau des Leistungs-, Kinder- und Jugendsports sowie der Körpererziehung in den Schulen. Daran wird auch die besondere (oder prägende) Rolle des Spitzensports in der DDR deutlich, der für die kleine Schicht der das Machtmonopol ausübenden Parteikader existentielle Aufgaben zu erfüllen hat. Aus der Wichtigkeit dieser Funktion resultiert auch die besondere Förderung des Hochleistungssports, die den Bedürfnissen der breiten Mehrzahl der Bevölkerung eher widerspricht. Es wäre verfehlt, aus den Rekordleistungen in dem kleinen Bereich des Spitzensports auf eine höhere Entwicklung des Sports in der DDR insgesamt schließen zu wollen – noch viel weniger aber auf die Überlegenheit der sozialistischen Gesellschaftsordnung.

Kulturpolitik

von Manfred Jäger

Eine *Betrachtung des Problemfeldes im historischen Überblick* macht deutlich, daß die kulturpolitische Strategie für Deutschland sowjetische und im Moskauer Exil befindliche deutsche Kommunisten schon vor Kriegsende festgelegt hatten: Man setzte auf eine Bündnispolitik, die an die während der nationalsozialistischen Herrschaft bekämpften oder mißbrauchten bürgerlich-humanistischen Traditionen anknüpfen wollte. Lessing, Goethe, Schiller und Heine sollten die Bezugsgrößen sein. Der Neuaufbau erfolgte ja nicht aufgrund einer Revolution, so daß die Entscheidung zugunsten des klassischen Erbes realpolitisch plausibel war. Sie entsprach zudem der marxistisch-leninistischen Theorie, derzufolge Veränderungen im Überbau sich wesentlich langsamer vollziehen als an der ökonomischen Basis, und dem konservativen Kulturmodell der Sowjetunion. Hinzu kam das subjektive Engagement der sowjetischen Kulturoffiziere, die in der Regel die deutsche Kunst und Literatur gut kannten.

Der führende Kulturpolitiker in den frühen Nachkriegsjahren, der Schriftsteller Johannes R. Becher, war selbst ein entschiedener Traditionalist, der — unter Bezug auf die Ästhetik von Georg Lukács — die Versuche, an die proletarisch-revolutionären Traditionen der Weimarer Republik anzuknüpfen, als linksradikales Sektierertum entschieden bekämpfte. Als am Ende der fünfziger und zu Beginn der sechziger Jahre verspätet auf jene Vorbilder verwiesen wurde, blieb das für die künstlerische Praxis folgenlos: Allenfalls als einer der vielen heterogenen Bestandteile des Erbes konnten sie integriert werden.

Trotz aller Umbrüche und Kampagnen hat sich in der DDR ein Traditionsdenken erhalten, das der bürgerlichen Überlieferung einen hohen Stellenwert einräumt. Dabei wurde die schwierige Unterscheidung zwischen (kritisch zu sichtendem) Erbe und (bewußt daraus ausgewählten progressiven) Traditionen in der Praxis immer bedeutungsloser. Ehedem ausgegrenzte Bereiche wie die Romantik und der Expressionismus, aber auch die spätbürgerliche Erzählkunst von Proust, Musil, Joyce oder Kafka sind spätestens seit den siebziger Jahren auch für die Kulturpolitik der DDR Teile der bewahrenswerten Menschheitskultur. Das Konzept von der ganzen deutschen Geschichte als einer Nationalgeschichte auch der DDR erinnert neuerdings wieder an Traditionsbildungen der Zeit unmittelbar nach 1945. Nur bleibt jetzt nicht mehr ausgespart, was damals als Vorläufer des Nationalsozialismus galt, etwa das Preußentum. Die Abgrenzungsideologie, die in der Behauptung gipfelt, in der DDR entwickle sich eine eigenständige sozialistische deutsche Nationalkultur, wird durch Akzentsetzungen auf dem Wort „deutsch" dauernd relativiert. Dafür spricht auch der Name der im März 1985 bei der Akademie der Künste der DDR gegründeten „Nationalen Forschungs- und Gedenkstätten der DDR für deutsche Kunst und Literatur des 20. Jahrhunderts"; die neutrale Bezeichnung zeigt, daß man sich unabhängig von Staatsgrenzen nicht nur sozialistischen Strömungen der Moderne öffnen will.

Es hat mehrere Jahrzehnte gedauert, bis die Kulturpolitik sich in diesem Punkt den Ratschlägen vieler Schriftsteller und mancher Literaturwissenschaftler gebeugt hat. Denn der begrenzte kulturelle Pluralismus in der Periode der „antifaschistisch-demokratischen Umwälzung" war mit der Gründung der DDR im Jahre 1949 immer stärker abgebaut worden. Die Kulturschaffenden wurden auf kämpferische Parteilichkeit und sozialistische Gegenwartsthematik orientiert. Hatte der I. Schriftstellerkongreß von 1947 noch im Zeichen gesamtdeutscher Initiativen gestanden, den Brückenschlag zwischen den aus dem Exil Heimgekehrten und den Vertretern der „inneren Emigration" versucht und dabei vor einer totalen Politisierung der Künste gewarnt, so wurde der II. Schriftstellerkongreß im Juli 1950 unter das Motto „Das neue Leben verlangt nach Gestaltung" gestellt. Die Literatur sollte die Veränderungen auf dem Lande und die Arbeit in den volkseigenen Betrieben darstellen. Auf dem 5. Plenum des ZK der SED vom März 1951 wurde die berüchtigte Entschließung „Der Kampf gegen den Formalismus in Kunst und Literatur, für eine fortschrittliche deutsche Kultur" gefaßt. Man prangerte die angeblich verkümmerte Melodik moderner Opern an, vor allem Paul Dessaus Vertonung von Bert Brechts „Lukullus". Die heftigsten Angriffe galten der – wie es hieß – häßlichen, abstoßenden und volksfremden Formensprache in der Malerei. Durch die Gründung einer Staatlichen Kommission für Kunstangelegenheiten und eines dem Ministerrat unterstellten Amtes für Literatur und Verlagswesen verstärkte sich der administrative Druck.

Nachdem die SED im Jahre 1952 formell den „Aufbau des Sozialismus" beschlossen hatte, forderte sie auch die Nachahmung des sowjetischen Beispiels noch dringlicher als vorher. Der kulturpolitische Monopolanspruch des „sozialistischen Realismus" in der damaligen stalinistischen Ausprägung wurde jetzt etabliert. Damit verbanden sich Forderungen nach Parteilichkeit, Volksverbundenheit, sozialistischem Ideengehalt, Optimismus und Zukunftsperspektive. Auch heute stehen solche Vokabeln noch in den gelegentlich vorgetragenen Wunschlisten von Politikern der SED, obwohl auch sie längst erkennen mußten, daß der „sozialistische Realismus" für die meisten Künstler nichts mehr bedeutet.

Stalins Tod, die Unruhen von 1953 und die intellektuelle revisionistische Rebellion um 1956 verschärfte die latent dauernd vorhandene Spannung zwischen den Kunstschaffenden und dem bürokratischen Apparat. Diesem gelang es zwar immer wieder, seine Macht, auch mit Hilfe sowjetischer Interventionen, zu behaupten, jedoch schwächte sich seine Position kontinuierlich. Der kulturrevolutionäre Impuls von oben, der im Jahre 1959 als Politik des „Bitterfelder Weges" bekannt wurde, scheiterte rasch. In enger Verbindung mit einem unter der Losung „Chemie bringt Brot, Wohlstand und Schönheit" popularisierten Siebenjahresplan für die chemische Industrie sollten die Berufsschriftsteller in die Betriebe gehen und anschließend in ihren Werken das „Heldentum der Arbeit" feiern. Die Kluft zwischen Kunst und Leben glaubten Kulturplaner auf diese Weise schließen zu können. Zugleich sollte den professionellen Schreibern bedeutet werden, daß auf ihr Spezialistentum notfalls verzichtet werden könne. Eine Massenbewegung künstlerisch tätiger Laien sollte im Sinne des Slogans „Greif zur Feder, Kumpel, die deutsche sozialistische Nationalliteratur braucht dich!" mobilisiert werden. Ein Teil der Berufsautoren verweigerte sich, andere hatten ein kritischeres Verhältnis gegenüber dem Betriebsalltag, als erwünscht war. Die authentischen Zeugnisse der Werktätigen erwiesen sich meist für die Propaganda als unbrauchbar, auch blieb die Qualität der von Laien verfaßten Texte in der Regel hinter den Ansprüchen zurück.

Mitte der sechziger Jahre hatte sich ein Konfliktpotential angehäuft, das die SED auf dem 11. Plenum im Dezember 1965 zu einem Rundumschlag gegen „feindliche Tendenzen" im Kulturbereich trieb. Verschärft durch Attacken auf Künstler, die mit dem „Prager Frühling" 1968 sympathisierten, nahm die Entfremdung zwischen Partei und Intelligenz weiter zu. Immer mehr Künstler und Schriftsteller lehnten es ab, bei ihrer Themenwahl und Gestaltungsweise von außen kommende Aufträge zu erfüllen. Die Freisetzung subjektiver Schreibweisen hatte in der Lyrik begonnen – allmählich setzte sich auch in der Prosa ein Funktionswandel durch, der sich von eindimensionaler Erziehungsliteratur entfernte.

Mit gewissen Vorbehalten sanktionierte die SED seit ihrem VIII. Parteitag von 1971, also nach dem Führungswechsel von Ulbricht zu Honecker, diesen Zustand. Sie erstrebte eine Stabilisierung durch ein neues Vertrauensverhältnis, das auf anderem Niveau, nämlich auf einer realistischeren Grundlage, die führende Rolle der Parteiinstanzen weiter sichern sollte. Die Zulassung einer Vielfalt künstlerischer Handschriften konnte jedoch gesellschaftliche Grundprobleme nicht lösen. Die wenig informativen Medien, insbesondere die engherzig gelenkte Presse, nötigen der Literatur eine Stellvertreterfunktion auf. Die verschwiegenen Probleme wandern in die Künste ein, die zum kompensatorischen Probefeld für eine ansonsten fehlende Öffentlichkeit werden. Durch diesen politischen Anspruch erheblich gestört, reagierte der Parteiapparat Mitte der siebziger Jahre gereizt und weigerte sich z.B., die freimütige Haltung des Liedermachers Wolf Biermann zu akzeptieren. Durch dessen Zwangsausbürgerung im Jahre 1976 sah sich die Führung der SED in eine unvorhergesehene Konfrontation mit einem großen Teil der Kulturschaffenden gebracht. Eine Vielzahl von ihnen hat seither die DDR resigniert verlassen, aber auch die im Lande Gebliebenen ließen sich nicht mehr mit den alten, unwirksam gewordenen Methoden ideologisch anleiten und disziplinieren. So entstand ein kulturpolitisches Kräftefeld, in dem einander widersprechende pragmatische und willkürliche Entscheidungen fallen.

Der Staat hält es mittlerweile für wichtiger, repräsentative Kulturbauten zu errichten und zu restaurieren oder ablenkende Unterhaltungskünste für die werktätigen Massen zu fördern, als beunruhigende Kunst- und Literaturwerke zu wünschen. Wenn deren Verfasser prominent sind, findet er sich damit ab, wenn die (undefinierbaren) Grenzen des Zulässigen nicht spektakulär überschritten werden. Der Skandal des zeitweiligen oder dauernden Verbots kann freilich auch Etablierte treffen. Die geringsten Chancen aber haben junge Künstler, Schreiber und Liedermacher, die die Spielregeln nicht einhalten und notgedrungen in der Grauzone einer halblegalen Alternativszene agieren, wobei Auftritte in kirchlichen Räumen unter günstigen Umständen eine informelle Öffentlichkeit herstellen.

Es gehört zu den konstitutiven Elementen der *Organisationsformen von Kultur und Kunst in der DDR,* daß am staatlichen Zulassungsmonopol nicht gerüttelt werden darf. Nach wie vor sind administrative Genehmigungs- und Verhinderungsprozeduren normal. Ergibt sich hierüber überhaupt einmal eine Kontroverse an entlegener Stelle, geht es nicht um deren Abschaffung, sondern nur um deren großzügigere Handhabung. Freilich zählt es nicht gering, daß sich Kompetenzen und Zielsetzungen der Künstlerverbände, der Akademie der Künste und des Ministeriums für Kultur gelegentlich überlagern. So ergeben sich Zwischenräume, in denen artikuliert werden kann, wofür die zentral gesteuerte Medienlenkung sonst keinen Raum läßt. Der Schriftstellerverband, der Verband der Komponisten und Musikwissenschaftler, der Verband Bildender Künstler, der Verband der Theaterschaffenden sowie der Verband der Film- und Fernsehschaffenden dürfen aber nur beraten.

Der Kulturapparat wird durch die zuständigen Abteilungen des ZK der SED angeleitet. Die staatliche Aufsicht über die wichtigsten kulturellen Bereiche, vom Filmwesen bis zu den Staatstheatern, obliegt dem 1954 gegründeten Ministerium für Kultur. Am meisten im Blickpunkt steht dessen „Hauptverwaltung Verlage und Buchhandel", da sie die Planung der Verlage kontrolliert, alle Manuskripte begutachtet und die Druckgenehmigungen erteilt. Die in aller Regel staatlichen oder organisationseigenen Verlage nehmen der Hauptverwaltung einen Gutteil der Zensuraufgaben schon im Vorfeld ab, da die Verlagsdirektoren von ihr eingesetzt und abhängig sind; deren Zivilcourage ist so in der Regel geringer als die der Autoren. Dennoch gibt es im Ministerium auch Verfechter einer provokanten Literatur, so daß es zuweilen zu Bündnissen der Kulturleute gegen Funktionäre aus anderen Bereichen (mit größerer Machtfülle) kommt.

Innerhalb der Abteilung „Literaturverbreitung und Literaturpropaganda" der Hauptverwaltung gibt es den Sektor Bibliothekswesen. Zuständigkeiten überschneiden sich, denn wissenschaftliche Bibliotheken werden vom Ministerium für Hoch- und Fachschulwesen angeleitet, und die Verbindung zu internationalen Fachorganisationen ermöglicht der Bibliotheksverband der DDR. Die über 600 Museen und Sammlungen, von denen viele kleinere den örtlichen Behörden unterstehen, werden vom Ministerium für Kultur zentral beaufsichtigt, wobei es sich eines ehrenamtlichen Rates für Museumswesen bedient. Die den Nationalen Forschungs- und Gedenkstätten der klassischen deutschen Literatur in Weimar unterstellten Literaturmuseen haben inzwischen ihre aus den sechziger Jahren stammende, aufdringlich didaktische Darbietungsform aufgegeben, lassen die Zeugnisse für sich selbst sprechen und ermöglichen es den Besuchern, sich ihr Goethe- oder Schiller-Bild selbst zusammenzusetzen.

Die Kabaretts unterstehen wie die Stadttheater den örtlichen Instanzen, so daß sich hier unterschiedlich große Freiräume ergeben können. Ur- und Erstaufführungen müssen allerdings vom Ministerium für Kultur genehmigt werden. Auch der Staatliche Kunsthandel mit seinen Galerien untersteht ihm. Frei- oder nebenberuflich tätige Artisten, Musiker oder Unterhaltungskünstler, die einen Berufsausweis haben müssen, dürfen innerhalb der DDR nur durch die dem jeweiligen Rat des Bezirks unterstehende Konzert- und Gastspieldirektion vermittelt werden.

Das Monopol für die Vermittlung von Interpreten ins Ausland besitzt die Künstleragentur der DDR. Das Büro für Urheberrechte dient weniger dem Schutz der Autoren als deren Kontrolle, denn alle Auslandsverträge und auch schon die Weitergabe von Manuskripten bedürfen dessen Genehmigung. Für Verstöße werden Strafen angedroht. Über das Büro sichert sich der Staat auch das Einbehalten eines großen Teils der dem Urheber gezahlten Deviseneinnahmen.

Die vielfältigen Reglementierungen behindern die spontane Selbstregulierung des Kunstlebens, die zum kreativen Prozeß ebenso gehört wie die materielle Sicherung, der die DDR immer ein erhebliches Gewicht gegeben hat. Möglichst vielen die passive und aktive Teilnahme am Kulturleben zu ermöglichen, hielt sich als Zielvorstellung unter wechselnden, oft auch illusorischen Losungen wie „Die Kunst gehört dem Volke", „Auf dem Weg zur gebildeten Nation", „Die Arbeiterklasse erstürmt die Höhen der Kultur". Die mehr als 1000 Klub- und Kulturhäuser stehen für diese kulturellen Angebote zur Verfügung. Ein knappes Drittel davon wird vom FDGB unterhalten, denn die Kulturarbeit der Gewerkschaften bleibt wichtig, obwohl die Werktätigen 70% ihrer Freizeit in Wohnungen und wohnungsnahen Räumen verbringen. Der FDGB ist jedoch Hauptträger des künstlerischen Volksschaffens geblieben, er veranstaltet Betriebsfestspiele und alle zwei Jahre den zentralen Leistungsvergleich auf den „Arbeiterfestspielen", wo Arbeitertheater, Betriebskabaretts, Volkstanzgruppen usw. auftreten. Auch der FDJ obliegt es, insbesondere in den Jugendklubs, eine eigene Kulturarbeit zu organisieren.

Das am meisten spezialisierte kulturelle Angebot bietet der Kulturbund der DDR, der in den letzten Jahren einen erheblichen Zulauf verzeichnen kann. Das liegt am gestiegenen Interesse für Umweltschutz, Denkmalspflege sowie Lokal- und Regionalgeschichte. Manches überschneidet sich hier mit den Aufgaben der URANIA, der Gesellschaft zur Verbreitung wissenschaftlicher Kenntnisse, die freilich im Unterschied zum Kulturbund keine Massenorganisation ist.

Die neu etablierten Gesellschaften für Natur und Umwelt, für Heimatgeschichte und für Fotografie sind nur als unselbständige Teile des Kulturbunds zugelassen worden, der die unterschiedlichsten Interessen abdecken soll, von der Aquaristik und Bibliophilie bis zu Numismatik, Philatelie und neuerdings Bonsai. Der Differenzierung der Bedürfnisse muß entgegengekommen werden, ohne daß die Kulturbringer Wertungen nach der Wichtigkeit der Hobbys vornehmen können. Aber der Kulturbund wird durch die vielen Freundeskreise und Interessengemeinschaften auch unübersichtlich überlastet und aufgeschwemmt, zum bloßen Dachverband reduziert. Die SED scheut davor zurück, die Gesellschaften eigenständig agieren zu lassen. Der Kulturbund soll die politische Kontrolle der einzelnen Initiativen gewährleisten, was freilich auf der lokalen Ebene oft zur bloßen Formsache wird. Spontane Vereinsgründungen sind weiterhin unerlaubt, und alle genehmigten gesellschaftlichen Organisationen sind auch in ihrer Kulturarbeit dazu verpflichtet, die Vorgaben der staatlichen Kulturpolitik zu beachten und deren Direktiven auszuführen.

Presse, Rundfunk und Fernsehen

von Ansgar Diller

Die *Verfassung* der *DDR* von 1974 gesteht jedem Bürger das Recht zu, „den Grundsätzen dieser Verfassung gemäß seine Meinung frei und öffentlich zu äußern" (Art. 27). Dieses Recht werde durch kein Dienst- und Arbeitsverhältnis beschränkt. Auch dürfe niemand benachteiligt werden, wenn er von diesem Recht Gebrauch mache. Wörtlich heißt es weiter: „Die Freiheit der Presse, des Rundfunks und des Fernsehens ist gewährleistet." Die Verfassung von 1949 hatte außerdem den Satz enthalten, daß eine Zensur nicht stattfindet. Diese Bestimmung wurde zwar im Jahre 1968 bei der Neuformulierung der Grundrechte bereits gestrichen, doch weist der offizielle Kommentar zur Verfassung der DDR ausdrücklich darauf hin, daß die Freiheit von Presse, Rundfunk und Fernsehen eine Zensur ausschließt. Von Informationsfreiheit ist im entsprechenden Zusammenhang keine Rede.

Trotz der verfassungsrechtlichen Garantie gibt es aber nur eine eingeschränkte Möglichkeit, von der Presse- und Meinungsfreiheit auch wirklich Gebrauch zu machen. Nach offizieller Lesart vollzieht sich Massenkommunikation in sozialistischen Ländern „unter Führung der marxistisch-leninistischen Partei und des sozialistischen Staates". Als deren Instrumente „sammeln, verarbeiten und verbreiten die Massenkommunikationsmittel gesellschaftliche Informationen". Ihre Tätigkeit sei „für die bewußte Gestaltung sozialistischer Beziehungen erforderlich" und geeignet, in der Bevölkerung „das bewußte politische, klassenmäßige Verhalten" zu fördern. Es gilt als selbstverständlich, daß die Massenkommunikationsmittel ihre Aufgabe „auf der Grundlage der Prinzipien der Parteilichkeit, der Wissenschaftlichkeit, der Wahrheit und der Massenverbundenheit" lösen.

Entsprechend den Grundsätzen der *Medienpolitik der SED* sind die Massenmedien in der DDR eine „wirkungsvolle Waffe im ideologischen Klassenkampf" und werden für eine „aktuelle, parteiliche und informationsintensive Nachrichtengebung" eingesetzt. Ihren Erziehungs- und Lenkungsauftrag nehmen Presse, Rundfunk und Fernsehen in enger Anlehnung an die SED wahr. Sie bestimmt auch den politischen Kurs der Massenmedien. Als Schaltstelle fungiert das Sekretariat des ZK der SED für Agitation und Propaganda unter Leitung von Joachim Herrmann. Die politisch-ideologischen Richtlinien gehen von der Abteilung Agitation direkt an Presse, Rundfunk und Fernsehen sowie an die parteieigenen Publikationsorgane der SED. Außerdem kommt dem Presseamt beim Vorsitzenden des Ministerrats eine nicht geringe Bedeutung zu. In staatlichem Auftrag informiert es die Öffentlichkeit und kontrolliert alle regelmäßig erscheinenden Presseerzeugnisse, die nur dann erscheinen dürfen, wenn der Herausgeber eine Lizenz besitzt. Das Weisungsrecht erstreckt sich auch auf die staatliche Nachrichtenagentur ADN. Rundfunk- und Fernsehredaktionen erhalten ihre Richtlinien von den beiden Staatlichen Komitees für Rundfunk bzw. für Fernsehen, die ihrerseits von der Agitationszentrale des ZK der SED gesteuert werden.

In der marxistisch-leninistischen Medienpolitik spielt die *Presse* eine zentrale Rolle. Schon wenige Wochen nach Ende des Zweiten Weltkriegs erschien ab 21. Mai 1945 das erste von der SMAD lizenzierte Blatt: die „Berliner Zeitung". Dieses „Organ des Magistrats von Groß-Berlin" stand unter der Leitung zweier aus Moskau zurückgekehrter Emigranten. In den folgenden Monaten ließen die Sowjets Organe der kurz zuvor gegründeten Parteien KPD, SPD, CDUD und LDPD zu. Daneben behielt die sowjetische Armee ihr eigenes, seit dem 15. Mai 1945 erscheinendes Organ, die „Tägliche Rundschau", als Sprachrohr ihrer Politik bei (bis 1955). Die von der SMAD durch einseitige Zensur und großzügige Papierzuteilung bevorzugte Presse der KPD konnte so um die Jahreswende 1945/1946 bereits in einer Auflage von rund vier Mio. Exemplaren erscheinen, während z.B. die Presse der SPD nur eine Gesamtauflage von knapp einer Mio. erreichte. Nach der Zwangsvereinigung von KPD und SPD zur SED am 21./22. April 1946 erschien am Tage danach erstmals die Einheitszeitung „Neues Deutschland", die aus der Fusion der beiden Zentralorgane „Deutsche Volkszeitung" (KPD) und „Das Volk" (SPD) hervorgegangen war. Entsprechende Fusionen bzw. Neugründungen gab es auch auf regionaler Ebene, so daß in der SBZ und Berlin (Ost) im Herbst 1947 schließlich elf derartige Parteiblätter erschienen. Ihnen standen als einzige, aber kaum ernst zu nehmende Konkurrenten die Zeitungen von CDUD („Neue Zeit") und LDPD („Der Morgen") gegenüber. Diese Zentralorgane blieben in ihrer Wirksamkeit stark eingeschränkt, da die SMAD nur eine Auflagenhöhe von 120000 Exemplaren pro Ausgabe und den regionalen Blättern dieser Parteien in den Ländern nur ein zwei- bis dreimaliges Erscheinen pro Woche zugestand. Somit sicherte sich die SED beizeiten eine Art Pressemonopol, dem CDUD und LDPD auf lokaler Ebene überhaupt nichts entgegenzusetzen vermochten. Wagte es die „bürgerliche" Presse dennoch, SED- oder SMAD-kritische Artikel zu veröffentlichen, dann griff die Zensurbürokratie ein, die die Redakteure maßregelte, personelle Umbesetzungen erzwang und damit überhaupt treue Gefolgschaft in der Frage der gesellschaftspolitischen Umgestaltung durchsetzte.

Als im Frühjahr 1948 mit NDPD und DBD zwei weitere Parteien entstanden, erschienen auch zwei neue Parteizeitungen: Die „National-Zeitung" (NDPD) verfolgte erklärtermaßen eine Politik, die nationalen, gesamtdeutschen Interessen dienen und die früheren „kleinen" Mitglieder der NSDAP an die DDR binden sollte. Ihren gesamtdeutschen Anspruch unterstrich die Redaktion im Jahre 1951 mit der Herausgabe einer eigens für „Westdeutschland" hergestellten Ausgabe. Das „Bauern-Echo" (DBD) entpuppte sich recht bald als ein Ableger der SED. „National-Zeitung" und „Bauern-Echo" konnten in einer Auflage bis zu 200000 Exemplaren erscheinen und lagen damit vor den Blättern von CDU und LDPD.

Zur Presse der SED zählte und zählt die von der FDJ herausgegebene Tageszeitung „Junge Welt", die seit dem 12. Februar 1947 erscheint und sich an ältere Schüler und Lehrlinge wendet. Der FDGB gründete als Organ seines Bundesvorstandes die Tageszeitung „Tribüne". Auch das Zentralblatt des DTSB, das „Deutsche Sportecho", wird, wie die Zeitungen der übrigen Massenorganisationen, über die „Zentrag", einen Zusammenschluß der SED-eigenen Zeitungsverlage und -druckereien, kontrolliert.

An der *Struktur der Presse* hat sich seit Gründung der DDR im Jahre 1949 kaum etwas geändert. Annähernd 90% der Gesamtauflage aller Zeitungen in Höhe von 7,4 Mio. Exemplaren erschienen nach 1960 in Verlagen der SED bzw. des FDGB und der FDJ. In den Rest teilten sich paritätisch die Blätter von CDU, NDPD, LDPD und DBD mit einem Anteil von jeweils 2,7 %. Allein die Auflage des „Neuen Deutschland" war mit 800 000 Stück ebenso hoch wie die aller sog. bürgerlichen Zeitungen. 1986 erschienen das „Neue Deutschland" mit 1,1 Mio. und die Bezirksblätter der SED mit 5,1 Mio. täglicher Auflage. Die „Junge Welt" der FDJ wurde 1,2 Mio. mal und die „Tribüne" des FDGB 400 000 mal täglich gedruckt. Alle anderen Zeitungen zusammen, darunter „Neue Zeit" (CDU) und „Der Morgen" (LDPD), lagen bei knapp unter 800 000 täglicher Auflage.

Als wichtigstes Instrumentarium zur Steuerung der Presse gilt die *Lizenzpflicht* für sämtliche periodischen Druckerzeugnisse, die in einer Verordnung aus dem Jahre 1962 festgelegt ist. Danach erteilt das Presseamt beim Vorsitzenden des Ministerrats die Lizenzen für die Zentralorgane. Für die Lizenzierung regionaler Zeitungen sind die Vorsitzenden der Bezirksräte zuständig. Eine Lizenz kann an Staatsorgane, Parteien und Organisationen, aber auch an Einzelpersonen erteilt werden, wenn „der Charakter des Presseerzeugnisses den Gesetzen der DDR entspricht" und wenn „im Rahmen des Volkswirtschaftsplanes die erforderlichen Materialkontingente zur Herstellung des beantragten Presseerzeugnisses zur Verfügung stehen." Als verantwortlich für die Einhaltung der Lizenzbedingungen bezeichnet die Verordnung den Lizenzträger und den Chefredakteur, wobei letzterem die „unmittelbare Verantwortung für den Inhalt des lizenzierten Presseerzeugnisses gemäß den bestehenden gesetzlichen Bestimmungen" zufällt. Selbstverständlich haben sich Lizenzierungsbehörden vorbehalten, Genehmigungen zu widerrufen, falls die Bestimmungen nicht eingehalten werden, was ein umfangreicher Apparat der (Nach-)Zensur überwacht.

Noch immer gilt uneingeschränkt, was das „Journalistische Handbuch der DDR" von 1960 über die Aufgabe der Presse verbreitet hat: „Um dem Leser ein richtiges Bild von der objektiven Wirklichkeit in ihren Zusammenhängen zu vermitteln, wird die Auswahl der zu veröffentlichenden Nachrichten, ihre Plazierung, die Zusammenstellung der einzelnen Fakten innerhalb einer Nachricht sowie die Wortwahl und Überschriftengestaltung parteiisch vorgenommen." Die Presse in der DDR bringe nur das, was der Masse des Volkes diene, während der Gegner nur dann zu Wort kommen dürfe, wenn dies von Nutzen sei. Da die Lenkung der Presse durch einheitliche Richtlinien erfolgt, gibt es natürlich keinerlei Interpretationsspielräume für die einzelnen Organe. Vielmehr stimmen sie in Aufmachung und Inhalt im wesentlichen überein.

Den *Rundfunk* bauten 1945 deutsche Kommunisten wieder auf, die aus sowjetischer Emigration in die SBZ zurückkehrten. Die erste Sendung kam am 13. Mai aus dem Berliner Funkhaus an der Masurenallee, das ab Juli 1945 im britischen Sektor der ehemaligen Reichshauptstadt lag. Als am 21. Dezember 1945 die Sender der SBZ unter Leitung des „Generalintendanten des deutschen demokratischen Rundfunks" der Deutschen Zentralverwaltung für Volksbildung unterstellt wurden (aber weiter im Kontrollbereich der SMAD blieben), zeichnete sich bereits die Zuordnung des elektronischen Massenmediums zur staatlichen Verwaltung ab. 1949 übernahm zunächst die neu gebildete Hauptverwaltung für Infomation innerhalb der Deutschen Wirtschaftskommission (DWK) die Weisungsbefugnis gegenüber der Generalintendanz des Rundfunks. Nach Gründung der DDR ging sie auf das Amt für Information, das „weisungsberechtigte staatliche Lenkungsorgan zur Informierung der Öffentlichkeit", über.

Den ideologischen Unzulänglichkeiten des − auf Länderebene z.T. noch dezentralisiert organisierten − Rundfunksystems suchte die SED mit einer Verordnung über die Bildung des Staatlichen Rundfunkkomitees am 14. August 1952 zu begegnen. Damit wurde die Rundfunkarbeit in Berlin zentralisiert und einer einheitlichen Leitung unterstellt. Künftig sollte die Bevölkerung in der DDR und „in Westdeutschland" die Möglichkeit erhalten, „drei verschiedene, sorgfältig aufeinander abgestimmte, qualitativ hochwertige und ganztägige Programme des deutschen demokratischen Rundfunks zu empfangen". Sie hatten daran mitzuwirken, „das sozialistische Bewußtsein der Werktätigen zu entwickeln, die Bevölkerung tief mit der Idee der Verteidigung des Friedens, der Verteidigung unserer Heimat und des Hasses auf die imperialistischen Kriegsbrandstifter, Militaristen und Vaterlandsverräter zu erfüllen und den Kampf um die Einheit Deutschlands und den baldigen Abschluß eines Friedensvertrages verstärkt zu entfalten". Das Rundfunkkomitee hatte u.a. die Programmplanung und -gestaltung des Rundfunks zu beaufsichtigen, die Erfahrungen des sowjetischen Rundfunks auszuwerten, die Entwicklung des Fernsehens voranzutreiben, die Studios in den Bezirken der DDR anzuleiten und sich um die Schulung qualifizierten Nachwuchses zu kümmern.

Mit der Neuorganisation wurde endgültig der zentralisierte Staatsrundfunk der DDR etabliert. Vom Ostsektor Berlins aus wurden drei Programme ausgestrahlt: das erste mit gesamtdeutschem („Kampf"-)Charakter; das zweite, das sich die Vertiefung gesellschaftspolitischer Fragen zur Aufgabe stellte; und das dritte mit der Zielsetzung der Massenunterhaltung. Mitte der fünziger Jahre setzten sich z.T. ihre früheren Bezeichnungen wieder durch: „Berliner Rundfunk" für die Lokalsendungen der ehemaligen Reichshauptstadt, „Radio DDR" als innerstaatliches Sprachrohr und „Deutschlandsender" für gesamtdeutsche Aufgaben. Neben diesen drei Programmen traten 1955 Sendungen von „Radio Berlin International" für das Ausland und 1958 der „Berliner Welle" speziell für Berlin (West). Nach dem Verbot der KPD in der Bundesrepublik Deutschland begann 1956 der in der Nähe Magdeburgs stationierte „Freiheitssender 904" mit der Sendung von Nachrichten und Direktiven für die illegale Arbeit der Partei. Der „Deutsche Soldatensender 935" richtete ab Herbst 1960 seine Agitationsprogramme an die Soldaten der Bundeswehr.

Im Spätsommer 1968 wurden Rundfunk und Fernsehen der DDR organisatorisch getrennt: Seitdem gibt es das Staatliche Komitee für Rundfunk (sowie das Staatliche Komitee für Fernsehen) beim Ministerrat der DDR. Der Anfang 1970 einsetzenden Abgrenzungspolitik von der Bundesrepublik Deutschland mit der Absage an die „einheitliche deutsche Nation" und der Deklaration einer „sozialistischen Nation" fielen die Sendestationen zum Opfer, die auf (gesamt)deutsche Gemeinsamkeiten schließen ließen, außerdem das Wort „deutsch" in ihren Bezeichnungen trugen und sich absichtlich um eine Einwirkung auf die bundesdeutsche Entwicklung bemühten. Den „Deutschlandsender" und die „Berliner Welle" ersetzte am 14./15. November 1971 die „Stimme der DDR" – ein Sender, der vor allem über die Positionen der DDR zu allen internationalen Fragen informieren will und sich an die deutschsprachigen Hörer außerhalb der Grenzen der DDR wendet. Bereits Ende September 1971 hatte der „Freiheitssender 904" seine Sendungen eingestellt; seit dem 1. Juli 1972 sendet auch der „Deutsche Soldatensender 935" nicht mehr.

Seit Ende 1987 umfaßt das durch eine Reform alternativ strukturierte Angebot des Inlandrundfunks der DDR fünf Hörfunkprogramme: „Radio DDR I" bietet rund um die Uhr Informationen und Unterhaltungsmusik; „Radio DDR II", im Durchschnitt täglich 15 Std. auf Sendung, versteht sich als weltanschauliches Bildungs- und Erziehungsprogramm, in dem Probleme und Meinungen ihren Platz finden; die „Stimme der DDR" wendet sich 24 Std. lang aus der DDR an die DDR und ihre Freunde im Ausland; der „Berliner Rundfunk" – ebenfalls rund um die Uhr zu empfangen – will als „Repräsentant der Hauptstadt" fungieren; „Jugendradio DT 64" spricht von 4.00 bis 24.00 Uhr täglich junge Hörer gezielt an. Hinzu kommen rund zehn stundenweise Regionalprogramme für einzelne oder gemeinsam für mehrere Bezirke der DDR. Am Jahresende 1985 waren 6 646 455 Emfangsgenehmigungen für den Rundfunk erteilt (Monatsgebühr: 2 Mark), davon knapp 1,7 Millionen gebührenfreie.

Das *Fernsehen der DDR* (bis 1971: „Deutscher Fernsehfunk") wurde auf Beschluß des Ministerrates ab 1950 aufgebaut. Ende 1951 gab es die ersten technischen Experimente, am 21. Dezember 1952 begann unter einer eigens innerhalb des Staatlichen Rundfunkkomitees eingerichteten Fernsehintendanz das tägliche offizielle Versuchsprogramm, das aber nur auf einigen wenigen Bildschirmen in Berlin und seiner Umgebung gesehen werden konnte. Es kam aus einem Gebäudekomplex in Berlin-Adlershof, wo auch heute noch die wichtigsten Redaktionen und Studios des Fernsehens der DDR untergebracht sind. Weitere Einrichtungen bestehen in Berlin-Johannisthal und – als bedeutende Außenstudios – in Halle und Rostock. Das reguläre Programm mit etwas mehr als zwei Stunden täglich begann erst am 3. Januar 1956. Seit 1959 wurde im Interesse von Schichtarbeitern das Programmangebot um Wiederholungen ausgewählter Abendsendungen am nächsten Vormittag erweitert. Lenkungs- und Leitungsorgan ist seit dem 15. September 1968 das Staatliche Komitee für Fernsehen beim Ministerrat der DDR. Am 3. Oktober 1969 gab es erstmals Sendungen eines zweiten Programms und zeitgleich die ersten Sendungen in Farbe – wenn auch zunächst nur an Wochenenden.

Die beiden Fernsehkanäle der DDR unterscheiden sich nur unwesentlich in ihren Angeboten voneinander. Bis zur Strukturreform von 1982 sah das zweite Programm seinen Schwerpunkt in kulturell anspruchsvollen Sendungen mit Theater-, Opern- und Konzertaufführungen. Seitdem beginnt es auch seine Hauptsendezeit um 19.00 Uhr mit Unterhaltung wie Spiel- und Kriminalfilmen aus westlicher und östlicher Produktion sowie Serien. Die Nachrichten und Filmberichte der „Aktuellen Kamera" werden im ersten Programm von 19.30 bis 20.00 Uhr sowie als zweite zeitlich kürzere Ausgabe zu wechselnden Zeiten zwischen 22.00 und 23.00 Uhr und im zweiten Programm von 21.30 bis 22.00 Uhr ausgestrahlt. Einige Magazine, darunter „Die Fernsehpressekonferenz" und „Der schwarze Kanal" (in dem Karl-Eduard von Schnitzler „am naheliegenden Beispiel des BRD-Fernsehens die Methoden kapitalistischer Massenmedien zu entlarven" vorgibt) oder die Sendereihe „Alltag im Westen" mit Reportagen über die Bundesrepublik Deutschland und andere westliche Länder, verfügen in der Programmstruktur über feste Sendeplätze. Ende 1985 waren 6079000 Fernsehgenehmigungen (Monatsgebühr einschl. Rundfunk: 7 Mark, bei Empfang des zweiten Programms: 10 Mark) erteilt, davon rund 1,6 Mio. gebührenfreie.

Den ausschlaggebenden Einfluß auf das, was in den Medien der DDR als Nachrichten verbreitet wird, übt der Allgemeine Deutsche Nachrichtendienst (ADN) aus. Im Herbst 1946 gegründet, übernahm ADN die Aufgabe einer Nachrichtenagentur für die SBZ. Obwohl als gemeinnützige Gesellschaft, die sich aus Gebühren der Zeitungen finanzierte, zur Überparteilichkeit verpflichtet, geriet die Agentur sofort in das Fahrwasser der SED. Dieser *Monopolisierung der Information* konnten sich einige Presseorgane in der SBZ geraume Zeit durch den Bezug ausländischer, insbesondere westlicher Agenturen entziehen. Doch nach Gründung der DDR beanspruchte ADN das alleinige Nachrichtenmonopol, woran sich bis heute nichts geändert hat. Nachdem die Agentur am 2. April 1953 per Gesetz zu einer „staatlichen Institution" erklärt worden war, unterlag ADN dem Weisungsrecht des Vorsitzenden des Ministerrats, das vom Presseamt ausgeübt wird. Als Staatseinrichtung erhält die Agentur ihre Finanzmittel direkt aus dem Staatshaushalt; seit 1966 wird sie von einem Generaldirektor geleitet, den der Vorsitzende des Ministerrats ernennt.

ADN hat sich bei seiner Tätigkeit nach dem Programm und den Weisungen der SED sowie den Beschlüssen, Erlassen und Verordnungen der Staats- und Regierungsorgane zu richten. Nach seinem Statut soll ADN Presse, Rundfunk und Fernsehen über alle wichtigen und interessanten Ereignisse auf politischem, wirtschaftlichem und kulturellem Gebiet „aktuell und parteilich" informieren; seine Mitarbeiter haben sich „ständig für die Durchsetzung der Politik der Partei der Arbeiterklasse und des sozialistischen Staates einzusetzen". Mit diesen Richtlinien ausgestattet, wirkt ADN durch sein Informationsangebot als Agitator durch Tatsachen. Das uneingeschränkte Nachrichten- und Informationsmonopol für ADN ist durch das Gebot abgesichert, daß die Medien der DDR nur dessen Meldungen beziehen dürfen. Die Informationen von rund 60 anderen (ausländischen) Agenturen filtert vor deren Weitergabe die in Berlin (Ost) ansässige Zentralredaktion, bei der auch die Berichte der ADN-Korrespondenten in etwa 50 Ländern rund um den Erdball eingehen und bearbeitet werden.

Alltag

von Maria Elisabeth Ruban

Bei Begegnungen zwischen Bürgern der DDR und der Bundesrepublik Deutschland einschließlich Berlins (West), insbesondere bei Verwandtenbesuchen hier oder drüben, führen die Gespräche auffallend häufig zu Vergleichen über Löhne und Gehälter, über Preise, Warenbeschaffung und Warenqualität; sie berühren also sehr praktische, konkrete Fragen aus dem *Alltagsleben der Menschen.* Daß diese Themen ihre Aktualität über Jahrzehnte behalten konnten, folgt wohl in erster Linie aus der Existenz bestimmter systemtypischer Mängel, die in der DDR ebenso wie in anderen sozialistischen Gesellschaften anzutreffen sind und die den Verbraucher immer wieder vor spezifische Schwierigkeiten stellen. Seine Möglichkeiten zur Befriedigung des individuellen Bedarfs werden hier nicht nur von seiner Kaufkraft bestimmt, sie sind vielmehr zusätzlich und spürbar durch ständige oder zeitweilige Defizite im Warenangebot begrenzt. Hinzu kommt die notorische Schwäche und Rückständigkeit des Handelsapparates, dem es vielfach nicht gelingt, die produzierten Güter bedarfsgerecht und kontinuierlich da anzubieten, wo sie nachgefragt werden. So ist der Kunde gezwungen, bei seinen Einkaufsgängen viel Zeit aufzuwenden, Findigkeit zu entwickeln sowie Beziehungen aufzubauen und einzusetzen, um spezielle Wünsche verwirklichen, oft auch nur, um den alltäglichen Bedarf befriedigen zu können. Das erklärt die Einstellung der Menschen zu den Gütern des materiellen Lebensstandards: eine Mischung aus Ärger und Verbitterung bei Mißerfolg oder besonderer Beschwerlichkeit der Beschaffung, aber auch Freude an dem lange erstrebten, endlich erstandenen Gegenstand und Stolz auf den eigenen Einsatz bei seinem Erwerb. Ein Phänomen wie die westliche „Wegwerfmentalität" ist in der DDR ebenso unbekannt wie der Verdruß über einen angeblichen „Konsumterror". Diese Beobachtungen gelten heute noch ebenso wie vor zehn oder zwanzig Jahren, wenngleich in dieser Zeit auf allen den Lebensstandard kennzeichnenden Gebieten (z.B. Einkommen, Verbrauch und Versorgung) Fortschritte unverkennbar sind – Fortschritte, die die DDR zum Land mit dem höchsten Lebensstandard im Bereich des RGW gemacht haben.

Im Jahre 1985 betrug das durchschnittliche monatliche *Haushaltseinkommen in Arbeiter- und Angestelltenhaushalten* (das in der Regel von Mann und Frau gemeinsam erarbeitet wird) 1746 Mark gegenüber 1031 Mark im Jahre 1970. Folgt man dem amtlichen Index der Einzelhandelspreise, dann ist die innere Kaufkraft der Mark seit 1970 praktisch konstant geblieben, der Einkommenszuwachs der privaten Haushalte läge damit real wie nominal bei rund 70%. Tatsächlich sind die Preise für die wichtigsten Nahrungsmittel – dank staatlicher Subventionierung – seit 1970 nicht verändert worden, ebenso die Verkehrstarife, die Preise für kommunale Dienstleistungen sowie für einige andere Waren und Leistungen des Alltagsbedarfs.

Wenn trotzdem in der DDR allgemein über eine zunehmende *Verteuerung der Lebenshaltung* geklagt wird, so geht das auf die Auswirkungen einer verdeckten Inflation zurück: Bestimmte Güter sind nur noch in gehobenen Preisklassen zu haben, wobei die Preissteigerungen mit verbesserter Qualität begründet werden. Auch zwingt das zeitweilige Fehlen bestimmter Nahrungsmittel oder Textilerzeugnisse die Kunden zum Einkauf in den Spezialläden „Delikat" (Feinkost) und „Exquisit" (Kleidung), die nur Waren des gehobenen Sortiments führen und sie in Mark der DDR abgeben, aber zu Preisen, die oft um ein Vielfaches höher sind als die Listenpreise entsprechender Güter in den Läden der staatlichen Handelsorganisation. Während die „Delikat"- und „Exquisit" -Läden jedem Kunden zugänglich sind, der bereit ist, überhöhte Preise für

Lebensmittel und Kleidung auszugeben, verkaufen die „Intershop"-Läden ihre Ware an Bürger der DDR nur gegen Mark-Wertschecks. Ihr Kundenkreis besteht meist aus Personen, die Verwandte in der Bundesrepublik Deutschland oder Berlin (West) haben, von denen sie Deutsche Mark bekommen. Die Existenz der verschiedenen Sonderformen des Einzelhandels bringt zwar den Westgeldbesitzern sowie den Beziehern überdurchschnittlich hoher Einkommen offensichtliche Vorteile, nämlich den Zugang zu sonst nicht oder nur schwer erhältlichen Waren; aus ideologischer Sicht aber müssen diese Verkaufsstellen für privilegierte Kunden in einer sozialistischen Gesellschaft eher als Ärgernis, zumindest als Fremdkörper angesehen werden. Sie sollen, nach einer Formulierung von SED-Generalsekretär Honecker, nicht zu „Dauererscheinungen des Sozialismus" werden. Einstweilen tragen sie jedenfalls dazu bei, das Warenangebot zu verbreitern und Qualitätsmaßstäbe zu setzen − Maßstäbe, die später auch den allgemeinen Läden als Orientierung dienen könnten.

Der größte Posten im Budget der privaten Haushalte entfällt (mit gut 40% der Ausgaben) auf den *Verbrauch von Nahrungs- und Genußmitteln.* Der Pro-Kopf-Verbrauch der meisten Nahrungsmittel liegt − im internationalen Vergleich − sehr hoch, er übertrifft etwa den jährlichen westdeutschen Pro-Kopf-Verbrauch von 1984 bei Fleisch und Fleischerzeugnissen um 5%, bei Eiern um 10%, bei Milch um 20%; an Kartoffeln, Butter und Spirituosen wird in der DDR je Einwohner rund die doppelte Menge konsumiert wie in der Bundesrepublik. Dagegen liegt der Verbrauch in der DDR bei Fisch und Fischerzeugnissen, Obst, Käse, Kaffee, Tee sowie Wein und Sekt mit 40−50% Rückstand erheblich unter dem westdeutschen Niveau, wobei der niedrige Konsum dieser Güter teilweise durch ein begrenztes Angebot (z.B. bei Obst) erzwungen ist, teilweise auf überhöhte Preise (z.B. bei Kaffee) zurückgeht.

Bei der *Nachfrage nach industriellen Konsumgütern* stehen Qualitäts- und Sortimentsfragen im Vordergrund. Im Bereich Bekleidung und Schuhe, der den ersten Platz unter den Haushaltsausgaben für Nicht-Nahrungsmittel einnimmt, kann die Grundausstattung allgemein als gesichert angesehen werden. Die Nachfrage konzentriert sich hier − und das schon seit Jahren − auf solche Artikel, die den individuellen Wünschen und Vorstellungen der Kunden entsprechen: Gesucht werden nicht mehr Massenwaren, sondern vor allem Erzeugnisse aus hochwertigem Material, in guter Verarbeitung und modischer Gestaltung, d.h. Erzeugnisse, die die einheimische Industrie bisher nicht in ausreichender Menge für den Verkauf im normalen Einzelhandel bereitstellen kann. Wenn man die Bedeutung einzelner Warengruppen für den Bedarf der privaten Haushalte nicht an der Höhe der Ausgaben, sondern am Wachstumstempo des Verbrauchs mißt, rückt die Position der langlebigen Konsumgüter an die Spitze. Ihre Verbreitung hat sich in den letzten fünfzehn Jahren eindrucksvoll gesteigert, bei einigen Erzeugnissen (Kühlschrank, Fernsehgerät, Waschmaschine) ist die Sättigungsgrenze erreicht oder fast erreicht.

Ausstattung der Haushalte mit langlebigen Konsumgütern

| | (Ausstattungsgrad je 100 Haushalte) | | |
	1970	1980	1985
Kühlschränke	56,4	99	99
Waschmaschinen	53,6	80,4	91,8
Fernsehgeräte	69,1	88,1	93,4
Farbfernsehgeräte	0,2	16,8	38,4
PKW	15,6	36,8	45,8

(Quelle: Statistisches Jahrbuch der DDR 1986, S. 281)

Die Angaben über den Ausstattungsgrad der Haushalte mit langlebigen Konsumgütern müssen wiederum durch einige qualitative Hinweise ergänzt werden, die in den Zahlen nicht zum Ausdruck kommen. Gemessen am Standard westlicher Länder sind die in der DDR produzierten Geräte, was ihre technische Ausstattung, Funktionstüchtigkeit, äußere Gestaltung und Reparaturanfälligkeit betrifft, den entsprechenden westlichen Produkten unterlegen; dabei stellt gerade die hohe Reparaturanfälligkeit die Benutzer vor zusätzliche Schwierigkeiten, denn hier − und das gilt für alle sozialistischen Länder − gehören Reparaturen und andere Dienstleistungen zu den schwächsten Gliedern in der Kette der Wirtschaftsbereiche, deren Ineffizienz durch den permanenten Mangel an Ersatzteilen aller Art noch verschärft wird.

Bei einer Umfrage in Berlin (Ost), deren Ergebnisse als symptomatisch für die ganze Bevölkerung der DDR gelten können, erklärten die Befragten, für ein erfülltes Leben sei es unverzichtbar, „eine glückliche Familie zu besitzen, einen ausfüllenden Beruf und eine gute Wohnung zu haben". Diese hohe Wertschätzung guter *Wohnverhältnisse* wird von der Regierung der DDR als legitim betrachtet. Mit dem Wohnungsbau- und Sanierungsprogramm von 1973 hat sie sich zum Ziel gesetzt, bis zum Jahre 1990 rund 3 Mio. Neubauwohnungen zu schaffen bzw. vorhandene Wohnungen zu modernisieren, damit jeder Familie eine eigene, gut ausgestattete Wohnung zur Verfügung gestellt werden kann. Bei dem Ziel des Programms liegt der Schwerpunkt, in Übereinstimmung mit den Wünschen der Mieter, bei der Beschreibung „gut ausgestattet", denn mit einem Bestand von 98 Wohnungen je 100 Haushalte und einer durchschnittlichen Wohnfläche je Einwohner von 26 qm (1982) könnte das Wohnungsproblem rein quantitativ schon jetzt als gelöst gelten. Das Unbefriedigende an der Wohnungssituation liegt aber an dem noch immer hohen Anteil von alter, renovierungsbedürftiger und schlecht ausgestatteter Bausubstanz. Rund zwei Drittel des Bestandes entfallen auf Altbauten aus der Zeit vor 1945. Seit Inkrafttreten des Wohnungsprogramms, das zügig durchgeführt wird, hat sich das Ausstattungsniveau der Wohnungen jedoch schon deutlich gebessert: Während um 1970 nur jede zehnte Wohnung über eine Zentralheizung verfügte, war es Anfang der achtziger Jahre bereits jede dritte. Im gleichen Zeitraum stieg der Anteil der Wohnungen mit Bad und Innentoilette von 40 auf 60% des Bestandes, wobei seit einigen Jahren alle Neubauwohnungen mit Bad und Toilette und fast alle mit Zentralheizung ausgestattet sind. Wenn der Bürger der DDR den Besitz einer Komfortwohnung als besonders kostbares Gut ansieht, dann nicht zuletzt wegen der großen Schwierigkeit, eine solche Wohnung zugeteilt zu bekommen. In der Regel müssen Wohnungssuchende, die nicht durch ihren Beruf, durch eine gehobene Stellung oder über „Beziehungen" privilegiert sind, meist mehrere Jahre warten, ehe ihnen eine Wohnung zugewiesen wird. Die laufenden Unterhaltskosten für Miete, Heizung und Beleuchtung sind allerdings, dank der hohen staatlichen Subventionierung, so gering, daß sie im Budget der privaten Haushalte kaum ins Gewicht fallen. Die reinen Mietkosten belaufen sich auf durchschnittlich 3%, einschließlich der Nebenkosten auf 4% der Haushaltsausgaben.

Wie überall empfinden die Menschen ihre eigenen vier Wände als Zentrum des Familienlebens und als Hort der Privatheit − im Kontrast zur Arbeitswelt und zu den zahlreichen gesellschaftspolitischen Verpflichtungen. Sehr erwünscht ist bei vielen Familien eine Erweiterung des privaten Wohnbereichs durch ein *Gartengrundstück mit Wochenendhaus*. In Berlin (Ost) verfügen bereits 40% der Haushalte über eine solche „Datsche". Stadtwohnung und Wochenendhaus sind nicht nur Mittelpunkte des Familienlebens, sie sind auch die Heimstätten für gesellige Veranstaltungen im privaten Rahmen, die sich in der DDR großer Beliebtheit erfreuen. Bei diesen Begegnungen sind die Menschen weitgehend auf ihre häusliche Umgebung angewiesen, weil freie Plätze in Restaurants und Gaststätten aller Art Mangelware sind. Knapp sind auch die

Hotelkapazitäten, was der Reiselust — jedenfalls der privat organisierten — Grenzen setzt.

Dennoch ist die Reiseintensität in der DDR hoch: Für gut die Hälfte der Bevölkerung ist die jährliche *Urlaubsreise* (mindestens 14 Tage) zur Gewohnheit geworden. Anders als in der Bundesrepublik Deutschland und Berlin (West) bleibt in der DDR die Mehrheit der Urlauber, rund zwei Drittel, im Inland, viele von ihnen in den Ferienheimen des FDGB und der Betriebe, wo sie Unterkunft und Verpflegung zu außerordentlich günstigen Preisen erhalten. Die übrigen Inlandstouristen finden zumeist Unterkunft bei Verwandten und Bekannten oder auf Campingplätzen. Für Auslandsreisen steht den Touristen der DDR grundsätzlich nur das sozialistische Ausland offen; bevorzugtes Reiseland ist die ČSSR, gefolgt von Ungarn. Besuche in der Bundesrepublik Deutschland einschließlich Berlins (West) und in anderen westlichen Ländern sind im allgemeinen nur Rentnern gestattet. Personen unterhalb des Rentenalters können eine Reisegenehmigung bei dringenden Familienangelegenheiten erhalten. Neuerdings wird das ohne rechtliche Grundlage ablaufende Genehmigungsverfahren wesentlich großzügiger gehandhabt, so daß erstmals, seit den fünfziger Jahren, auch wieder jüngere Besucher als (bei Männern) 65- bzw. (bei Frauen) 60jährige Bürger der DDR die Bundesrepublik Deutschland und Berlin (West) besuchen können.

Anhang

Bearbeitet von Nikolaus Katzer

Politisch-administrative Gliederung

Gliederung der DDR (nach amtlichen Karten)

- - - Ländergrenzen (seit 1946)
_____ Bezirksgrenzen (seit 1952)

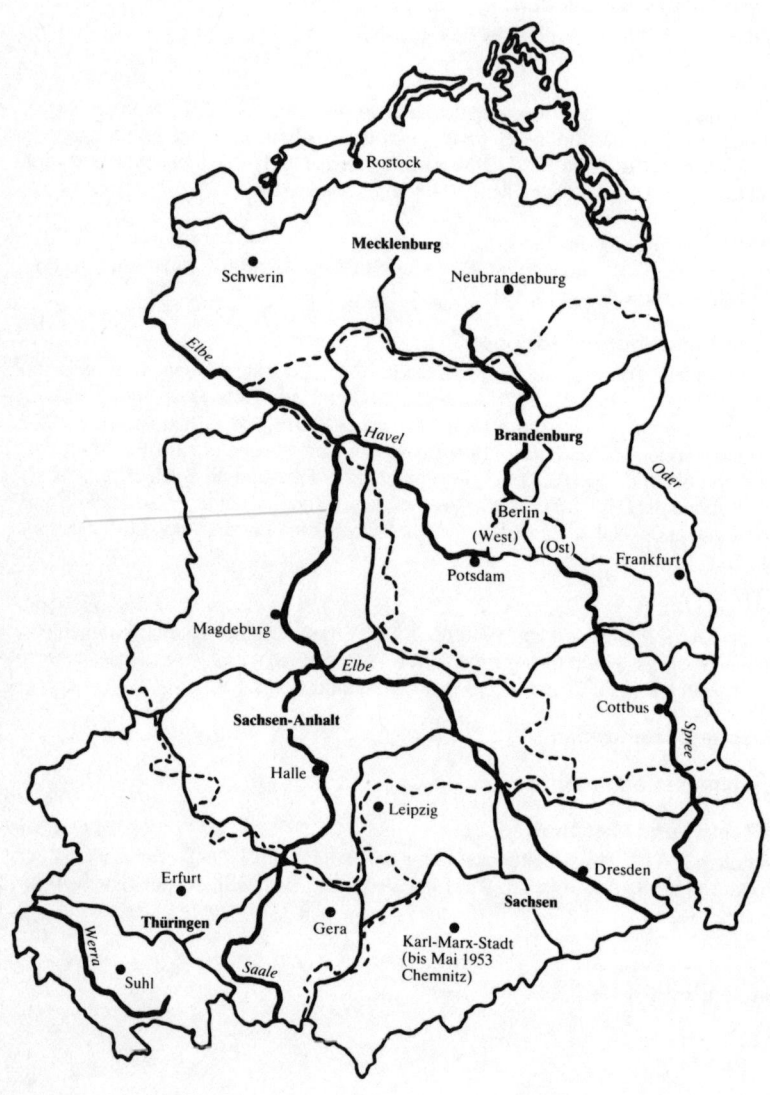

(Quelle: DDR-Handbuch, Bd.1, Köln 1985, S.525)

Bezirke der DDR (1985)

	Fläche km²	Einw. 1 000	Einw. km²		Fläche km²	Einw. 1 000	Einw. km²
Berlin (Ost)	403	1 173	2 911	Magdeburg	11 526	1 260	109
Cottbus	8 262	885	107	Neubrandenburg	10 948	621	57
Dresden	6 738	1 800	267	Potsdam	12 568	1 120	89
Erfurt	7 349	1 238	168	Rostock	7 075	894	126
Frankfurt/Oder	7 186	707	98	Schwerin	8 672	591	68
Gera	4 004	742	185	Suhl	3 856	550	143
Halle	8 771	1 816	207				
Karl-Marx-Stadt	6 009	1 911	318	DDR	108 333	16 704	154
Leipzig	4 966	1 396	281				

(Nach: Statistisches Jahrbuch der DDR 1986)

Bevölkerung

Wohnbevölkerung

Jahr	Wohn-bevölkerung am Jahresende	männlich	weiblich	Jahr	Von 100 der Wohnbevölkerung waren		
					im arbeits-fähigen Alter	Kinder	im Renten-alter
1946	18 488 316	7 859 545	10 628 771	1946			
1949	18 793 282	8 343 522	10 449 760	1949	63,7	23,0	13,3
1960	17 188 488	7 745 274	9 443 214	1960	61,3	21,0	17,6
1962	17 135 867	7 743 936	9 391 931	1962	59,6	22,3	18,1
1970	17 068 318	7 865 265	9 203 053	1970	57,9	22,6	19,5
1985	16 640 059	7 877 669	8 762 390	1985	64,8	18,6	16,6

(Nach: Statistische Jahrbücher der DDR)

Bevölkerungsdichte nach Regionen

(Personen je km^2)	1970	1983
Norden (Bezirke Rostock, Schwerin, Neubrandenburg)	79,0	79,0
Mitte (Bezirke Potsdam, Magdeburg, Frankfurt/Oder, Cottbus)	101,1	100,5
Ballungsgebiete (Bezirke Karl-Marx-Stadt, Leipzig, Dresden, Halle)	277,2	260,6
Südwesten (Bezirke Erfurt, Gera, Suhl)	167,5	166,4
Berlin (Ost)	2 996,0	2 942,0

(Nach: Statistische Jahrbücher der DDR; Materialien zum Bericht zur Lage der Nation im geteilten Deutschland 1987, Bonn 1987)

Mehrpersonenhaushalte nach der Zahl der Kinder

Jahr	ohne Kinder	ein Kind	zwei Kinder	drei und mehr Kinder
1971	48,4%	25,5%	16,1%	10,0%
1981	48,6%	29,2%	18,4%	3,8%

Einpersonenhaushalte nach Altersgruppen

Jahr	unter 25	unter 40	unter 65	65 und älter
1971	3%	7%	33%	57%
1981	5%	9%	18%	68%

(Jeweils nach: Statistische Jahrbücher der DDR)

Flüchtlingszahlen nach 1949

Jahr	
1949	129 245
1950	197 788
1951	165 648
1952	182 393
1953	331 390
1954	184 198
1955	252 870
1956	279 189
1957	261 622
1958	204 092
1959	143 917
1960	199 188
1961 (bis 13.8.)	155 402
insgesamt	2 686 942

Jahr	Flücht-linge	davon sog. Sperr-brecher	und „Sonstige"
1961 (ab 14.8.)	51 624	8 507	
1962	16 741	5 761	
1963	12 967	3 692	
1964	11 864	3 155	
1965	11 886	2 329	
1966	8 456	1 736	
1967	6 385	1 203	
1968	4 902	1 135	
1969	5 273	1 193	
1970	5 047	901	
1971	5 843	832	
1972	5 537	1 245	
1973	6 522	1 842	
1974	5 324	969	
1975	6 011	673	
1976	5 110	610	
1977	4 037	721	
1978	3 846	461	
1979	3 512	463	1 281
1980	3 988	424	1 012
1981	4 340	298	1 443
1982	4 095	283	1 530
1983	3 614	228	1 127
1984	5 992	192	2 341
1985	6 160	160	2 676
1986	6 196	210	1 536
insgesamt	215 272	39 223	12 946

(Quellen: DDR-Handbuch, Bd. 1, Köln 1985, S. 419; Angaben des Gesamtdeutschen Instituts)

Flüchtlinge sind Deutsche, die die DDR oder Berlin (Ost) ohne Genehmigung der dortigen Behörden verlassen haben und ständigen Aufenthalt im Bundesgebiet einschließlich des Landes Berlin genommen haben.

Sperrbrecher sind Flüchtlinge, die in das Bundesgebiet einschließlich des Landes Berlin unter Gefahr für Leib und Leben gelangt sind.

Sonstige sind freigekaufte politische Häftlinge und andere Deutsche aus der DDR oder Berlin (Ost), die nach vorangegangener Haft mit Genehmigung der dortigen Behörden oder die ohne eigenen Antrag auf Veranlassung der dortigen Behörden in das Bundesgebiet oder nach Berlin (West) gekommen sind. Sie werden erst seit 1979 in der amtlichen Statistik getrennt aufgeführt.

Übersiedler in das Bundesgebiet und nach Berlin (West) nach dem Mauerbau

1962	4 615	1975	10 274
1963	29 665	1976	10 058
1964	30 012	1977	8 041
1965	17 666	1978	8 271
1966	15 675	1979	9 003
1967	13 188	1980	8 775
1968	11 134	1981	11 093
1969	11 702	1982	9 113
1970	12 472	1983	7 729
1971	11 565	1984	34 982
1972	11 627	1985	18 752
1973	8 667	1986	19 982
1974	7 928		

1962–1986	341 989

(1962: 1.7.-31.12.; Quelle: Angaben des Gesamtdeutschen Instituts)

Übersiedler in die DDR und nach Berlin (Ost)

1964	4 446	1973	1 651
1965	5 612	1974	1 513
1966	4 250	1975	1 404
1967	3 636	1976	1 259
1968	2 884	1977	1 142
1969	2 458	1978	1 238
1970	2 082	1979	1 382
1971	1 849	1980	1 560
1972	1 751	1981	1 723

1964–1981	41 840

(Quelle: DDR-Handbuch, Bd. 2, Köln 1985, S. 1368)

Übersiedler in das Bundesgebiet oder nach Berlin (West) sind Deutsche, die die DDR oder Berlin (Ost) mit Genehmigung der dortigen Behörden verlassen haben.

Staatsapparat

Staatsoberhäupter

Präsident:
Wilhelm Pieck (SED)
       gewählt: 11. Oktober 1949
   wiedergewählt: 7. Oktober 1953
                7. Oktober 1957

Vorsitzender des Staatsrates:
Walter Ulbricht (SED)
       gewählt: 12. September 1960
   wiedergewählt: 14. November 1963
                13. Juli 1967
                26. November 1971
Willi Stoph (SED)
       gewählt: 3. Oktober 1973
Erich Honecker (SED)
       gewählt: 29. Oktober 1976
   wiedergewählt: 25. Juni 1981
                16. Juni 1986

Ministerrat

Vorsitzender
Willi Stoph (SED)

1. Stellvertreter
Werner Krolikowski (SED)
Alfred Neumann (SED)

Stellvertreter
Manfred Flegel (NDPD)
Hans-Joachim Heusinger (LDPD)
Günther Kleiber (SED)
Wolfgang Rauchfuß (SED)
Hans Reichelt (DBD)
Gerhard Schürer (SED)
Rudolph Schulze (CDU)
Horst Sölle (SED)
Herbert Weiz (SED)

Minister für
Allg. Maschinen-, Landmaschinen- und
Fahrzeugbau:
   Gerhard Tautenhahn (SED)
Außenhandel:
   Gerhard Beil (SED)
Auswärtige Angelegenheiten:
   Oskar Fischer (SED)
Bauwesen:
   Wolfgang Junker (SED)
Bezirksgeleitete Industrie und
Lebensmittelindustrie:
   Udo-Dieter Wange (SED)
Chemische Industrie:
   Günther Wyschofsky (SED)

Elektrotechnik und Elektronik:
   Felix Meier (SED)
Erzbergbau, Metallurgie und Kali:
   Kurt Singhuber (SED)
Finanzen:
   Ernst Höfner (SED)
Geologie:
   Manfred Bochmann (SED)
Gesundheitswesen:
   Ludwig Mecklinger (SED)
Glas- und Keramikindustrie:
   Karl Grünheid (SED)
Handel und Versorgung:
   Gerhard Briksa (SED)
Hoch- und Fachschulwesen:
   Hans-Joachim Böhme (SED)
Inneres:
   Friedrich Dickel (SED)
Justiz:
   Hans-Joachim Heusinger (LDPD)
Kohle und Energie:
   Wolfgang Mitzinger (SED)
Kultur:
   Hans-Joachim Hoffmann (SED)
Land-, Forst- und Nahrungsgüterwirt-
schaft:
   Bruno Lietz (SED)
Leichtindustrie:
   Werner Buschmann (SED)
Materialwirtschaft:
   Wolfgang Rauchfuß (SED)
Nationale Verteidigung:
   Heinz Keßler (SED)
Post- und Fernmeldewesen:
   Rudolph Schulze (CDU)
Schwermaschinen- und Anlagenbau:
   Hans-Joachim Lauck (SED)
Staatssicherheit:
   Erich Mielke (SED)
Umweltschutz und Wasserwirtschaft:
   Hans Reichelt (DBD)
Verkehrswesen:
   Otto Arndt (SED)
Volksbildung:
   Margot Honecker (SED)
Werkzeug- und
Verarbeitungsmaschinenbau:
   Rudi Georgi (SED)
Wissenschaft und Technik:
   Herbert Weiz (SED)
Minister und Vorsitzender
des Komitees der ABI:
   Albert Stief (SED)
Minister und Leiter des Amtes für Preise:
   Walter Halbritter (SED)
Vorsitzender des Staatlichen
Vertragsgerichts:
   Manfred Flegel (NDPD)

Vorsitzender der Staatlichen
Plankommission:
  Gerhard Schürer (SED)
Ständiger Vertreter der DDR beim RGW:
  Günther Kleiber (SED)
Staatssekretär für Arbeit und Löhne:
  Wolfgang Beyreuther
Staatssekretär der Staatlichen
Plankommission:
  Wolfgang Gress (SED)

Präsident der Staatsbank:
  Horst Kaminsky (SED)
Staatssekretär in der Staatlichen
Plankommission:
  Heinz Klopfer (SED)
Oberbürgermeister von Berlin (Ost):
  Erhard Krack (SED)
Leiter des Amtes für Jugendfragen:
  Hans-Ulrich Sattler (SED)

(Stand: 1.9.1987; Quellen: „Neues Deutschland" vom 18. Juni 1986; Staats- und Parteiapparat der DDR, hrsg. vom Gesamtdeutschen Institut, Bonn 1987.)

Staatsrat

STAATSRAT vom 12. September 1960

Vorsitzender:
  Walter Ulbricht (SED)
Stellvertreter:
  Otto Grotewohl (SED)
  Johannes Dieckmann (LDPD)
  Gerald Götting (CDU)
  Heinrich Homann (NDPD)
  Manfred Gerlach (LDPD)
  Hans Rietz (DBD)
Mitglieder:
  Günter Christoph (SED)
  Erich Correns (parteilos)
  Friedrich Ebert (SED)
  Luise Ermisch (SED)
  Erich Grützner (SED)
  Friedrich Kind (CDU)
  Bernard Koenen (SED)
  Otto Krauß (LDPD)
  Bruno Leuschner (SED)
  Karl Mewis (SED)
  Irmgard Neumann (DBD)
  Karl Polak (SED)
  Karl Rieke (SED)
  Hans Rodenberg (SED)
  Horst Schumann (SED)
  Peter-Adolf Thießen (parteilos)
Sekretär:
  Otto Gotsche (SED)

STAATSRAT vom 13. November 1963

Vorsitzender:
  Walter Ulbricht (SED)
Stellvertreter:
  Otto Grotewohl (SED)
  Johannes Dieckmann (LDPD)
  Gerald Götting (CDU)
  Heinrich Homann (NDPD)
  Manfred Gerlach (LDPD)
  Hans Rietz (DBD)

Mitglieder:
  Erich Correns (parteilos)
  Friedrich Ebert (SED)
  Erich Grützner (SED)
  Lieselott Herforth (SED)
  Friedrich Kind (CDU)
  Bernard Koenen (SED)
  Else Merke (DBD)
  Günter Mittag (SED)
  Christel Pappe (parteilos)
  Karl Rieke (SED)
  Hans Rodenberg (SED)
  Horst Schumann (SED)
  Klaus Sorgenicht (SED)
  Christian Steinmüller (NDPD)
  Willi Stoph (SED)
  Paul Strauß (SED)
Sekretär:
  Otto Gotsche (SED)

STAATSRAT vom 13. Juli 1967

Vorsitzender:
  Walter Ulbricht (SED)
Stellvertreter:
  Willi Stoph (SED)
  Johannes Dieckmann (LDPD)
  Gerald Götting (CDU)
  Heinrich Homann (NDPD)
  Manfred Gerlach (LDPD)
  Hans Rietz (DBD)
Mitglieder:
  Erich Correns (parteilos)
  Friedrich Ebert (SED)
  Erich Grützner (SED)
  Brunhilde Hanke (SED)
  Lieselott Herforth (SED)
  Friedrich Kind (CDU)
  Else Merke (DBD)
  Günter Mittag (SED)
  Anni Neumann (SED)

Karl Rieke (SED)
Hans Rodenberg (SED)
Maria Schneider (SED)
Horst Schumann (SED)
Hans-Heinrich Simon (NDPD)
Klaus Sorgenicht (SED)
Paul Strauß (SED)
Sekretär:
Otto Gotsche (SED)

STAATSRAT vom 26. November 1971

Vorsitzender:
Walter Ulbricht (SED)
bzw. seit 3. 10. 73
Willi Stoph (SED)
Stellvertreter:
Friedrich Ebert (SED)
Willi Stoph (SED)
Gerald Götting (CDU)
Manfred Gerlach (LDPD)
Heinrich Homann (NDPD)
Hans Rietz (DBD)
Mitglieder:
Erich Honecker (SED)
Kurt Anclam (LDPD)
Friedrich Clermont (SED)
Erich Correns (parteilos)
Willi Grandetzka (DBD)
Erich Grützner (SED)
Brunhilde Hanke (SED)
Lieselott Herforth (SED)
Friedrich Kind (CDU)
Margarete Müller (SED)
Hans Rodenberg (SED)
Klaus Sorgenicht (SED)
Paul Strauß (SED)
Ilse Thiele (SED)
Paul Verner (SED)
Rosel Walther (NDPD)
Herbert Warnke (SED)
Sekretär:
Heinz Eichler (SED)

STAATSRAT vom 29. Oktober 1976

Vorsitzender:
Erich Honecker (SED)
Stellvertreter:
Friedrich Ebert (SED)
Willi Stoph (SED)
Horst Sindermann (SED)
Manfred Gerlach (LDPD)
Ernst Goldenbaum (DBD)
Heinrich Homann (NDPD)
Gerald Götting (CDU)

Mitglieder:
Kurt Anclam (LDPD)
Erich Correns (parteilos)
Willi Grandetzka (DBD)
Kurt Hager (SED)
Brunhilde Hanke (SED)
Lieselott Herforth (SED)
Friedrich Kind (CDU)
Margarete Müller (SED)
Albert Norden (SED)
Bernhardt Quandt (SED)
Klaus Sorgenicht (SED)
Paul Strauß (SED)
Ilse Thiele (SED)
Harry Tisch (SED)
Paul Verner (SED)
Rosel Walther (NDPD)
Sekretär:
Heinz Eichler (SED)

STAATSRAT vom 25. Juni 1981

Vorsitzender:
Erich Honecker (SED)
Stellvertreter:
Willi Stoph (SED)
Horst Sindermann (SED)
Paul Verner (SED)
Manfred Gerlach (LDPD)
Ernst Goldenbaum (DBD)
Gerald Götting (CDU)
Heinrich Homann (NDPD)
Mitglieder:
Kurt Anclam (LDPD)
Werner Felfe (SED)
Kurt Hager (SED)
Brunhilde Hanke (SED)
Friedrich Kind (CDU)
Egon Krenz (SED)
Günter Mittag (SED)
Margarete Müller (SED)
Alois Pisnik (SED)
Bernhardt Quandt (SED)
Werner Seifert (DBD)
Klaus Sorgenicht (SED)
Paul Strauß (SED)
Ilse Thiele (SED)
Harry Tisch (SED)
Johanna Töpfer (SED)
Rosel Walther (NDPD)
Sekretär:
Heinz Eichler (SED)

STAATSRAT vom 16. Juni 1986

Vorsitzender:
Erich Honecker (SED)
Stellvertreter:
Willi Stoph (SED)
Horst Sindermann (SED)
Egon Krenz (SED)
Günter Mittag (SED)
Gerald Götting (CDU)
Günther Maleuda (DBD)
Heinrich Homann (NDPD)
Manfred Gerlach (LDPD)

Mitglieder:
Eberhard Aurich (SED)
Fritz Dallmann (SED)
Werner Felfe (SED)
Kurt Hager (SED)
Brunhilde Hanke (SED)

Leonhard Helmschrott (DBD)
Friedrich Kind (CDU)
Eveline Klett (SED)
Lothar Kolditz (parteilos)
Peter Moreth (LDPD)
Margarete Müller (SED)
Alois Pisnik (SED)
Bernhardt Quandt (SED)
Klaus Sorgenicht (SED)
Paul Strauß (SED)
Ilse Thiele (SED)
Harry Tisch (SED)
Johanna Töpfer (SED)
Rosel Walther (NDPD)
Monika Werner (SED)

Sekretär:
Heinz Eichler (SED)

(Stand: 1.9.1987; nach: Materialien des Gesamtdeutschen Instituts Bonn)

Nationaler Verteidigungsrat

Vorsitzender:
Erich Honecker (SED)
Sekretär:
Generaloberst Fritz Streletz (SED)

(Stand: 1.9.1987; Quelle: Staats- und Parteiapparat der DDR, hrsg. vom Gesamtdeutschen Institut, 1987)

Volkskammer

a) Präsidium

Präsident:
Horst Sindermann (SED)

Stellvertreter des Präsidenten:
Gerald Götting (CDU)

Mitglieder:
Rudolf Agsten (LDPD)
Erwin Binder (DBD)
Heinz Eichler (SED)
Günter Hartmann (NDPD)
Werner Heilemann (FDGB)
Wolfgang Heyl (CDU)
Erich Mückenberger (SED)
Manfred Scheler (VdgB)
Wilhelmine Schirmer-Pröscher (DFD)
Karl-Heinz Schulmeister (KB)
Volker Voigt (FDJ)

Vorsitzender
der Interparlamentarischen Gruppe:
Herbert Fechner (SED)

(Stand: 1.9.1987; Quelle: Staats- und Parteiapparat der
DDR, hrsg. vom Gesamtdeutschen Institut 1987)

b) Feststehende Sitzverteilung für die 500
Abgeordneten der Volkskammer (bis 1986)

Partei	Anzahl der Sitze	Prozent
SED	127	25,4
CDU	52	10,4
LDPD	52	10,4
NDPD	52	10,4
DBD	52	10,4
FDGB	68	13,6
DFD	35	7,0
FDJ	40	8,0
KB	22	4,4

(Nach: Statistische Jahrbücher der DDR)

c) Zusammensetzung der Volkskammer
(9. Wahlperiode, seit Juni 1986)

Abgeordnete	Anzahl	Prozent
insgesamt	500	100
Nach dem Mandat:		
SED	127	25,4
DBD	52	10,4
CDU	52	10,4
LDPD	52	10,4
NDPD	52	10,4
FDGB	61	12,2
DFD	32	6,4
FDJ	37	7,4
KB	21	4,2
VdgB	14	2,8
Nach dem Geschlecht:		
Männer	339	67,8
Frauen	161	32,2
Nach Altersgruppen:		
18 bis unter 25 Jahre	26	5,2
25 bis unter 31 Jahre	34	6,8
31 bis unter 41 Jahre	60	12,0
41 bis unter 51 Jahre	118	23,6
51 bis unter 61 Jahre	181	36,2
61 Jahre und älter	81	16,2
Nach dem erlernten Beruf bzw. der ersten Erwerbstätigkeit:		
Arbeiter	271	54,2
Mitglieder von LPG, werktätige Einzelbauern, Gärtner, Fischer	31	6,2
Angestellte	69	13,8
Angehörige der Intelligenz	126	25,2
Sonstige	3	0,6

Nach der Qualifikation (jeweils höchste
Qualifikationsstufe):

darunter:		
Hochschulabschluß	285	57,0
Fachschulabschluß	79	15,8

(Nach: Statistisches Jahrbuch der DDR 1986)

Parteien und Massenorganisationen

Sozialistische Einheitspartei Deutschlands (SED)

Vorsitzende der SED:	1946 – 1950	Wilhelm Pieck, Otto Grotewohl
Vorsitzende des ZK:	1950 – 1954	Wilhelm Pieck, Otto Grotewohl
Generalsekretär des ZK:	1950 – 1953	Walter Ulbricht
Erste Sekretäre des ZK:	1953 – 1971	Walter Ulbricht
	1971 – 1976	Erich Honecker
Generalsekretär des ZK:	seit 1976	Erich Honecker

Zentralorgan: „Neues Deutschland", Berlin (Ost)

Mitgliederzahlen

April	1946	1 298 415
Mai	1947	1 786 138
Juni	1948	ca. 2 000 000
Januar	1949	1 773 689
Juli	1950	ca. 1 750 000
Juni	1951	ca. 1 221 300
September	1953	ca. 1 230 000
April	1954	1 413 313
Dezember	1957	1 472 932
Dezember	1961	1 610 769
Dezember	1963	1 680 446
Dezember	1966	1 769 912
Juni	1971	1 909 859
Dezember	1973	1 951 924
Mai	1976	2 043 697
März	1977	2 074 799
Dezember	1980	2 130 671
April	1981	2 172 110
Mai	1984	2 238 283
April	1986	2 304 121
Dezember	1987	2 328 331

Bis Januar 1949 werden nur Mitglieder, ab Juli 1950 Mitglieder und Kandidaten angegeben.

Parteitage und -konferenzen

Kommunistische Partei Deutschlands (KPD)

Wiedergründungsaufruf: 11. Juni 1945

19.–20. April 1946	15. Parteitag

Sozialdemokratische Partei Deutschlands (SPD)

Wiedergründungsaufruf: 15. Juni 1945

19.–20. April 1946	40. Parteitag

Sozialistische Einheitspartei Deutschlands (SED)

21.–22. April 1946	Vereinigungsparteitag von SPD und KPD (I. Parteitag)
20.–24. September 1947	II. Parteitag
25.–28. Januar 1949	1. Parteikonferenz
20.–24. Juli 1950	III. Parteitag
9.–12. Juli 1952	2. Parteikonferenz
30. März–6. April 1954	IV. Parteitag
24.–30. März 1956	3. Parteikonferenz
10.–16. Juli 1958	V. Parteitag
15.–21. Januar 1963	VI. Parteitag
17.–22. April 1967	VII. Parteitag
15.–19. Juni 1971	VIII. Parteitag
18.–22. Mai 1976	IX. Parteitag
11.–16. April 1981	X. Parteitag
17.–21. April 1986	XI. Parteitag

Alle Parteitage und -konferenzen fanden in Berlin bzw. Berlin (Ost) statt.

Zentralkomitee (ZK) der SED

Parteitag		Mitglieder	Kandidaten	Parteitag		Mitglieder	Kandidaten
III.	(Juli 1950)	51	30	VIII.	(Juni 1971)	135	54
IV.	(April 1954)	91	44	IX.	(Mai 1976)	145	57
V.	(Juli 1958)	111	44	X.	(April 1981)	156	57
VI.	(Januar 1963)	121	60	XI.	(April 1986)	165	57
VII.	(April 1967)	131	50				

Altersstruktur des ZK

	1971			1981			1986		
Jahre	Mitgl.	Kand.	insges.	Mitgl.	Kand.	insges.	Mitgl.	Kand.	insges.
30–39	2	6	8	2	2	4	5	7	12
40–49	59	37	96	8	22	30	9	21	30
50–59	34	10	44	91	29	120	77	23	100
über 60 Jahre	40	1	41	55	4	59	74	6	80
Insgesamt	135	54	189	156	57	213	165	57	222

Berufsstruktur des ZK

	1971			1981			1986		
Ausgeübte Berufe	Mitgl.	Kand.	insges.	Mitgl.	Kand.	insges.	Mitgl.	Kand.	insges.
Parteiapparat	57	13	70	67	8	75	65	11	76
Staatsapparat	38	13	51	37	16	53	40	7	47
Wirtschaft	6	12	18	8	11	19	10	18	28
Landwirtschaft	5	2	7	4	5	9	3	6	9
Wissenschaft und Kultur	12	6	18	14	7	21	18	4	22
Massenorganisationen	7	6	13	18	6	24	19	5	24
NVA	–	–	–	4	4	8	8	6	14
Sonstige	10	2	12	4	–	4	2	–	2
Insgesamt	135	54	189	156	57	213	165	57	222

Zusammensetzung des ZK nach Geschlechtern

	1971			1981			1986		
Geschlecht	Mitgl.	Kand.	insges.	Mitgl.	Kand.	insges.	Mitgl.	Kand.	insges.
Männlich	117	48	165	137	52	189	149	47	196
Weiblich	18	6	24	19	5	24	16	10	26
Insgesamt	135	54	189	156	57	213	165	57	222

(Jeweils nach: DDR-Handbuch, Bd. 2, Köln 1985, S. 1540 f.; Materialien des Gesamtdeutschen Instituts)

Altersstruktur des Politbüros

Alter	1971		1976		1981		1986	
	Mitgl.	Kand.	Mitgl.	Kand.	Mitgl.	Kand.	Mitgl.	Kand.
20–29	0	0	0	0	0	0	0	0
30–39	0	1	0	1	0	0	0	0
40–49	4	5	6	5	0	1	1	0
50–59	5	0	1	3	7	6	9	3
über 60	7	1	12	0	10	1	12	2
	16	7	19	9	17	8	22	5

(Nach: DDR-Handbuch, Bd. 2, Köln 1985, S. 1541)

Führungsgremien

April 1946 – September 1947 (gewählt auf dem I. Parteitag)

Zentralsekretariat

Otto Grotewohl (Parteivorsitzender)	August Karsten
Wilhelm Pieck (Parteivorsitzender)	Käthe Kern
Max Fechner (stellv. Parteivorsitzender)	Helmut Lehmann
Walter Ulbricht (stellv. Parteivorsitzender)	Hermann Matern
Anton Ackermann	Otto Meier
Franz Dahlem	Paul Merker
Erich Gniffke	Elli Schmidt

September 1947 – Juli 1950 (gewählt auf dem II. Parteitag)

Zentralsekretariat

	Erich Gniffke (bis Okt. 1949)
Otto Grotewohl (Parteivorsitzender)	Hans Jendretzky (seit Okt. 1948)
Wilhelm Pieck (Parteivorsitzender)	August Karsten (bis 1948)
Max Fechner (stellv. Parteivorsitzender)	Käthe Kern
Walter Ulbricht (stellv. Parteivorsitzender)	Wilhelm Koenen (seit Jan. 1949)
Anton Ackermann	Helmut Lehmann
Walter Beling	Hermann Matern
Otto Buchwitz (seit Jan. 1949)	Otto Meier
Franz Dahlem	Paul Merker
Friedrich Ebert	Elli Schmidt

Januar 1949 – Juli 1950 (gewählt auf der 16. Tagung des Parteivorstandes)

Politbüro des Parteivorstandes

Mitglieder
Franz Dahlem
Friedrich Ebert
Otto Grotewohl (Parteivorsitzender)
Helmut Lehmann
Paul Merker
Wilhelm Pieck (Parteivorsitzender)
Walter Ulbricht

Kandidaten
Anton Ackermann
Heinrich Rau (seit 21. 7. 1949)
Carl Steinhoff

Kleines Sekretariat des Politbüros
Edith Baumann
Franz Dahlem
Walter Ulbricht
Paul Wessel (bis Febr. 1950)
Fred Oelßner

Juli 1950 – Juli 1953 (gewählt auf dem III. Parteitag)

Politbüro des ZK
Mitglieder
Franz Dahlem (bis 14. 5. 1953)
Otto Grotewohl (Vors. des ZK)
Friedrich Ebert
Hermann Matern
Fred Oelßner
Wilhelm Pieck (Vors. des ZK)
Heinrich Rau
Walter Ulbricht
Wilhelm Zaisser

Sekretariat des ZK
Walter Ulbricht (Generalsekretär)
Hermann Axen
Edith Baumann
Franz Dahlem (bis 14. 5. 1953)
Adalbert Hengst (1952 – 14. 7. 1953)
Hans Lauter (bis 14. 5. 1953)
Fred Oelßner
Karl Schirdewan (seit Dez. 1952)
Otto Schön
Willi Stoph
Paul Verner
Kurt Vieweg
Herbert Warnke

Kandidaten
Anton Ackermann
Rudolf Herrnstadt
Erich Honecker
Hans Jendretzky
Erich Mückenberger
Elli Schmidt

Juli 1953 – April 1954 (gewählt vom 15. Plenum des ZK)

Politbüro des ZK

Mitglieder
Friedrich Ebert
Otto Grotewohl
Hermann Matern
Fred Oelßner
Wilhelm Pieck
Heinrich Rau
Karl Schirdewan
Willi Stoph
Walter Ulbricht

Kandidaten
Erich Honecker
Bruno Leuschner
Erich Mückenberger
Herbert Warnke

Sekretäre des ZK
Walter Ulbricht (Erster Sekretär)
Erich Mückenberger
Fred Oelßner
Karl Schirdewan
Paul Wandel
Gerhart Ziller

April 1954 – Juli 1958 (gewählt auf dem IV. Parteitag)

Politbüro des ZK

Mitglieder
Friedrich Ebert
Otto Grotewohl
Hermann Matern
Alfred Neumann (seit 6. 2. 1958)
Fred Oelßner (bis 6. 2. 1958)
Wilhelm Pieck
Heinrich Rau
Karl Schirdewan (bis 6. 2. 1958)
Willi Stoph
Walter Ulbricht

Kandidaten
Erich Honecker
Bruno Leuschner

Erich Mückenberger
Alfred Neumann (bis 6. 2. 1958)
Herbert Warnke

Sekretariat des ZK
Walter Ulbricht (Erster Sekretär)
Paul Fröhlich (seit 6. 2. 1958)
Gerhard Grüneberg (seit 6. 2. 1958)
Kurt Hager (seit 15. 4. 1955)
Erich Honecker (seit 6. 2. 1958)
Erich Mückenberger
Alfred Neumann (seit 1. 2. 1957)
Albert Norden (seit 15. 4. 1955)
Fred Oelßner (bis Nov. 1955)
Karl Schirdewan (bis 6. 2. 1958)
Paul Verner (seit 6. 2. 1958)
Paul Wandel (bis 19. 10. 1957)
Gerhart Ziller († 14. 12. 1957)

Juli 1958 – Januar 1963 (gewählt auf dem V. Parteitag)

Politbüro des ZK
Mitglieder
Friedrich Ebert
Otto Grotewohl
Erich Honecker
Heinrich Rau († 23. 3. 1961)
Willi Stoph
Walter Ulbricht
Herbert Warnke

Kandidaten
Erich Apel (seit 4. 7. 1961)
Edith Baumann
Luise Ermisch
Paul Fröhlich
Gerhard Grüneberg (seit 13. 12. 1959)
Kurt Hager
Alfred Kurella
Karl Mewis

Bruno Leuschner
Hermann Matern
Erich Mückenberger
Alfred Neumann
Albert Norden
Wilhelm Pieck († 7. 9. 1960)
Alois Pisnik
Paul Verner

Sekretariat des ZK
Walter Ulbricht (Erster Sekretär)
Erich Apel (4. 7. 1961 – 28. 6. 1962)
Gerhard Grüneberg
Kurt Hager
Erich Honecker
Günther Mittag (seit 28. 6. 1962)
Erich Mückenberger
Alfred Neumann
Albert Norden
Paul Verner

Januar 1963 – April 1967 (gewählt auf dem VI. Parteitag)

Politbüro des ZK

Mitglieder
Friedrich Ebert
Paul Fröhlich
Otto Grotewohl († 21. 9. 1964)
Gerhard Grüneberg (seit 17. 9. 1966)
Kurt Hager
Erich Honecker
Bruno Leuschner († 10. 2. 1965)
Hermann Matern
Günter Mittag (seit 17. 9. 1966)
Erich Mückenberger
Alfred Neumann
Albert Norden
Willi Stoph
Walter Ulbricht
Paul Verner
Herbert Warnke

Kandidaten
Erich Apel († 3. 12. 1965)
Hermann Axen
Karl-Heinz Bartsch (bis 9. 2. 1963)
Georg Ewald
Gerhard Grüneberg (bis 17. 9. 1966)
Werner Jarowinsky
Günter Mittag (bis 17. 9. 1966)
Margarete Müller
Horst Sindermann

Sekretariat des ZK
Walter Ulbricht (Erster Sekretär)
Hermann Axen (seit 15. 2. 1966)
Gerhard Grüneberg
Kurt Hager
Erich Honecker
Werner Jarowinsky (seit 1. 11. 1963)
Günter Mittag
Albert Norden
Paul Verner

April 1967 – Juni 1971 (gewählt auf dem VII. Parteitag)

Politbüro des ZK

Mitglieder
Hermann Axen (seit 11. 12. 1970)
Friedrich Ebert
Paul Fröhlich († 19. 9. 1970)
Gerhard Grüneberg
Kurt Hager
Erich Honecker
Hermann Matern († 24. 1. 1971)
Günter Mittag
Erich Mückenberger
Alfred Neumann
Albert Norden
Horst Sindermann
Walter Ulbricht
Paul Verner
Herbert Warnke

Kandidaten
Hermann Axen (bis 11. 12. 1970)
Georg Ewald
Walter Halbritter
Werner Jarowinsky
Günther Kleiber
Werner Lamberz (seit 11. 12. 1970)
Margarete Müller

Sekretariat des ZK
Walter Ulbricht (Erster Sekretär bis 3. 5. 1971)
Erich Honecker (Erster Sekretär seit 3. 5. 1971)
Hermann Axen
Gerhard Grünebeg
Kurt Hager
Werner Jarowinsky
Werner Lamberz
Günter Mittag
Albert Norden
Paul Verner

Juni 1971 – Mai 1976 (gewählt auf dem VIII. Parteitag)

Politbüro des ZK

Mitglieder
Hermann Axen
Friedrich Ebert
Werner Lamberz
Günter Mittag
Erich Mückenberger
Alfred Neumann
Albert Norden
Horst Sindermann
Willi Stoph
Harry Tisch (seit 5. 6. 1975)
Walter Ulbricht († 1. 8. 1973)
Paul Verner
Herbert Warnke († 26. 3. 1975)

Kandidaten
Georg Ewald († 14. 9. 1973)
Werner Felfe (seit 2. 10. 1973)
Walter Halbritter (bis 2. 10. 1973)
Joachim Herrmann (seit 2. 10. 1973)
Werner Jarowinsky
Günther Kleiber
Ingeburg Lange (seit 2. 10. 1973)

Gerhard Grüneberg
Kurt Hager
Heinz Hoffmann (seit 2. 10. 1973)
Erich Honecker
Werner Krolikowski
Erich Mielke
Margarete Müller
Konrad Naumann (seit 2. 10. 1973)
Harry Tisch (bis 5. 6. 1975)
Gerhard Schürer (seit 2. 10. 1973)

Sekretariat des ZK
Erich Honecker (Erster Sekretär)
Hermann Axen
Horst Dohlus
Gerhard Grüneberg
Kurt Hager
Werner Jarowinsky
Werner Krolikowski (seit 2. 10. 1973)
Werner Lamberz
Inge Lange (seit 2. 10. 1973)
Günter Mittag (bis 2. 10. 1973)
Albert Norden
Paul Verner

Mai 1976 – April 1981 (gewählt auf dem IX. Parteitag)

Politbüro des ZK

Mitglieder
Hermann Axen
Friedrich Ebert
Werner Felfe
Gerhard Grüneberg
Kurt Hager
Heinz Hoffmann
Erich Honecker
Werner Krolikowski
Werner Lamberz
Erich Mielke
Günter Mittag
Erich Mückenberger
Konrad Naumann
Alfred Neumann
Albert Norden
Horst Sindermann
Willi Stoph
Harry Tisch
Paul Verner

Kandidaten
Horst Dohlus
Joachim Herrmann
Werner Jarowinsky
Günther Kleiber
Egon Krenz
Ingeburg Lange
Margarete Müller
Gerhard Schürer
Werner Walde

Sekretariat des ZK
Erich Honecker (Generalsekretär)
Hermann Axen
Horst Dohlus
Gerhard Grüneberg
Kurt Hager
Joachim Herrmann
Werner Jarowinsky
Günter Mittag
Werner Lamberz
Ingeburg Lange
Albert Norden
Paul Verner

April 1981 – April 1986 (gewählt auf dem X. Parteitag)

Politbüro des ZK

Mitglieder
Hermann Axen
Horst Dohlus
Werner Felfe
Kurt Hager
Joachim Herrmann
Heinz Hoffmann († 2. 12. 1985)
Erich Honecker
Werner Krolikowski
Erich Mielke
Günter Mittag
Erich Mückenberger
Konrad Naumann
Alfred Neumann
Horst Sindermann
Harry Tisch
Willi Stoph
Paul Verner

Kandidaten
Werner Jarowinsky
Günther Kleiber
Egon Krenz
Ingeburg Lange
Margarete Müller
Günter Schabowski
Gerhard Schürer
Werner Walde

Sekretariat
Erich Honecker (Generalsekretär)
Hermann Axen
Horst Dohlus
Werner Felfe
Kurt Hager
Joachim Herrmann
Werner Jarowinsky
Ingeburg Lange
Günter Mittag
Paul Verner

(Zusammengestellt nach: „Neues Deutschland"; Materialien des Gesamtdeutschen Instituts).

**Amtierende
Führungsgremien**
(Gewählt auf dem XI. Parteitag
von 1986; Stand: 1. 9. 1987)

a) Politbüro des ZK

Mitglieder
Hermann Axen
Hans-Joachim Böhme
Horst Dohlus
Werner Eberlein
Werner Felfe
Kurt Hager
Joachim Herrmann
Erich Honecker
Werner Jarowinsky
Heinz Keßler
Günther Kleiber
Egon Krenz
Werner Krolikowski
Siegfried Lorenz
Erich Mielke
Günter Mittag
Erich Mückenberger
Alfred Neumann
Günter Schabowski
Horst Sindermann
Willi Stoph
Harry Tisch

Kandidaten
Ingeburg Lange
Gerhard Müller
Margarete Müller
Gerhard Schürer
Werner Walde

b) Sekretariat des ZK

Generalsekretär
Erich Honecker

Sekretäre
(mit Aufgabengebiet)

Internationale Verbindung
   Hermann Axen
Parteiorgane
   Horst Dohlus
Landwirtschaft
   Werner Felfe
Kultur, Wissenschaft
   Kurt Hager
Agitation und Propaganda
   Joachim Herrmann
Handel und Versorgung,
Kirchen
   Werner Jarowinsky

Sicherheitsfragen,
Jugend und Sport
   Egon Krenz
Wirtschaft
   Günter Mittag
Frauen
   Ingeburg Lange
Berlin
   Günter Schabowski

c) ZK

Mitglieder
Heinrich Adameck
Hans Albrecht
Otto Arndt
Eberhard Aurich
Hermann Axen
Manfred Banaschak
Roland Bauer
Gerhard Beil
Hilde Benjamin
Helene Berg
Wolfgang Beyreuther
Wolfgang Biermann
Hans-Joachim Böhme
Hans-Joachim Böhme
Alois Bräutigam
Horst Brasch
Horst Brünner
Johannes Chemnitzer
Fritz Dallmann
Friedrich Dickel
Ernst Diehl
Horst Dohlus
Werner Eberlein
Wilhelm Ehm
Günter Ehrensberger
Manfred Ewald
Horst Felber
Werner Felfe
Oskar Fischer
Ulrich Fliege
Peter Florin
Werner Frohn
Klaus Fuchs († 28.1.1988)
Otto Funke
Klaus Gäbler
Heinz Geggel
Rudi Georgi
Günter Görlich
Kurt Hager
Erich Hahn
Walter Halbritter
Horst Hasse
Horst Heintze
Eva Hempel
Wolfgang Herger

Frank-Joachim Herrmann
Joachim Herrmann
Hans-Joachim Hertwig
Johannes Hörnig
Hans-Joachim Hoffmann
Gerhard Holtz-Baumert
Erich Honecker
Margot Honecker
Günther Jahn
Werner Jarowinsky
Hans Jendretzky
Wolfgang Junker
Hermann Kant
Karl Kayser
Heinz Keßler
Günther Kleiber
Horst Klemm
Gerd König
Hartmut König
Helmut Koziolek
Erhard Krack
Egon Krenz
Herbert Krolikowski
Werner Krolikowski
Anneliese Krüger
Heinz Kuhrig
Helga Labs
Ingeburg Lange
Waldemar Liemen
Bruno Lietz
Lothar Lindner
Siegfried Lorenz
Werner Lorenz
Hans Dieter Mäde
Moritz Mebel
Ludwig Mecklinger
Robert Menzel
Ernst Hermann Meyer
Erich Mielke
Hans-Peter Minetti
Heinz Mirtschin
Günter Mittag
Rudolf Mittig
Hans Modrow
Ewald Moldt
Erich Mückenberger
Erich Müller
Fritz Müller
Gerhard Müller
Helmut Müller
Margarete Müller
Werner Müller
Herbert Naumann
Alfred Neumann
Gerhart Neuner
Harry Ott
Hans Pischner
Hans Pisko

Alois Pisnik
Hermann Pöschel
Günter Pötschke
Wilfried Possner
Erich Postler
Bernhard Quandt
Ursula Ragwitz
Wolfgang Rauchfuß
Otto Reinhold
Herbert Richter
Alfred Rohde
Robert Rompe
Paul Roscher
Erich Rübensam
Helmut Sakowski
Günter Schabowski
Alexander Schalck-
  Golodkowski
Werner Scheler
Gerhard Schürer
Gerd Schulz
Horst Schumann
Bernhard Seeger
Karl Seidel
Helmut Semmelmann
Günter Sieber
Horst Sindermann
Wilhelm Sitte
Horst Sölle
Lothar Stamnitz
Horst Stechbarth
Albert Stief
Willi Stoph
Paul Strauß
Fritz Streletz
Gerhard Tautenhahn
Ilse Thiele
Kurt Tiedke
Ernst Timm
Harry Tisch
Johanna Töpfer
Gerhard Trölitzsch

Hans-Jürgen Trümpfer
Werner Walde
Udo-Dieter Wange
Edith Weber
Marianne Weinhauer
Herbert Weiz
Manfred Wekwerth
Egon Winkelmann
Rudolf Winter
Gert Wohllebe
Hanna Wolf
Günther Wyschofsky
Christa Zellmer
Herbert Ziegenhahn
Heinz Ziegner
Ursula Zschau

Kandidaten des ZK

Lothar Ahrendt
Ursula Basler
Klaus-Dieter Baumgarten
Christa Behrendt
Frank Fichte
Günter Fuchs
Siegfried Funke
Wolfgang Gebauer
Norbert Geipel
Ingrid Gerstenberger
Wolfgang Gress
Heinz Hanns
Karl Hartmann
Eberhard Heinrich
Christa Herrmann
Günter Hipp
Wolfgang Hoffmann
Wolfgang Jacob
Bernd Junghans
Werner Kirchhoff
Heinz Klopfer
Otto König
Elke Krieg

Gerd Lassner
Margit Ludwig
Ursula Ludwig
Werner Molle
Helmut Morche
Dieter Müller
Ingrid Neitzke
Horst Neubauer
Harry Patzig
Hans-Joachim Preuss
Reinhard Probst
Erhard Radtke
Dietmar Rau
Günter Reinhold
Wolfgang Reinhold
Gunter Rettner
Werner Reuther
Franz Rössler
Ernst Schladitz
Gerhard Schröder
Dieter Schulze
Wolfgang Schwanitz
Willi Skibinski
Frieda Sternberg
Marianne Stobbe
Günter Tichter
Michael Trutti
Ralph Ullrich
Manfred Volland
Günter Wendland
Hans-Joachim Willerding
Lothar Witt
Henry Zahlten
Arnold Zimmermann

(Nach: Staats- und Parteiapparat der DDR, hrsg. vom Gesamtdeutschen Institut 1987).

Christlich-Demokratische Union Deutschlands (CDUD bzw. CDU)

Parteivorsitzende:	1945	Andreas Hermes, Walther Schreiber
	1946–1947	Jakob Kaiser, Ernst Lemmer
	1948–1957	Otto Nuschke
	1958–1966	August Bach
	seit 1966	Gerald Götting

Zentralorgan: „Neue Zeit", Berlin (Ost)

Parteitage:

26.6.1945		Gründung in Berlin
15.–17.6.1946	I.	Parteitag in Berlin
6.–8.9.1947	II.	Parteitag in Berlin
18.–20.9.1948	III.	Parteitag in Erfurt
12./13.11.1949	IV.	Parteitag in Leipzig
15.–17.9.1950	V.	Parteitag in Berlin (Ost)
16.–18.10.1952	VI.	Parteitag in Berlin (Ost)
21.–25.9.1954	VII.	Parteitag in Weimar
12.–15.9.1956	VIII.	Parteitag in Weimar
30.9.–3.10.1958	IX.	Parteitag in Berlin (Ost)
22.–25.6.1960	X.	Parteitag in Erfurt
30.9.–3.10.1964	XI.	Parteitag in Erfurt
2.–5.10.1968	XII.	Parteitag in Erfurt
11.–13.10.1972	XIII.	Parteitag in Erfurt
12.–14.10.1977	XIV.	Parteitag in Dresden
13.–15.10.1982	XV.	Parteitag in Dresden
14.–16.10.1987	XVI.	Parteitag in Dresden

Liberal-Demokratische Partei Deutschlands (LDPD)

Parteivorsitzende:	1945	Waldemar Koch
	1946–1948	Wilhelm Külz
	1948	Arthur Lieutenant (geschäftsführend)
	1949–1950	Hermann Kastner, Karl Hamann
	1951–1952	Karl Hamann, Hans Loch
	1953–1960	Hans Loch
	1960–1967	Max Suhrbier
	seit 1967	Manfred Gerlach

Zentralorgan: „Der Morgen", Berlin (Ost)

Parteitage:

5.7.1945		Gründung in Berlin
6.–8.7.1946	I.	Parteitag in Erfurt
4.–7.7.1947	II.	Parteitag in Eisenach
25.–28.2.1949	III.	Parteitag in Eisenach
30.6.–2.7.1951	IV.	Parteitag in Eisenach
28.–31.5.1953	V.	Parteitag in Dresden
5.–7.7.1955	VI.	Parteitag in Weimar
5.–8.7.1957	VII.	Parteitag in Weimar
5.–8.7.1960	VIII.	Parteitag in Weimar
15.–17.2.1963	IX.	Parteitag in Weimar
27.–30.11.1967	X.	Parteitag in Weimar
16.–19.2.1972	XI.	Parteitag in Leipzig
2.–4.3.1977	XII.	Parteitag in Weimar
5.–7.4.1982	XIII.	Parteitag in Weimar
9.–11.4.1987	XIV.	Parteitag in Weimar

National-Demokratische Partei Deutschlands (NDPD)

Parteivorsitzende: 1948 – 1972 Lothar Bolz
                    seit 1972 Heinrich Homann

Parteiorgan: „National-Zeitung", Berlin (Ost)

Parteitage:

25. 5. 1948	Gründung in Berlin
2./3. 9. 1948	I. Parteikonferenz in Potsdam
23.–25. 6. 1949	I. Parteitag in Halle
15.–17. 6. 1950	II. Parteitag in Leipzig
16.–18. 6. 1951	III. Parteitag in Leipzig
16.–19. 6. 1952	IV. Parteitag in Leipzig
16.–18. 10. 1953	V. Parteitag in Leipzig
15.–17. 9. 1955	VI. Parteitag in Leipzig
22.–24. 5. 1958	VII. Parteitag in Leipzig
25.–27. 5. 1963	VIII. Parteitag in Erfurt
21.–23. 9. 1967	IX. Parteitag in Magdeburg
19.–21. 4. 1972	X. Parteitag in Potsdam
21.–23. 4. 1977	XI. Parteitag in Leipzig
22.–24. 4. 1982	XII. Parteitag in Leipzig
7.–9. 5. 1987	XIII. Parteitag in Leipzig

Demokratische Bauernpartei Deutschlands (DBD)

Parteivorsitzende: 1948 – 1982 Ernst Goldenbaum
                    1982 – 1987 Ernst Mecklenburg
                    seit 1987 Günther Maleuda

Parteiorgan: „Bauern-Echo", Berlin (Ost)

Parteitage:

29. 4. 1948	Gründung des Landesverbandes Mecklenburg (16. 6. 1948 Lizenz der SMAD für gesamte SBZ)
16./17. 7. 1948	I. Parteikonferenz in Schwerin
2./3. 7. 1949	I. Parteitag in Mühlhausen
6. – 8. 7. 1951	II. Parteitag in Eisenach
4. – 6. 9. 1953	III. Parteitag in Güstrow
31. 8. – 2. 9. 1955	IV. Parteitag in Halle/S.
2. – 4. 7. 1957	V. Parteitag in Leipzig
12. – 14. 5. 1960	VI. Parteitag in Güstrow
3. – 5. 5. 1963	VII. Parteitag in Schwerin
3. – 5. 5. 1968	VIII. Parteitag in Magdeburg
3. – 5. 5. 1972	IX. Parteitag in Schwerin
18. – 20. 5. 1977	X. Parteitag in Schwerin
5. – 7. 5. 1982	XI. Parteitag in Suhl
28. – 30. 4. 1987	XII. Parteitag in Rostock

Freier Deutscher Gewerkschaftsbund (FDGB)

Vorsitzende des
Bundesvorstandes: 1946 – 1948 Hans Jendretzky (SED)
1948 – 1975 Herbert Warnke (SED)
seit 1975 Harry Tisch (SED)

Presseorgan: „Tribüne", Berlin (Ost)

Kongresse:

9.–11. 2. 1946	1. (Gründungs–) Kongreß
17.–19. 4. 1947	2. Kongreß
30. 8.–3. 9. 1950	3. Kongreß
15.–20. 6. 1955	4. Kongreß
26.–31. 10. 1959	5. Kongreß
19.–23. 11. 1963	6. Kongreß
6.–10. 5. 1968	7. Kongreß
26.–30. 6. 1972	8. Kongreß
16.–19. 5. 1977	9. Kongreß
21.–24. 4. 1982	10. Kongreß
22.–25. 4. 1987	11. Kongreß

Alle Kongresse fanden in Berlin bzw. Berlin (Ost) statt.

Freie Deutsche Jugend (FDJ)

Vorsitzender: 1946 – 1955 Erich Honecker (SED)

Erste Sekretäre
des Zentralrates: 1955 – 1959 Karl Namokel (SED)
1959 – 1967 Horst Schumann (SED)
1967 – 1974 Günther Jahn (SED)
1974 – 1983 Egon Krenz (SED)
seit 1983 Eberhard Aurich (SED)

Presseorgan: „Junge Welt", Berlin (Ost)

Kongresse:

7. 3. 1946	Gründung in Berlin
8.–10. 6. 1946	I. Parlament in Brandenburg/Havel
23.–26. 5. 1947	II. Parlament in Meißen
1.–5. 6. 1949	III. Parlament in Leipzig
27.–30. 5. 1952	IV. Parlament in Leipzig
25.–27. 5. 1955	V. Parlament in Erfurt
12.–15. 5. 1959	VI. Parlament in Rostock
28. 5.–1. 6. 1963	VII. Parlament in Berlin (Ost)
10.–13. 5. 1967	VIII. Parlament In Karl-Marx-Stadt
25.–29. 5. 1971	IX. Parlament in Berlin (Ost)
1.–5. 6. 1976	X. Parlament in Berlin (Ost)
2.–5. 6. 1981	XI. Parlament in Berlin (Ost)
21.–24. 5. 1985	XII. Parlament in Berlin (Ost)

Demokratischer Frauenbund Deutschlands (DFD)

Vorsitzende: 1947–1948 Anne-Marie Durand-Wever
                    1948–1949 Emmy Koenen-Damesius
                    1949–1953 Elli Schmidt (SED)
                    seit 1953 Ilse Thiele (SED)

Funktionärszeitschrift: „lernen und handeln", Berlin (Ost)

Kongresse:

7.–9.3.1947	Gründungskongreß
29./30.5.1948	II. Bundeskongreß
21.–24.4.1950	III. Bundeskongreß
16.–20.5.1952	IV. Bundeskongreß
1./2.7.1954	V. Bundeskongreß
10./11.12.1957	VI. Bundeskongreß
23.–25.11.1960	VII. Bundeskongreß
25.–27.6.1964	1. Frauenkongreß
11.–13.6.1969	2. Frauenkongreß
27.2.–1.3.1975	X. Bundeskongreß
4./5.3.1982	XI. Bundeskongreß
5./6.3.1987	XII. Bundeskongreß

Alle Kongresse fanden in Berlin bzw. Berlin (Ost) statt.

Kulturbund der DDR (KB)

Präsidenten: 1945 – 1958 Johannes R. Becher (SED)
                    1958 – 1977 Max Burghardt (SED)
                    seit 1977 Hans Pischner (SED)

Presseorgan: „Sonntag", Berlin (Ost)

Kongresse:

3.7.1945	Gründungskongreß in Berlin
20./21.5.1947	I. Bundeskongreß in Berlin
23.–27.11.1949	II. Bundeskongreß in Berlin (Ost)
19.5.1951	III. Bundeskongreß in Berlin (Ost)
11.–14.2.1954	IV. Bundeskongreß in Dresden
7.–9.2.1958	V. Bundeskongreß in Berlin (Ost)
8./9.6.1963	VI. Bundeskongreß in Berlin (Ost)
5.–7.4.1968	VII. Bundeskongreß in Berlin (Ost)
26.–28.10.1972	VIII. Bundeskongreß in Berlin (Ost)
22.–24.9.1977	IX. Bundeskongreß in Berlin (Ost)
17./18.6.1982	X. Bundeskongreß in Dresden
11./12.6.1987	XI. Bundeskongreß in Karl-Marx-Stadt

(Jeweils zusammengestellt nach: Materialien des Gesamtdeutschen Instituts, Bonn; Günther Buch, Namen und Daten, Berlin/ Bonn 1987; Handbuch gesellschaftlicher Organisationen in der DDR, Berlin (Ost) 1985; DDR-Zeittafel 1949 – 1983, Berlin (Ost) 1984)

Vereinigung der gegenseitigen Bauernhilfe (VdgB)

Vorsitzende:	1947 – 1950	Otto Körting (SED)
	1950 – 1964	Friedrich Wehmer (SED)
	1964 – 1979	Ernst Wulf (SED)
	1979 – 1982	Fritz Zeuner (SED; mit der Wahrnehmung beauftragt)
	Seit 1982	Fritz Dallmann (SED)

Presseorgan: „Der Freie Bauer" (bis 1960) bzw.
„Neue Deutsche Bauernzeitung", Berlin (Ost)

Kongresse:

22./23.11.1947	I. Deutscher Bauerntag in Berlin
23./24.6.1949	II. Deutscher Bauerntag in Berlin (Ost)
8./9.12.1951	III. Deutscher Bauerntag in Leipzig
25. – 27.2.1954	IV. Deutscher Bauerntag in Görlitz
10. – 12.3.1957	V. Deutscher Bauerntag in Güstrow
8. – 11.12.1960	VI. Deutscher Bauernkongreß in Rostock
9. – 11.3.1962	VII. Deutscher Bauernkongeß in Magdeburg
28.2 – 1.3.1964	VIII. Deutscher Bauernkogreß in Schwerin
26./27.2.1966	IX. Deutscher Bauernkongreß in Berlin (Ost)
13. – 15.6.1968	X. Deutscher Bauernkongreß in Leipzig
8. – 10.6.1972	XI. Bauernkongreß der DDR in Leipzig
13./14.5.1982	XII. Bauernkongreß der DDR in Berlin (Ost)
21./22.5.1987	XIII. Bauernkongreß der DDR in Schwerin

Die „Vereinigung der gegenseitigen Bauernhilfe" ist Ende 1985 erstmals in ihrer Geschichte in den „Demokratischen Block" aufgenommen worden. Sie zog zudem erstmals seit 1963 als fünfte Massenorganisation auf Kosten des Mandatsanteils der bisher vertretenen vier Massenorganisationen in die 1986 neugewählte Volkskammer ein. Die Aufwertung der VdgB, die ein Konkurrenzverhältnis zur DBD schuf, zeichnete sich schon bei den Kommunalwahlen im Mai 1984 ab, als der Mandatsanteil der VdgB um 70 % erhöht wurde.

Nationalrat der Nationalen Front

Die Nationale Front ging aus der „Volkskongreßbewegung für Einheit und gerechten Frieden" hervor. Der Nationalrat wurde am 3. Februar 1950 gebildet.

Präsidenten		
des Nationalrates:	1950 – 1981	Erich Correns (parteilos)
	seit 1981	Lothar Kolditz (parteilos)

Publikationsorgan: „mach mit", Berlin (Ost)

Kongresse:

6./7.12.1947	1. Deutscher Volkskongreß
17./18.3.1948	2. Deutscher Volkskongreß
29./30.5.1949	3. Deutscher Volkskongreß
25./26.8.1950	I. Nationalkongreß der Nationalen Front
15./16.5.1954	II. Nationalkongreß
20. – 22.9.1958	III. Nationalkongreß
16./17.6.1962	IV. Nationalkongreß
21./22.3.1969	Kongreß (bisher letzter)

Alle Kongresse fanden in Berlin bzw. Berlin (Ost) statt.

Übersicht über die Mitgliederzahlen der Parteien

	SED[1]	CDU	LDPD	NDPD	DBD	zusammen: (ohne SED)
1945	–	68 00	88 00	–	–	156 000
1946	1 298 00	207 000	180 00	–	–	387 00
1948	ca. 2 000 000	211 000	198 00	10 000	12 000	431 000
1950	ca. 1 750 000	180 000	199 000	100 000	55 000	534 000
1953	ca. 1 230 000	145 000	125 000	233 000	80 000	583 000
1954	1 413 000	136 000	100 000	172 000	98 000	506 000
1955		105 000	100 000	120 000	72 000	397 000
1961	1 611 000	70 000	67 000	100 000	73 000	310 000
1966	1 770 000	90 000	80 000	110 000	70 000	350 000
1975		100 000	70 000	80 000	90 000	340 000
1977	2 075 000	115 000	75 000	85 000	91 000	366 000
1982	2 202 000	125 000	82 000	91 000	103 000	401 000
1985	2 293 000	131 000	92 000	98 000	110 000	431 000
1986	2 304 000	135 000	100 000	103 000	112 000	450 000
1987	2 328 331	140 000	104 000	110 000	115 000	469 000

[1] Anm.: für die Mitgliederzahlen der SED vergleiche die ausführlichere Tabelle auf S. 192. Für die Jahre 1955 und 1975 lagen keine Angaben vor.
(Auf- bzw. abgerundete Zahlen; nach: Peter Joachim Lapp, Die Blockparteien im politischen System der DDR, Melle 1988, S. 16; DDR-Handbuch, Bd. 2, Köln 1985, S. 1185)

Wahlen

Die einzigen annähernd demokratischen Wahlen fanden im Herbst 1946 statt.

Seit der Verfassungsrevision von 1974 finden alle fünf Jahre (früher: alle vier Jahre) Wahlen zur Volkskammer, zu den Bezirks- und Kreistagen, zu den Stadtverordneten- und Stadtbezirksversammlungen sowie den Gemeindevertretungen statt. Das Wahlrecht beruht nur formal auf den Prinzipien allgemeiner, freier, gleicher, direkter und geheimer Wahlen. Im Rahmen der Nationalen Front läßt die SED aus den Wahlvorschlägen der Parteien und Massenorganisationen eine Einheitsliste von Kandidaten aufstellen. Der Wähler kann mit seiner Stimme diese Liste befürworten oder ablehnen. Letzteres ist wegen der stillschweigenden Verpflichtung zu offener Stimmabgabe und zu erwartender beruflicher Benachteiligungen bei Zuwiderhandlung nahezu ausgeschlossen.

Ergebnisse der Gemeindewahlen von 1946

Land Sachsen (Wahltag: 1. 9. 1946)

SED	48,42%	Bauernhilfe (VdgB)	0,89%	Ungültige Stimmen: 9,81%
LDPD	20,21%	Frauenausschüsse	0,74%	
CDUD	19,72%	Sonstige	0,21%	

Land Thüringen (Wahltag: 8. 9. 1946)

SED	46,4%	Bauernhilfe (VdgB)	3,2%	Ungültige Stimmen: 8%
LDPD	23,7%	Frauenausschüsse	1,9%	
CDUD	16,7%	Sonstige	0,1%	

Land Sachsen-Anhalt (Wahltag: 8. 9. 1946)

SED	49,5%	Bauernhilfe (VdgB)	1,1%	Ungültige Stimmen: 15,6%
LDPD	19,8%	Frauenausschüsse	0,7%	
CDUD	13,3%	Sonstige	–	

Provinz Mark Brandenburg (Wahltag: 15. 9. 1946)

SED	54,3%	Frauenausschüsse	0,9%	Ungültige Stimmen: keine
LDPD	17,2%	FDGB	0,06%	einheitlichen Angaben
CDUD	15,6%	FDJ	49 St.	
Bauernhilfe (VdgB)	2,5%			

Land Mecklenburg (Wahltag: 15. 9. 1946)

SED	63,2%	Bauernhilfe (VdgB)	1,7%	Ungültige Stimmen: 9,3%
LDPD	9,5%	Frauenausschüsse	1,1%	
CDUD	15,2%	Sonstige	–	

Ergebnisse der Landtagswahlen von 1946 (Wahltag: 20. 10. 1946)

	SED	LDPD	CDUD	Massenorga-nisationen
Mecklenburg	49,5%	12,5%	34,1%	3,9%
Brandenburg	43,5%	20,5%	30,3%	5,7%
Sachsen-Anhalt	45,8%	29,9%	21,9%	2,4%
Sachsen	49,1%	24,8%	23,3%	2,8%
Thüringen	49,3%	28,5%	18,9%	3,3%
Gesamt Ø:	47,5%	24,6%	24,5%	3,4%

Ergebnisse der Wahlen in Berlin von 1946 (Wahltag: 20. 10. 1946)

	SPD	SED	CDUD	LDPD
sowj. Sektor	340 572	233 311	146 261	61 418
am. Sektor	333 937	80 915	158 541	67 641
brit. Sektor	198 992	40 605	105 990	46 559
franz. Sektor	142 534	57 457	51 673	19 626
	1 016 035	412 288	462 465	195 244
	= 48,7%	= 19,8%	= 22,2%	= 9,3%

(Quelle: Die Wahlen in der Sowjetzone, hrsg. vom Bundesministerium für gesamtdeutsche Fragen, 6. Aufl., Berlin/Bonn 1964, S. 11 ff.)

Wahlen zur Volkskammer 1950–1986

Wahljahr	Wahlbeteiligung in %	Ja-Stimmen in %
1950	98,53	99,72
1954	98,51	99,46
1958	98,90	99,87
1963	99,25	99,95
1967	98,82	99,93
1971	98,48	99,85
1976	98,58	99,86
1981	99,21	99,86
1986	99,74	99,94

(Nach: Zahlenspiegel Bundesrepublik Deutschland/DDR, 3. Aufl., Bonn 1986, S 21; Die Volkskammer der DDR, 9. Wahlperiode, Berlin (Ost) 1987, S. 26)

Kandidatenrekrutierung und -bestätigung

Wahl

↑

Bestätigung durch die
Wahlkommission der verschiedenen Ebenen

↑

Beratung und Beschlußfassung über die
Wahlvorschläge und die Reihenfolge der Kandidaten
auf öffentlichen Tagungen der Nationalen Front

↑

Vorstellung und Prüfung der
Kandidaten durch die Arbeitskollektive,
in denen die Kandidaten tätig sind

↑

Wahlvorschläge werden durch die in der Nationalen Front
vereinten Parteien und Massenorganisationen abschließend gebilligt

↑

Bestätigung der Kandidatenliste durch den
„Demokratischen Block der Parteien und Massenorganisationen"

↑

Prüfung und Bestätigung der
Kandidaten aller Parteien und Massenorganisationen durch die
SED-Sekretariate auf den verschiedenen Ebenen

↑

Kandidatenvorauswahl durch die SED,
die Blockparteien und Massenorganisationen
nach Auflagen der SED-Kaderabteilungen lange vor dem Wahltermin
(bis zu einem Jahr vorher!)

(Quelle: Peter Joachim Lapp, Wahlen in der DDR, Berlin 1982, S. 56)

Diplomatische Beziehungen

(in chronologischer Reihenfolge)

1. Union der Sozialistischen Sowjet-republiken (15. 10. 1949),
2. Volksrepublik Bulgarien (17. 10. 1949),
3. Volksrepublik Polen (18. 10. 1949),
4. Tschechoslowakische Republik (18. 10. 1949),
5. Ungarische Volksrepublik (19. 10. 1949),
6. Sozialistische Republik Rumänien (22. 10. 1949),
7. Volksrepublik China (25. 10. 1949),
8. Koreanische Volksdemokratische Republik (7. 11. 1949),
9. Volksrepublik Albanien (2. 12. 1949),
10. Demokratische Republik Vietnam (3. 2. 1950),
11. Mongolische Volksrepublik (13. 4. 1950),
12. Sozialistische Föderative Republik Jugoslawien (10. 10. 1957),
13. Republik Kuba (12. 1. 1963),
14. Königreich Kambodscha (8. 5. 1969),
15. Republik Irak (10. 5. 1969),
16. Demokratische Republik Sudan (3. 6. 1969),
17. Syrische Arabische Republik (5. 6. 1969),
18. Volksdemokratische Republik Jemen (10. 7. 1969),
19. Arabische Republik Ägypten (11. 7. 1969),
20. Volksrepublik Kongo (8. 1. 1970),
21. Demokratische Republik Somalia (8. 4. 1970),
22. Zentralafrikanische Republik (18. 4. 1970; am 14. 8. 1971 durch die Zentralafrikanische Republik unterbrochen, inzwischen im Jahre 1974 wiederaufgenommen),
23. Demokratische Volksrepublik Algerien (20. 5. 1970),
24. Republik der Malediven (22. 5. 1970),
25. Republik Sri Lanka (16. 6. 1970),
26. Republik Guinea (9. 9. 1970),
27. Republik Chile (16. 3. 1971; am 21. 9. 1973 durch die DDR unterbrochen),
28. Republik Äquatorial-Guinea (14. 4. 1971),
29. Republik Tschad (6. 6. 1971),
30. Volksrepublik Bangladesh (16. 1. 1972),
31. Republik Indien (8. 10. 1972),
32. Islamische Republik Pakistan (15. 11. 1972),
33. Kaiserreich Iran (7. 12. 1972),
34. Republik Burundi (7. 12. 1972),
35. Republik Ghana (13. 12. 1972),
36. Republik Tunesien (17. 12. 1972),
37. Republik Zaire (18. 12. 1972),
38. Staat Kuweit (18. 12. 1972),
39. Schweizerische Eidgenossenschaft (20. 12. 1972),
40. Königreich Nepal (20. 12. 1972),
41. Republik Indonesien (21. 12. 1972),
42. Königreich Schweden (21. 12. 1972),
43. Republik Österreich (21. 12. 1972),
44. Republik Zypern (21. 12. 1972),
45. Vereinigte Republik Tansania (21. 12. 1972),
46. Jemenitische Arabische Republik (21. 12. 1972),
47. Republik Sierra Leone (21. 12. 1972),
48. Australischer Bund (22. 12. 1972),
49. Republik Uruguay (24. 12. 1972),
50. Republik Libanon (24. 12. 1972),
51. Königreich Belgien (27. 12. 1972),
52. Republik Peru (28. 12. 1972),
53. Königreich Marokko (29. 12. 1972),
54. Königreich der Niederlande (5. 1. 1973),
55. Großherzogtum Luxemburg (5. 1. 1973),
56. Republik Uganda (5. 1. 1973),
57. Republik Finnland (7. 1. 1973),
58. Republik Costa Rica (9. 1. 1973),
59. Spanien (11. 1. 1973),
60. Republik Island (12. 1. 1973),
61. Königreich Dänemark (12. 1. 1973),
62. Republik Gambia (15. 1. 1973),
63. Königreich Norwegen (17. 1. 1973),
64. Republik Afghanistan (17. 1. 1973),
65. Italienische Republik (18. 1. 1973),
66. Islamische Republik Mauretanien (22. 1. 1973),
67. Kaiserreich Äthiopien (1. 2. 1973),
68. Staat Malta (6. 2. 1973),
69. Vereinigtes Königreich von Groß-britannien und Nordirland (8. 2. 1973),
70. Französische Republik (9. 2. 1973),
71. Bundesrepublik Nigeria (10. 2. 1973),
72. Republik Rwanda (14. 2. 1973),
73. Republik Sambia (21. 2. 1973),
74. Union von Burma (23. 2. 1973),
75. Republik Kolumbien (23. 3. 1973),
76. Föderation Malaysia (4. 4. 1973),
77. Republik Obervolta (13. 4. 1973),
78. Kooperative Republik Guyana (13. 4. 1973),
79. Republik Togo (18. 4. 1973),
80. Republik Mali (19. 4. 1973),
81. Japan (15. 5. 1973),
82. Griechenland (25. 5. 1973),
83. Vereinigte Mexikanische Staaten (5. 6. 1973),
84. Libysche Arabische Republik (11. 6. 1973),

85. Republik Argentinien (25. 6. 1973),
86. Fürstentum Liechtenstein (28. 6. 1973),
87. Vereinigte Republik Kamerun
    (21. 7. 1973),
88. Republik Ecuador (23. 7. 1973),
89. Republik Venezuela (24. 7. 1973),
90. Republik Singapur (10. 8. 1973),
91. Republik Senegal (22. 8. 1973),
92. Volksrepublik Benin (14. 9. 1973),
93. Republik Bolivien (18. 9. 1973),
94. Republik der Philippinen (21. 9. 1973),
95. Republik Liberia (28. 9. 1973),
96. Haschemitisches Königreich Jordanien
    (8. 10. 1973),
97. Föderative Republik Brasilien
    (22. 10. 1973),
98. Republik San Marino (26. 11. 1973),
99. Republik Madagaskar (29. 11. 1973),
100. Republik Fidschi (11. 1. 1974),
101. Republik Panama (29. 1. 1974),
102. Republik Gabun (4. 4. 1974),
103. Republik Guinea-Bissau (17. 4. 1974),
104. Königreich Laos (27. 5. 1974),
105. Neuseeland (31. 5. 1974),
106. Republik Türkei (1. 6. 1974),
107. Portugal (Unterzeichnung eines Abkommens über die Herstellung diplomat. Beziehungen am 19. 6. 1974),
108. Thailand (3. 9. 1974),
109. USA (4. 9. 1974),
110. Mauritius (29. 10. 1974),
111. Republik Niger (4. 3. 1975),
112. Kenia (19. 5. 1975),
113. Mosambik (25. 6. 1975),
114. Sao Tomé und Principé (15. 7. 1975),
115. Kanada (1. 8. 1975),
116. Kap Verden (5. 8. 1975),
117. Volksrepublik Angola (11. 11. 1975),
118. Republik Komoren (14. 2. 1976),
119. Königreich Lesotho (22. 3. 1976),
120. Republik Seychellen (3. 7. 1976),
121. Jamaika (21. 3. 1977),
122. Republik Botswana (13. 5. 1977),
123. Republik Djibouti (30. 6. 1977),
124. Republik Suriname (3. 8. 1978),
125. Papua-Neuguinea (1. 12. 1978),
126. Nauru (15. 4. 1979),
127. Nicaragua (20. 7. 1979),
128. Grenada (9. 10. 1979),
129. Republik Simbabwe (1. 11. 1980),
130. Irland (21. 11. 1980),
131. Elfenbeinküste (5. 10. 1984),
132. Vanuatu (3. 10. 1986),
133. Trinidad und Tobago (16. 10. 1987)

(Stand: 31. 12. 1987; nach: DDR-Handbuch, Bd. 1, Köln 1985, S. 310 f.)

Innerdeutsche Beziehungen

	1969	1986
I. Innerdeutscher Reiseverkehr		
Reisen von Westdeutschen in die DDR und zu mehrtägigem Aufenthalt nach Berlin (Ost) (einschließlich Transit in Drittstaaten ;in Mio.)	1,11	3,78
Reisen von Bewohnern von Berlin (West) nach Berlin (Ost) und in die DDR (einschließlich Transit in Drittstaaten; in Mio.)	3,32[1]	1,80
Transitverkehr von und nach Berlin (West) (in Mio.)	7,25[2]	23,92[2]
Rentnerreisen aus der DDR (in Mio.)	1,04	1,76
Reisen in dringenden Familienangelegenheiten (unterhalb des Rentenalters)	11421[1]	244700[3]
II. Flüchtlinge und Übersiedler aus der DDR		
Flüchtlinge	5273	4660
Übersiedler[4]	–	19982
III. Post- und Telefonverkehr		
Telefonleitungen (in beide Richtungen) Bundesgebiet	34	1517
Telefongespräche (in West-Ost-Richtung, in Mio.)	0,5	30
Briefverkehr (in beide Richtungen, in Mio.)	202[5]	168
Paketverkehr (in beide Richtungen; in Mio.)	38[5]	33
IV. Vereinbarte Sportbegegnungen von	292[7]	84
V. Jugendaustausch		
Jugendliche aus der DDR in die Bundesrepublik Deutschland[6]		3900
Jugendliche aus der Bundesrepublik Deutschland[6] in die DDR und nach Berlin (Ost) (ein- bis zehntägige Informationsfahrten)		67000
Innerdeutscher Handel (in Mio. Verrechnungseinheiten = DM)	3928	14280

[1] 1972; erst seitdem möglich.
[2] Nur auf dem Landweg.
[3] Nach Angaben der DDR 573 000.
[4] Erst seit 1980 ist, von Einzelfällen abgesehen, die legale Ausreise aus der DDR möglich.
[5] 1979; für 1969 liegen keine verläßlichen Angaben vor.
[6] Für 1969 liegen keine verläßlichen Angaben vor. Jugendreisen aus der DDR sind erst seit 1983 möglich.
[7] Von 1966 bis 1970

(Zusammengestellt von Johannes Kuppe, Gesamtdeutsches Institut, Bonn)

Wirtschaft und Landwirtschaft

Volkswirtschaftspläne

1945–1948	Kurzfristige Teilwirtschaftspläne
1945	Quartalsplan (IV. Quartal)
1946	Quartalspläne
1947	Quartalspläne, Halbjahrespläne
1948	Halbjahrespläne
1949–1950	Zweijahresplan (mit verbindlichen Jahresplänen)
1951–1955	1. Fünfjahresplan (mit verbindlichen Jahresplänen)
1956–1960	2. Fünfjahresplan (abgebrochen 1958/59)
1959–1965	1. Siebenjahresplan (abgebrochen 1961/62)
1963–1970	Perspektivplan
1963	„Neues Ökonomisches System der Planung und Leitung der Volkswirtschaft" (NÖS oder NÖSPL)
1963–1965	Erste Etappe des NÖS
1965–1967	Zweite Etappe des NÖS
1967–1971	„Ökonomisches System des Sozialismus" (ÖSS)
1971–1975	Fünfjahresplan (mit verbindlichen Jahresplänen)
1976–1980	Fünfjahresplan (mit verbindlichen Jahresplänen)
1981–1985	Fünfjahresplan (mit verbindlichen Jahresplänen)
1986–1990	Fünfjahresplan (mit verbindlichen Jahresplänen)

Leitungsstruktur der Wirtschaft

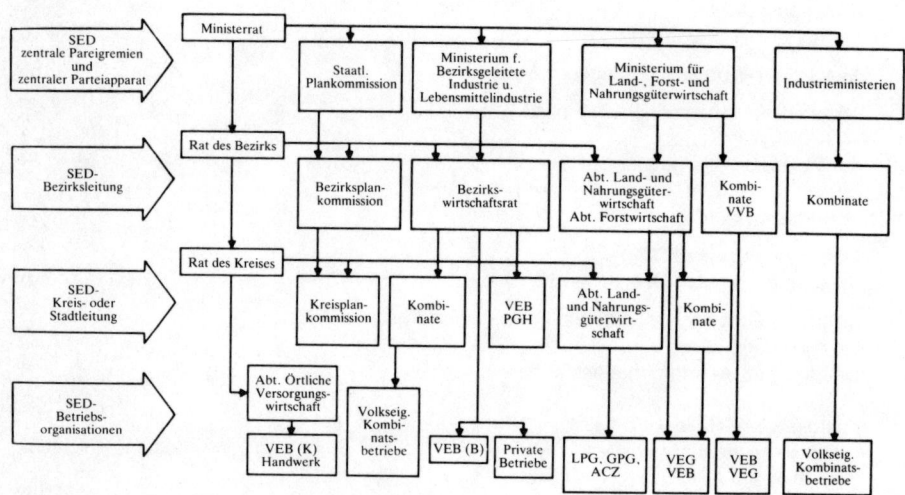

(Vereinfachte Darstellung; Stand: 1982; Quelle: DDR-Handbuch, Bd. 2, Köln 1985, S. 1501)

Entwicklung der Betriebsstruktur in der Landwirtschaft

1950 *(Nach Abschluß der Bodenreform, vor der Kollektivierung)*

855 624	Einzelbäuerliche Betriebe	ca.	7 ha LN
559	Volkseigene Güter (VEG)	ca.	317 ha LN

1960 *(Jahr der Beendigung der Kollektivierung)*

12 908	LPG Typ I und II	ca.	150 ha LN
6 353	LPG Typ III	ca.	540 ha LN
669	VEG	ca.	591 ha LN

1975 *(Beginn der Trennung von Pflanzen- und Tierproduktion)*

9 009	LPG	ca.	85 ha LN
1 210	Kooperative Abteilungen Pflanzenproduktion (KAP)	ca.	4 130 ha LN
463	VEG	ca.	229 ha LN
287	Gärtnerische Produktionsgenossenschaften (GPG)	ca.	79 ha LN
367	ZBE Tierproduktion		

1985 *(Nach erfolgter Trennung von Pflanzen- und Tierproduktion, Bildung von Kooperationsräten und Spezialisierungen)*

1 193	Kooperationsräte (KOR), Zusammenarbeit von	
1 144	LPG (P) mit	ca. je 240 AK und 4 779 ha LN
77	VEG (P) mit ca.	je 5 276 ha LN
2 761	LPG (T) mit	ca. je 110 AK und 1 500 GVE
314	VEG (T)	
	Je KOR 1 Pflanzen- und 2–3 Tierproduktionsbetriebe.	

Spezialbetriebe

- 211 Zwischenbetriebliche Einrichtungen Tierproduktion
- 11 Kooperative Abteilungen Pflanzenproduktion (KAP)
- 32 Volkseigene Kombinate für Industrielle Mast (KIM oder VE KIM)
- 205 Gärtnerische Produktionsgenossenschaften (GPG)
- 50 Produktionsgenossenschaften der Binnenfischer, der Pelztier- und Zierfischzüchter
- 41 VEG Saatzucht

Versorgung und Dienstleistungen	Zahl der Berufstätigen
263 Agrochemische Zentren (ACZ) ca. 24 000 ha LN	24 800
225 Kreisbetriebe für Landtechnik (KfL)	.
360 Trockenwerke und Pelletieranlagen	.
216 Zwischengenossensch. Bauorganisationen (ZBO)	.
161 Meliorationsgenossenschaften	15 200
16 Zwischengenossensch. Waldwirtschaft	
15 Bezirksinstitute für Veterinärwesen	10 750
15 Bezirksorganisationen für materiell-technische Versorgung	.
18 VEB Düngestoffe	.

Daneben existieren noch schätzungsweise 3 000 private Landwirtschafts- und Gartenbaubetriebe.

(Zusammengestellt von Andreas Kurjo nach: Statistisches Taschenbuch der DDR 1986, S. 70 f.; Gesetzblatt der DDR, Sonderdruck 1078/3; Informationen auf der agra 1986, Leipzig-Markkleeberg; Kleine Enzyklopädie Land-Forst-Garten, Leipzig 1984)

Verteilung der Berufstätigen auf die Wirtschaftsbereiche

Wirtschaftsbereich	1949	1955	1960	1970	1975	1980	1985
	in Prozent						
Industrie	27,2	32,9	36,0	36,8	38,2	38,0	37,9
Produzierendes Handwerk							
(ohne Bauhandwerk)	8,6	6,5	5,4	5,2	3,4	3,2	3,1
Bauwirtschaft	6,5	5,6	6,1	6,9	7,0	7,1	6,8
Land- und Forstwirtschaft	30,7	22,3	17,0	12,8	11,3	10,7	10,8
Verkehr				5,8	5,8	5,8	5,8
Post- und Fernmeldewesen	6,1	6,5	7,2	1,7	1,8	1,6	1,6
Handel	8,5	10,9	11,6	11,0	10,6	10,3	10,2
Sonstige produzierende							
Zweige			1,2	2,3	2,9	3,2	2,9
Nichtproduzierende Bereiche	12,4	15,2	15,5	17,5	19,0	20,1	21,0
Insgesamt	100	100	100	100	100	100	100

(Nach: Statistisches Jahrbuch der DDR 1986)

Kultur

Schriftstellerverband

Präsidenten des Schriftstellerverbandes:

1950 – 1952	Bodo Uhse
1952 – 1978	Anna Seghers
seit 1978	Hermann Kant

Publikationsorgan: „Neue Deutsche Literatur", Berlin (Ost)

Kongresse:

4.–8.10.1947	I. Schriftstellerkongreß des Kulturbundes
4.–6.7.1950	II. Schriftstellerkongreß:
	Bildung des Deutschen Schriftstellerverbandes im Rahmen des Kulturbundes
22.–25.5.1952	III. Schriftstellerkongreß:
	Konstituierung des Deutschen Schriftstellerverbandes als selbständige Organisation
9.–14.1.1956	IV. Schriftstellerkongreß
25.–27.5.1961	V. Schriftstellerkongreß
28.–30.5.1969	VI. Schriftstellerkongreß
14.–16.11.1973	VII. Schriftstellerkongreß
29.–31.5.1978	VIII. Schriftstellerkongreß
1.–3.6.1983	IX. Schriftstellerkongreß
24.–26.11.1987	X. Schriftstellerkongreß

Alle Kongresse fanden in Berlin bzw. Berlin (Ost) statt.

(Nach: DDR-Zeittafel 1949 – 1983, Berlin (Ost) 1984)

Kurzbiographien

Jede Kurzbiographie enthält folgende Angaben: Name, Vorname; Geburtstag und -ort; ggf. Todestag und -ort; ggf. akad. Titel; erlernter Beruf; ausgeübter Beruf; Parteimitgliedschaft; Kurzlebenslauf mit Schwerpunkt auf der Zeit nach 1945.

Ackermann, Anton (eigentl. Hanisch, Eugen)
*25. Dez. 1905 in Thalheim/Erzgebirge; † 4. Mai 1973 in Berlin (Ost); Strumpfwirker; Partei- und Staatsfunktionär; KPD (1926–1946), SED (seit 1946).
Absolvent der Lenin-Schule in Moskau (1928–1932); Tätigkeit in der Deutschland-Abteilung der Komintern; Teilnahme am Spanischen Bürgerkrieg (1936/37); Emigration in die UdSSR; Rückkehr in die SBZ als Leiter einer Initiativgruppe der KPD (Mai 1945); Mitglied des Zentralsekretariats der SED (1946); „Chefideologe" der Partei; Entwicklung der These vom „besonderen deutschen Weg zum Sozialismus" (1946, Widerruf 1948); Staatssekretär im Außenministerium (1949–1953); Mitglied des ZK (1950–1954); Kandidat des Politbüros (1950–1953); Verlust der Parteiämter wegen Unterstützung der Gruppe um Zaisser und Herrnstadt (1953, rehabilitiert 1956); kulturpolitische Tätigkeit (seit 1954).

Aurich, Eberhard
* 10. Dez. 1946 in Chemnitz; Betonfacharbeiter; Diplom-Lehrer für Deutsch und Staatsbürgerkunde; Partei- und Jugendfunktionär; SED (seit 1967).
Studium an der Pädagog. Hochschule Zwickau; Eintritt in die FDJ (1960); hauptamtlicher Mitarbeiter (1969–1977) bzw. 1. Sekretär (1977–1980) der FDJ-Bezirksleitung in Karl-Marx-Stadt; Mitglied des Büros (1979), 2. Sekretär (1980) bzw. 1. Sekretär (seit 1983) des Zentralrates der FDJ; Mitglied des ZK der SED, Abgeordneter der Volkskammer (seit 1981).

Axen, Hermann
* 6. März 1916 in Leipzig; Parteifunktionär; KPD (1942–1946), SED (seit 1946).
Mitbegründer der FDJ (1946); Mitglied des ZK der SED (1950); Sekretär des ZK für Agitation (1950); 2. Sekretär der SED-Bezirksleitung Berlin (1952–1956); Abgeordneter der Volkskammer (1954), Mitglied des Ausschusses für Auswärtige Angelegenheiten; Chefredakteur des SED-Zentralorgans „Neues Deutschland" (1956–1966); Kandidat (1963–1970) bzw. Mitglied des Politbüros (seit 1970); Sekretär des ZK der SED für Internationale Verbindungen (1966); Vorsitzender des Ausschusses für Auswärtige Angelegenheiten der Volkskammer (1971); Mitglied des Präsidiums des Friedensrates der DDR (1982).

Becher, Johannes R(obert)
* 22. Mai 1891 in München, † 11. Okt. 1958 in Berlin (Ost); Schriftsteller; Partei-, Staats- und Kulturfunktionär; KPD (1919–1946), SED (seit 1946).
Emigration (1933, 1935–1945 in Moskau); dort Chefredakteur der Zeitschrift „Internationale Literatur/Deutsche Blätter"; Mitbegründer des Nationalkomitees „Freies Deutschland" (1943); Präsident des „Kulturbundes zur demokratischen Erneuerung Deutschlands" (1945–1958); Minister für Kultur (seit 1954); Präsident der Deutschen Akademie der Künste (1953–1956).

Benjamin, Hilde (geb. Lange)
* 5. Febr. 1902 in Bernburg/Saale; Dr. sc. jur., Prof.; Juristin; Partei- und Staatsfunktionärin; KPD (1927–1946), SED (seit 1946).
Staatsanwältin in Berlin-Steglitz (1945 durch SMAD eingesetzt); Leiterin der Personalabteilung in der Zentralverwaltung für Justiz der SBZ; Vizepräsidentin des Obersten Gerichts der DDR (1949–1953); Vorsitzende in zahlreichen Schauprozessen; Abgeordnete der Volkskammer (1949–1967); Minister für Justiz (1953–1967); Mitglied des ZK der SED (seit 1954); Lehrtätigkeit an der Deutschen Akademie für Staats- und Rechtswissenschaft in Potsdam-Babelsberg (seit 1967).

Böhme, Hans-Joachim
* 29. Dez. 1929 in Bernburg/Saale; Diplom-Gesellschaftswissenschaftler; Dr. phil.; Verwaltungsangestellter; Parteifunktionär; SPD (1945–1946), SED (seit 1946).
Tätigkeit in verschiedenen Unterorganisationen der SED (1949–1955); Studium an der Parteihochschule der SED (1955–1958); Sektoren- und Abteilungsleiter (1963–1968), Sekretär für Agitation und Propaganda (1968–1974), 2. Sekretär (1968–1981) bzw. 1. Sekretär (seit 1981) der SED-Bezirksleitung Halle; Mitglied des ZK der SED (seit 1981); Abgeordneter der Volkskammer (seit 1981); Mitglied des Politbüros (seit 1986).

Dallmann, Fritz
* 17. Juni 1923 in Kaiserdorf/Westpreußen; Diplom-Agraringenieur; Ökonom, Landarbeiter; Partei-, Staats- und Bauernfunktionär; SED (seit 1948).
Neubauer in Priborn, Kreis Röbel (1947); Mitglied der SED-Bezirksleitung Neubrandenburg (1954–1963); Vorsitzender der LPG „Fortschritt" in Priborn (seit 1953); Kandidat (1963/64) bzw. Mitglied (seit 1964) des ZK der SED; Vors. des Zentralvorstandes der VdgB (seit 1982); Abgeordneter der Volkskammer und Mitglied des Staatsrates (seit 1986).

Dieckmann, Johannes
* 19. Jan. 1893 in Fischerhude/Bremen; † 22. Febr. 1969 in Berlin (Ost), Prof.; Journalist; Geschäftsführer; Partei- und Staatsfunktionär; DVP (1918–1933), LDPD (seit 1945).
Studium der Volkswirtschaft und der Philologie (1914/15, 1916–1920); Redakteur, Parteisekretär, Generalsekretär der DVP (1919–1933); Mitbegründer der – in die LDPD übergeführten – DPD in Dresden (1945); Justizminister und stellv. Ministerpräsident des Landes Sachsen (1948–1950); Abgeordneter und Präsident der Volkskammer (seit 1949); stellv. Vorsitzender der LDPD (seit 1948); stellv. Vorsitzender des Staatsrates (seit 1960); Vorsitzender der Gesellschaft für Deutsch-Sowjetische Freundschaft (1963–1968).

Dohlus, Horst
* 30. Mai 1925 in Plauen/Vogtland; Friseur; Parteifunktionär; KPD (1946), SED (seit 1946).
Bergarbeiter bei der Wismut AG (1947); Abgeordneter der Volkskammer (1950–1954); Kandidat des ZK der SED (1950–1963); Studium in der Sowjetunion (ab 1954); Sekretär der Kombinatsparteileitung „Schwarze Pumpe" bei Hoyerswerda (1956–1958); 2. Sekretär der SED-Bezirksleitung Cottbus (1958–1960); Leiter der Abteilung Parteiorgane beim ZK der SED (1960); Mitglied des ZK der SED (1963); Leiter der Kommission für Partei- und Organisationsfragen beim Politbüro des ZK der SED (1964); Mitglied des Sekretariats des ZK der SED (1971); erneut Abgeord-

neter der Volkskammer (1971); Sekretär des ZK der SED (1973); Kandidat (1976) bzw. Mitglied des Politbüros (seit 1980).

Eberlein, Werner
* 9. Nov. 1919 in Berlin; Diplom-Gesellschaftswissenschaftler; Elektriker; Parteifunktionär; SED (seit 1948).
Emigration mit den Eltern in die Sowjetunion (1934, Rückkehr 1948); zeitweilig Leiter der Wirtschaftsredaktion des „Neuen Deutschland"; Mitglied der Kommission für Agitation beim Politbüro (1959); Dolmetscher für Russisch; stellv. Leiter der Abteilung Parteiorgane beim ZK (1964—1983); Mitglied des Komitees der Arbeiter- und Bauerninspektion (1963); Mitglied der Zentralen Revisionskommission der SED (1971—1981); Mitglied der Redaktion der Zeitschrift „Neuer Weg" (1976); Mitglied des ZK der SED (seit 1981); Kandidat (1985) bzw. Mitglied des Politbüros (seit 1986); Abgeordneter der Volkskammer (seit 1986).

Ewald, Manfred
* 17. Mai 1926 in Podejuch/Pommern; Diplom-Sportlehrer; Angestellter; Partei- und Sportfunktionär; NSDAP (1944—1945), KPD (1945—1946), SED (seit 1946).
Kreissekretär der FDJ in Greifswald (1946); Sportfunktionär (1948); Staatssekretär und Vorsitzender des Staatlichen Komitees für Körperkultur und Sport (1952—1960); Mitglied des Bundesvorstandes (1957) bzw. Präsident des DTSB (seit 1961); Mitglied des ZK der SED (seit 1963); Abgeordneter der Volkskammer (seit 1963); Präsident des NOK der DDR (seit 1973).

Felfe, Werner
* 4. Jan. 1928 in Großröhrsdorf/Kreis Bischofswerda; Diplom-Ingenieur oec.; Kaufmänn. Angestellter; Partei- und Staatsfunktionär; KPD (1945—1946), SED (seit 1946).
1. Sekretär der SED-Kreisleitung Flöha (1950—1953); Besuch der Parteihochschule der SED (1953); 2. Sekretär des Zentralrates der FDJ (1954—1957); Abgeordneter der Volkskammer, Vorsitzender des Jugendausschusses der Volkskammer (1954—1958); Kandidat (1954—1963) bzw. Mitglied (seit 1963) des ZK der SED; Studium an der TU Dresden (1963—1965); 1. Sekretär der SED-Bezirksleitung Halle (1971—1981); erneut Volkskammerabgeordneter (seit 1971); Kandidat (1973) bzw. Mitglied des Politbüros der SED (seit 1976); Sekretär für Landwirtschaft des ZK der SED (seit 1981); Mitglied des Staatsrates (seit 1981).

Fischer, Oskar
* 19. März 1923 in Asch/ČSR; Diplom-Gesellschaftswissenschaftler; Schneider; Partei- und Staatsfunktionär; SED (seit 1946).
Kreisvorsitzender der FDJ in Spremberg (1947—1949); Mitglied (1949—1952) und Sekretär des Zentralrates der FDJ bzw. leitender Mitarbeiter des WBDJ (1951—1955); Botschafter der DDR in Bulgarien (1955—1959); Sektorenleiter im ZK der SED (1960—1962); Studium an der Parteihochschule des ZK der KPdSU (1962—1965); stellv. Minister (1965—1973), Staatssekretär und 1. stellv. Minister (1973—1975) bzw. Minister für Auswärtige Angelegenheiten (seit 1975); Mitglied des ZK der SED (seit 1971); Abgeordneter der Volkskammer (seit 1976).

Gerlach, Manfred
* 8. Mai 1928 in Leipzig; Diplom-Jurist; Dr. jur., Prof.; Angestellter; Partei- und Staatsfunktionär; LDPD (seit 1945).
Mitbegründer der FDJ in Leipzig (1946); Mitglied des Landesvorstandes Sachsen der LDPD (1947–1952); Mitglied des Zentralrates der FDJ (1949–1959); Abgeordneter der Volkskammer (1949); Wahl zum Bürgermeister von Leipzig gegen die Stimmen der LDPD und CDU (1950); stellv. Vorsitzender der LDPD (1951–1953); Chefredakteur der „Liberal-Demokratischen Zeitung" in Halle/S. (1954); Generalsekretär der LDPD (1954–1967); stellv. Vorsitzender des Ständigen Ausschusses für Nationale Verteidigung der Volkskammer (seit 1960); stellv. Vorsitzender des Staatsrates (seit 1960); Vorsitzender der LDPD (seit 1967); Mitglied des Präsidiums des Nationalrates der Nationalen Front.

Götting, Gerald
* 9. Juni 1923 in Halle/Saale; Philologe; Partei- und Staatsfunktionär; CDU (seit 1946).
Mitglied des CDU-Landesvorstandes Sachsen-Anhalt (1948); Abgeordneter der Volkskammer (seit 1949); Generalsekretär der CDU (1949–1966); Vizepräsident (1950–1954), Stellvertreter des Präsidenten (1954–1958) bzw. Präsident der Volkskammer (1969–1976); Vorsitzender des Ausschusses für Auswärtige Angelegenheiten der Volkskammer (1963–1969); stellv. Vorsitzender des Ausschusses für Nationale Verteidigung der Volkskammer (1960–1969); stellv. Vorsitzender des Staatsrates (seit 1960); Vorsitzender der CDU (seit 1966); Präsident der Liga für Völkerfreundschaft (seit 1976); erneut Stellvertreter des Präsidenten der Volkskammer (seit 1980); Mitglied des Präsidiums des Nationalrates der Nationalen Front.

Grotewohl, Otto
* 11. März 1894 in Braunschweig; † 21. Sept. 1964 in Berlin (Ost); Buchdrucker; Partei- und Staatsfunktionär; SPD (1912–1946), SED (seit 1946).
Abgeordneter des Braunschweigischen Landtages (1920–1925); Präsident der LVA Braunschweig, Mitglied des Reichstages, Vorsitzender der SPD des Landes Braunschweig (1925–1933); nach 1933 u.a. Tätigkeit als Kaufmann und Handelsvertreter; Verhaftungen (1938/39 und 1939/40); Vorsitzender der SED (1946–1954, zusammen mit Wilhelm Pieck); Mitglied des Zentralsekretariats und des Politbüros der SED (seit 1946); Abgeordneter der Volkskammer und Ministerpräsident (seit 1949).

Gysi, Klaus
* 3. März 1912 in Berlin; Diplom-Volkswirt; Staats- und Kulturfunktionär; KPD (1931–1946), SED (seit 1946).
Bezirksbürgermeister in Berlin-Zehlendorf (1945); Chefredakteur der kulturpolitischen Zeitschrift „Aufbau" (1945–1948); Bundessekretär des Kulturbundes (1948–1950); Abgeordneter und Vorsitzender des Ausschusses für Volksbildung der Volkskammer (1949–1954); Abteilungsleiter im Verlag Volk und Wissen (1952–1956); Mitglied des Präsidiums des Kulturbundes (1957); Leiter des Aufbau-Verlages (1957–1966); Vorsitzender des Börsenvereins der Deutschen Buchhändler in Leipzig (1961–1966); Minister für Kultur (1966–1973); erneut Abgeordneter der Volkskammer (1967); Botschafter in Italien (1973–1978); Generalsekretär des Komitees für Europäische Sicherheit und Zusammenarbeit der DDR (1978); Staatssekretär für Kirchenfragen (seit 1979).

Hager, Kurt
* 24. Juli 1912 in Bietigheim/Enz; Prof.; Journalist; Partei-, Staats- und Kulturfunktionär; KPD (1930–1946), SED (seit 1946).
Teilnahme am Spanischen Bürgerkrieg (1937–1939); Leiter der Abteilung Parteischulung (1945), der Abteilung Propaganda (1949), der Abteilung Wissenschaft und Hochschulen (1952) beim Parteivorstand bzw. ZK der SED; Professor für Philosophie an der Humboldt-Universität in Ost-Berlin (1949); Kandidat (1950–1954) bzw. Mitglied des ZK der SED (seit 1954); Sekretär für Wissenschaft und Kultur des ZK der SED (seit 1955); Kandidat (1958–1963) bzw. Mitglied des Politbüros (seit 1963); Abgeordneter der Volkskammer (seit 1958), Vorsitzender des Ausschusses für Volksbildung; Mitglied des Präsidiums des Forschungsrates (seit 1966); Mitglied des Staatsrates der DDR (seit 1976).

Herrmann, Joachim
* 29. Okt. 1928 in Berlin; Journalist; Partei- und Staatsfunktionär; SED (seit 1946).
Stellv. Chefredakteur (1949–1952) bzw. Chefredakteur des FDJ-Zentralorgans „Junge Welt" (1954–1960); Hochschule des Komsomol in Moskau (1953–1954); Mitglied des Zentralrates der FDJ (1952–1960); Mitarbeiter des ZK der SED (1960–1962); Chefredakteur der „Berliner Zeitung" (1962–1965); Mitglied der SED-Bezirksleitung Berlin (1962–1967); Staatssekretär für gesamtdeutsche bzw. westdeutsche Fragen (1965–1971); Kandidat (1967–1971) bzw. Mitglied des ZK der SED (seit 1971); Chefredakteur des SED-Zentralorgans „Neues Deutschland" (1971–1978); Kandidat (1971–1978) bzw. Mitglied des Politbüros (seit 1978); Sekretär für Agitation und Propaganda des ZK der SED (seit 1978); Abgeordneter der Volkskammer (seit 1976); Mitglied des Präsidiums des Nationalrates der Nationalen Front (seit 1979).

Herrnstadt, Rudolf
* 17. März 1903 in Gleiwitz/Oberschlesien; † 28. Aug. 1966 in Halle/S.; Journalist; Parteifunktionär; KPD (1924 oder 1929–1946), SED (1946–1954).
Redakteur bzw. Korrespondent in Prag, Warschau und Moskau des „Berliner Tageblatts" (1928–1936); Mitarbeiter des sowj. militär. Nachrichtendienstes (seit Anfang der 30er Jahre); Mitbegründer des Nationalkomitees „Freies Deutschland" (1943); Chefredakteur der „Berliner Zeitung" (1945–1949) bzw. des SED-Zentralorgans „Neues Deutschland" (1949–1953); Mitglied des ZK und Kandidat des Politbüros der SED (1950–1953); Anführer der Gegner Ulbrichts (1953); Ausschluß aus ZK (1953) und Partei (1954) wegen „parteifeindlicher Fraktionsbildung"; Mitarbeiter des Deutschen Zentralarchivs in Merseburg (seit 1954).

Homann, Heinrich
* 6. März 1911 in Bremerhaven; Dr. phil., Prof.; Offizier; Parteifunktionär; NSDAP (1933–1945), NDPD (seit 1948).
Berufssoldat (1934–1945); Mitbegründer des Nationalkomitees „Freies Deutschland" (1943); Mitbegründer der NDPD (1948); politischer Geschäftsführer der NDPD (1949–1952); Abgeordneter (seit 1949), Vizepräsident (1952–1954), stellv. Präsident der Volkskammer (1954–1963); stellv. Vorsitzender der NDPD (1952–1967); stellv. Vorsitzender des Ausschusses für Nationale Verteidigung der Volkskammer (seit 1960); stellv. Vorsitzender des Staatsrates (seit 1960); Mitglied des Präsidiums des Nationalrates der Nationalen Front; Vorsitzender der NDPD (seit 1972).

Honecker, Erich
* 25. Aug. 1912 in Neunkirchen/Saar; Dr. h.c. der Universität Tokio (1981); Dach-
decker; Partei- und Staatsfunktionär; KPD (1929–1946), SED (seit 1946).
Lenin-Schule Moskau (1930); Funktionärstätigkeit im KJV (1931–1935); Verhaftung
und Zuchthaus (1935–1945); Mitglied und Jugendsekretär des ZK der KPD (1945);
Leiter des Organisationskomitees und 1. Vorsitzender der FDJ (1946–1955); Mitglied des Parteivorstandes bzw. des ZK der SED (seit 1946); Abgeordneter der Volkskammer (seit 1949); Kandidat (1950–1958) bzw. Mitglied des Politbüros der SED
(seit 1958); Schulung in der Sowjetunion (1956/1957); ZK-Sekretär für Sicherheit
(1958–1971); Sekretär (1960–1971) bzw. Vorsitzender des Nationalen Verteidigungsrates (1971); Erster Sekretär bzw. Generalsekretär des ZK der SED (seit 1971);
Mitglied (seit 1971) bzw. Vorsitzender des Staatsrates (seit 1976).

Jarowinsky, Werner
* 25. April 1927 in Leningrad; Diplom-Wirtschaftler, Dr. rer. oec.; Industriekauf-
mann; Parteifunktionär; KPD (1945–1946), SED (seit 1946).
Mitarbeiter des Ministeriums für Handel und Versorgung (1956); stellv. Minister
(1959), Staatssekretär und 1. stellv. Minister für Handel und Versorgung
(1961–1963); Mitglied des ZK und Kandidat des Politbüros (1963); Abgeordneter der
Volkskammer (seit 1963); ZK-Sekretär für Handel und Versorgung (seit 1963), später
für Kirchenfragen; Mitglied des Politbüros (seit 1984).

Keßler, Heinz
* 26. Jan. 1920 in Lauban/Schlesien; Dipl. rer. mil.; Maschinenschlosser; Partei- und
Staatsfunktionär; KPD (1945–1946), SED (seit 1946).
Mitbegründer des Nationalkomitees „Freies Deutschland" (1943); Mitbegründer der
FDJ (1946); Mitglied des Parteivorstandes bzw. des ZK der SED (seit 1946); Mitglied
des Zentralrates der FDJ (1947–1960); Abgeordneter der Volkskammer (seit 1949);
Chefinspekteur der Volkspolizei in der Hauptverwaltung Deutsche Volkspolizei
(1950); Generalmajor der KVP und Chef der KVP-Luft (1952); stellv. Minister des Innern (1952/53); Generalmajor der NVA (1956); Absolvent verschiedener Militärakademien; stellv. Minister für Nationale Verteidigung (1957–1985); Generalleutnant
(1959); Generaloberst (1966); Chef der Luftstreitkräfte/Luftverteidigung der NVA
(1956–1967); Chef des Hauptstabes der NVA (1967–1978); stellv. Oberkommandie-
render der Vereinten Streitkräfte des Warschauer Paktes (1976–1979); Chef der Politischen Hauptverwaltung der NVA (1979–1985); Armeegeneral und Minister für
Nationale Verteidigung (seit 1985); Mitglied des Politbüros (seit 1986).

Kleiber, Günther
* 16. Sept. 1931 in Eula/Kreis Borna; Diplom-Ingenieur; Elektriker; Partei- und
Staatsfunktionär; SED (seit 1949).
Eintritt in die FDJ (1946); Leiter der Abteilung Elektrotechnik und Datenverarbeitung der SED-Bezirksleitung Dresden (1964–1966); kommissarischer stellv. Minister
für Elektrotechnik/Elektronik (1966); Staatssekretär für die Koordinierung der Leitung des Einsatzes und der Nutzung der elektronischen Datenverarbeitung beim Ministerrat (1966–1971); Mitglied des ZK, Kandidat des Politbüros der SED (1967);
Abgeordneter der Volkskammer (seit 1967); stellv. Vorsitzender des Ministerrates
(seit 1971); Minister für Allgemeinen Maschinen-, Landmaschinen- und Fahrzeugbau
(1973–1986); Mitglied des Politbüros (seit 1984); Ständiger Vertreter der DDR beim
RGW (seit 1986).

Kolditz, Lothar
* 30. Sept. 1929 in Albernau/Kreis Aue; Dr. sc. nat., Prof.; Chemiker; Hochschullehrer, parteilos.
Lehrtätigkeit in Berlin, Leuna-Merseburg und Jena (1957—1962), Professor für anorganische Chemie an der Humboldt-Universität (1962—1979); Präsident des Nationalrates der Nationalen Front (seit 1981); Mitglied des Präsidialrates des Kulturbundes (seit 1986); Mitglied des Staatsrates (seit 1982); Abgeordneter der Volkskammer (seit 1986).

Krenz, Egon
* 19. März 1937 in Kolberg; Diplom-Gesellschaftswissenschaftler; Lehrer; Partei- und Staatsfunktionär; SED (seit 1955).
Eintritt in die FDJ (1953); Sekretär des Zentralrates der FDJ (1961—1964 und 1967—1974); Besuch der Parteihochschule der KPdSU (1964—1967); Vorsitzender der Pionierorganisation „Ernst Thälmann" (1971—1974); Mitglied des Nationalrates der Nationalen Front (seit 1969); Kandidat (1971—1973) bzw. Mitglied des ZK der SED (seit 1973); Abgeordneter der Volkskammer (seit 1971); Mitglied des Präsidiums der Volkskammer (1971—1981); 1. Sekretär des Zentralrates der FDJ (1974); Kandidat (1976) bzw. Mitglied des Politbüros (seit 1983); ZK-Sekretär für Sicherheitsfragen, Jugend und Sport (seit 1983); Mitglied (seit 1981) und stellv. Vorsitzender des Staatsrates (seit 1984).

Krolikowski, Werner
* 12. März 1928 in Oels/Schlesien; Angestellter; Partei- und Staatsfunktionär; SED (seit 1946).
1. Sekretär der SED-Kreisleitung Greifswald (1954—1958); Sekretär für Agitation und Propaganda der SED-Bezirksleitung Rostock (1958—1960); 1. Sekretär der SED-Bezirksleitung Dresden (1960—1973); Mitglied des ZK (seit 1963); Abgeordneter der Volkskammer (seit 1963); Mitglied des Politbüros (seit 1971); ZK-Sekretär für Wirtschaft (1973—1976); 1. stellv. Vorsitzender des Ministerrates (seit 1976).

Lange, Ingeburg (geb. Rosch)
* 24. Juli 1927 in Leipzig; Diplom-Gesellschaftswissenschaftlerin; Schneiderin; Partei- und Staatsfunktionärin; KPD (1945—1946), SED (seit 1946).
Sekretär des Zentralrates der FDJ (1952—1961); Abgeordnete der Volkskammer (1952—1954 und seit 1963); Mitarbeiterin des ZK (Leiterin der Abteilung Frauen), Vorsitzende der Frauenkommission beim Politbüro (seit 1961); Kandidat (1963/64) bzw. Mitglied des ZK der SED (seit 1964); 1. stellv. Vorsitzende des Ausschusses für Arbeit und Sozialpolitik der Volkskammer (seit 1971); Kandidat des Politbüros und ZK-Sekretär (seit 1973).

Leich, Werner
* 31. Jan. 1927 in Mühlhausen/Thüringen; ev. Theologe; Bischof.
Studium der ev. Theologie in Marburg und Heidelberg (1947—1951); nach Vikariat und Ordination (1951) Gemeindepfarrer in Wurzbach/Thüringen (1954); Synodaler (1960) bzw. Vizepräsident (1967—1978) der Synode der Ev.-Luth. Landeskirche in Thüringen; Mitglied der Generalsynode der VELK in der DDR (seit 1969); Superintendent in Lobenstein/Thüringen (1969—1978); Bischof der Ev.-Luth. Landeskirche in Thüringen (seit 1978); Leitender Bischof der VELK in der DDR (1984—1986); Vorsitzender des Bundes der Ev. Kirchen in der DDR (seit 1986).

Lorenz, Siegfried
* 26. Nov. 1930 in Annaberg/Erzgebirge; Diplom-Gesellschaftswissenschaftler; Mechaniker; Partei- und Staatsfunktionär; SPD (1945–1946), SED (seit 1946).
Eintritt in die FDJ (1946); Mitglied des Zentralrates der FDJ (seit 1961); Abgeordneter der Volkskammer (seit 1967); Leiter der Abteilung Jugend im ZK der SED (1966–1976); Kandidat (1967–1971) bzw. Mitglied des ZK (seit 1971); Kandidat (1985) bzw. Mitglied des Politbüros (seit 1986).

Maleuda, Günther
* 20. Jan. 1931 in Altbeelitz; Diplom-Wirtschaftler, Dr. agr.; Landwirt; Partei- und Staatsfunktionär; DBD (seit 1950).
Vorsitzender des Rates für Landwirtschaftliche Produktion und Nahrungsgüterwirtschaft in Potsdam (1967–1975); Kandidat (1972–1977) bzw. Mitglied des Parteivorstandes der DBD (seit 1977); Abgeordneter der Volkskammer (seit 1981), Mitglied des Ausschusses für Volksbildung (1981–1986); Sekretär (1982), stellv. Vorsitzender (1984), Vorsitzender der DBD (seit 1987); stellv. Vors. des Staatsrates (seit 1987).

Matern, Hermann
* 17. Juni 1893 in Burg bei Magdeburg; † 24. Jan. 1971 in Berlin (Ost); Gerber; Parteifunktionär; SPD (1911–1914), USPD (1919), KPD (1919–1946), SED (seit 1946).
Verhaftung (1933) bzw. Flucht und Emigration (1934); Übersiedlung nach Moskau (1941); Mitbegründer des Nationalkomitees „Freies Deutschland" (1943); Vorsitzender der KPD Sachsen (1945); Vorsitzender der SED Berlin (1946–1948); Abgeordneter der Volkskammer (1950); Mitglied des Parteivorstandes bzw. des ZK und des Zentralsekretariats bzw. des Politbüros der SED (seit 1946); Vorsitzender der Zentralen Parteikontrollkommission (1949).

Mielke, Erich
* 28. Dez. 1907 in Berlin; Expedient; Partei- und Staatsfunktionär; KPD (1925–1946), SED (seit 1946).
Maßgebliche Beteiligung an der Ermordung zweier Polizeioffiziere in Berlin, Flucht ins Ausland (1931); Lenin-Schule Moskau (1932–1934); Teilnahme am Spanischen Bürgerkrieg (1936–1939); Aufenthalt in der UdSSR, u.a. Eintritt in die Rote Armee (1940–1948); Vizepräsident der Zentralverwaltung für Inneres (1946–1949), u.a. Organisation der politischen Polizei mit Wilhelm Zaisser; Staatssekretär im Ministerium für Staatssicherheit (1950–1953 und 1955–1957); Mitglied des ZK der SED (seit 1950); stellv. Staatssekretär für Staatssicherheit im Ministerium des Innern (1953–1955); Abgeordneter der Volkskammer (1958); Generaloberst (1959); Kandidat (1971) bzw. Mitglied des Politbüros (seit 1976); Armeegeneral (1980).

Mittag, Günter
* 8. Okt. 1926 in Stettin-Scheune; Diplom-Wirtschaftler, Dr. rer. oec.; Eisenbahner; Partei- und Staatsfunktionär; SED (seit 1946).
Mitarbeiter (1951) bzw. Leiter der Abteilung Verkehr und Verbindungswesen des ZK der SED (1953–1958); Sekretär der Wirtschaftskommission beim Politbüro des ZK (1958–1961); Kandidat (1958–1962) bzw. Mitglied des ZK der SED (seit 1962); stellv. Vorsitzender und Sekretär des Volkswirtschaftsrates der DDR (1961/62); ZK-Sekretär für Wirtschaft (1962–1973 und seit 1976); 1. stellv. Vorsitzender des Ministerrates der DDR (1973–1976); Kandidat (1963–1966) bzw. Mitglied des Politbüros des ZK der SED (seit 1966); Abgeordneter der Volkskammer (seit 1963); Mitglied (1963–1971, seit 1979) bzw. stellv. Vorsitzender des Staatsrates (seit 1984).

Mückenberger, Erich
* 8. Juni 1910 in Chemnitz; Schlosser; Partei- und Staatsfunktionär; SPD
(1927–1946), SED (seit 1946).
Kreissekretär der SED und Stadtverordneter in Chemnitz, Besuch der Parteihochschule der SED (1946–1948); 2. Sekretär der SED-Landesleitung Sachsen (1948/49); 1. Sekretär der SED-Landesleitung Thüringen (1949–1952); Abgeordneter der Volkskammer (seit 1949); Mitglied des ZK der SED (seit 1950); ZK-Sekretär für Landwirtschaft (1953–1960); Mitglied des Politbüros (seit 1958); 1. Sekretär der SED-Bezirksleitung Frankfurt/Oder (1961–1971); Vorsitzender der Zentralen Parteikontrollkommission (seit 1971); Präsident der Gesellschaft für Deutsch-Sowjetische-Freundschaft (seit 1978); Mitglied des Präsidiums des Nationalrates der Nationalen Front (seit 1979); Vorsitzender der Fraktion der SED in der Volkskammer (seit 1980).

Müller, Gerhard
* 4. Febr. 1928 in Chemnitz; Diplom-Gesellschaftswissenschaftler; Fachlehrer für Staatsbürgerkunde; Parteifunktionär; SPD (1946), SED (seit 1946).
Besuch der Parteihochschule der SED (1953–1955); Sekretär für Volksbildung und Kultur der SED-Bezirksleitung Neubrandenburg (1955–1963); 1. Sekretär der SED-Kreisleitung bzw. 2. Sekretär der SED-Bezirksleitung Neubrandenburg (1965–1974); 1. Sekretär der SED-Bezirksleitung Erfurt (seit 1980); Mitglied des ZK der SED (seit 1981); Abgeordneter der Volkskammer (seit 1981); Kandidat des Politbüros des ZK der SED (seit 1985).

Müller, Margarete
* 18. Febr. 1931 in Neustadt/Oberschlesien; Diplom-Agronomin; Traktoristin; Partei- und Staatsfunktionärin; SED (seit 1951).
Studium der Landwirtschaftswissenschaft an der Universität Leningrad (1953–1958); Vorsitzende der LPG (P) in Kotelow/Kreis Neubrandenburg (1960–1976); Mitglied des ZK der SED und Kandidatin des Politbüros (seit 1963); Abgeordnete der Volkskammer (seit 1963); Mitglied des Staatsrates (seit 1971); Mitglied des Rates für Landwirtschaftliche Produktion und Nahrungsgüterwirtschaft (seit 1972).

Neumann, Alfred
* 15. Dez. 1909 in Berlin; Tischler; Sportlehrer, Partei- und Staatsfunktionär; KPD
(1929–1946), SED (seit 1946).
Emigration in die Sowjetunion über Dänemark, Schweden, Finnland (1934); Teilnahme am Spanischen Bürgerkrieg (1938–1939); Rückkehr nach Deutschland (1941), Verhaftung und Zuchthaus (1941–1945); Sekretär der SED-Kreisleitung Berlin-Neukölln (1946); stellv. Oberbürgermeister von Ost-Berlin (1951–1953); 1. Sekretär der SED-Bezirksleitung Berlin (1953–1957); Mitglied des ZK der SED und Abgeordneter der Volkskammer (seit 1954); Kandidat (1954–1958) bzw. Mitglied des Politbüros (seit 1958); ZK-Sekretär für Organisation (1957–1961); Minister und Vorsitzender des Volkswirtschaftsrates der DDR (1961–1965); Mitglied des Präsidiums (seit 1962), stellv. Vorsitzender (1965–1968) bzw. 1. stellv. Vorsitzender des Ministerrates (seit 1968).

Nuschke, Otto
* 23. Febr. 1883 in Frohburg/Sachsen; † 27. Dez. 1957 Nieder-Neuendorf bei Berlin; Journalist; Partei- und Staatsfunktionär; DDP bzw. Deutsche Staatspartei (1918–1933), CDUD (seit 1945).

Chefredakteur der „Berliner Volkszeitung" (1915–1933); Mitglied der Weimarer Nationalversammlung (1919); Abgeordneter des Preußischen Landtages (1921–1933); Landwirt (1933–1945); Mitbegründer der CDUD (1945); Verlagsleiter der „Neuen Zeit" (1945); Vorsitzender der CDUD (seit 1948); Abgeordneter der Volkskammer und stellv. Ministerpräsident (seit 1949).

Pieck, Wilhelm
* 3. Jan. 1876 in Guben/Niederlausitz; † 7. Sept. 1960 in Berlin (Ost); Tischler; Partei- und Staatsfunktionär; SPD (1895–1918), KPD (1918–1946), SED (seit 1946).
Mitbegründer der KPD (1918); Abgeordneter des Preußischen Landtages (1921–1933) und des Reichstages (1928–1933); Mitglied des Exekutivkomitees und der Komintern (1928 bzw. 1931); Emigration nach Frankreich (1933), später in die Sowjetunion (1935); Vorsitzender der KPD und Sekretär der Komintern (1938); Mitbegründer des Nationalkomitees „Freies Deutschland" (1943); Rückkehr nach Berlin (1945); Vorsitzender der SED (1946–1954, zusammen mit Otto Grotewohl); Präsident der DDR (seit 1949); Mitglied des ZK und des Zentralsekretariats bzw. des Politbüros der SED (seit 1946).

Pischner, Hans
* 20. Febr. 1914 in Breslau; Dr. phil., Prof.; Musiker; Partei-, Staats- und Kulturfunktionär; SED (seit 1946).
Rückkehr aus der Kriegsgefangenschaft (1946); stellv. Direktor der Musikhochschule Weimar (1947); Leiter der Hauptabteilung Musik beim Berliner Rundfunk (1950) bzw. im Ministerium für Kultur (1954); stellv. Minister für Kultur (1956–1962); Intendant der Staatsoper in Ost-Berlin (1963); Vorsitzender des Kulturbundes in Ost-Berlin (1963–1977); Vizepräsident der Deutschen Akademie der Künste (1972–1978); Präsident des Kulturbundes der DDR (seit 1977); Mitglied des ZK der SED (seit 1981).

Schabowski, Günter
* 4. Jan. 1929 in Anklam/Vorpommern; Diplom-Journalist; Journalist; Parteifunktionär; SED (seit 1952).
Eintritt in die FDJ (1950); Mitarbeiter des FDGB-Zentralorgans „Tribüne" (1948–1967), stellv. Chefredakteur (1953–1967); Besuch der Parteihochschule der KPdSU in Moskau (1967/68); stellv. Chefredakteur (1968–1978) bzw. Chefredakteur des SED-Zentralorgans „Neues Deutschland" (1978–1985); Mitglied des ZK der SED und Kandidat des Politbüros (seit 1981); Abgeordneter der Volkskammer (seit 1981); Mitglied des Politbüros (seit 1984); 1. Sekretär der SED-Bezirksleitung Berlin (seit 1985) und ZK-Sekretär für Berlin (seit 1986).

Schürer, Gerhard
* 14. April 1921 in Zwickau/Sachsen; Diplom-Gesellschaftswissenschaftler; Maschinenschlosser; Partei- und Staatsfunktionär; SED (seit 1948).
Abteilungsleiter in der Staatlichen Plankommission (1951); Mitarbeiter des ZK der SED (1953–1962); Studium an der Parteihochschule der KPdSU (1955–1958); Mitglied der Wirtschaftskommission beim Politbüro des ZK der SED (1960–1962); Vorsitzender der Staatlichen Plankommission und Mitglied des Präsidium des Ministerrates (seit 1965); Mitglied des ZK der SED (seit 1963); stellv. Vorsitzender des Ministerrates (seit 1967); Abgeordneter der Volkskammer (seit 1967); Kandidat des Politbüros des ZK der SED (seit 1973).

Sindermann, Horst
* 5. Sept. 1915 in Dresden; Partei- und Staatsfunktionär; KPD (1945–1946), SED (seit 1946).
Mitglied des Kommunistischen Jugendverbandes (1929–1933); Haft u.a. in den Konzentrationslagern Sachsenhausen und Mauthausen (1934–1945); Chefredakteur der „Sächsischen Volkszeitung" in Dresden (1945/46), der „Volksstimme" in Chemnitz (1946/47) und der „Freiheit" in Halle (1950–1953); Mitarbeiter des ZK der SED, u.a. Leiter der Abteilung Agitation und Propaganda (1953–1963); Kandidat (1958–1963) bzw. Mitglied des ZK der SED (seit 1963); Kandidat (1963–1967), Mitglied des Politbüros (seit 1967); Abgeordneter der Volkskammer (seit 1963); 1. Sekretär der SED-Bezirksleitung Halle (1963–1971); Vorsitzender des Ministerrates (1973–1976); Präsident der Volkskammer und stellv. Vorsitzender des Staatsrates (seit 1976).

Stoph, Willi
* 9. Juli 1914 in Berlin; Maurer; Partei- und Staatsfunktionär; KPD (1931–1946), SED (seit 1946).
Nach Teilnahme am Zweiten Weltkrieg in der deutschen Wehrmacht (zuletzt als Stabsgefreiter) Leiter der Abteilung Baustoffindustrie und Bauwirtschaft (1945–1947) bzw. Leiter der Hauptabteilung Grundstoffindustrie der Deutschen Zentralverwaltung für Industrie (1947/48); Leiter der Abteilung Wirtschaftspolitik beim Parteivorstand bzw. ZK der SED (1948–1950); Abgeordneter der Volkskammer (seit 1950); Mitglied des ZK der SED (seit 1950); Mitglied des Sekretariats des ZK der SED (1950–1953); Minister des Innern (1952–1955); Mitglied des Politbüros des ZK der SED (seit 1953); stellv. Vorsitzender des Ministerrates (1954); Minister für Nationale Verteidigung (1956–1960); Armeegeneral (1959); Vorsitzender des Ministerrates (1964–1973); Vorsitzender des Staatsrates (1973–1976); erneut Vorsitzender des Ministerrates sowie stellv. Vorsitzender des Staatsrates (seit 1976).

Thiele, Ilse (geb. Neukranz)
* 4. Nov. 1920 in Berlin; Stenotypistin; Partei- und Staatsfunktionärin; KPD (1945–1946), SED (seit 1946).
Mitbegründerin des DFD in Berlin-Lichtenberg (1948); Bezirksrätin für Sozialwesen in Berlin-Lichtenberg (1948–1950); Besuch der Parteihochschule der SED (1951/52); Vorsitzende des DFD (seit 1953); Abgeordnete der Volkskammer und Mitglied des ZK der SED (seit 1954); Vizepräsidentin der Internationalen Demokratischen Frauenföderation (seit 1964); Mitglied des Staatsrates der DDR (seit 1971).

Tisch, Harry
* 28 März 1927 in Heinrichswalde/Kreis Ueckermünde; Diplom-Gesellschaftswissenschaftler; Bauschlosser; Partei-, Staats- und Gewerkschaftsfunktionär; KPD (1945–1946), SED (seit 1946).
Hauptamtlicher Gewerkschaftsfunktionär (1948–1953); Besuch der Parteihochschule der SED (1953–1955); Sekretär für Wirtschaft der SED-Bezirksleitung Rostock (1955–1959); 1. Sekretär der SED-Bezirksleitung Rostock (1961–1975); Mitglied des ZK der SED (seit 1963); Abgeordneter der Volkskammer (seit 1963); Kandidat (1971–1975) bzw. Mitglied des Politbüros des ZK der SED (seit 1975); Kooptierung in den Bundesvorstand des FDGB und Wahl zum Vorsitzenden (seit 1975); Mitglied des Staatsrates, des Präsidiums der Nationalen Front sowie des Generalrates und des Büros des Weltgewerkschaftsbundes (seit 1975).

Ulbricht, Walter
* 30. Juni 1893 in Leipzig, † 1. Aug. 1973 in Berlin (Ost); Möbeltischler; Partei- und Staatsfunktionär; SPD (1912–1919), KPD (1919–1946), SED (seit 1946).
Abgeordneter des Sächsischen Landtages (1926–1928) bzw. des Reichstages (1928–1933); Vertreter der KPD bei der Komintern (1926/27, 1938–1943); Mitglied des ZK der KPD (1927); Emigration (1933), zuletzt nach Moskau (1938); Mitbegründer des Nationalkomitees „Freies Deutschland" (1943); Rückkehr nach Deutschland (1945); stellv. Parteivorsitzender und Mitglied des Zentralsekretariats der SED (1946–1950); Mitglied des Politbüros (seit 1949); Generalsekretär der SED (1950–1953); Abgeordneter der Volkskammer (seit 1949); 1. stellv. Vorsitzender des Ministerrates (1949–1960), Vorsitzender des Staatsrates (seit 1960) und des Nationalen Verteidigungsrates (1960–1971); Erster Sekretär des ZK der SED (1953–1971); nach Ablösung durch Honecker ehrenamtlicher Vorsitzender der SED (seit 1971).

Walde, Werner
* 12. Febr. 1926 in Döbeln/Sachsen; Diplom-Gesellschaftswissenschaftler, Diplom-Wirtschaftler; Verwaltungsangestellter; Parteifunktionär; SPD (1946), SED (seit 1946).
Eintritt in die FDJ (1948); Lehrer und Parteisekretär an der Landesparteischule Sachsen der SED in Meißen (1951–1953); Fernstudium an der Parteihochschule der SED (1954–1960); Mitarbeiter bzw. Leiter der Abteilung Organisation und Kader der SED-Bezirksleitung Cottbus (1955–1961); Studium an der Hochschule für Ökonomie in Berlin-Karlshorst (1964–1966); 1. Sekretär der SED-Bezirksleitung Cottbus (seit 1969); Mitglied des ZK der SED (seit 1971); Abgeordneter der Volkskammer (seit 1971); Kandidat des Politbüros (seit 1976).

Literaturverzeichnis

Titel von Autoren aus der DDR sind mit * gekennzeichnet.

Bibliographien

Systematische Bibliographie von Zeitungen, Zeitschriften und Büchern zur politischen und gesellschaftlichen Entwicklung der SBZ/DDR seit 1945. Bd. 1: Geschichte und politisches System der SBZ/DDR, nichtkommunistische Länder aus der Sicht der DDR, deutsche Frage, Bd. 2: Wirtschaft, bearb. von Walter Völkel unter Mitwirkung von Christiana Stuff, Opladen 1986/87.

Bibliographie zur Deutschlandpolitik 1941–1974, bearb. von Marie-Luise Goldbach u.a., hrsg. vom Bundesministerium für innerdeutsche Beziehungen, Frankfurt a. Main 1975.

Bibliographie zur Deutschlandpolitik 1975–1982, bearb. von Karsten Schröder, hrsg. vom Bundesministerium für innerdeutsche Beziehungen, Frankfurt a. Main 1983.

Zeitschriften, laufende Berichterstattung

Recht in Ost und West. Zeitschrift für Rechtsvergleichung und innerdeutsche Rechtsprobleme, Berlin, 1. Jg., 1957 ff. (erscheint zweimonatlich).
Deutsche Studien, hrsg. von der Ost-Akademie, Lüneburg, 1. Jg., 1963 ff. (erscheint vierteljährlich).
Deutschland Archiv. Zeitschrift für Fragen der DDR und der Deutschlandpolitik, Köln, 1. Jg., 1968 ff. (erscheint monatlich).
DDR Report. Zeitschriften und Bücher der DDR, 1. Jg., 1968 ff. (erscheint monatlich).
FS-Analysen, hrsg. von der Forschungsstelle für gesamtdeutsche wirtschaftliche und soziale Fragen, Berlin, 1. Jg., 1974 ff. (erscheint unregelmäßig).
Kirche im Sozialismus. Zeitschrift zu Entwicklungen in der DDR, hrsg. von der Berliner Arbeitsgemeinschaft für Kirchliche Publizistik, 1. Jg., 1975 ff. (erscheint zweimonatlich).
DDR heute. Berichte–Erfahrungen–Kommentare, Frankfurt a.M., 1. Jg., 1985 ff. (erscheint zweimonatlich).

Informationen, hrsg. vom Bundesministerium für innerdeutsche Beziehungen, Bonn 1971 ff. (erscheint zweiwöchentlich).
Pressespiegel. Aus Zeitungen und Zeitschriften der DDR, hrsg. vom Bundesministerium für innerdeutsche Beziehungen, Bonn 1973 ff. (erscheint mit mehreren Ausgaben monatlich).

Die DDR. Realitäten und Argumente, hrsg. von der Friedrich-Ebert-Stiftung, Bonn 1970 ff. (erscheint unregelmäßig).
Deutschland-Report, hrsg. von der Konrad-Adenauer-Stiftung, Melle 1987 ff. (erscheint unregelmäßig).

Handbücher, Chroniken, Nachschlagewerke, Dokumentationen, Reiseführer

DDR-Handbuch, hrsg. vom Bundesministerium für innerdeutsche Beziehungen, 2 Bde., Köln ³1985.
*Deutsche Demokratische Republik. Handbuch, Leipzig ²1984.

*Unser Staat. DDR-Zeittafel 1949–1983, hrsg. von der Akademie für Staats- und Rechtswissenschaft der DDR, Berlin (Ost) 1984.
Lehmann, Hans Georg: Chronik der DDR 1945/49 bis heute, München 1987.

Buch, Günther: Namen und Daten wichtiger Personen der DDR, Berlin/Bonn ⁴1987 (¹1973).
Rytlewski, Ralf / Opp de Hipt, Manfred: Die Deutsche Demokratische Republik in Zahlen 1945/49–1980. Ein sozialgeschichtliches Arbeitsbuch, München 1987.
Voigt, Dieter/Voss, Werner/Meck, Sabine: Sozialstruktur der DDR. Eine Einführung, Darmstadt 1987.
Kulturpolitisches Wörterbuch: Bundesrepublik Deutschland/Deutsche Demokratische Republik, hrsg. von Wolfgang R. Langenbrucher/Ralf Rytlewski/Bernd Weyergraf, Stuttgart 1983.
*Kleines politisches Wörterbuch, Berlin (Ost) ⁶1986.

Weber, Hermann (Hrsg.): DDR. Dokumente zur Geschichte der Deutschen Demokratischen Republik 1945–1985, München 1986.
*Geschichte des Staates und des Rechts der DDR. Dokumente, Bd. 1: 1945–1949, Bd. 2: 1949–1961, Berlin (Ost) 1984.

*Piltz, Georg: Deutsche Demokratische Republik. Kunst- und Reiseführer, Stuttgart u.a. ⁸1979.

Biographien, Memoiren

*Abusch, Alexander: Mit offenem Visier. Memoiren, Berlin (Ost) 1986.
Borkowski, Dieter: Für jeden kommt der Tag ... Stationen einer Jugend in der DDR, Frankfurt a.M. 1983.
Brandt, Heinz: Ein Traum, der nicht entführbar ist. Mein Weg zwischen Ost und West, Frankfurt a.M. 1985.
Friedensburg, Ferdinand: Es ging um Deutschlands Einheit. Rückschau eines Berliners auf die Jahre nach 1945, Berlin 1971.
Gniffke, Erich W.: Jahre mit Ulbricht, Köln 1966.
Gradl, Johann Baptist: Anfang unter dem Sowjetstern. Die CDU 1945–1948 in der sowjetischen Besatzungszone Deutschlands, Köln 1981.
*Voßke, Heinz: Otto Grotewohl. Biographischer Abriß, Berlin (Ost) 1979.
Lippmann, Heinz: Honecker. Porträt eines Nachfolgers, Köln 1971.
*Honecker, Erich: Aus meinem Leben, Frankfurt a.M./Oxford 1980.
Borkowski, Dieter: Erich Honecker. Statthalter Moskaus oder deutscher Patriot?, München 1987.
Conze, Werner: Jakob Kaiser. Politiker zwischen Ost und West 1945–1949, Stuttgart/Berlin 1969.

Kantorowicz, Alfred: Deutsches Tagebuch, 1. und 2. Teil, München 1959/61.

Klump, Brigitte: Das rote Kloster. Eine deutsche Erziehung, Hamburg ²1978.

*Kuczynski, Jürgen: Dialog mit meinem Urenkel. Neunzehn Briefe und ein Tagebuch, Berlin (Ost)/Weimar ²1984.

*Behrendt, Armin: Wilhelm *Külz.* Aus dem Leben eines Suchenden, Berlin (Ost) ²1985.

Leonhard, Wolfgang: Die Revolution entläßt ihre Kinder, Köln 1987.

Loest, Erich: Durch die Erde geht ein Riß. Ein Lebenslauf, Hamburg 1981.

Mayer, Hans: Ein Deutscher auf Widerruf. Erinnerungen, Bd. 2, Frankfurt a.M. 1984.

*Fischer, Gerhard: Otto *Nuschke.* Ein Lebensbild, Berlin (Ost) 1981.

*Voßke, Heinz/Nitzsche, Gerhard: Wilhelm *Pieck.* Biographischer Abriß, Berlin (Ost) 1975.

Schenk, Fritz: Mein doppeltes Vaterland. Erfahrungen und Erkenntnisse eines geborenen Sozialdemokraten, Würzburg 1981.

*Seydewitz, Max: Es hat sich gelohnt zu leben. Lebenserinnerungen eines alten Arbeiterfunktionärs, Bd. 2, Berlin (Ost) 1978.

Stern, Carola: *Ulbricht.* Eine politische Biographie, Köln/Berlin 1963.

*Voßke, Heinz: Walter *Ulbricht.* Biographischer Abriß, Berlin (Ost) 1983.

Gesamtdarstellungen

*Autorenkollektiv (Leitung: Rolf Badstübner): Geschichte der Deutschen Demokratischen Republik, Berlin (Ost) ²1984.

*Heitzer, Heinz: DDR. Geschichtlicher Überblick, Berlin (Ost) ³1986.

Kleßmann, Christoph: Die doppelte Staatsgründung. Deutsche Geschichte 1945−1955, Bonn ⁴1986.

*Staats- und Rechtsgeschichte der DDR. Grundriß, Berlin (Ost) 1983.

Weber, Hermann: Geschichte der DDR, München 1985.

ders.: Die DDR 1945−1986, München 1988.

Darstellungen einzelner Sachbereiche

Vorgeschichte, Rahmenbedingungen und Selbstverständnis

*Autorenkollektiv (Leitung: Karl-Heinz Schöneburg): Errichtung des Arbeiter- und Bauernstaates der DDR 1945−1949, Berlin (Ost) 1983.

Fischer, Alexander: Sowjetische Deutschlandpolitik im Zweiten Weltkrieg 1941−1945, Stuttgart 1975.

Fritsch-Bournazel, Renata: Die Sowjetunion und die deutsche Teilung. Die sowjetische Deutschlandpolitik 1945−1979, Opladen 1979.

Graml, Hermann: Die Alliierten und die Teilung Deutschlands. Konflikte und Entscheidungen 1941−1948, Frankfurt a.M. 1985.

Hillgruber, Andreas: Alliierte Pläne für eine „Neutralisierung" Deutschlands 1945−1955, Opladen 1987.

Jeismann, Karl-Ernst (Hrsg.): Einheit−Freiheit−Selbstbestimmung. Die Deutsche Frage im historisch-politischen Bewußtsein, Frankfurt a.M. 1987.

Sywottek, Arnold: Deutsche Volksdemokratie. Studien zur politischen Konzeption der KPD 1935−1946, Düsseldorf 1971.

Alltag

Bethke, Eckhart: Jubeln nach Dienstschluß. Leben in Ost-Berlin, Braunschweig 1986.
Böhme, Irene: Die da drüben. Sieben Kapitel DDR, Berlin 1985.
Deja-Lölhöffel, Brigitte: Freizeit in der DDR, Berlin 1986.
Österreich, Tina: Gleichheit, Gleichheit über alles. Alltag zwischen Elbe und Oder, Stuttgart 1978.
Windmöller, Eva/Höpker, Thomas: Leben in der DDR, Hamburg o.J.

Außenpolitik und internationale Beziehungen

*Autorenkollektiv (Leitung: Stefan Doernberg): Außenpolitik der DDR. Sozialistische deutsche Friedenspolitik, Berlin (Ost) [2]1982.
Bruns, Wilhelm: Die Außenpolitik der DDR, Berlin 1985.
*Geschichte der Außenpolitik der DDR. Abriß, Berlin (Ost) 1984.
Jacobsen, Hans-Adolf u.a. (Hrsg.): Drei Jahrzehnte Außenpolitik der DDR. Bestimmungsfaktoren, Instrumente, Aktionsfelder, München/Wien [2]1980.
Radde, Jürgen: Die außenpolitische Führungselite der DDR. Veränderungen der sozialen Struktur außenpolitischer Führungsgruppen, Köln 1976.
*Stüber, Erwin/Zapf, Helmut (Hrsg.): Sozialistischer Patriotismus und Proletarischer Internationalismus, Berlin (Ost) 1981.

Frauen, Jugend und Familie

Helwig, Gisela: Jugend und Familie in der DDR. Leitbild und Alltag im Widerspruch, Köln 1984.
dies.: Frau und Familie. Bundesrepublik Deutschland − DDR, Köln 1987.
Hille, Barbara: Familie und Sozialisation in der DDR, Opladen 1985.
Jaide, Walter/Hille, Barbara (Hrsg.): Jugend im doppelten Deutschland, Opladen 1977.
*Wander, Maxie: „Guten Morgen, du Schöne." Frauen in der DDR. Protokolle, Darmstadt/Neuwied 1979.
Obertreis, Gesine: Familienpolitik in der DDR 1945−1980, Opladen 1986.
Wilhelmi, Jutta: Jugend in der DDR. Der Weg zur „sozialistischen Persönlichkeit", Berlin 1983.

Gesundheitswesen

Pritzel, Konstantin: Gesundheitswesen und Gesundheitspolitik der Deutschen Demokratischen Republik, Berlin 1978.
Ruban, Maria Elisabeth: Gesundheitswesen in der DDR, Berlin 1981.
Stauder, Hans-Jochen: Das Gesundheitswesen der DDR − eine ökonomische Analyse aus ordnungstheoretischer Sicht, Bonn 1978.

Herrschaftssystem

Alt, Helmut: Die Stellung des Zentralkomitees der SED im politischen System der DDR, Köln 1987.
Roggemann, Herwig (Hrsg.): Die Staatsordnung der DDR, Berlin 1973.
Glaeßner, Gert-Joachim: Herrschaft durch Kader. Leitung der Gesellschaft und Kaderpolitik in der DDR am Beispiel des Staatsapparates, Opladen 1977.
Lapp, Peter Joachim: Der Ministerrat der DDR. Aufgaben, Arbeitsweise und Struktur der anderen deutschen Regierung, Opladen 1982.
Neugebauer, Gero: Partei und Staatsapparat in der DDR. Aspekte der Instrumentalisierung des Staatsapparates durch die SED, Opladen 1978.
Schwarzenbach, Rudolf: Die Kaderpolitik der SED in der Staatsverwaltung. Ein Beitrag zur Entwicklung des Verhältnisses von Partei und Staat in der DDR (1945–1975), Köln 1976.
*Staatsrecht der DDR. Lehrbuch, Berlin (Ost) [2]1984.

Ideologische Grundlagen

*Autorenkollektiv (Leitung: Grigori Glesermann u. Otto Reinhold): Die entwickelte sozialistische Gesellschaft, Berlin (Ost) [4]1980.
Fetscher, Iring: Von Marx zur Sowjetideologie, Frankfurt a.M. [22]1987.
Picaper, Jean-Paul: Kommunikation und Propaganda in der DDR, Stuttgart 1976.
*Wissenschaftlicher Kommunismus. Lehrbuch für das marxistisch-leninistische Grundlagenstudium, Berlin (Ost) [10]1987.

Innerdeutsche Beziehungen

Bruns, Wilhelm: Deutsch-deutsche Beziehungen. Prämissen, Probleme, Perspektiven, Opladen [3]1980.
Ehlermann, Claus-Dieter: Handelspartner DDR. Innerdeutsche Wirtschaftsbeziehungen, Baden-Baden 1975.
End, Heinrich: Zweimal deutsche Außenpolitik. Internationale Dimensionen des innerdeutschen Konflikts 1949–1972, Köln 1973.
Nawrocki, Joachim: Die Beziehungen zwischen den beiden Staaten in Deutschland. Möglichkeiten und Grenzen, Berlin 1986.

Kirchen und Religionsgemeinschaften

Dähn, Horst: Konfrontation oder Kooperation? Das Verhältnis von Staat und Kirche in der SBZ/DDR 1945–1980, Opladen 1982.
Helwig, Gisela/Urban, Detlef (Hrsg.): Kirchen und Gesellschaft in beiden deutschen Staaten, Köln 1987.
Henkys, Reinhard (Hrsg.): Die evangelischen Kirchen in der DDR. Beiträge zu einer Bestandsaufnahme, München 1982.
*Kirche als Lerngemeinschaft. Dokumente aus der Arbeit des Bundes der Evangelischen Kirchen in der DDR, Berlin (Ost) 1981.
Knauft, Wolfgang: Katholische Kirche in der DDR. Gemeinden in der Bewährung 1945–1980, Mainz [2]1980.

Koch, Hans-Gerhard: Staat und Kirchen in der DDR. Zur Entwicklung ihrer Beziehungen von 1945 bis 1974. Darstellung, Quellen, Übersichten, Stuttgart 1975.

Kuhrt, Eberhard: Wider die Militarisierung der Gesellschaft: Friedensbewegung und Kirche in der DDR, Melle 1984.

Körperkultur und Sport

Holzweißig, Gunter: Diplomatie im Trainingsanzug. Sport als politisches Instrument der DDR in den innerdeutschen Beziehungen, München/Wien 1981.

*Kleine Enzyklopädie Körperkultur und Sport, Leipzig 1979.

Knecht, Willi: Das Medaillenkollektiv. Fakten, Dokumente, Kommentare zum Sport in der DDR, Berlin 1978.

Kühnst, Peter: Der mißbrauchte Sport. Die politische Instrumentalisierung des Sports in der SBZ und DDR 1945–1957, Köln 1982.

Lehmann, Norbert: Internationale Sportbeziehungen und Sportpolitik der DDR, T. 1/2, Münster 1986.

Voigt, Dieter: Soziale Schichtung im Sport. Theorie und empirische Untersuchungen in Deutschland, Berlin 1978.

Kultur, Kunst, Literatur

*Autorenkollektiv (Leitung: Hans Jürgen Geerdts): Literatur der Deutschen Demokratischen Republik. Einzeldarstellungen, 2 Bde., Berlin (Ost) 1974/79.

Emmerich, Wolfgang: Kleine Literaturgeschichte der DDR, Darmstadt/Neuwied ²1984.

*Gärtner, Hannelore (Hrsg.): Die Künste in der Deutschen Demokratischen Republik. Aus ihrer Geschichte in drei Jahrzehnten, Berlin (Ost) 1979.

Helwig, Gisela (Hrsg.): Die DDR-Gesellschaft im Spiegel ihrer Literatur, Köln 1986.

Jäger, Manfred: Sozialliteraten. Funktion und Selbstverständnis der Schriftsteller in der DDR, Düsseldorf ²1975.

Jäger, Manfred: Kultur und Politik in der DDR. Ein historischer Abriß, Köln 1982.

*Lang, Lothar: Malerei und Graphik in der DDR, Luzern/Frankfurt a.M. 1979.

Rüther, Günther (Hrsg.): Kulturbetrieb und Literatur in der DDR, Köln 1987.

Thomas, Karin: Die Malerei in der DDR 1949–1979, Köln 1980.

Landwirtschaft

*Autorenkollektiv (Leitung: Kurt Groschoff u. Richard Heinrich): Die Landwirtschaft der DDR, Berlin (Ost) 1980.

*Autorenkollektiv (Leitung: Kurt Groschoff): Stadt und Land in der DDR, Berlin (Ost) 1984.

Bajaja, Vladislav: Organisation und Führung landwirtschaftlicher Großunternehmen in der DDR, Berlin 1978.

Bichler, Hans: Landwirtschaft in der DDR. Agrarpolitik, Betriebe, Produktionsgrundlagen und Leistungen, Berlin ²1981.

Merkel, Konrad/Lambrecht, Horst/Steinbeck, Wolfgang: DDR-Agrarpolitik, Münster-Hiltrup 1980.

*Piskol, Joachim/Nehring, Christel/Trixa, Paul: Antifaschistisch-demokratische Umwälzung auf dem Lande (1945–1949), Berlin (Ost) 1984.

Militärwesen

*Armee für Frieden und Sozialismus. Geschichte der Nationalen Volksarmee der DDR, Berlin (Ost) ²1987.

Breyer, Siegfried/Lapp, Peter Joachim: Die Volksmarine der DDR. Entwicklung – Aufgaben – Ausrüstung, Koblenz 1985.

Fischer, Alexander (Hrsg.): Wiederbewaffung in Deutschland nach 1945, Berlin 1986.

Forster, Thomas M.: Die NVA. Kernstück der Landesverteidigung der DDR, Köln ⁶1983.

Lapp, Peter Joachim: Frontdienst im Frieden – Die Grenztruppen der DDR. Entwicklung-Struktur-Aufgaben, Koblenz ²1987.

Die Nationale Volksarmee der DDR im Rahmen des Warschauer Paktes, München 1980.

Opposition und Widerstand

Baring, Arnulf: Der 17. Juni 1953, Stuttgart 1983.

Fricke, Karl Wilhelm: Politik und Justiz in der DDR. Zur Geschichte der politischen Verfolgung 1945–1968. Bericht und Dokumentation, Köln 1979.

Fricke, Karl Wilhelm: Opposition und Widerstand in der DDR. Ein politischer Report, Köln 1984.

Spittmann, Ilse/Fricke, Karl Wilhelm (Hrsg.): 17. Juni 1953. Arbeiteraufstand in der DDR, Köln 1982.

Parteien und Massenorganisationen

Freiburg, Arnold/Mahrad, Christa: FDJ. Der sozialistische Jugendverband der DDR, Opladen 1982.

*Geschichte der Sozialistischen Einheitspartei Deutschlands. Abriß, Berlin (Ost) 1978.

*Handbuch gesellschaftlicher Organisationen in der DDR. Massenorganisationen, Verbände, Vereinigungen, Gesellschaften, Genossenschaften, Komitees, Ligen, Berlin (Ost) 1985.

Lapp, Peter Joachim: Die „befreundeten Parteien" der SED. DDR-Blockparteien heute, Köln 1988.

*Die Nationale Front der DDR. Geschichtlicher Überblick, Berlin (Ost) 1984.

Spittmann, Ilse (Hrsg.): Die SED in Geschichte und Gegenwart, Köln 1987.

Weber, Hermann (Hrsg.): Parteiensystem zwischen Demokratie und Volksdemokratie. Dokumente und Materialien zum Funktionswandel der Parteien und Massenorganisationen in der SBZ/DDR 1945–1950, Köln 1982.

Wernet-Tietz, Bernhard: Bauernverband und Bauernpartei in der DDR. Die VdgB und die DBD 1945–1952. Ein Beitrag zum Wandlungsprozeß des Parteiensystems der SBZ/DDR, Köln 1984.

Polizei und Staatssicherheitsdienst

Finn, Gerhard: Politischer Strafvollzug in der DDR, Köln 1981.
Fricke, Karl Wilhelm: Die DDR-Staatssicherheit. Entwicklung, Strukturen, Aktions-
felder, Köln ²1984.
*Geschichte der Deutschen Volkspolizei, Bde. 1/2, Berlin (Ost) ²1987.

Presse, Rundfunk, Fernsehen

Holzweißig, Gunter: Massenmedien in der DDR, Berlin 1983.
Otto, Elmar Dietrich: Nachrichten in der DDR. Eine empirische Untersuchung über
„Neues Deutschland", Köln 1979.
Riedel, Heike: Hörfunk und Fernsehen in der DDR. Funktion, Struktur und Pro-
gramm des Rundfunks in der DDR, Köln 1977.
Scharf, Wilfried: Nachrichten und Fernsehen der Bundesrepublik Deutschland und
der DDR. Objektivität oder Parteilichkeit in der Berichterstattung, Frankfurt a.M.
1981.

Recht und Rechtspflege

*Autorenkollektiv (Leitung: Hilde Benjamin): Zur Geschichte der Rechtspflege der
DDR 1949–1961, Berlin (Ost) 1980.
Brunner, Georg: Einführung in das Recht der DDR, München ²1979.
Mampel, Siegfried: Die sozialistische Verfassung der Deutschen Demokratischen Re-
publik. Kommentar, Frankfurt a. Main ²1982.
*Riege, Gerhard: Die Staatsbürgerschaft der DDR, Berlin (Ost) 1986.
Schroeder, Friedrich Christian: Das Strafrecht des realen Sozialismus. Eine Einfüh-
rung am Beispiel der DDR, Opladen 1983.

Soziale Sicherung

Mitzscherling, Peter: Zweimal deutsche Sozialpolitik, Berlin 1978.
Mrochen, Siegfried: Alter in der DDR. Arbeit, Freizeit, materielle Sicherung und Be-
treuung, Weinheim/Basel 1980.
Ruß, Werner: Die Sozialversicherung in der DDR. Eine Untersuchung unter beson-
derer Berücksichtigung der Zielsetzungen der marxistisch-leninistischen Sozialpoli-
tik, Frankfurt a.M. ²1982.
*Theorie und Praxis der Sozialpolitik in der DDR, Berlin (Ost) 1979.
Vortmann, Heinz: Geldeinkommen in der DDR von 1955 bis zu Beginn der achtziger
Jahre, Berlin 1985.

Umweltschutz

*Autorenkollektiv: Umgestaltung und Ökonomie der Naturressourcen, Berlin (Ost)
1979.
Haendcke-Hoppe, Maria/Merkel, Konrad (Hrsg.): Umweltschutz in beiden Teilen
Deutschlands, Berlin 1986.

Ökten, Rita: Die Bedeutung des Umweltschutzes für die Wirtschaft der DDR, Berlin 1986.
Umweltprobleme und Umweltbewußtsein in der DDR, Köln 1985.
Wensierski, Peter: Von oben nach unten wächst gar nichts. Umweltzerstörung und Protest in der DDR, Frankfurt a.M. 1986.

Verankerung in der „sozialistischen Staatengemeinschaft"

*Autorenkollektiv (Leitung: Ernstgert Kalbe): Geschichte der sozialistischen Staatengemeinschaft. Herausbildung und Entwicklung des realen Sozialismus von 1917 bis zur Gegenwart, Berlin (Ost) 1981.
Rat für gegenseitige Wirtschaftshilfe. Strukturen und Probleme, hrsg. vom Ostkolleg der Bundeszentrale für politische Bildung, Bonn 1987.
Seiffert, Wolfgang: Das Rechtssystem des RGW. Eine Einführung in das Integrationsrecht des COMECON, Baden-Baden 1982.
Tiedtke, Stephan: Die Warschauer Vertragsorganisation. Zum Verhältnis von Militär- und Entspannungspolitik in Osteuropa, München/Wien 1978.
Uschakow, Alexander/Frenzke, Dietrich: Der Warschauer Pakt und seine bilateralen Bündnisverträge. Analysen und Texte, Berlin 1987.

Wirtschaft

Gutmann, Gernot (Hrsg.): Das Wirtschaftssystem der DDR. Wirtschaftspolitische Gestaltungsprobleme, Stuttgart/New York 1983.
Haase, Herwig E.: Das Wirtschaftssystem der DDR. Eine Einführung, Berlin [2]1987.
Handbuch DDR-Wirtschaft, hrsg. vom Deutschen Institut für Wirtschaftsforschung (DIW), Berlin, Reinbek [4]1984.
Lauterbach, Günter: Technischer Fortschritt und Innovation. Zum Innovationsverhalten von Betrieben und Kombinaten in der DDR, Erlangen 1982.
Materialien zum Bericht zur Lage der Nation im geteilten Deutschland 1987 [Wirtschaftssysteme, wirtschaftliche und soziale Entwicklung seit 1970], hrsg. vom Bundesministerium für innerdeutsche Beziehungen, Bonn 1987.
*Roesler, Jörg / Siedt, Veronika / Elle, Michael: Wirtschaftswachstum in der Industrie der DDR 1945–1970, Berlin (Ost) 1986.
Schmidt, Paul-Günther: Internationale Währungspolitik im sozialistischen Staat. Theoretische Grundlegung und empirische Überprüfung am Beispiel der DDR, Stuttgart/New York 1985.
Thalheim, Karl C.: Die wirtschaftliche Entwicklung der beiden Staaten in Deutschland, Opladen [2]1981.
Wirtschaftsverfassung und Wirtschaftspolitik der DDR, Berlin 1984.

Wissenschaft, Forschung und Bildungswesen

*Autorenkollektiv (Leitung: Harry Nick): Wissenschaft und Produktion im Sozialismus, Berlin (Ost) 1976.
Bergsdorf, Wolfgang/Göbel, Uwe: Bildungs- und Wissenschaftspolitik im geteilten Deutschland, München/Wien 1980.
Förtsch, Eckart: Forschungspolitik in der DDR, Erlangen 1976.

Glaeßner, Gert-Joachim/Rudolph, Irmhild: Macht durch Wissen. Zum Zusammenhang von Bildungspolitik, Bildungssystem und Kaderqualifizierung in der DDR. Eine politisch-soziologische Untersuchung, Opladen 1978.

Hettwer, Hubert: Das Bildungswesen in der DDR. Strukturelle und inhaltliche Entwicklung seit 1945, Köln 1976.

*Das Hochschulwesen der DDR. Ein Überblick, Berlin (Ost) 1980.

Husner, Gabriele: Studenten und Studium in der DDR, Köln 1985.

Waterkamp, Dietmar: Handbuch zum Bildungswesen der DDR, Berlin 1987.

Das Wissenschaftssystem in der DDR, Frankfurt a.M./New York ²1979.

Abkürzungsverzeichnis

ABV	Abschnittsbevollmächtigter
ACZ	Agrochemisches Zentrum
ADN	Allgemeiner Deutscher Nachrichtendienst
AIV	Agrar-Industrie-Vereinigung
AK	Arbeitskräfte
ANC	Afrikanischer Nationalkongreß (African National Congress)
BDVP	Bezirksbehörde der Deutschen Volkspolizei
BGL	Betriebsgewerkschaftsleitung
BGO	Betriebsgewerkschaftsorganisation
BRD	Bundesrepublik Deutschland
BSG	Betriebssportgemeinschaft
CDU, CDUD	Christlich-Demokratische Union Deutschlands
ČSR	Tschechoslowakische Republik (Československá republika)
ČSSR	Tschechoslowakische Sozialistische Republik (Československá socialistická republika)
CSU	Christlich-Soziale Union
DBD	Demokratische Bauernpartei Deutschlands
DDP	Deutsche Demokratische Partei
DEFA	Deutsche Film AG
DFD	Demokratischer Frauenbund Deutschlands
DHfK	Deutsche Hochschule für Körperkultur
DHS	Diensthabendes System
DM	Deutsche Mark
DPD	Demokratische Partei Deutschlands
DSA	Deutscher Sportausschuß
DSF	Gesellschaft für Deutsch-Sowjetische Freundschaft
DTSB	Deutscher Turn- und Sportbund
DVdI	Deutsche Verwaltung des Innern
DVP	Deutsche Volkspartei
DVP	Deutsche Volkspolizei
DWK	Deutsche Wirtschaftskommission
ECE	UN-Wirtschaftskommission für Europa (Economic Commission for Europe)
EG	Europäische Gemeinschaft
EKD	Evangelische Kirche in Deutschland
EOS	Erweiterte Oberschule
ERP	Europäisches Wiederaufbau-Programm (European Recovery Program)
FAO	UN-Organisation für Ernährung und Landwirtschaft (Food and Agriculture Organization)
FDGB	Freier Deutscher Gewerkschaftsbund
FDJ	Freie Deutsche Jugend
FDP	Freie Demokratische Partei
FGB	Familiengesetzbuch
FZR	Freiwillige Zusatzrentenversicherung
GPG	Gärtnerische Produktionsgenossenschaft
GSSD	Gruppe der Sowjetischen Streitkräfte in Deutschland

GST   Gesellschaft für Sport und Technik
GVE   Großvieheinheit
HO   Handelsorganisation
HVA   Hauptverwaltung für Ausbildung
HVDVP   Hauptverwaltung der Deutschen Volkspolizei
IAEA   Internationale Atomenergie-Agentur (International Atomic Energy Agency)
ICAO   Internationale Organisation für Zivilluftfahrt (International Civil Aviation Organization)
ILO   Internationale Arbeitsorganisation (International Labour Organization)
IMF   Internationaler Währungsfonds (International Monetary Fund)
IOC   Internationales Olympisches Komitee (International Olympic Committee)
IRK   Internationales Rotes Kreuz
KAP   Kooperative Abteilung Pflanzenproduktion
KB   Kulturbund der DDR
KfL   Kreisbetrieb für Landtechnik
KJS   Kinder- und Jugendsportschule
KJV   Kommunistischer Jugendverband
Komintern   Kommunistische Internationale
KOR   Kooperationsrat
KPČ   Kommunistische Partei der ČSR bzw. der ČSSR
KPD   Kommunistische Partei Deutschlands
KPdSU   Kommunistische Partei der Sowjetunion
KSZE   Konferenz für Sicherheit und Zusammenarbeit in Europa
KVP   Kasernierte Volkspolizei
LDPD   Liberal-Demokratische Partei Deutschlands
LN   Landwirtschaftliche Nutzfläche
LPG   Landwirtschaftliche Produktionsgenossenschaft
LPG(P)   Landwirtschaftliche Produktionsgenossenschaft (Pflanzenproduktion)
LPG(T)   Landwirtschaftliche Produktionsgenossenschaft (Tierproduktion)
LSK/LV   Luftstreitkräfte/Luftverteidigung
LVA   Landesversicherungsanstalt
MAS   Maschinen-Ausleih-Station
MdI   Ministerium des Innern
MDN   Mark der Deutschen Notenbank
MfNV   Ministerium für Nationale Verteidigung
MfS   Ministerium für Staatssicherheit
NATO   Nordatlantikpakt-Organisation (North Atlantic Treaty Organization)
NDPD   National-Demokratische Partei Deutschlands
NOK   Nationales Olympisches Komitee
NÖSPL   Neues Ökonomisches System der Planung und Leitung
NSDAP   Nationalsozialistische Deutsche Arbeiterpartei
NVA   Nationale Volksarmee
OIRT   Internationale Rundfunk- und Fernsehorganisation (Organisation Internationale de Radiodiffusion et Télévision)
OSShD   Organisation für die Zusammenarbeit der Eisenbahnen (Organisazija sotrudnitschestwa schelesnych dorog)

OSS	Organisation für die Zusammenarbeit der sozialistischen Länder auf dem Gebiet des Post- und Fernmeldewesens (Organisazija sotrudnitschestwa sozialistitscheskich stran w oblasti elektritscheskoi i potschtowoi swjasi)
PGH	Produktionsgenossenschaft des Handwerks
PHV	Politische Hauptverwaltung
PLO	Palästinensische Befreiungsorganisation (Palestine Liberation Organization)
RGW	Rat für Gegenseitige Wirtschaftshilfe
SAG	Sowjetische Aktiengesellschaft, -en
SBZ	Sowjetische Besatzungszone
SED	Sozialistische Einheitspartei Deutschlands
SfS	Staatssekretariat für Staatssicherheit
SKK	Sowjetische Kontrollkommission
SMAD	Sowjetische Militäradministration in Deutschland
SPD	Sozialdemokratische Partei Deutschlands
SV	Sportvereinigung
SWAPO	Südwestafrikanische Befreiungsorganisation (South West African People's Organization)
TH	Technische Hochschule
TU	Technische Universität
UdSSR	Union der Sozialistischen Sowjetrepubliken
UN, UNO	Vereinte Nationen (United Nations, United Nations Organization)
UNCTAD	Welthandelskonferenz (United Nations Conference on Trade and Development)
UNESCO	UN-Organisation für Erziehung, Wissenschaft und Kultur (United Nations Educational, Scientific and Cultural Organization)
UNIDO	UN-Organisation für industrielle Entwicklung (United Nations Industrial Development Organization)
USA	Vereinigte Staaten von Amerika (United States of America)
USPD	Unabhängige Sozialdemokratische Partei Deutschlands
VdgB	Vereinigung der gegenseitigen Bauernhilfe
VEB	Volkseigener Betrieb
VEG	Volkseigenes Gut
VEG (P)	Volkseigenes Gut (Pflanzenproduktion)
VEG (T)	Volkseigenes Gut (Tierproduktion)
VE KIM	Volkseigenes Kombinat für Industrielle Mast
VELK	Vereinigte Evangelisch-Lutherische Kirche
VKSK	Verband der Kleingärtner, Siedler und Kleintierzüchter
VP	Volkspolizei
VPKA	Volkspolizei-Kreisamt
VR	Volksrepublik
VVB	Vereinigung Volkseigener Betriebe
WBDJ	Weltbund der Demokratischen Jugend
WHO	Weltgesundheitsorganisation (World Health Organization)
WTO	Weltvereinigung für Tourismus (World Tourism Organization)
ZBE	Zwischenbetriebliche Einrichtung
ZBO	Zwischengenossenschaftliche Bauorganisation
ZK	Zentralkomitee
ZV	Zivilverteidigung

Namen- und Sachregister

Das Register ist ein kombiniertes Stichwort- und Schlagwortregister; während das Stichwort auf der angegebenen Seite erscheint, wird das Schlagwort dort thematisch behandelt.
Im Registeralphabet sind ä wie A, ö wie o, ü wie u eingereiht. Nach dem Stichwort stehen zunächst die Verweise auf Textstellen, nach G die Verweise auf Graphiken, nach K die auf Karten, nach T die auf Tabellen. Als besonders wichtig gekennzeichnete Verweise (**halbfette** Seitenzahl) beziehen sich jeweils auf einen ganzen thematischen Block oder eine geschlossene Textpassage.
Der Hinweis s. bedeutet, daß die gewünschte Information unter einem anderen Stichwort zu finden ist, der Hinweis s.a. (siehe auch) sagt aus, daß zusätzliche Informationen unter den dort angegebenen Stichworten nachgeschlagen werden können.
Für Stichworte, deren Häufigkeit im Text einen vollständigen Nachweis nicht sinnvoll macht, sind nur wichtige Passagen angegeben.

G = Graphik   K = Karte   T = Tabelle

M

Mäde, Hans-Dieter 200
Maifeiern 38
Malenkow, Georgi M. 20
Maleuda, Günther 203 **224**
Marine s. Volksmarine
Mark der DDR 48
Mark der Deutschen
  Notenbank 43 48
Markgraf, Paul 113
Marktwirtschaft, soziale 86
Marshallplan 12 22 33 86
Marx, Karl 51
Marxismus-Leninismus 19 55
  60 **66–69** 74 92 107 109
  117 139 143 152
MAS 98   [s. MAS
Maschinen-Ausleih-Stationen
Maschinenbau 71 88 157 159
Massenorganisationen **60–65**
  68 T 204–206; s.a. ein-
  zelne Massenorganisationen
Matern, Hermann 18
  195–197 **224**
MdI 114 115 G 58
Mebel, Moritz 200
Mecklenburg 32 33 113
Mecklenburg, Ernst 203
Mecklinger, Ludwig 150 187
  200
Medien s. Fernsehen, s.
  Presse- und Verlagswesen,
  s. Rundfunk
Medizin s. Gesundheitswesen
Meier, Felix 187
Meier, Otto 195
Meinungsfreiheit 119 171
Meißen, Diözese 134
Menschenrechte 48 **117** 123
Menzel, Robert 200
Merke, Else 188
Merker, Paul 195
Mewis, Karl 188 196
Meyer, Ernst Hermann 200
Meyer von Achenbach,
  Richard 13
Mexiko 50 78
MfNV 39 74 125 127–129
  G 58
MfS 35 55 **113–116** 128 G
  58
Mielke, Erich 50 115 187
  198–200 **224**
Mietkosten 178
Mikojan, Anastas I. 31
Mikroelektronik 71 88 90 95
Militärakademien 40 126–128
Militärgerichte 110

Militärwesen **125–129**
Mindestumtausch s.
  Zwangsumtausch
Mineralien s. Bodenschätze
Minetti, Hans-Peter 200
Ministerien:
  – M. des Inneren 114 115
  G 58
  – M. der Justiz 110 G 58
  – M. für Auswärtige
  Angelegenheiten 74
  – M. für Kultur 168 169
  – M. für Nationale
  Verteidigung 39 74 125
  127–129 G 58
  – M. für Staatssicherheit
  35 55 **113–116** 128 G 58
Ministerpräsidentenkonferenz
  (1947) 33
Ministerrat 48 49 **57** 87 94
  109 143 G 58 100 T 187
  188
Mirtschin, Heinz 200
Mittag, Günter 188 189
  196–200 **224**
Mittig, Rudolf 200
Mitzenheim, Moritz 43 131
Mitzinger, Wolfgang 187
Modernisierung 90 94 **95 96**
  97 104 157
Modrow, Hans 200
Moldt, Ewald 200
Molle, Werner 201
Mongolei 71 77
Montanunion 22
Morche, Helmut 201
Mosambik 77 78 126
Moskau, Außenministerkon-
  ferenz (1947) 26
Mückenberger, Erich 191
  195–200 **225**
Mukran 52
Müll s. Abfallwirtschaft
Müller, Dieter 201
Müller, Erich 200
Müller, Fritz 200
Müller, Gerhard 200 201 **225**
Müller, Helmut 200
Müller, Margarete 189
  197–200 **225**
Müller, Werner 200
München, Ministerpräsiden-
  tenkonferenz (1947) 33
Museen 169
Museum für Deutsche
  Geschichte 36
Musik 138 141
Musil, Robert 166
Mutterschaftsleistungen 145
  150

N

Naher Osten 126
Namibia 78
Namokel, Karl 204
National-Demokratische
  Partei Deutschlands s.
  NDPD
Nationale Front der DDR
  57 **62** 63 121
Nationale Front des
  demokratischen
  Deutschland 34 35 43 **62**
  121
Nationaler Verteidigungsrat
  41 47 48 **57 59** 110 114
  125 127 G 58
Nationales Dokument 43
Nationales Olympisches
  Komitee s. NOK
Nationale Volksarmee s.
  NVA
Nationalisierung s.
  Enteignung
Nationalrat der Nationalen
  Front 35 43 206
Nationalsozialismus 14 43
National-Zeitung 172
NATO 15 26 27 75 81 131
Naturschutz 104 **107**
Nauheimer Kreis 13
Naumann, Herbert 200
Naumann, Konrad 198 199
Nazi-Verbrechen 43
NDPD 34 60 62 63 172 T
  203 207
Neitzke, Ingrid 201
Neubauer, Horst 201
Neubauernstellen 98
Neubrandenburg 107 125 127
Neuerer und Rationalisatoren
  68
„Neuer Kurs" 37 **121 122**
„Neuer Weg", Parteizeitung
  56 67
„Neues Deutschland",
  Zeitung 34 56 172 192
Neues ökonomisches System
  der Planung und Leitung
  s. NÖSPL
„Neue Zeit", Zeitung 172
Neumann, Alfred 187
  196–200 **225**
Neumann, Anni 188
Neumann, Irmgard 188
Neuner, Gerhart 200
Neutralisierung
  Deutschlands 11–14
Nicaragua 78

Ein Leitfaden durch die Geschichte der Bundesrepublik

Hrsg. Thomas Ellwein und Wolfgang Bruder

**PLOETZ
Die Bundesrepublik
Deutschland**

Daten, Fakten, Analysen

**247 Seiten. Mit 51 Graphiken,
23 Tabellen und Karten,
20 S. Register, geb.
ISBN 3-87640-084-8**

„Zwar ist das Buch, gemessen an seinem Titel, auf den ersten Blick äußerst knapp gehalten, aber gerade hierin liegt seine eigentliche Stärke: **Die Dreiteilung der Daten, Fakten und Analysen ermöglicht eine prägnante Verfolgung der wirtschaftlichen und gesellschaftlichen, aber vor allem der politischen Entwicklung.** Das Kernstück des Bandes bildet die von Essays eingerahmte Geschichtschronik. Der besondere Wert dieser Chronologie ergibt sich durch ihre Verbindung mit fast 60 Textblöcken, die dem Leser einen ersten grundlegenden Einstieg in wichtige Bereiche des gesellschaftlichen, ökonomischen und politischen Lebens geben. Der Band bietet insgesamt eine informative und qualitativ hochwertige Zusammenstellung, die allen politisch Interessierten **mehr als einen Einstieg zum Verständnis unseres Staates** ermöglicht.“

(Alex Möller in der Stuttgarter Zeitung)

Verlag Ploetz Freiburg · Würzburg